고출력 레이저를 이용한

산업계 응용기술

나카이 사다오 지음

김종도 · 서 정 · 박인덕 · 이수진

최우현 · 김종신 · 이창제 · 정광운 옮김

GS인터비전

옮긴이

김종도 : 한국해양대학교 기관공학부 교수(jdkim@kmou.ac.kr)
서　정 : 한국기계연구원 부산레이저기술지원센터 책임연구원(jsuh@kimm.re.kr)
박인덕 : 한국기계연구원 부산레이저기술지원센터 선임연구원(parkid@kimm.re.kr)
이수진 : 한국기계연구원 부산레이저기술지원센터 선임연구원(leesj@kimm.re.kr)
최우현 : 한국해양대학교 조선해양시스템공학부 초빙교수(dispaul@hanmail.net)
김종신 : 에스케이테크원(주) 대표(yagkim@naver.com)
이창제 : 베스트에프에이(주) 기술연구소 수석연구원(lab@bestfa.co.kr)
정광운 : 한전KPS(주) 기술연구소 선임연구원(jungkw99@kps.co.kr)

서문

21세기를 빛의 세기라고 한지는 오래되었다. 그 기반기술인 레이저의 출현에 의한 것이다. 빛으로써의 레이저 광의 두드러진 특징으로 인해 과학기술에서부터 산업기술에 이르는 광범위한 분야에서 다양하고 독특한 이용기술이 개발되어 실용화되었다. 통신·정보산업에서의 광기술은 정보혁명의 주역으로서 장래의 고도 정보화 사회의 기반기술이 되고 있다. 제조업·공업에서의 레이저 에너지 응용은 레이저의 생체·의료응용과 더불어 지금까지 없었던 독특한 방법을 제공하고 있다. 레이저 기술의 진보가 지금까지의 한계성능 향상에서 실용 산업기기, 의료기기로서의 성숙도 향상으로 역점이 이동하면서 응용분야가 급속하게 확산되고 있어 바야흐로 빛의 세기를 맞이할 기반기술이 확립되고 있다. 이 책은 산업기술에서의 레이저 에너지 응용에 대한 현상을 폭넓게 살펴봄으로써 미래의 전망을 밝히려는 것이다. 레이저 파워는 머물지 않고 직진한다. 그것도 단지 방출 에너지가 클 뿐만 아니라 공간적으로 강하게 집속할 수 있고 시간적으로도 압축할 수 있는 제어성을 갖추고 있다.

연속출력 100 kW의 레이저광을 파장 정도(회절한계)까지 집광할 수 있어 통상의 용접, 절단, 홀가공뿐만 아니라 조선, 철강 등의 중공업에서부터 토목건축까지 새로운 기술체계를 구축할 수 있는 상황이 되었다. 노후화된 고가도로와 고층빌딩을 강력한 레이저광으로 자유롭게 조각내어 해체하는 등의 유쾌한 상상이 전혀 꿈같은 얘기는 아니다.

또한 레이저에 의한 초정밀 가공 및 표면처리 기술은 정밀공업에서부터 반도체 산업에 이르는 주요 프로세스 기술이 되고 있다. 엑시머 레이저 등의 단파장 레이저나 레이저 생성 X선에 의한 리소그래피, LIGA 프로세스 등의 새로운 기술도 X선 대응의 마스크, 레지스트 및 기타 주변기술의 진보와 함께 실용화가 진행되고 있다.

더욱이 고강도 펄스 레이저는 전세계의 피크전력에 상당하는 TW(테라와트, 1,012 ~)부터 PW(페타왓트, 1,015 W)의 레이저 출력을 일시에 방출하고 집광할 수 있다. 뇌운을 향해 레이저를 방전함으로써 플라즈마 채널을 형성하여 번개를 지정된 피뢰침으로 유도하는 기술은 고출력 레이저의 유쾌하면서도 효과가 큰 응용이다. 실내실험에서 야외실험으로 연구가 진전되어 일본에서 레이저 트리거드 라이트닝이 처음으로 성공하였다.

레이저 응용의 극치는 지구의 환경문제와 에너지 문제를 단번에 해결한 레이저 핵융합 기술이다. 펄스당 에너지가 2 MJ인 거대한 레이저의 건설이 미국에서 1997년부터 개시되었다. 이에 따른 레이저 핵융합에서의 에너지 이득(투사 레이저 에너지를 상회하는 핵융합 에너지의 발생)을 2005년에 실증하려는 것이다. 이것이 성공하면 드디어 레이저 핵융합 발전으로 다가가는 기술개발이라고 할 수 있지만, 거기서 필요한 레이저는 펄스당 에너지가 수 MJ이므로 이를 초당 수십 번 작동시켜야 한다는 얘기이다. 평균출력으로 수십 MW의 고효율(>10%) 레이저가 개발되어야만 한다. 그러나 반도체 레이저 여기 고체 레이저의 개발로 인해 꿈이 아닌 현실로 다가가고 있으며, 이는 최근의 레이저 기술의 진보를 보여주고 있다.

이제 빛을 물질에 쐬면 그 에너지의 흡수에 따른 광열효과, 물질의 에너지 상태나 결합상태에 직접 작용하는 광화학 효과, 또한 빛의 전자계와 물질구조와의 상호작용에 의한 광양자 효과 등 여러가지 현상이 야기된다. 지금까지 여러 종류의 레이저를 이용하여 각각의 특징을 살려서 이들 빛과 물질과의 상호작용에 대한 기초연구가 이루어져 왔다. 레이저 기술의 진보와 더불어 지금도 물리의 새로운 영역이 개척되고 있다. 더욱 중요한 것은 특이한 레이저 광과 물질의 상호작용이 기초적인 물성 연구에 이용되는데 머무르지 않고 레이저 기술의 진보에 따른 실용화로 이어진 것이다. 예를 들어 ps(피코초, 10^{-12} s), fs(펨토초, 10^{-15} s)라는 초단 펄스 레이저를 물질가공에 이용하면, 지금까지의 열가공 상식과는 전혀 다른 뛰어난 가공특성을 얻을 수 있다.

레이저 에너지, 레이저 전력의 산업응용에 대해서 전기학회에서 지난 몇 년간의 심포지엄이나 연구회를 개최한 결과, 산업계를 중심으로 많은 분들이 참여하여 활발한 논의가 이루어졌다. 이 점에서 레이저의 전력응용이 제조업의 기반기술로서 주목되어 이미 실용화를 향한 개발연구가 활발해지고 있는 것이 보였다. 독일에서의 국가 프로젝트 「레이저 2000」은 레이저를 활용한 제조기술의 혁신에 따른 21세기 독일산업의 국제 경쟁력을 높이는 것을 명확한 목표로 내걸고 있다. 미국에서도 보잉사, GM사, TRW사 등 주요 하이테크 기업이 참여한 산관학 프로젝트 「정밀 레이저 기계가공기술 (precision laser machining : PLM)」 컨소시엄을 발족했다. 일본에서도 지금까지 CO_2 레이저나 엑시머 레이저의 산업응용을 목표로 한 대형 프로젝트가 통산성의 주도아래 진행되었고, 1997년부터 반도체 레이저 여기 고체 레이저를 중심으로 잡은 포톤 프로젝트가 개시되었다.

이 책은 상기의 전기학회 심포지엄이나 연구회의 구성과 내용에 따른 각 산업분야마다의 그 고출력 레이저의 응용에 관한 기본개념, 응용사례, 향후 전망 등에 대해서 제일선의 연구자가 집필한 것이다. 각각의 장은 관심을 가진 독자에게 새로운 기술동향에 대한 시사를 주는 동시에 그 이상으로 다른 산업분야의 실정을 살펴봄으로써 새로운 레이저 이용의 아이디어를 촉발하는 효과가 클 것이라고 생각한다.

이 책이 기존의 산업기술로의 레이저 응용의 확충과 더불어 광 프로세스를 이용한 새로운 제조기술 시스템 구축과 그에 따른 산업기술의 혁신에 대한 임팩트가 된다면 편저자 일동에게는 큰 기쁨이 될 것이다.

편저자 나카이 사다오 (中井貞雄)

옮긴이 서문

현재 레이저빔을 이용한 기술은 산업계뿐만 아니라 실생활에서도 쉽게 찾아볼 수 있다. 레이저 포인트, 레이저 프린터, 바코드 스캐너, 거리 및 속도 측정기 등 일상생활에서 쉽게 접할 수 있는 레이저에서부터 용접과 절단, 열처리, 표면처리, 클래딩, 마킹 및 패터닝 등 산업계에서 이용되는 가공용 레이저에 이르기까지 다양한 분야에서 최첨단 고부가가치 산업을 리더하고 있다. 최근에는 레이저를 이용한 금속 3D 프린팅을 통해 환자의 인체에 꼭 맞는 인공관절을 제작하고, 고출력화를 통해 무기로도 사용되고 있다.

국내 레이저 관련 시장 역시 레이저빔 고유의 물성을 활용하여 그 저변이 확대되고 있다. 하지만 레이저빔을 이용하여 산업현장에서 응용하거나 연구하는 이들을 위한 교육 시설과 관련 전공서적이 절대적으로 부족하여 폭넓은 지식과 노하우를 공유하기에는 많이 어려워 보인다. 특히 산업현장에서 종사하는 많은 분들은 레이저빔의 특성과 가공 메커니즘을 정확히 이해하지 못한 채 단순한 반복 기능만을 사용하고 있는 경우가 많아서 열전도율이 크게 다른 재료나 이종재를 가공할 때의 전혀 다른 용융거동에 당황해 하거나, 제품의 결함발생에 따른 기초적인 대응능력부재로 자문해줄 전공자를 수소문하거나 구입한 레이저 메이커에 의뢰하여 문제점을 부분적으로나마 해결해 나가는 정황을 다수 목격한 적이 있다. 그러나 레이저 메이커라고 하더라도 조건별 최적의 가공조건을 제시할 수 있는 여건이 아님을 잘 알고 있다. 심지어는 모든 것이 가능할 것이라는 지나친 기대로 고가의 레이저시스템을 구입하였다가 제대로 활용할 방법을 찾지 못해 인가공업으로 전락하는 경우까지 있었음을 듣고 있다.

그래서 교재 집필진은 해외의 저명한 레이저관련 전문서 중 현장에 근무하는 엔지니어가 레이저빔에 대한 물리적인 성질을 쉽게 이해할 수 있으면서도 산업현장에서의 적용사례를 중심으로 가공메커니즘 해설에 충실한 해설서를 선정하고자 하였으며, 그 결실이 물리학자인 中井 貞雄 교수께서 저술한 "パワーレーザーの技術"이다. 이 교재는 번역 집필 책임저자로서 그 내용과 구성에 일찍이 감탄하여 언젠가는 국내에 번역하여 관련 전공자 및 현장에 계시는 분들과 공유하고 싶어 했던, 오랜 시간 연구실 서재에 보관해 오면서 아껴 두었던 책 중의 하나이다. 자신있게 국내 독자들에게 소개한다.

이 전공서는 일본에서 출판 된지 시간이 다소 경과되어 최근 산업계에서 사용하고 있는 디스크 레이저나 파이버 레이저 등을 다루고 있지는 않지만, 폭넓은 산업분야에 걸쳐서 널리 적용되고 있는 풍부한 사례는 입을 다물게 하지 못한다. 일부 내용은 과거 시점에서 최신 기술을 소개하고 있어서 다소 부합하지 못하는 경우가 있었지만, 이 경우 원저자의 저술의도가 어긋나지 않는 범위에서 일부 삭제하거나 수정하였음을 밝혀둔다. 일본을 중심으로 한 선진 산업계에서 적용되고 있는 레이저 열원의 적용사례 하나하나의 모음은 기업에서 대외비로 관리되면서 항간에 소문으로만 떠도는 내용을 구체적인 사진제시와 세부적인 설명을 더하여 지금까지 밖으로 알려지지 않은 내용들로 가득 채워져 출판되었다는 점에서 소중한 실용 백서라고 할 수 있을 것이다.

이 교재는 레이저빔이 가진 고유한 물성과 다양한 파장대에 걸쳐있는 각종 레이저 열원의 발진원리를 엔지니어 입장에서 이해하기 쉽게 설명하고 있으며, 적용사례로 들고 있는 레이저빔 에너지의 적용범위는 중공업, 자동차산업, 토목건축, 반도체 산업 및 전력산업, 그리고 레이저핵융합에 이르기까지 모든 산업분야에 걸쳐서 해설하고 있으므로 레이저를 처음 접하는 분이나 레이저를 다루고 있는 숙련자 모두에게 지식과 노하우를 제공할 수 있는 실용 과학 분야의 교양교재로 활용될 수도 있을 것이다.

끝으로, 이 교재를 통하여 산업현장에서의 실무자 및 관리자뿐만 아니라 학교 및 연구소의 연구원들에게 친환경·고부가가치의 레이저 응용기술에 대한 실질적인 이해에 큰 도움이 될 수 있기를 기대한다. 그리고 이 책이 나오기까지 많은 노고를 아끼지 않은 번역 집필진과 도서출판 GS인터비전의 송기수 사장님 및 관계자 여러분께 깊은 감사를 드린다.

2016년 10월

저자 일동

차례

1. 고출력 레이저의 기초 ········ 1

1.1 레이저광의 특징 ········ 3

1.1.1 레이저광과 통상적인 광 ········ 3
1.1.2 단색 평면파 ········ 4
1.1.3 단색성 ········ 6
1.1.4 지향성 ········ 7
1.1.5 회절현상과 집광성 ········ 9
1.1.6 시간적 코히런스와 공간적 코히런스 ········ 13
1.1.7 편광과 브루스터 각 ········ 18

1.2 레이저의 기본원리 ········ 21

1.2.1 에너지 준위와 반전분포 ········ 21
1.2.2 활성매질의 에너지 준위구조와 펌핑 ········ 23
1.2.3 레이저 공진기와 발진 모드 ········ 29
1.2.4 레이저 출력 빔 패턴 ········ 33
1.2.5 레이저 발진 조건 ········ 34
1.2.6 펄스 레이저 발진 ········ 36
1.2.7 레이저 출력의 주파수 구조 ········ 37
1.2.8 모드 동기 펄스 레이저 ········ 40
1.2.9 광변조기와 광셔터 ········ 41
1.2.10 빔품질 ········ 46

1.3 레이저 광과 물질의 상호작용 ········ 49

1.3.1 광 파라메트릭(parametric) 효과와 고주파 발생 ········ 49
1.3.2 비선형 굴절률과 빔 브레이크 업(break up) ········ 50
1.3.3 레이저에 의한 광학소자의 손상 ········ 52

1.4 레이저 빔의 균일화와 패턴 제어 ········ 54

1.4.1 레이저 빔의 파면 변형보상 ········ 54
1.4.2 회절 광학소자에 의한 레이저빔의 위상 분포 제어 ········ 56

2. 고출력 기체 레이저의 기초 기술 ········ 59

2.1 적외 기체 레이저 ········ 61

2.1.1 CO_2레이저 ········ 61
2.1.2 CO레이저 ········ 66
2.1.3 COIL레이저 ········ 67

2.2 가시~자외(선) 기체 레이저 ········ 70

2.2.1 Ar+레이저 ········ 70
2.2.2 구리증기 레이저 ········ 72
2.2.3 엑시머 레이저 ········ 74

3. 고출력 고체 레이저의 기초 기술 ········ 83

3.1 고출력 고체 레이저의 현황 ········ 85

3.2 LD여기 고체 레이저의 동작원리 ········ 87

3.3 고출력 반도체 레이저의 현상 ············ 92

3.4 고체 레이저의 열효과 제어 기초 기술 ············ 95

3.4.1 더블패스 증폭기에서의 열복굴절 보상 ············ 95
3.4.2 90도 석영 회전편광자를 이용한 열복굴절 보상 ············ 96
3.4.3 LD여기 Nd:글래스 레이저 발진기의 열복굴절 보상 ············ 97
3.4.5 상 전송 기술의 응용 ············ 99

3.5 LD여기 대출력 고체 레이저의 현상 ············ 101

3.5.1 LD단면여기의 로드와 디스크 ············ 101
3.5.2 LD측면 여기의 로드 ············ 106
3.5.3 LD측면여기의 지그재그 슬래브 ············ 108
3.5.4 LD표면 여기 디스크 ············ 110
3.5.5 LD표면여기의 엑티브 미러형 박막 디스크 ············ 111

4. 중공업에서의 레이저응용기술 ············ 119

4.1 중공업에서 사용되는 레이저 기술 ············ 121

4.1.1 레이저 발진기의 종류 ············ 121
4.1.2 레이저 가공의 종류 ············ 122
4.1.3 레이저 가공의 장단점 ············ 124

4.2 중공업분야에 있어서 레이저 가공의 실용화 예 ············ 132

4.2.1 원자력분야에 있어서의 실용화 예 ············ 132
4.2.2 항공기 분야에 있어서의 실용화 예 ············ 135
4.2.3 기타 분야에 있어서의 실용화 예 ············ 137

4.3 개발 중인 새로운 레이저 가공기술 ······ 143
4.3.1 대출력 YAG레이저를 이용한 수중용접 ······ 143
4.3.2 플럭스 코어드 와이어를 이용한 레이저 클래딩 ······ 145
4.3.3 스테인리스강 후판의 레이저 절단 ······ 147
4.3.4 레이저 피닝(peening)에 의한 응력제거기술 ······ 147

5. 자동차산업에서의 레이저 가공기술 ······ 153

5.1 자동차산업에 있어서 레이저 가공의 역사 ······ 155
5.1.1 자동차 산업에 도입되고 있는 레이저 가공기의 대수 추이155
5.1.2 자동차 업계에 있어서 레이저 가공기의 용도 ······ 157

5.2 최근의 응용사례 ······ 159
5.2.1 절단, 홀가공 ······ 159
5.2.2 레이저 용접 ······ 161
5.2.3 표면처리 ······ 172
5.2.4 기타 ······ 176

5.3 자동차산업에 있어서 앞으로의 레이저가공기술 ······ 178
5.3.1 장래 동향 ······ 178
5.3.2 앞으로의 과제 ······ 179

6. 토목·건축에서의 레이저 응용기술 ······ 183

6.1 토목 · 건축업에서의 레이저 가공기술의 개황 ······ 185
6.2 건설업에서의 레이저 재료 가공분야 ······ 187

6.3 건설용 2차 제품의 레이저 가공 ······ 189
6.3.1 레이저 절단 ······ 189
6.3.2 레이저 용접 ······ 193
6.3.3 레이저 표면 개질 ······ 194
6.4 건설 현장에서의 레이저 응용 ······ 205
6.4.1 오염된 건조물의 클리닝 ······ 205
6.4.2 원자력 시설의 해체, 제염 ······ 208
6.4.3 암반 굴삭 ······ 213
6.5 향후 전망 ······ 216
7. 반도체 산업에서의 레이저 응용기술 ······ 225
7.1 레이저 프로세스의 개요 ······ 227
7.1.1 반도체 프로세스 ······ 227
7.1.2 레이저 프로세서의 장점 ······ 232
7.1.3 파급 효과 ······ 233
7.1.4 레이저 프로세스의 응용분야 ······ 234
7.2 엑시머 레이저 리소그래피 ······ 235
7.2.1 해상도 한계 ······ 235
7.2.2 엑시머 레이저에 의한 미세가공 ······ 236
7.2.3 엑시머 레이저의 협대역화 ······ 238
7.3 박막 형성(레이저 CVD) ······ 240

7.3.1 레이저 CVD장치 ········ 240
7.3.2 박막 퇴적 속도 ········ 241

7.4 레이저 도핑 ········ 243

7.4.1 레이저 도핑 장치 ········ 243
7.4.2 시트 저항(sheet resistance)과 전도형8) ········ 245
7.4.3 서브 마이크론(sub micron) 직접 도핑 ········ 245
7.4.4 불순물의 깊이 방향 분포 ········ 248

7.5 자기정합적 금속박막 형성 ········ 249

7.5.1 중첩오차의 저감 ········ 249
7.5.2 자기정합(Self alignment)에 의한 구리박막 형성 ········ 249
7.5.3 자기정합 Au박막의 무전해도금 ········ 253

7.6 레이저 에칭 ········ 255

7.6.1 홀로그래피 노광장치 ········ 255
7.6.2 표면전자파 에칭의 편광 의존성 ········ 255
7.6.3 에칭 속도의 특이성 ········ 257
7.6.4 양자우물 광발광 ········ 258

7.7 레이저 어블레이션과 다중파장 효과 ········ 259

7.7.1 진공 자외선 레이저 ········ 259
7.7.2 진공 자외광에 의한 석영의 과도한 광흡수 ········ 261
7.7.3 다중파장 효과 ········ 262
7.7.4 분자결합의 절단 ········ 263

7.8 레이저가공 최근 동향 ········ 264

7.9 결론 ········ 265

8. 전력산업의 레이저 응용기술 ······ 269

8.1 동위원소 분리 · 군분리 ······ 271

8.1.1 레이저 동위원소 분리 ······ 271
8.1.2 군분리의 가능성 ······ 281

8.2 레이저에 의한 에너지 수송 ······ 284

8.2.1 레이저 에너지 수송의 가능성 ······ 284
8.2.2 시스템의 개념 ······ 285
8.2.3 레이저 시스템 ······ 288
8.2.4 공간 레이저 전송 ······ 291

8.3 레이저 트리거드 라이트닝 ······ 297

8.3.1 레이저 트리거드 라이트닝이란 ······ 297
8.3.2 레이저 트리거드 라이트닝의 메카니즘 ······ 299
8.3.3 레이저 트리거드 라이트닝 연구의 현황 ······ 301

8.4 고강도 레이저 γ선에 의한 핵변환 ······ 302

8.4.1 레이저에 의한 핵변환이란 ······ 302
8.4.2 컴프턴 산란 ······ 305
8.4.3 X선 · γ선원과 그 활용 ······ 307

8.5 결론 ······ 309

9. 레이저핵융합에 의한 신에너지 ········· 311

9.1 핵융합 에너지의 필요성 ········· 313

9.1.1 지구환경과 에너지 ········· 313
9.1.2 에너지 자원과 신에너지 필요성 ········· 314

9.2 핵융합 에너지란 ········· 315

9.2.1 핵융합에 의한 에너지 발생 ········· 315
9.2.2 핵융합 방식 ········· 316

9.3 레이저 핵융합이란 ········· 317

9.3.1 레이저 핵융합의 구조 ········· 317
9.3.2 연구 현황 ········· 318
9.3.3 에너지 이득의 비례측 ········· 321

9.4 레이저 핵융합 동력로 ········· 324

9.4.1 동력로 구성과 에너지균형 ········· 324
9.4.2 레이저 핵융합 동력로 「광량」 ········· 325

9.5 레이저 핵융합의 응용과 기반 기술의 파급 효과 ········· 333

9.5.1 레이저 핵융합 기반기술의 파급 효과 ········· 334
9.5.2 레이저 핵융합의 응용 ········· 337

9.6 세계의 레이저 핵융합 연구와 에너지 개발 상황 ········· 341

9.7 결론 ········· 343

찾아보기 ········· 347

1 CHAPTER

고출력 레이저의 기초

과학연구나 산업의 현장에서 활약하고 있는 레이저(laser)에는 여러 가지의 종류가 있으며, 그 용도에 따라서 레이저의 성능도 크게 다르다. 본 장에서는 레이저광이 일반적인 광과 두드러지게 다른 특징과 그 특징을 가진 레이저 발진기의 원리를 개략적으로 살펴보고, 더 나아가 고출력 레이저의 공학적 응용의 기초가 되는 광과 물질과의 상호작용 및 레이저 빔의 집중이나 균일화에 관계된 기본적인 사항에 대하여 서술한다.

1.1 레이저광의 특징

1.1.1 레이저광과 일반 광

레이저광의 최대 특징은 전등이나 태양광 같은 일의 광에 비하여 현저하게 가간섭성(coherence)이 높은 것이다. 레이저광의 가간섭성을 나타내는 것으로서 그림 1.1(a)와 같이 미세하게 분열된 빔패턴(beam pattern)이 실제로 확인된다. 불투명 유리와 같이 표면에 요철이 있는 물체에 투과광이나 반사광을 스페클 패턴(speckle pattern)이라 불린다. 스페클은 여러 가지 과학, 공업계측에 응용되는 반면 빔패턴을 열화시키는 문제점을 가지고 있기도 하다. 한편, 같은 방법으로 불투명 유리를 회중전등으로 조사한 반사미러의 경우에는 그림 1.1(b)와 같이 오히려 균일한 조명을 얻을 수 있다. 스페클은 레이저광의 간섭 결과로 생성되나 사실은 회중전등의 경우도 간섭을 하고 있지만 그 효과가 눈에 보이는 형상으로 발현되지 않았을 뿐이다. 그렇다면 광의 간섭이란 무엇인가를 이해하고 레이저광과 일반 광원과의 차이를 알아보자.

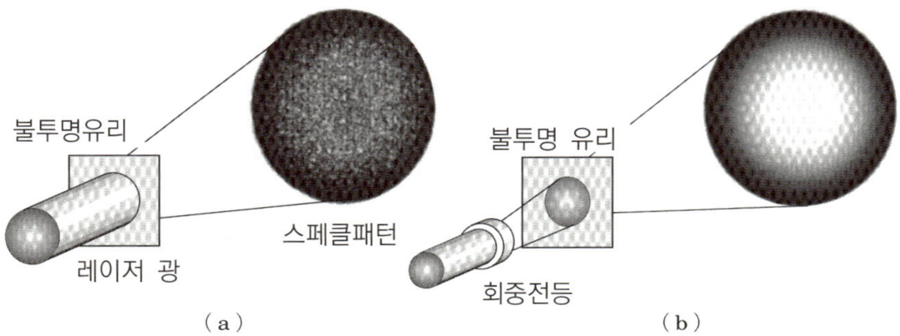

그림 1.1 불투명 유리와 레이저 스페클 패턴

1.1.2 단색 평면파

간섭효과는 광이 전자파의 하나라는 점에서 출발하면 이해하기 쉽다. 전자파는 횡파이고 일반적으로 전계벡터와 자계벡터는 진행방향에서 수직이다. 전자파를 나타내는 식은 맥스웰방정식으로부터 유도된 파동방정식의 해로써 얻어진다. 가장 단순한 전자파는 단색 평면파이며 그림 1.2와 같이 전계(자계)의 마루와 골의 진행방향에서 수직인 면안에 모여 있다. 파의 진행방향(광축)을 $+z$ 방향으로 한다면 그 전계 E는 다음 식으로 표현된다.

$$E(z,t)=A\cdot\cos[\omega t-kz+\varphi]=A\cdot\cos\left[\omega\left(t-\frac{k}{\omega}z\right)+\varphi\right] \tag{1.1}$$

이 식은「평면파는 그 전계가 진폭 A와 위상 φ 을 가지고 각주파수 ω (=$2\pi\nu$, ν는 진동수)로 진동하여 전파정수 k (파수=$2\pi/\lambda$)로 공간을 전하는 파(wave)이다」라는 것을 의미한다. 식 1.1에서, ω/k 는 위상속도라고 부르고 식 1.2과 같이 표현되며 μ와 ε는 각각 매질의 투자율과 유전율이다.

$$\nu_{\mathrm{p}}=\frac{\omega}{k}=\frac{1}{\sqrt{\mu\epsilon}} \tag{1.2}$$

진공(투자율 μ_0, 유전율 ε_0) 중에서 위상속도(광속)는 $c=(\mu_0\varepsilon_0)^{-1/2}=2.9979\times10^8\mathrm{m/s}$ 이다. 일반 유전체매질에서 자기모멘트는 광의 자계진동으로 추종하여 응답되지 않으므로 ($\mu=\mu_0$) 굴절률 n은 다음 식으로 나타낸다.

$$n=\frac{c}{v_{\mathrm{p}}}=\sqrt{\epsilon/\epsilon_0} \tag{1.3}$$

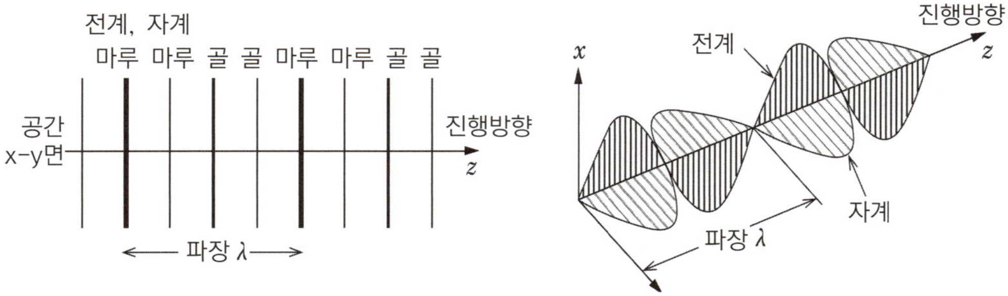

그림 1.2 단색평면파와 직선편광의 전자파

따라서 일반 매질 중 $(n > 1)$에서는 진공중의 경우에 비하여 파장이 $1/n$으로 단축된다. 아울러 흡수나 증폭이 있는 경우에는 전파정수가 복소수로 된다.

위에서 서술한 단색 평면파는 가장 단순한 전자파이지만, 레이저광의 우수한 성질을 잘 나타내는데 가장 적당한 개념이다. 즉, 「단색」은 주파수가 일정한 값으로 고정되어 있다. 한편, 「평면파」라는 것은 파면의 전파를 수여하는 전파정수가 공간위치에 상관없이 일정하며 광이 전파됨에 따라 퍼지지 않고 직진하는 것을 의미한다. 이것을 지향성이 좋다고 말한다. 또한, 전자파(광파)는 다음과 같은 성질을 가지고 있다.

① 임의의 광전계는 식 1.1을 주파수에 대하여 맞추는 것으로 표현된다.

② 위상의 시간변화$(-\delta\phi/\delta t)$는 주파수 시프트와 등가이다.

③ 광축에서 수직인 면안에 위상이 일정하지 않으면 광은 위상이 늦어지는 부분을 향해서 구부러지므로 빔은 발산 혹은 집속한다.

그림 1.2의 「단색」과 「평면파」라는 개념에 대하여 레이저광을 일반적인 광과 비교하며 구체적으로 생각해보자.

1.1.3 단색성

단색에 가까운 광으로는 반딧불의 발광이 있으며 인공의 광으로는 나트륨램프나 네온사인이 있다. 물질이 발광하는 것은 그림 1.3과 같이 원자나 분자중의 전자가 다양한 에너지 상태를 가질 수 있기 때문에 에너지 상태의 변환에 수반된 여분의 에너지를 광으로 방출하기 때문이다. 또한, 가스와 같은 분자안의 원자 진동(분자진동) 상태변화는 원적외선이나 마이크로파의 방출과 관련되어 있다. 그러므로 그 광이 단색에 가까운 것은 에너지 상태가 건너뛰는 값(에너지 준위)을 가지고 있기 때문이다. 그 때문에 전자가 위의 준위에서 아래 준위로 이동(천이)할 때에 방출된 광은 특정의 파장을 가지게 된다.

그러나 나트륨램프의 등색광은 그림 1.4에 나타내는 것처럼 파장 589 nm를 중심으로 0.6 nm 벗어난 두 개의 파장 (선 스팩트럼이라 함, 각각 D_1선, D_2선)으로 되어 있다. 단색의 척도를 중심파장(λ)에 대한 스팩트럼 폭($\Delta\lambda$)의 비로 나타내면 색유리 필터에서는 $\Delta\lambda/\lambda \approx 0.2$

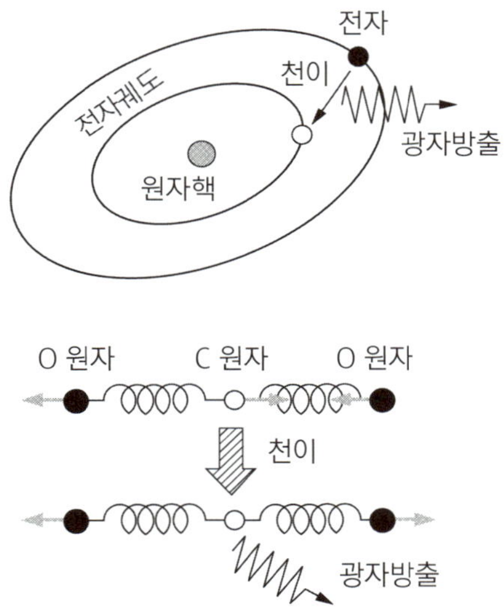

그림 1.3 원자나 분자의 에너지 상태의 변화(천이)와 광의 방출

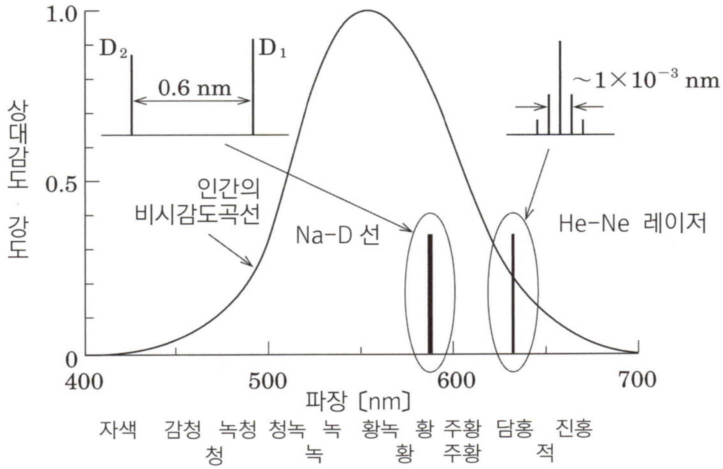

그림 1.4 레이저광의 단색성

정도이며 나트륨의 D선에서는 $\Delta\lambda/\lambda \approx 10^{-3}$이다. 이에 반해서 헬륨네온(He−Ne) 레이저와 같은 가스 레이저에서는 $\Delta\lambda/\lambda \approx 2\times10^{-6}$에도 도달하고 특별한 기술을 사용하게 되면 단색성을 향상(협대역화)시키는 것도 가능하다. 이와 같이 레이저광은 극히 단색성이 우수하기 때문에 다음에 설명하는 것과 같이 매우 간섭성이 뛰어난 광이 된다.

1.1.4 지향성

레이저광의 또 다른 하나의 특징으로서 지향성이 높은 것을 들 수 있다. 이는 레이저광의 전계가 평면파와 유사하다는 것을 의미한다. 지향성이 좋은 광은 평행광선으로도 표현하고 일반 램프광선으로 평행광선을 얻기 위해서는 그림 1.5에 나타내는 것처럼 2종류의 방법이 있다. 첫 번째는 광원으로 작은 핀홀(pin hole)을 조명하고 볼록렌즈를 핀홀에서 초점거리까지 떨어진 곳에 배치하는 방법(그림 1.5(a))이다.

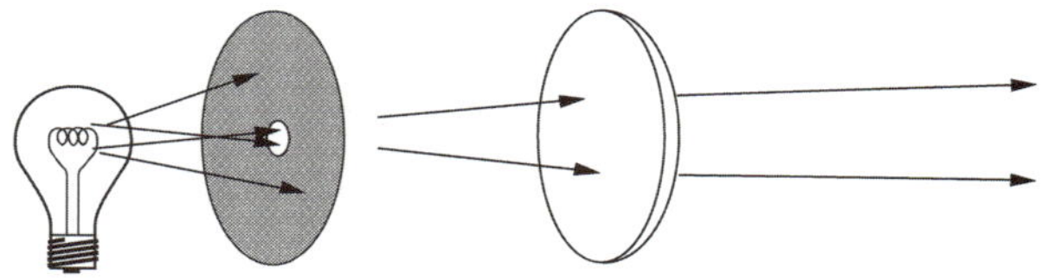

(a) 콜리메이션(볼록렌즈를 배치)

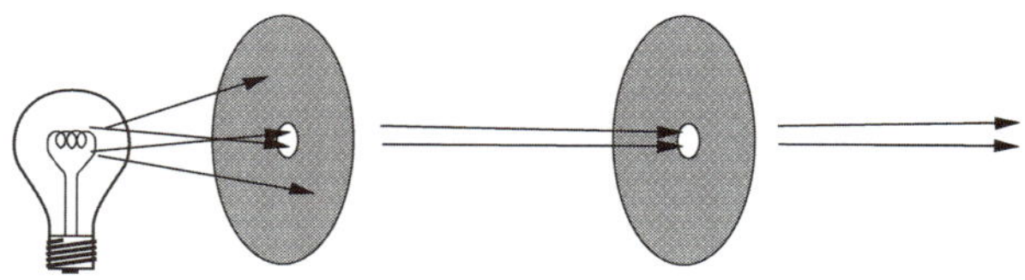

(b) 콜리메이션(다수의 개구를 일직선상에 배치)

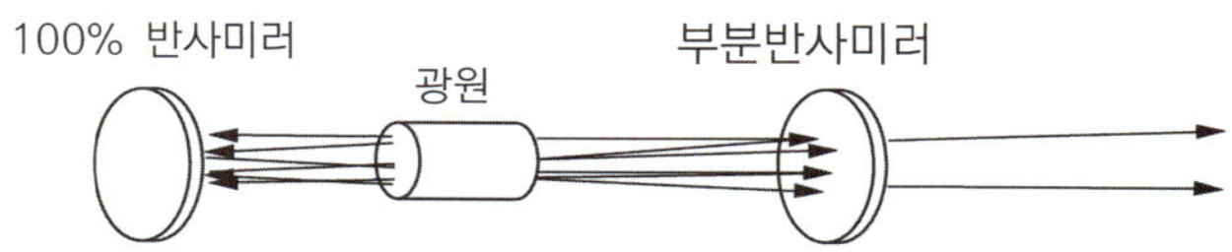

(c) 광공진기

그림 1.5 지향성이 높은 광(평행광선)을 얻는 방법

이와 같이 평행광선은 미세한 광원에서 만들어 낼 수 있으며 혹은 반대로 평행광선은 매우 작은 점으로 집광할 수 있다. 두 번째 방법(그림 1.5(b))은 적당한 크기의 구멍을 뚫은 판(개구)을 여러 장 준비하고 간극을 두어 일적선 상으로 나열하는 방법이다. 이러한 두 가지 방법을 콜리메이션(collimation)이라고 한다.

콜리메이션은 발생하는 광의 극히 일부분 밖에 이용할 수 없기 때문에 매우 효율이 나쁘다. 그러나 손실을 보상할 증폭작용을 부가할 수 있다면 고휘도의 평행광선을 얻을 수가 있다. 이를 실현한 것이 레이저이다. 콜리메이션의 첫 번째의 방법은 반도체 레이저의 원리와 같으며 또한 두 번째의 방법은 일반 레이저 공진기와 같다. 공진기는 그림 1.5(c)와 같이 2장의 유한한 크기의 거울을 좌우로 마주보게 평행하게 배치한 것이다. 공진기 안에 광원을 설치할 때에 반사미러에 수직으로 입사한 광만이 공진기 안에 갇혀서 거울 사이를 많은 횟수동안 왕복하는 사이에 거의 완전한 평행광선만이 남게 된다. 예를 들어 파장 1 ㎛에서 직경 50 cm 의 레이저빔을 달을 향해 발사한다고 가정하면 달 표면에서의 퍼짐정도는 약 1 km 정도이다.

1.1.5 회절현상과 집광성

현실에서의 광선은 굵기에 한계가 있으므로 완전한 평행파는 될 수 없으며 레이저광이라고 말할 수 있을 정도로 발산한다. 광선의 발산은 광의 파동성에서 기인하는 회절로부터 생긴다. 회절이란 광선 안에 슬릿(slit)이나 핀홀을 놓아 둔 경우 기하광학적으로는 그림자가 되는 영역으로 까지 광파가 퍼지는 현상이다. 이러한 회절현상은 전파방향에서 수직인 면으로 광파를 유한한 공간영역으로 한정하려 하기 때문에 생기며 전파방향이 광선의 광축으로부터 떨어지는 성분(공간주파수의 고주파성분)을 발생시킨다. 따라서 광학적인 푸리에변환을 실행함으로써 개구에서 잘려진 빔의 발산각을 평가할 수가 있다. 광학적 푸리에변환은 빔을 무한히 먼 곳까지 전파시킬 때의 패턴 혹은 평행광선으로 조명할 때의 볼록렌즈(푸리에변환렌즈)의 초평면(focal plane)의 상에서 얻을 수 있다. 이러한 경우 개구 직후의 빔 패턴을 근시야상, 푸리에 변환면의 빔 패턴을 원시야상이라고 한다.

실제의 레이저 시스템에서는 개구의 크기 D에 비해서 충분히 떨어진 위치 z에서 프라운호퍼(Fraunhofer)영역과 근접하게 되고 빔패턴은 공간주파수 푸리에성분의 각 진폭에 대응하여 명암이 나타난다. 레이저빔은 보통 원형패턴이며 이 경우에는 그림 1.6과 같이 링형상의 줄무늬 모양(에어리 패턴, Airy pattern)이 된다. 강도가 최초로 제로가 되는 반경은 $r_0 = 3.82\,(2z/D)\,(\lambda/2\pi)$의 경우이며 $r \leq r_0$의 중심 스폿에는 전체 에너지의 84%가 포함된다. 그 중심 스폿이 빔의 크기를 나타낸다고 하면 그 직경 $2r_0$와 전파거리와의 비, 즉 전발산각 θ_C 는 다음의 식으로 표현된다.

$$\theta_C = \frac{2r_0}{z} = 2.44\frac{\lambda}{D} \tag{1.4}$$

위의 식으로 광선을 초점거리 f 인 렌즈(혹은 오목거울)로 집광할 때의 스폿 사이즈는 다음 식의 값보다도 작아지지 않는다는 것을 알 수 있다.

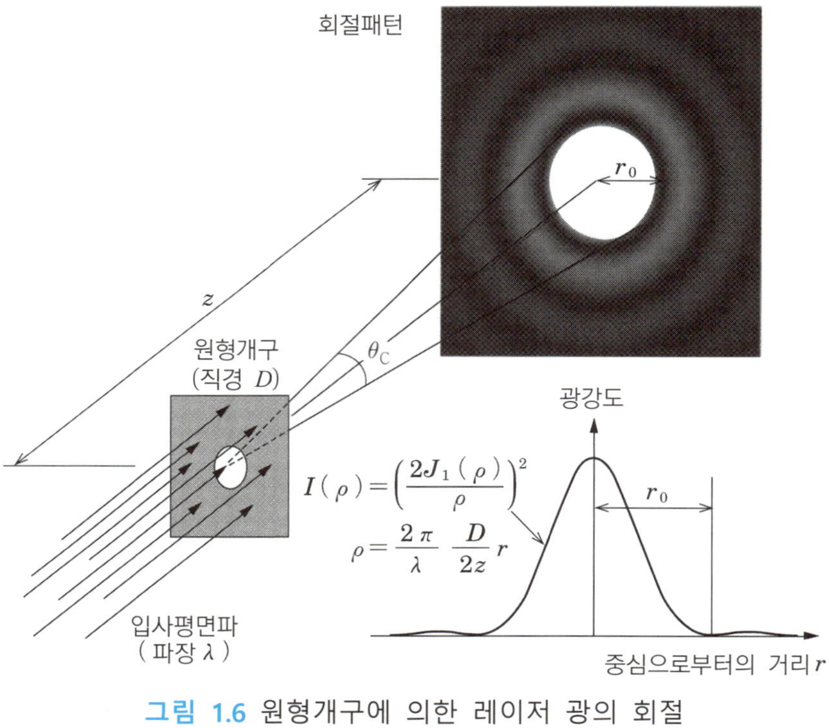

그림 1.6 원형개구에 의한 레이저 광의 회절
($J_1(\rho)$는 제1종 1차의 베셀 함수임.)

$$f\theta_C = 2.44\frac{\lambda}{D}f = 2.44F\lambda \tag{1.5}$$

여기서, $F(=f/D)$는 집광빔의 F넘버(f-number)이다. 따라서 집광 스폿을 작게하기 위해서는 단파장의 레이저와 작은 F넘버가 필요하다.

실제의 레이저 발진기의 출력 빔 패턴은 위에 서술한 것처럼 원형으로서 균일한 분포와는 다르며 가우스 빔(Gaussian beam)으로 불리는 것을 얻게 된다. 이에 대한 개념을 그림 1.7에 나타낸다. 가우스빔은 빔이 최소 스폿이 되는 위치($z=0$)에서의 파면은 평면이며 이로부터 멀어져 가면서 완만하게 발산하는 것과 같은 빔이다. 그리하여 최소 스폿으로부터 충분히 떨어진 위치에서의 파면형상은 거의 구면(곡률반경z)으로 되어있다. 그림 1.7중의 $\omega(z)$는 빔의 크기를 표시하는 지표이며 빔 반경 혹은 스폿 반경이라고 불리며 $\omega(z)=\lambda z/\pi\omega_0$ ($z=0$에서 ω_0)이다. 가우스빔이라는 이름의 유래는 빔의 어떤 위치에서의 단면에 있어서도 반경 r 방향의 진폭분포(전계분포)가 항상 가우스형($\exp[-(r/w(z))^2]$)을

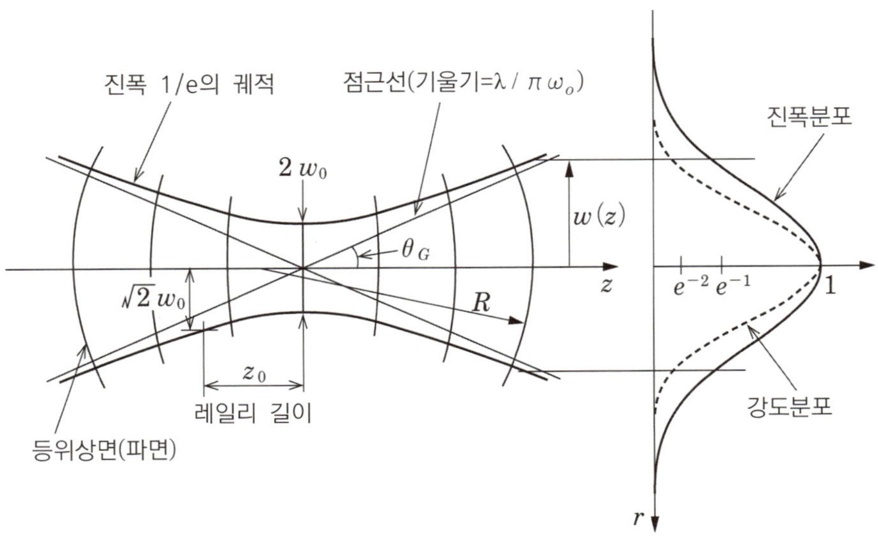

그림 1.7 가우스빔의 전파

하고 있기 때문이며 반경 $r=\omega(z)$에서의 진폭은 광축위에서의 값의 $1/e(=0.368)$이 된다. 대개 그 크기로 빔의 반경을 정의하므로 강도분포는 빔 반경이 $\omega(z)/\sqrt{2}$의 가우스 분포가 되며 $r=\omega(z)$에서의 강도는 광축 위의 값의 $1/e^2(=0.135)$이 된다. 그리고 빔 에너지는 $r \leq \omega(z)$의 영역에서 86%가 $r \leq 2\omega(z)$의 영역에는 거의 100%가 포함된다.

그림 1.7에 있어서 전파에 동반되는 빔 반경의 궤적은 $z=0$에서 원점과 교차되는 직선(기울기 $\lambda/\pi\omega_0$)에 접근하는 쌍곡선을 그린다. 그러므로 가우스빔의 전발산각은

$$\theta_{\mathrm{G}} = \frac{2w(z)}{z} = \frac{4}{\pi}\frac{\lambda}{2w_0} \cong 1.27\frac{\lambda}{2w_0} \tag{1.6}$$

식 1.6으로 되어 식 1.4와 유사한 형상으로 표시되며 초점거리 f인 렌즈로 집광했을 때 회절한계의 집광 스폿사이즈는 $f\theta_{\mathrm{G}}$로 된다.

가우스빔은 집광패턴도 역시 가우스 분포가 되고 비교적 균일하므로 레이저 가공과 같이 집광에 의한 파워밀도의 증대가 필요한 경우에는 유용하다. 그러나 가우스빔은 완만한 퍼짐이 크기 때문에 한계가 있는 구경의 렌즈를 이용하면 그림 1.6에 닮은 회절 링이 생겨 결국 집광 스폿 중심의 강도저하를 초래한다. 예를 들어 렌즈의 반경이 빔 반경과 같을 경우에는 무한 구경 렌즈 값이 60%가 되며 일반적으로 집광렌즈의 구경은 빔 직경의 1.5배 이상이 되는 것이 바람직하다. 또한 최소 스폿의 위치를 빔 웨이스트(beam waist)라고도 부르며 이 웨이스트 부분이 광축방향으로 어느 정도 계속되는지도 주의하지 않으면 안된다. 중심강도가 최소 스폿의 1/2 이 되는 거리 z_0는 스폿 반경이 최소스폿의 $\sqrt{2}$배가 되는 위치이며 $z_0=\pi\omega_0^2/\lambda$ 이다($2z_0$를 공초점 파라미터라고 부른다).

아울러 렌즈의 집광성능의 지표로 초점심도가 있으며 이는 중심강도가 최소 스폿의 80%가 될 때의 초평면으로부터의 거리로 정의되고 레일리 한계조건(Rayleigh limit)이라고 불린다(같은 방법으로 정의하면, $z_0 = \pi\omega_0^2/2\lambda$). 레일리 조건 LR은 렌즈의 중심과 주변을 지나는 광로의 차가 $\lambda/4$가되는 위치에 대응하고 $L_R = 2F^2\lambda$이며 집광스폿사이즈($\approx 2F\lambda$)의 F배가 된다. 이것은 렌즈 혹은 빔의 파면 비틀림이 $\lambda/4$정도 이하이면 중심강도는 무수차의 경우와 거의 같은 것을 g의미한다. 또한 F 넘버가 큰 집광에서는 스폿 사이즈는 크지만 깊숙한 가공이 가능하고 F 넘버가 작은 집광에서는 그 반대가 된다.

1.1.6 시간적 코히런스와 공간적 코히런스

2개의 레이저빔을 각도를 주어 겹쳐서 합치면 파의 마루와 골의 강한 합(파의 위상이 같음)과 약한 합(파의 위상이 π틀어짐)에 의해 그림 1.8과 같은 간섭무늬가 생긴다. 코히런스(coherence)란 바로 이러한 간섭무늬가 명료하게 식별 되는 것을 말한다. 간섭무늬의 명료도(articulation)

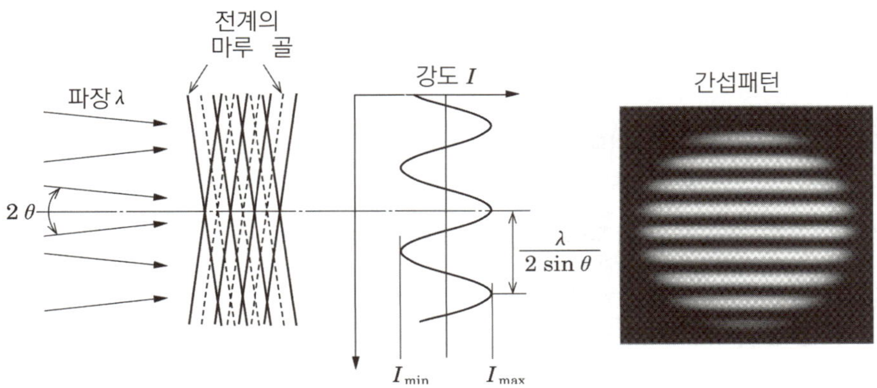

그림 1.8 광속의 간섭과 간섭패턴

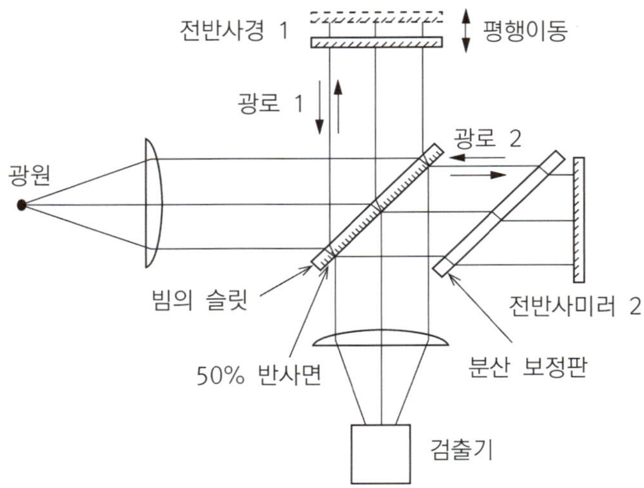

그림 1.9 마이켈슨 간섭계

는 $V=(I_{max}-I_{min})/(I_{max}+I_{min})$으로 표현되며 이를 가시도(visibility)라 부른다. 광파의 코히런스를 구하는 것은 3차원 공간에서 임의의 2점을 추출하고 이 점들에 있어서의 파의 위상차와 거리와의 상관관계를 조사하는 것과 같다. 이때에 광선의 진행방향에 따른 2점 혹은 광축으로 수직인 단면의 2점을 추출하면 전자는 시간적 코히런스를 후자는 공간적 코히런스를 두드러지게 관측하는 것이 가능하다.

시간적인 코히런스는 그림 1.9와 같이 마이켈슨 간섭계(Michelson interferometer)를 이용하여 광선을 2개로 분기하고 재합성함으로서 측정할 수 있다. 만약 광로 1과 2의 길이가 완전히 같으면 검출기에는 분기전의 반의 광량이 측정된다. 그러나 반사미러 1을 광축방향으로 평행이동하면 광로차ℓ에 대응하여 검출기의 출력이 변화한다. 이는 시간축에서의 자기상관이라고 불린다. 가장 단순한 출력변화는 순수한 단색광의 경우에 관찰되고 파장 λ와 동일한 거리를 주기로 하면 $\cos(2\pi\ell/\lambda)$의 진동을 한다.

그러나 광선이 유한의 주파수 스팩트럼 폭 Δv을 가지는 경우에는 광로

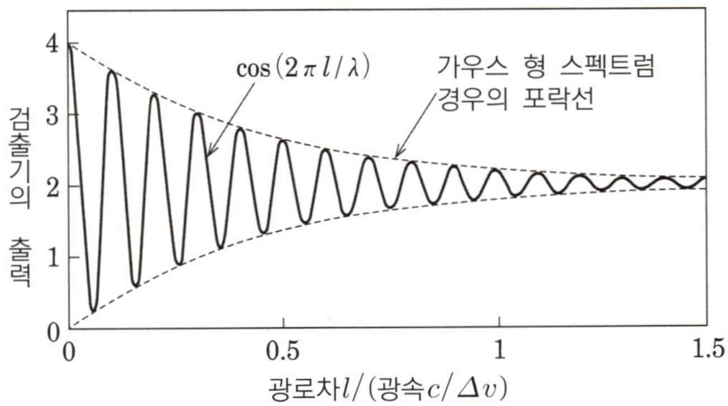

그림 1.10 광로차를 변화시킬 때의 마이켈슨 간섭계의 출력변화

차에 대하여 감쇠진동의 출력(그림 1.10의 포락선(envelope))이 얻어진다. 이는 광로차가 증가함에 따라 다른 주파수에 의한 강한 합의 간섭과 약한합의 간섭이 서로 섞여있는 것처럼 되기 때문이며 마침내 랜덤 간섭으로 되어 일정값(광로차0의 경우의 출력의 1/2)에 근접한다. 출력이 거의 근접치에 도달할 때의 광로차를 코히런스 길이(l_c)라고 한다.

또한 그 광로차에 대응하는 시간차(l_c/c)를 코히런스 시간(τ_c)이라고 하고, 시간적 코히런스의 척도가 된다. 코히런스 시간은 광파의 주파수 스펙트럼 너비와 형상에 의존(그림 1.10의 포락선형상과 다름)하고 스팩트럼의 반치전폭(full width at half maximum, FWHM)을 Δv로 하면 방형, 가우스형 및 로렌츠형 스팩트럼에 대하여 각각 τ_c는 $1/\Delta v$, $0.66/\Delta v$, $0.32/\Delta v$이다.

한편, 공간적 코히런스는 그림 1.11과 같이 간섭계를 이용하여 측정한다. 강도가 일정한 직경 δ의 구형 광원(파장λ)을 볼록렌즈 (초점거리 f)의 초점위치에 배치하여 근사적인 평행광선을 만든다. 레이저광의 경우에는 볼록렌즈 ℓ로부터 좌측을 레이저 광선으로 위치교환하면 된다. 이 광축위에 같은 렌즈를 한 개 더 놓으면 그 초평면으로 배치된 텔레비전카메라에 상이 맺혀 패턴을 관측한다. 여기서 두 개의 렌즈사이

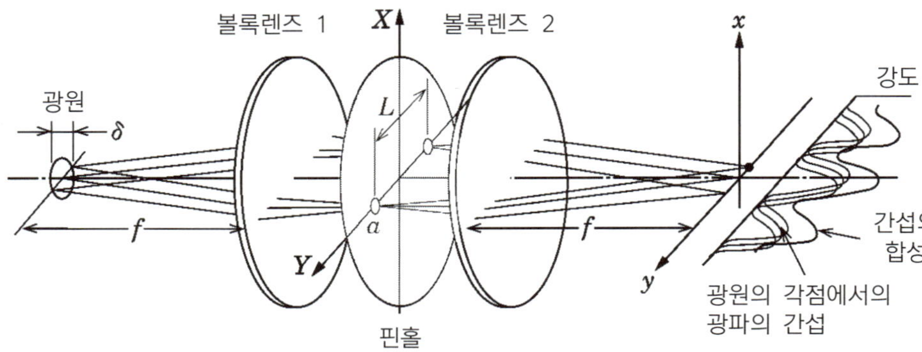

그림 1.11 공간 코히런스의 측정

의 간극 L인 두개의 핀홀을 삽입하면 두 개의 광선은 동일한 광원에서 나왔으므로 전계에는 서로 어떠한 상관이 있을 것이며 그림 1.8과 같은 양상으로 y축에 수직인 간섭무늬가 생성된다. 이러한 영(Young's)의 간섭무늬의 가시도는 핀홀 간극 L에 대하여 그림 1.12와 같이 변화한다.

L이 아주 작을 때에는 광원 위의 모든 점에서 나오는 광파는 거의 같은 위치에 간섭무늬를 만들기 때문에 가시도는 1이 된다. 그러나 핀홀 간극이 넓어짐에 따라서 광원의 각 점에서 발생된 광파가 만드는 간섭무늬는 y축 방향으로 어긋나서 생성되고 이들이 합성되어 간섭무늬의 가시도가 저하된다.

간섭무늬의 가시도는 광 빔의 단면에서의 위치 어긋남 $(\Delta X, \Delta Y)$에 대하여 상호상관함수(상호강도라 함)와 관련되어 있기 때문에 시간적 코히런스와 공간적 코히런스에서는 표 1.1과 같은 대응관계가 있다는 것을 알 수 있다. 자주 다루는 원형 광원에 대하여 간섭무늬의 가시도를 그림 1.12에 나타내었지만 이 경우 핀홀의 간극 L이 $L[\pi\delta/\lambda f] = 3.83$에 도달하면 간섭무늬는 잠시 소멸한다. 또한 간극을 넓히면 강약의 위상관계가 역전된 가시도가 낮은 가시무늬가 나타나 최종적으로 가시도는 0에 접근한다. 간섭무늬의 가시도는 최초에 0이 되고(2개의 광원이

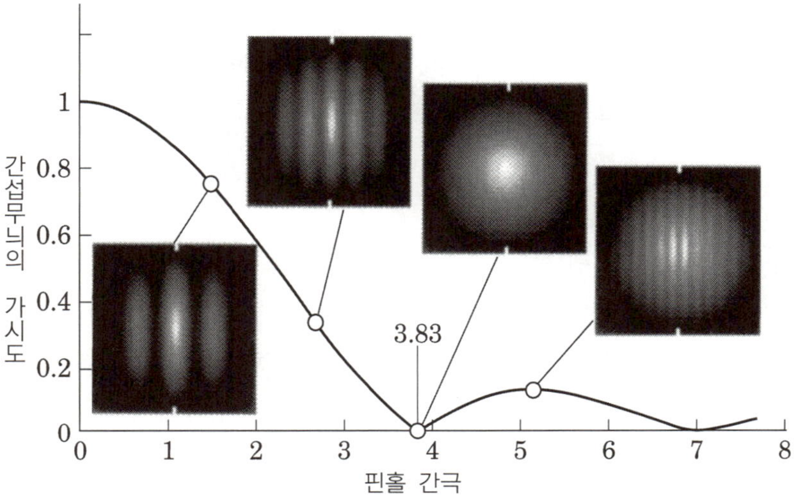

그림 1.12 영의 간섭무늬 가시도와 공간적 코히런스

표 1.1 시간적 · 공간적 코히런스의 대응관계

시간적 코히런스	공간적 코히런스
지연시간	핀홀간극
스펙트럼 폭	광원의 크기(발산각)
코히런스 시간	코히런스 면적
파워 스펙트럼	광원의 형상
자기상관	상호상관
복소 코히런스도	상호 코히런스 팩터

완전히 독립되게 보임) 핀홀 간극 L_0는 핀홀이 위치한 면에서 공간적 코히런스의 척도를 나타낸다. L_0를 직경으로 하는 범위를 코히런스 영역이라고 하며 그 면적을 코히런스 면적($A_C=(4/\pi)(\lambda f/\delta)^2=\lambda^2/\Omega s$, Ωs는 렌즈로부터 광원을 바라볼 때의 위상각)이라고 한다. 광선의 발산각이 커지면 공간 코히런스의 저하를 초래하므로 레이저 빔의 공간적

코히런스를 간단하게 알기 위해서는 렌즈에서 집광될 때의 스폿사이즈가 회절한계의 스폿사이즈의 몇 배인지를 알아보는 것이 좋다. 이와 관련하여 빔의 품질과도 관계있으므로 상세한 것은 다음에서 서술한다.

1.1.7 편광과 브루스터 각

레이저광을 다루는데 중요한 것으로서 편광이 있다. 전자파 전계의 진동방향을 편광방향이라 하며 편광방향이 하나인 면안(집광면)으로 치우친 상태를 직선편광이라고 한다. 또한 전계벡터는 직교된 두 개의 진폭이 동등한 편광벡터 성분으로 분해되며, 만일 한쪽의 편광성분의 위상을 반파장 어긋나게 하면 합성편광은 90° 회전한다. 또한 1/4파장 어긋나게 하면 원궤도를 그리며 이를 원편광이라고 부른다. 편광의 회전방향은 상류에서 하류쪽으로 볼 때 시계방향으로 회전하는 경우를 우회편광 그 반대를 좌회 편광으로 정의하고 있다. 원편광과 직선편광의 중간을 타원편광이라고 한다. 또한 특정한 편광면을 가지지 않는 (자연광 등)경우를 무편광 혹은 랜덤편광이라고 부른다. 또한 편광에 의존하는 몇 가지의 특징적인 현상(흡수·반사의 편광의존성이나 복굴절 등)이 존재하고 이를 이용한 다양한 광학소자가 이용되고 있다.

반사의 편광의존성은 레이저에 있어서 매우 중요하다. 굴절률이 다른(n_1과 n_2) 매질이 경계면을 만들면 거기서 광선의 반사와 굴절이 생긴다. 입사광, 반사광, 굴절광 등 3개의 광선은 하나의 면으로 포함되어 이 면을 입사면이라고 부른다. 그리고 편광면이 입사면에 수직인 경우를 **s 편광**(혹은 transverse electric wave : TE파), 편광면이 입사면에 평행인 경우를 **p편광**(transverse magnetic wave : TM파)이라고 부른다. 수직입사의 경우에 반사율은 편광에 의존하지 않고 식 1.7로 표기되지만

$$R = \left(\frac{n_1 - n_2}{n_1 + n_2} \right)^2 \tag{1.7}$$

경사진 입사에서는 편광 의존성이 나타난다. 그림 1.13에서는 진공중 ($n_1 = 1.0$)에서 글래스 ($n_2 = 1.5$)로 입사하는 경우를 예로 들면 반사율의 입사각도 의존성을 나타낸다.

여기서 입사각과 굴절각의 합이 $\theta_i + \theta_t = \pi/2$(즉 반사광선과 굴절후의 투과광선의 사이가 직각)인 경우에 p편광의 반사률(율)은 제로가 된다. 이 각도를 브루스터각 θ_B(Brewster's angle)라고 부르며 식 1.8로 표현되고 그림 1.13의 경우에는 $\theta_B = 56.3°$이다.

$$\tan\theta_B = n_2/n_1 \tag{1.8}$$

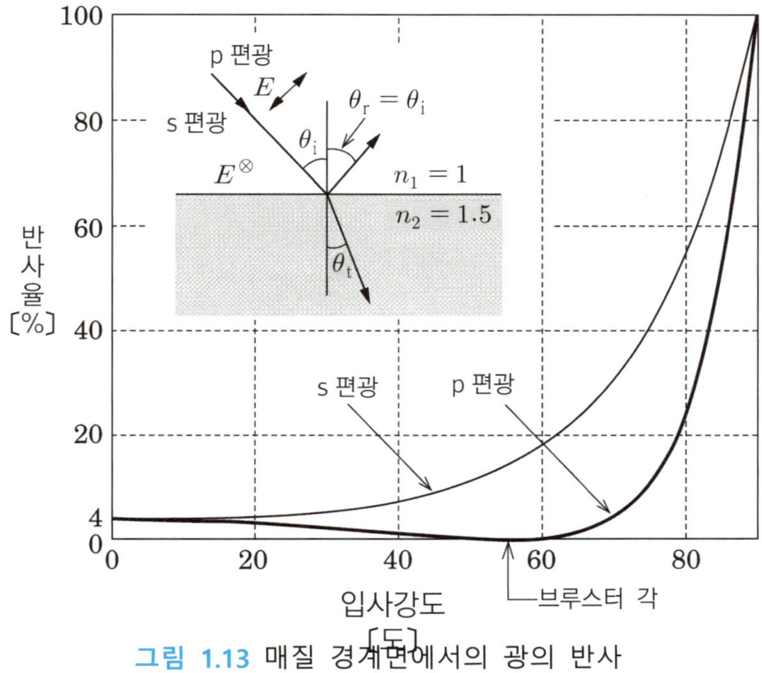

그림 1.13 매질 경계면에서의 광의 반사

레이저장치에서는 활성매질 (가스방전관이나 레이저로드 혹은 레이저 디스크)의 끝단면을 브루스터각으로 설정하는 경우가 많고 이를 브루스터 윈도우(Brewster's window)라고 부른다. 브루스터 윈도우의 이점은 반사손실을 제로로 하는 것뿐만 아니라 발진기에 사용하면 직선편광을 간단하게 얻을 수 있다는 것과 증폭기에 사용하면 무반사 코팅을 할 필요가 없으므로 레이저 손상의 관점에서도 유리하다는 것, 혹은 다중반사에 의한 간섭이나 에탈론(etalon)효과를 방지할 수 있다는 점 등이다. 브루스터각을 더욱 적극적으로 이용한 것으로 반사율이 다른 유전체 (TiO_2나 SiO_2)를 다층막 코팅하여 제작하는 박막편광자가 있다.

1.2 레이저의 기본원리

1.2.1 에너지 준위와 반전분포

레이저란 light amplification by simulated emission of radiation 의 약자이며 유도방출로 복사(전자파)를 증폭하는 것이 레이저이다. 광 증폭을 효과적으로 발현시켜 레이저광을 발생시키기 위해서는 「활성매질」과 「반전분포」 및 「광의 귀환」의 3요소가 필요하다. 구체적으로는 먼저 활성매질(레이저매질)에 에너지를 주입하고 (이를 펌핑이라고 함), 다음으로 펌핑된 활성매질로부터 방출된 광을 공진기 (광공진기, 혹은 파브리-페로 공진기(Fabry-Perot resonators)라고 함) 안에 가두고 활성매질 안을 수회 왕복 통과시킨다. 아래에 하나하나의 요소에 대하여 서술한다.

먼저, 활성매질에 생성된 반전분포란 어떤 현상이며 그것이 어떠한 효과를 가지는가를 생각해보자. 그림 1.14에 나타낸 2준위계(분포수밀도 n_0, n_1)의 전자상태를 예로 든다. 2준위 사이의 에너지 차 $\Delta E(=E_1-E_0)$와 같은 에너지의 광자 1개 ($hv=\Delta E$, v는 광의 진동수, h는 프랑크 정수=6.625×10^{-34} J·s)를 흡수하면 전자상태는 하준위에서 상준위 (여기준의)로 천이한다. 이를 유도흡수(혹은 간단히 흡수)라 하고 그것이 생기는 확률계수 (단위방사에너지밀도 ρv당 천이비율B_{01})는 아인슈타인의 B계수라고 불린다. 상준위로 이동한 전자는 방치해도 10^{-3}초 정도 이하의 시간(수명시간τ_{10})안에 ΔE에 동일한 에너지의 광자 하나를 방출하여 원래의 하준위로 돌아간다. 이는 광의 유도흡수, 자연방출의 일련의 과정이다. 자연방출이 생기는 확률계수 (1초당의 천이비율 A_{10})는 자연방출계수 (아인슈타인의 A계수)라고 불리며 수명시간의 역수 ($A_{10}=1/\tau_{10}$)와 동등하다. 그러나 전자가 다시 상준위에 있을 때에 다른 광자 (동일하게 $hv=\Delta E$)가 오면 전자계와 광의

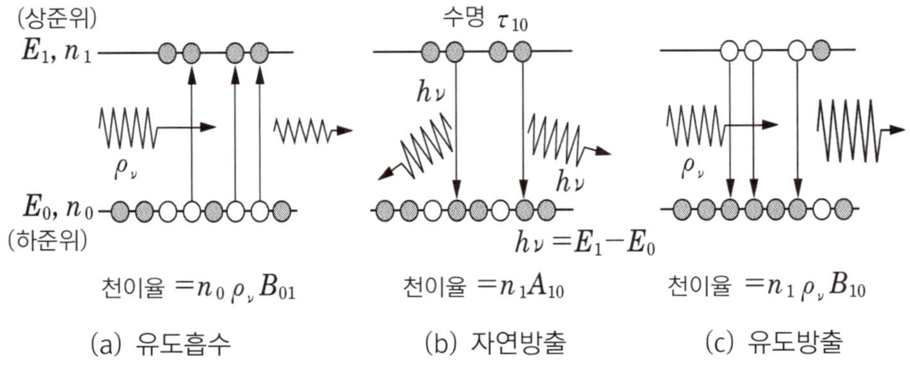

그림 1.14 광의 흡수와 방출 과정

상호작용에 의해 입사광과 같은 준위의 광이 방출된다. 이러한 현상을 유도방출(천이계수 B_{10})이라고 하며 유도흡수의 역과정이다. 천이계수 A와 B의 사이에는 다음과 같은 아인슈타인의 관계식이 성립한다.

$$B_{01} = B_{10} = \frac{c^3}{8\pi h v^3} A_{10} \tag{1.9}$$

매질 중을 전파하는 광의 강도 I는 두 개의 유도과정에 의해 감쇠 혹은 증폭되어 전파거리 l에 대하여 $I(l) \propto \exp(\alpha l)$과 같이 지수함수적으로 변화한다. α는 아인슈타인의 B계수를 사용하여 다음식과 같이 표현할 수 있다.

$$\alpha = (n_1 + n_0) B \frac{hv}{c} \tag{1.10}$$

여기서 흡수나 증폭에 의한 각준위의 분포수 변화가 무시되는 ($(n_1 - n_0)$가 일정하다고 가정) 경우를 소신호영역이라 부르고 $n_1 - n_2 > 0$의 경우는 흡수보다 증폭이 이기며 그때의 α를 바꾸어 $-|\alpha|$로 두고 $|\alpha|$를 흡수계수라고 부른다.

식 1.10에서 밝혀진 것처럼 광을 증폭하기 위해서는 상준위의 분포수를 하준위의 분포수보다 크게 하지 않으면 안 된다. 이러한 상태를 반전분포라고 부른다. 그러나 열적평형상태(온도T)에서는 볼츠만분포 (Boltzmann distribution) ($n_i \propto \exp(-E_i/kT)$, $k=1.38\times10^{-23}$J/°K는 볼츠만 정수)에 따라서 상준위의 분포수는 하준위에 비해서 반드시 작아지므로 반전분포는 자연의 섭리에 반하는 형상이다. 또한 2준위계에서는 아무리 여기를 강하게 하여도 반전분포에는 도달하지 못한다. 이는 흡수와 유도방출이 동시에 일어나 상준위와 하준위 사이에 분포의 평형이 되어 사실상 여기가 멈추기(이를 흡수의 포화라 함) 때문이다.

1.2.2 활성매질의 에너지 준위구조와 펌핑

(1) 3준위 레이저4

상준위에서의 펌핑을 효율적으로 진행하기 위해서는 3개 혹은 그 이상의 에너지 준위를 이용한다. 처음에 메이먼이 발진에 성공한 것은 그림 1.15(a)와 같은 준위배치를 가진 루비레이저(인공루비 Al_2O_3의 모체에 활성매질인 Cr^{3+}를 0.05% 정도 혼입시킨 것)이었다. 크세논 플래쉬 램프(xenon flash lamp)의 광을 흡수하여 준위 0(기저상태)에서 최상위 준위 2로 여기시킨 Cr원자는 빠르게 중간의 준위 1로 천이한다. 이 때 여분의 에너지는 진동에너지 등으로 변환되어 광은 방출되지 않으므로 이러한 천이는 비복사 천이(nonradiative transition)라고 불린다. 중간준위 1의 수명시간 τ_s는 비교적 길기 때문에(준안정준위라 불림, 루비레이저는 3 ms), τ_s정도의 사이에 펌핑을 연속하면 준위 1의 분포수는 점차 커지고 마침내 준위 0을 상회하게 된다. 이러한 에너지 준위구조를 가지는 것을 3준위 레이저라고 하고 준위 2를 레이저 상준위, 준위 0을 레이저 하준위 라고 한다. 3준위 레이저에서는 레이저 하준위가 기저전위이기 때문에 강한 펌핑으로 한번에 하준위에서 준위 2를 경유하여 레이저 상준위로 천이시킬 필요가 있다. 이를 위해서 τ_s보다 장시간에 이르도록 출력을 계속 내는 것이 어렵고 펄스발진기로써 이용된다.

(2) 4준위 레이저

반전분포 생성에 필요한 펌핑강도를 낮추고 더욱이 연속발진이 가능한 것으로서 그림 1.15(b)와 같은 에너지를 가지는 활성매질이 있다. 이를 4준위 레이저라고 하며 전형적인 예로서 Nd^{3+}를 활성매질로 하는 YAG 레이저(모체는 Yttrium Alminium Garnet $Y_3Al_5O_{12}$결정)나 글래스 레이저(모체가 글래스) 및 색소레이저(형광색소를 용매에 녹여서 사용)가 있다. 광흡수와 비복사 천이에 의해 준위 3을 경유하여 준안정 준위(준위 2)로 펌핑하는 점이 3준위 레이저와 같다. 준안정 준위의 수명시간은 YAG 레이저의 경우 약 300 ㎲이며 색소레이저의 경우는 수 ns 정도이다. 레이저 하준위(준위 1)가 기저준위보다 꽤 위에 있어 준위 0에서 준위1로 열적인 여기를 무시할 수 있으므로 3준위 레이저에 비하여 보다 약한 펌핑으로도 반전분포를 얻을 수 있다. 여기서 레이저 하준위까지 천이된 것은 더욱이 기저준위에 빠르게 비복사 천이(완화)한다. 이러한 수명시간이 레이저 상준위에 비하여 충분히 짧으면 레이저 하준위는 보통 비어있는 상태가 되어 연속발진도 가능하게 된다.

(3) 그 외의 레이저 준위 구성

상기의 3준위계 및 4준위계가 기본적 에너지 준위구조이지만 이를 변형한 타입이 몇 가지 있으며 레이저 하준위 진동을 통한 완화를 이용하기 어려운 것이 기체 레이저이다. 기체 레이저는 그림 1.15(c)~(e)에 나타내는 것처럼 전기방전에 의한 펌핑을 이용한다.

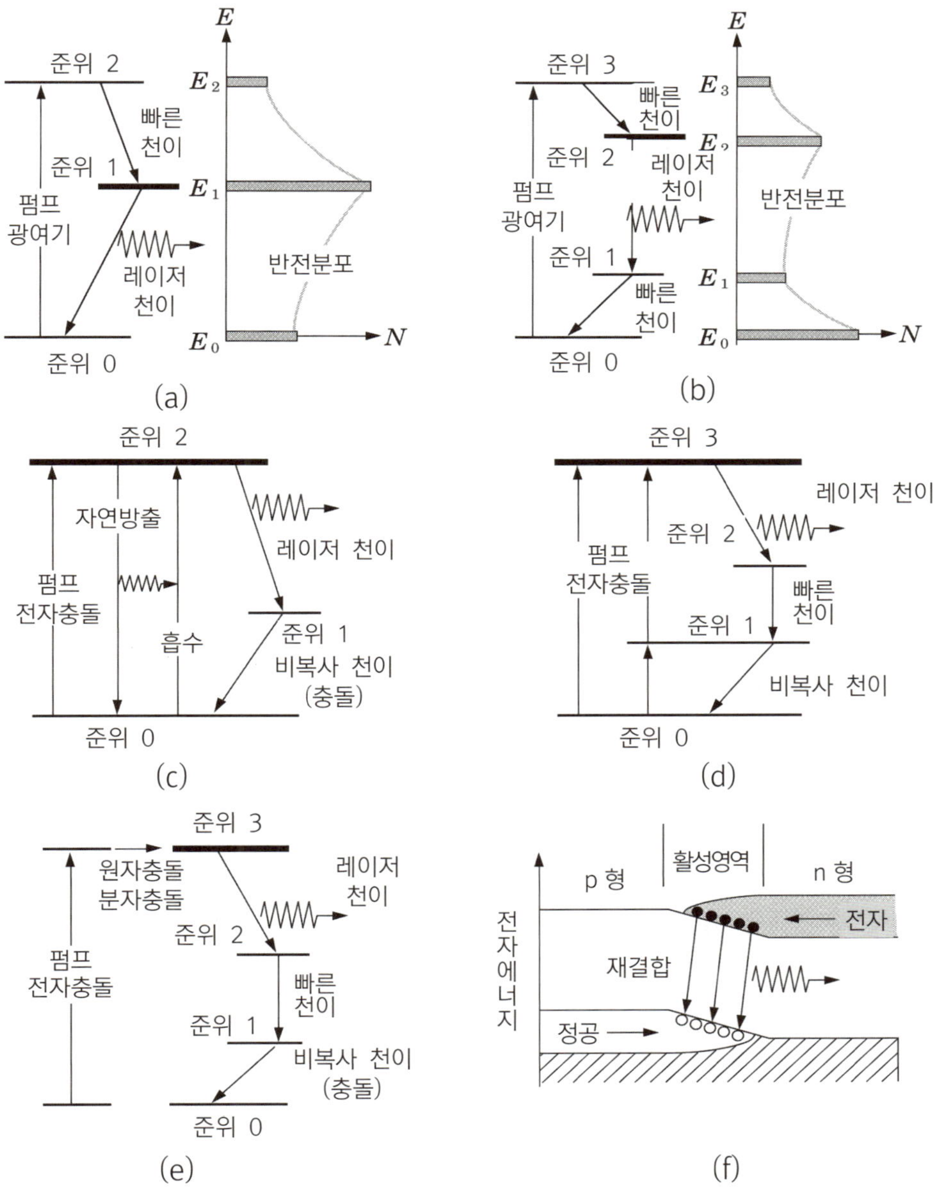

그림 1.15 활성매질의 다양한 에너지 준위 구조

가장 단순한 것은 그림 1.15(c)의 경우이며 방전에 의한 전자충돌을 이용하여 기저준위에서 준위 2로 여기한다. 준이 2에서의 완화에서는 비복사 천이가 무시되고 그 일부는 자연방출에 의해 기저준위로 돌아간다. 그러나 방출된 형광은 주위의 원자에 의해 재흡수되어 준위 2의 수명시간이 눈에 띄게 길어지고 준위 1과의 사이에 반전분포가 형성된다. 그리고 레이저 하준위에서 기저준위로의 완화는 방전관의 벽이나 주위의 원자 혹은 전자와의 충돌에 의해 일어난다. 이러한 완화 과정은 느리기 때문에 반전분포의 지연시간이 짧게 되어 연속발진에는 불리하다. 이에 대하여 그림 1.15(d) 와 같이 레이저 하준위의 완화를 촉진하는 준위(그림의 준위 1)가 있으면 연속발진이 가능하게 된다. 이러한 레이저의 대표적인 예가 아르곤이온(Ar^+) 레이저이다.

또한 활성매질을 직접 여기하지 않고 다른 원자, 분자를 통하는 경우 그림 1.15(e)가 있으며 헬륨-네온(He-Ne)레이저나 CO_2레이저의 원리로 되어 있다. 이러한 레이저는 Ne와 He의 혼합가스나 CO_2와 N_2, He의 혼합가스를 이용한다. He-Ne 레이저에서는 방전에 의해 He원자(CO_2레이저에서는 N_2분자)가 먼저 전자충돌 여기된다. 그 에너지 준위가 Ne (CO_2) 의 레이저 상준위와 매우 근접하고 있으므로 서로 충돌하여 에너지가 Ne (CO_2) 준위3으로 이행되어 그림 1.15(d)의 경우와 같은 양상으로 준위 2와의 사이에 반전분포가 형성된다. 레이저 하준위에서는 자연방출이나 진동완화로 재빠르게 준위 1로 천이하고 또한 방전관 벽과의 충돌 등을 거쳐서 기저준위로 돌아간다. 더욱이 CO_2에서는 He 가스를 혼합함으로써 기저상태로의 완화를 촉진시키고 있다.

(4) 캐리어 주입 여기

위에서 이야기한 레이저와는 크게 다른 것으로 반도체 레이저가 있다. 이는 그림 1.15(f)에 나타낸 것처럼 p형반도체와 n형반도체의 접합면(pn접합면)에서의 전자, 정공의 재결합을 이용하는 것이다. 여기의 근원은 전류이며 그 담당자(캐리어)는 전자와 정공(electron hole)이다. 그러므로 이러한 에너지 입력의 방법을 캐리어 주입이라고 부른다. n형 영역에서 p형 영역으로 진행하는 전자는 역방향으로 다가가는 정공과 접합면 근방의 활성영역으로 결합하고 광을 방출한다. 반도체 레이저는 소형으로 대량생산이 가능한 것뿐만 아니라 전기 에너지를 광으로 직접 변환하기 때문에 발진효율도 매우 높은 것이 특징이다.

새로운 레이저

1960년에 루비 레이저의 발명 이래 매우 다양한 종류와 형태의 레이저가 연구, 개발 되어왔다. 이들 레이저 중에 자유전자 레이저와 X선 레이저에 대하여 언급하기로 한다.

자유전자 레이저

일반적인 레이저는 위상을 모은 상태에서 광을 증폭하기 때문에 유도방출을 이용하고 그로 인하여 이득매질의 여기에 의한 반전분포를 이용한다. 이에 반하여 자유전자 레이저에서는 광속에 가까워지도록 가속시킨 전자의 운동량을 주기적으로 변화시킨다. 전자는 그 궤도를 구부리거나 진동시키면 전자파를 방출하므로 자유전자 레이저에서는 전자빔을 주기자계(위그라) 중에서 여러 번 꾸불꾸불하게 진행시켜 돌때마다 전자파를 방출시킨다. 그 방출광의 위상이 모이도록 한 것이 자유전자 레이저이다. 일반적인 레이저와는 다르며 발진파장이 전자나 분자의 에너지 준위에 제한받지 않으므로 파장을 비교적 자유롭게 변화시킬 수 있다.

X선 레이저

동작원리는 일반적인 레이저와 똑같으나 파장이 극단적으로 짧은(수 nm~수십 nm) 특징이 있다. 전자준위의 에너지 갭을 크게 하기 위하여 고전리의 이온을 이용한다. 그리하여 고온의 플라즈마가 필요하고 고출력 레이저에 의한 가열을 이용한다. 반전분포의 생성방법으로는 주로 하준위에서의 전자충돌 여기와 보다 높은 전리 상태에서의 전자충돌 재결성이 이용된다. 매우 짧은 파장을 이용한 각종 재료학, 공업계측이나 리소그래피에서의 응용이 기대된다.

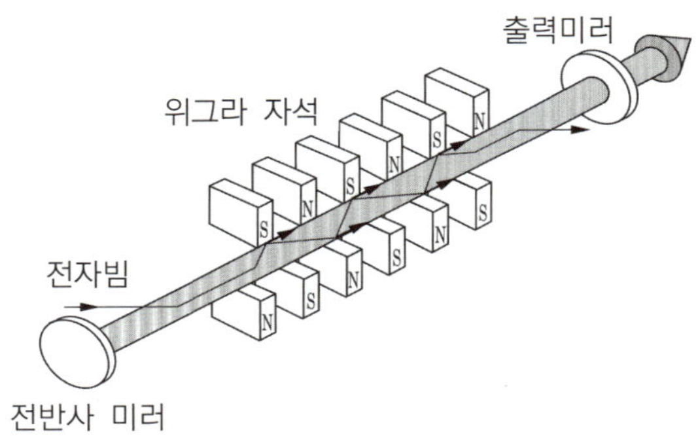

자유전자레이저

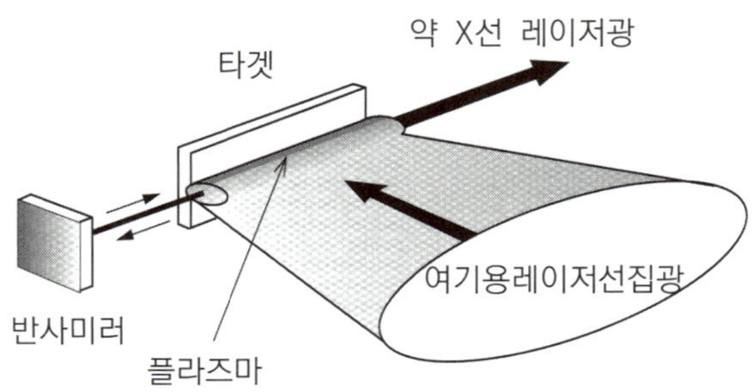

레이저 플라즈마를 이용한 X선 레이저

1.2.3 레이저 공진기와 발진 모드

다음에는 반전분포에서 효율이 좋은 유도방출을 이행하기 위한 광의 회기에 대하여 설명한다. 레이저 공진기에서 두 장의 반사미러 사이에 지속적으로 존재할 수 있는 광파는 그 주파수(공진주파수)가 관악기와 같은 형태의 정재파 조건에서 구할 수 있다.

즉, 반사미러의 표면에서는 전계는 제로가 되므로 그림 1.16에 나타내는 것과 같이 입사파와 반사파(위상이 π변화하고 진행방향이 입사파와 반대)를 합성한 파는 반사미러의 표면에서 마디를 만든다. 양측의 반사면에서 마디가 형성되는 것을 생각하면 공진이 가능한 파는 그 파장의 반($\lambda/2$)의 정수배가 반사미러 간극(공진기 길이) L과 같은 경우이다. 그 관계를 주파수로 표현하면 다음과 같은 식으로 된다.

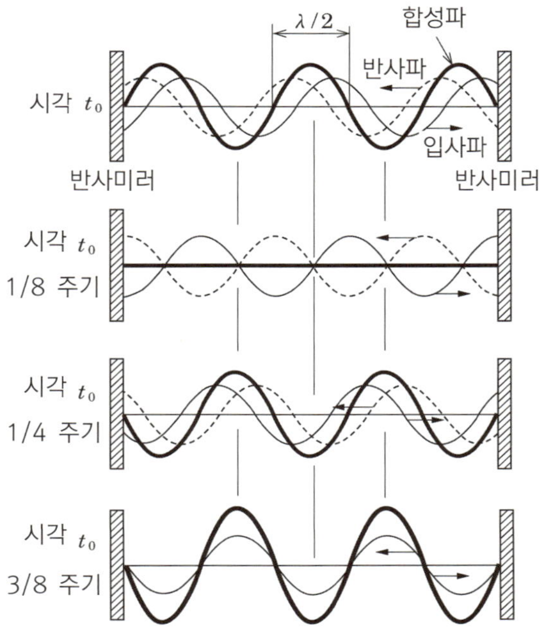

그림 1.16 광공진기와 정재파

$$v_{\mathrm{n}} = \frac{c}{2L}n \quad (n\text{은 정수}) \tag{1.11}$$

공진가능한 주파수는 공진기의 종(축)방향에 관계있는 것으로서 이들의 공진주파수 성분을 종모드(혹은 축모드)라고 부른다. 또한 간극 $\varDelta v_{\mathrm{c}} = c/2L$을 종모드 간극이라고 한다.

이러한 생각을 3차원적 전자파의 가둠으로 확장하면 식 (1.12)를 만족한

$$v_{\mathrm{l,m,n}} = c\left[\left(\frac{l}{2a}\right)^2 + \left(\frac{m}{2b}\right)^2 + \left(\frac{n}{2L}\right)^2\right]^{1/2} \tag{1.12}$$

모드가 공진 가능한 것이 구해진다. 여기서 a와 b는 측면방향의 가둠영역의 폭이며 l과 m으로 결정된 모드를 횡모드라고 부른다. 이러한 레이저광은 3개의 모드 (l,m,n)로 표시된다. 레이저에서는 $L \gg \lambda$이므로 종모드 n은 아주 큰 수치를 가지며 또한 뒤에 서술하는 것과 같이 발진 가능한 주파수 스펙트럼 g(v) 안에 여러 개의 종모드가 존재할 수 있다. 그러므로 n을 생략하여 TEM_{lm}(transverse electro-magnetic wave의 앞 문자에서 따옴)와 같이 표기한다. $l=1$(혹은 $m=1$)은 횡방향으로 1개의 마디가 있다는 것을 의미하고 빔이 2개로 나뉘는 상태이다. 다수의 횡모드가 동시에 존재하는 상태를 멀티모드라고 하며 빔단면의 강도분포가 불균일하게 되어 집광성이 떨어질 뿐만 아니라 주파수 영역에 있어서도 인접한 다수의 주파수 성분에서 이루어지는 것을 의미하고 시간적 코히런스도 저하한다.

레이저를 응용하기에는 빔패턴이 균일할 것, 즉 TEM_{00}모드(기본모드)가 요구되나 이를 위해서는 어느 정도의 제어가 필요하다.

횡방향의 멀티모드가 나타나는 것은 공진기 내부에서 광의 간섭때문에 전계가 없어지는 공간영역이 존재하기 때문이며 이러한 간섭효과는

공진기의 구조에 따라 좌우된다. 그래서 1.1.5 에서 기술한 바와 같이 가우스빔을 레이저 공진기에서 얻는다는 것을 생각하면 여기에는 다음과 같은 두 가지 방법이 있다는 것을 알 수 있다(그림 1.17 참조). 하나는 $z=\pm L/2$에서의 파면과 곡률이 같은 오목 거울(곡률반경 R_c)을 좌우 대칭으로 배치하는 방법이며 이를 대칭 공심공진기라고 한다. 또 하나의 방법으로는 오목거울의 곡률반경을 2배로 한 것으로서 2장의 오목거울의 초점위치가 일치하고 있으므로 대칭 공초점공진기($\omega_0=(L/k)^{1/2}$) 라고 부른다. 또한 공초점형과 공심형($R_{c1}\neq R_{c2}$,의 경우를 포함) 외에 평면형 등도 있다.

이와 같이 하여 광을 공진기에 축적할 때의 안정성은 반사미러면 상의 빔사이즈가 유한의 실수치를 얻기 위한 조건으로부터 다음 식으로 평가할 수 있다.

$$0\leq(1-L/R_{c1})(1-L/R_{c2})\leq 1 \tag{1.13}$$

이를 그림 위에 플롯(plot) 하면 그림 1.18과 같이 하얀색 영역으로 표시된다. 여기서 그림 1.17 (a)~(c)의 대칭공진기는 그림 1.18의 검은 점에 위치하고 안정영역과 불안정영역의 경계선상에 있는 것을 알 수 있다.

이들을 **한계안정**이라고 부른다. 또한 평면거울과 오목면 거울을 조합시킨 반공초점공진기 (그림 1.17(d))도 자주 이용되는 배치방법이다. 어떤 것을 사용하여도 일반적으로 손실이 적은 안정영역이 사용되나 그림 1.17(e)와 같이 불안정영역을 적극적으로 사용하는 경우도 있다. 이와 같은 타입을 불안정공진기라고 부르며 탄산가스레이저와 같이 이득율이 높이며 또한 빔의 구경을 크게 하기 쉬운 경우에 이용된다. 이러한 타입의 불안정공진기에서는 빔 단면은 도넛상이 되나 안정공진기에 존재하는 고차모드가 없으므로 비교적 양호한 빔을 얻을 수 있다.

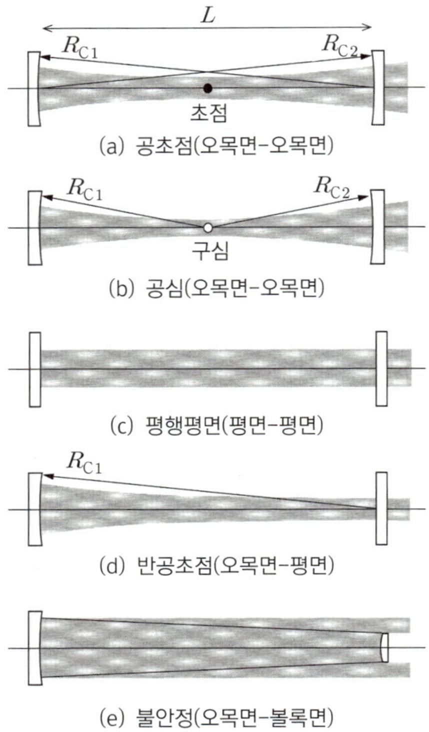

그림 1.17 대표적인 공진기 구성

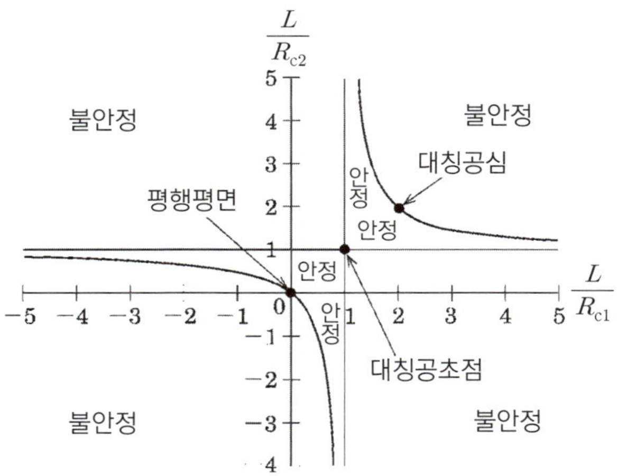

그림 1.18 파브리-페로 공진기의 안정조건

1.2.4 레이저 출력 빔 패턴

레이저 공진기의 출력 패턴의 포락선(envelope)은 가우스 형이 되며 여기에 횡 모드에 대응하는 구조가 중첩된다. 기본모드(TEM_{00})와 몇 개의 저차 횡모드의 예를 그림 1.19에 나타낸다. 이들의 횡모드 구조는 직교좌표계에서는 에르미트 함수로, 원통좌표계에서는 라게르 함수에서 구해지며 각각 에르미트·가우스 모드(Hermite-Gaussian optical mode)(그림 1.19와 같이 HG_{lm}으로 표기), 라게르·가우스 모드(Laguerre-aussian mode) (LG_{lm}으로 표기)라고 불린다. LG모드는 두 개의 HG모드를 결합시킴으로써 만들어 낼 수 있다. 예를 들면, LG_{10}은 HG_{01}과 HG_{10}이 결합된 것으로 공진기의 광축위에 먼지나 손상이 있는 경우에 관측된다.

그러므로 레이저 공진기의 특성을 규정하는 중요한 지표가 되는 것으로서 프레넬수가 있으며 다음 식으로 정의 된다.

$$N_{\mathrm{F}} = w_{\mathrm{M}^2}/L\lambda \tag{1.14}$$

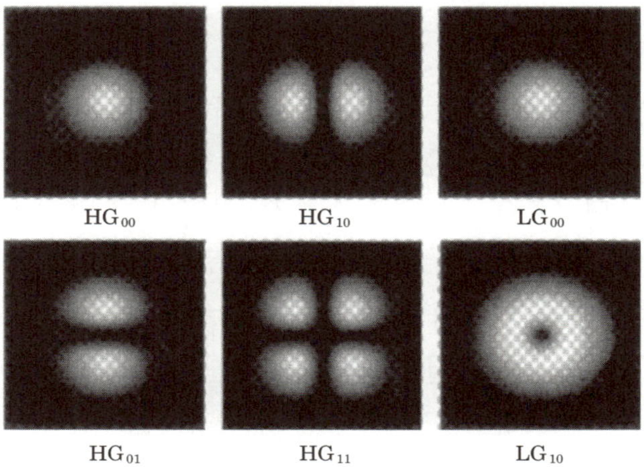

그림 1.19 레이저 공진기의 횡모드
(HG: 에르미트·가우스 모드, LG: 라게르·가우스 모드)

여기서, ω_M는 반사미러의 반경이며 $N_F < 1$ 될수록 발산각의 큰 성분의 손실이 크게 되므로 TEM_{00}모드가 발진하기 쉽게 된다.

실제로 TEM_{00}모드를 얻기 위해서는 몇 가지의 방법이 있다. 하나는 단일모드 광파이버의 코어 직경이 작은 것과 같은 모양으로서 활성매질을 가늘고 길게 해서 발산각이 큰 성분의 발진을 억제하는 방법이다.

두 번째 방법은 대칭공심형($R_{c1} = R_{c2} = L/2$) 혹은 반공초점형($R_{c1} = L,\ R_{c2} = \infty$)이며 그림 1.18에서도 밝혔듯이 안정성이 부족하다. 그래서 저출력의 레이저에서는 공심형으로 빔이 아주 좁은 위치에 레이저 매질을 배치하고 공진기 길이를 약간 짧게 하여 $R_{c1} + R_{c2} > L$로 한다. 한편, 고출력의 경우는 최소 스폿에서의 강도가 강하게 되므로 공초점형으로 하여 같은 양상으로 $R_{c1} + R_{c2} > 2L$로 하는 경우가 많다. 또한 고체레이저와 같이 아주 출력이 높고 평행평면형을 이용하는 경우에는 공진기 안에 개구 조리개를 부착하여 고차 모드를 제어한다.

1.2.5 레이저 발진 조건

전항까지는 레이저의 세 가지 요소에 대하여 서술하였으나 실제로 발진에 도달하기 위해서는 유도방출에 의한 증폭이 공진기의 손실을 극복해 내지 않으면 안된다. 발진조건(발진 문턱치)은 공진기 안을 1회 왕복 할 때의 증폭과 손실의 균형으로 유도된다. 레이저 매질의 이득계수를 α_G, 이득길이를 L_G, 흡수 등의 손실계수를 α_L, 및 귀환률을 β로 하면 발진조건은 증폭과 손실의 균형으로 식 1.15로 표시된다.

$$\beta \bullet \exp\left[2(\alpha_{dG} - \alpha_L)L_G\right] = 1 \tag{1.15}$$

회절손실을 무시하여 $\beta = R_1R_2$(거울의 출력 반사율의 곱)로 하면 식 1.15로부터 발진에 도달하기 위한 이득의 문턱값 $\alpha_{\mathrm{G,th}}$는 다음 식으로 표현된다.

$$\begin{aligned}\alpha_{\mathrm{G,th}} &= \alpha_{\mathrm{L}} - \frac{1}{2L_{\mathrm{G}}} ln(R_1R_2) \\ &\approx \alpha_{\mathrm{L}} + \frac{1-R_1R_2}{2L_{\mathrm{G}}},\ (R_1, R_2 \approx 1)\end{aligned} \tag{1.16}$$

여기에서 Q 값으로 불리는 공진기의 품질을 표사하는 파라미터를 투입하면 Q 값은 에너지 귀환률에 좌우되어 흡수로 인한 손실을 무시하면 다음 식으로 표현된다.

$$Q = \frac{\text{공진기에 축적된 에너지}}{\text{단위시간당 공진기로부터 산란하는 에너지}} \approx \omega_0 T_{\mathrm{c}} \tag{1.17}$$

$$T_{\mathrm{c}} = \frac{2L}{c\ln(R_1R_2)} \tag{1.18}$$

여기에서 T_{c}는 공진기로부터 광에너지가 산란한 시간 정수(공진기수명)이며 ω_0는 공진 종모드의 각주파수이다. 일반적인 레이저 공진기로서 파장 1 μm (ω_0=1.9×10^{15}, L=1 m, R_1R_2=0.8)을 식 1.17, 식 1.18에 대입하면 Q=5.6×10^7 이 되며 Q값이 매우 높아지는 것을 알 수 있다.

1.2.6 펄스 레이저 발진

산업응용 레이저, 특히 가공용 레이저로서는 피크 출력이 높은 것이 요구되어 펄스발진이 이용된다. 펄스발진의 방법으로는 Q스위치와 캐비티 덤핑(cavity dumping)이 대표적이다. 전자는 레이저 상준위의 형광 수명이 긴(에너지 축적형)경우에 사용된다. 한편 후자는 에너지는 활성 매질이 아닌 공진기에 축적되므로 형광수명이 짧은 경우에도 적용된다.

Q 스위치는 공진기의 Q 값을 낮은 생태로부터 높은 상태로 (손실이 큰 상태로부터 작은 상태로) 급격하게 변화시키는 것이다. 동작원리를 그림 1.20에 나타낸다. 레이저 매질에 펄스 여기를 행하면 시간과 같이 반전분포밀도가 상승한다. 그 동안 Q스위치 소자를 OFF 상태로 유지하면 유기방출이 방해받기 때문에 반전분포 밀도는 점점 높아진다. 여기서 반전분포가 최대점에 도달하는 시각에 Q스위치를 ON 상태로 하면 급격히 유도방출이 시작되어 수십 ns인 단시간 동안에 출력을 낼 수 있다. 레이저 출력파워는 문턱값을 큰 폭으로 상회하는 경우에 $N_{PI}hv/2T_c$이며, N_{PI}는 반전분포의 총수이다. 전형적인 Q스위치 레이저에서는 수~수백 MW의 피크파워를 용이하게 얻을 수 있다.

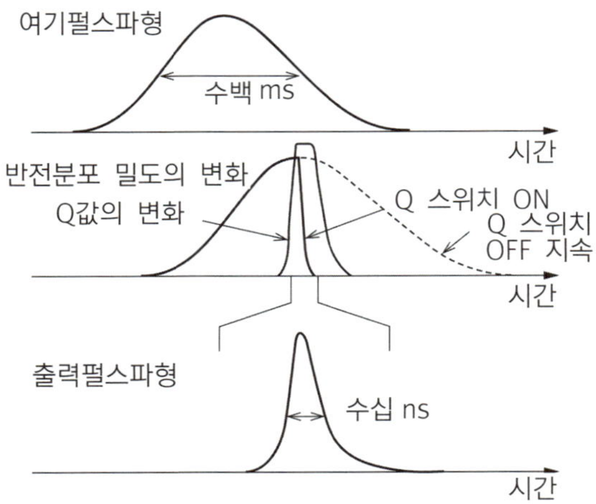

그림 1.20 Q스위치 펄스동작의 원리

Q스위치 레이저와 완전히 역으로 동작하는 것이 캐비티 덤핑(cavity dumping) 레이저이다. 이 타입의 레이저에서는 $R_1R_2 \approx 100\%$로서 공진기 안의 에너지를 축적하고 공진기 안의 광 강도가 충분한 수치에 도달한 시점에 외부로 방출한다. Q스위치에서의 펄스폭은 유도방출에 의한 반전분포의 감소가 결정되는 것에 대하여 그 경우는 공진기 안을 광이 한번 왕복하는 사이에 모든 축적 레이저 광이 외부로 방출된다.

1.2.7 레이저 출력의 주파수 구조

종모드 간극의 경우를 예로 들면 공진기 길이가 1 m 인 경우 $\varDelta v_c = 150$ MHz 가 되고 도플러 폭(수 GHz정도)과 비교해서도 꽤 좁다. 그로 인해서 그림 1.21(a)와 같이 여러 개의 종 모드가 발진 할 수 있게 된다. 이러한 종 모드의 전계는 공진기의 Q값으로 정해지는 시정수 T_c로 $E_0 \exp(-t/2T_c)\cos(\omega_0 t)$의 감쇠진동을 하게 되며 이를 푸리에 변환 하면 공진주파수 스펙트럼 폭은 다음식과 같이 구해진다.

$$\delta v_c = \frac{1}{2\pi T_c} = \frac{c \ln(R_1R_2)}{\pi L} \tag{1.19}$$

따라서 각각의 종모드 주파수 폭은 매우 좁게 되고 ($\varDelta v_c / v_0 \approx 10^{-9}$) 레이저광이 코히런트라는 것에 대한 이유 중 하나가 된다.

종모드를 단일화하기 위해서는 공진기장을 극단적으로 짧게 하여도 좋으나 그 만큼 활성매질도 짧아지고 또한 Q값의 감소나 프레넬수의 저하를 초래한다. 특히 이득 폭이 넓은 고체레이저나 색소레이저에서는 이 방법은 사용하지 않는다. 그러므로 일반적으로는 에탈론이라 불리는 소자를 이용한다.

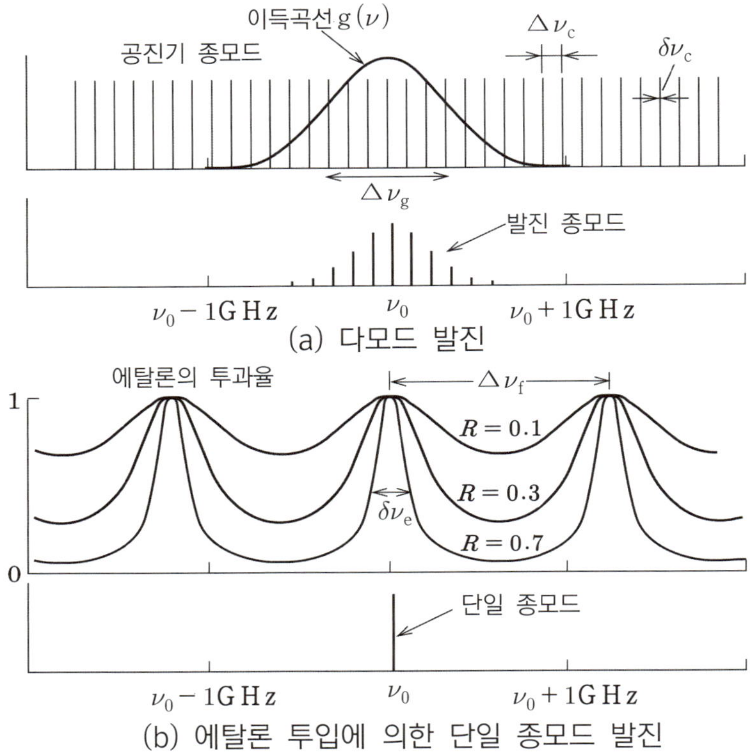

그림 1.21 다모드 발진과 단일 종모드 발진의 주파수 구조

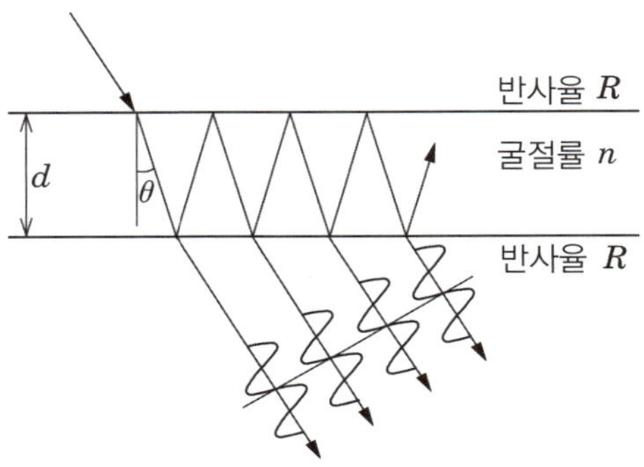

그림 1.22 에탈론에 의한 간섭효과

에탈론은 공진기와 파브리 페로 간섭계의 한 종류이며 그림 1.22와 같이 광학글래스의 평행평판(굴절률n, 두께d) 혹은 그 양면에 다층막 반사코팅을 한 것으로서 이를 공진기 안에 조금 비스듬하게 삽입한다. 다중반사의 투과광이 모두 같은 위상이 되는 조건으로 공진기의 모드 간격에 상응하는 식 1.20의 주파수 간격으로 투과율이 변화한다.

$$\Delta v_{\mathrm{f}} = \frac{c}{2nd\cos\theta} \tag{1.20}$$

여기에서, 그 주파수 간격을 자유스팩트럼 간격이라고 한다. 에탈론의 투과률은 다중반사하여 투과하는 이웃하는 광선끼리의 위상차 $4\pi ndcos\theta/\lambda$)의 계수가 되며 그림 1.21(b)와 같이 주파수 의존성을 가진다. 그러므로 단일 종모드를 선택하기 위해서는 Δv_{f}를 이득매질의 밴드(band)폭 Δv_{g} 보다 넓어지도록 에탈론의 두께를 선택하고 각도를 미세조정하여 투과피크의 주파수를 이득곡선 g(v)의 중앙에 일치시킨다. 이와 같이 에탈론은 대역필터의 역할을 하나 그 대역폭은 식 1.21에서 구해지고 FN은 피네스라고 불리며 에탈론 양면의 반사률 R을 이용하여 식 1.22로 정의된다.

$$\delta v_{\mathrm{e}} = \frac{\Delta v_{\mathrm{f}}}{F_{\mathrm{N}}} \tag{1.21}$$

$$F_{\mathrm{N}} = \frac{\pi\sqrt{R}}{1-R} \tag{1.22}$$

또한, 에탈론은 구조가 단순하며 다루기 쉬운 반면 광역폭이 자유스팩트럼 간격에 비례하기 때문에 색소레이저와 같이 밴드폭이 아주 넓은 경우에는 불충분하다. 이러한 경우에는 공진기 안에 분산프리즘이나 회절격자를 이용한다.

1.2.8 모드 동기 펄스 레이저

Q 스위치보다도 아주 좁은 펄스($\leq 1\ ns$)를 가지기 위해서는 모드 동기라 불리는 방법이 이용된다. 다수(N개)의 종모드가 발진하고 있을 때의 합성전계는 식 1.1이 모드에 관련되어 맞추어진 것이 된다. 여기에서 각 모드의 진폭이 같으며 위상이 랜덤하게 되면 시간파형도 랜덤으로 변화하고 평균파워는 단일모드 경우의 N 배가 된다. 이를 정상 발진이라고 부른다. 그러나 각종 모드의 위상을 어느 시각으로 동기하면 그림 1.23(상)과 같이 공진기의 왕복시간마다 전계를 강하게 하고, 그 결과 파워는 그림 1.23(하)와 같은 펄스 형태가 된다. 레이저 파워는 식 1.23으로 표기되고, $T=2\pi/\varDelta\omega c=1/\varDelta vc$의 주기로 되풀이 되는 펄스열이 된다.

이러한 경우 피크파워는 평균파워의 N 배가 되며 그 펄스폭(반값전폭) τ_p는 식 1.24가 된다($\varDelta v$는 발진 스팩트럼의 반값전폭, $\varDelta v^{-1}$과 τ_p 사이의 비례계수는 1-1-6절 참조).

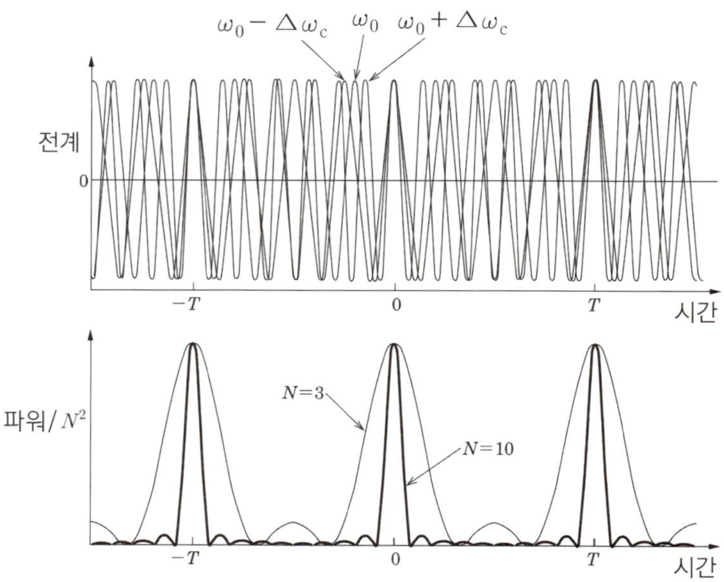

그림 1.23 모드 동기에 의한 초단펄스 발생의 원리

$$P(t) \propto E(t)E^{*}(t) \propto \frac{\sin^2(2\pi N \Delta v_c t/2)}{\sin^2(2\pi \Delta v_c t/2)} \tag{1.23}$$

$$\tau_p = \frac{T}{N} = \frac{1}{N\Delta v_c} = \frac{1}{\Delta v} \tag{1.24}$$

모드동기에 의하여 이득폭이 넓은(수THz) 글래스 레이저나 색소 레이저에서는 1ps (10^{-12}초) 정도의 초단펄스를 발생시킬 수 있다. 더욱이 Ti 사파이어 레이저에서는 10fs (10^{-14}초)의 펄스까지 얻을 수 있으며 이러한 초단펄스는 물질에 열적으로 영향을 주기 어려우므로 새로운 가공용 레이저로서도 흥미가 크다.

모드 동기를 얻기 위해서는 공진기의 왕복시간으로 동등한 주기로 Q 값을 변화시키면 좋다. 이와 같은 변조에는 전기광학적 혹은 음향광학적 소자를 이용하여 행하는 것(강제모드 동기)과 투과율이 레이저강도와 함께 증대하는 것과 같은 색소 혹은 반도체의 과포화 흡수체를 이용한 것(수동모드 동기)이 있다.

1.2.9 광변조기와 광셔터

레이저광의 시간적 제어에 없어서는 안될 것이 광변조기와 광셔터이다. 이하에 몇 가지 예를 들어 설명한다.

(1) 포켈스 셀(Pockels cell)

광학결정에서는 전계에 비례하여 굴절률변화(포켈스 효과 혹은 1차의 전기광학효과)가 생기며 이를 이용하여 레이저의 편광을 변화시키는

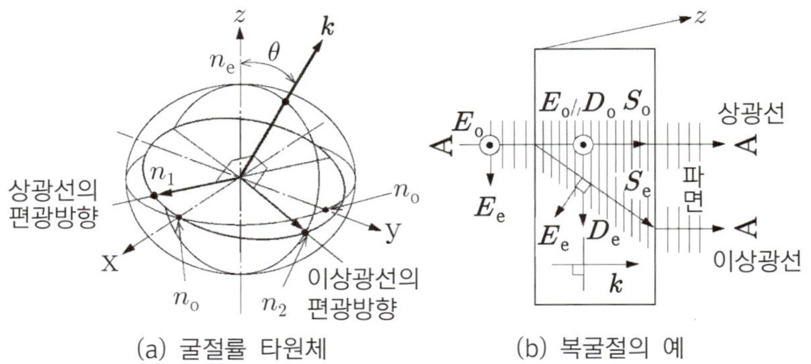

(a) 굴절률 타원체 (b) 복굴절의 예

그림 1.24 음(negative uniaxial crystal)의 단축결정

소자가 포켈스 셀이다. 포켈스 셀의 전후로 직교한 편광자와 검광자를 배치함으로 고속의 강도변조기로써 이용된다.

결정 안에서는 광전계 E와 광속밀도 $D(=\varepsilon E)$는 반드시 평행은 아니며 광학적 대칭성에 의해 특정 방향으로 이들은 평행이 되며 이들을 결정의 주축이라고 말한다. 굴절률이 편광에 의존하지 않는 주축을 광학축이라고 하며 일반적으로 이를 z 축으로 잡는다. 이렇게 함으로써 n_x, n_y $(=n_x)$, n_z를 축으로 하는 굴절률 타원체가 결정되고 특히 KDP와 같은 결정의 대칭축은 1개만 있는 경우(단축결정)는 $n_x=n_y$이며 그림 1.24(a)와 같은 회전타원체가 된다. 이 굴절률 타원체를 이용하면 광선의 파수벡터 k는 z 축에서 경사질 때의 굴절률을 구할 수 있다. 편광면이 z축과 k가 만드는 면(이를 주평면이라고 함)에 포함되는 경우를 이상광선(첨자e, extraordinary ray)이라고 부르고 편광면이 주평면과 수직인 것을 상광선(첨자o, ordinary ray)이라고 한다. 이때의 굴절률 타원체의 축의 길이를 $n_z=n_e$ 및 $n_x=n_y=n_o$로 하면 k에 수직으로 타원체의 중심을 통과하는 평면으로 자를 때의 단면은 타원형을 하고 있으며 상광선과 이상광선의 굴절률 n_1과 n_2는 이 타원의 단축과 장축으로 대응한다. 그림 1.24(a)의 경우는 $n_o>n_e$이며(KDP등의 음의 단축결정) $n_1=n_o>n_2>n_e$이다.

더불어 정의 단축결정의 경우는 부등호의 방향이 역으로 된다. 이와 같이 굴절률이 편광방향에 의존하는 현상을 복굴절이라 한다. 상광선, 이상광선과 함께 $k \perp D$또는 $E \perp S$($S = E \times H$는 포인팅 벡터로 에너지의 흐름 방향을 향함)이며 상광선으로는 $E \parallel D \perp k \parallel S$임에 반하여 이상광선에서는 E와 D는 평행이 아니다. 이 때문에 결정 안에는 이상광선의 진행방향이 바뀌므로 그림 1.24(b) 와 같이 문자가 어긋나 보이게 된다(정의 단축결정에서는 반대로 어긋남).

이러한 결정에서는 직류전계의 밑에서 굴절률 타원체에 회전과 신축이 생긴다. 그림 1.25와 같이 잘라낸 KDP(KH_2PO_4) 결정에서는 z축에서 수직인 2면에 전계($E_z = V/l$)을 인가하면 굴절률 타원체는 z 축의 주변으로 45° 회전하고 새로운 결정축 x' 축과 y' 축 방향의 편광에 대한 굴절률의 차이는 식 1.25로 된다.

$$n_y' - n_x' = no^3 r_{63} E_z \tag{1.25}$$

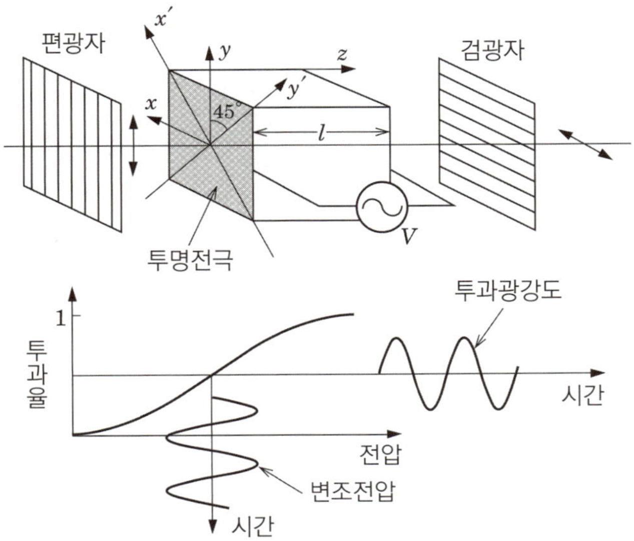

그림 1.25 종형 포켈스 셀 변조기

여기에서 비례계수 r_{63}은 1차 전기광학 텐서(tensor)의 성분이며 KDP 결정의 경우에는 $r_{63}=1.06\times10^{-11}$ m/V 이다. 그래서 입사광의 편광방향을 x' 축과 y' 축의 중간으로 하면 인가전압에 맞는 검광자의 투과율이 변화한다.

(2) 음향광학변조기

포켈스 셀은 응답속도가 빠른 것이 장점이나 고전압을 필요로 한다. 그래서 모드동기와 같이 주기적인 고속변조기로써는 그림 1.26과 같이 음파에 의한 광의 회절을 이용하는 음향광학편향기가 사용된다. 또한 음향광학편향기와 연속발진 혹은 펄스발진의 Q 스위치 소자로써도 이용된다. 음파(소밀파, 종파)는 매질 중에 주기적인 굴절률변화를 초래하고,

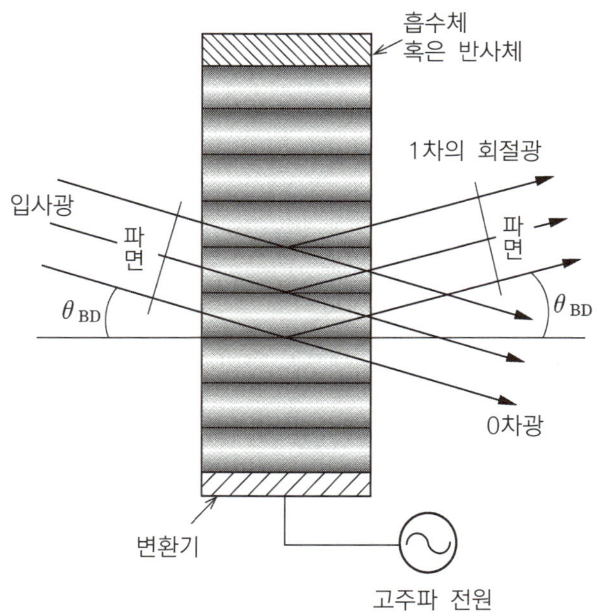

그림 1.26 초음파에 의한 브랙(Bragg)회절을 이용한 음향광학 편향기

레이저광은 이 위상격자에 의해 특정의 방향으로 회절되고 음파가 충분히 두꺼운 경우에는 거의 1차 회절만 된다. 이는 결정에 의해 X선의 프랑크 회절과 등가의 현상이며 회절효율은 굴절률변화에 의존한다. 이 때문에 음향광학소자는 초음파의 정재파를 설정하는 것에 의해 주기적 진폭변조기로써도 이용된다. 초음파는 수정이나 $LiNbO_3$ 등의 전기변위 변환기(transducer)를 매개로 고주파 전기신호에 의해 이산화테루르(TeO_2)나 용융석영 등의 매질속에서 구동된다. 매질의 끝단에 반사체를 붙여 정재파로 하거나 혹은 흡수체를 놓아서 진행파형으로 한다. 전자는 모드동기변조기로써 이용되고 후자는 초음파 파워를 변조하여 Q스위치 소자로써 이용된다.

(3) 패러데이 회전자

레이저빔의 역진을 막는 소자로서 그림 1.27과 같은 패러데이(Faraday) 효과를 이용한 패러데이 아이솔레이터(Faraday isolator)가 있다. 직선 편광은 서로 역방향의 두 개의 원편광의 합성으로서도 표현된다. 전자가 원편광의 전계에 의해 회전할 때에 자계 H의 작용에 의한 로렌츠힘이 움직인다. 로렌츠힘의 방향은 원편광의 회전방향에 의존하고 구심력 혹은 원심력을 발생하여 왼쪽방향과 오른쪽방향의 원편광에서는 전자의 운동반경이 다르며 분극 즉 유전율의 차이가 생긴다. 이와 같이 우회전과 좌회전의 원편광으로 위상속도가 다르기 때문에 출사광의 편광면이 회전한다. 편광면의 회전방향은 광파의 진행방향과 자계의 방향 관계에 의하여 결정되고 광의 진행방향을 향해 그림 1.27에서는 시계회전 방향으로 그림 1.27에서는 반시계방향으로 회전한다. 패러데이 아이솔레이터는 편광면이 45°기운 2장의 편광자로 패러데이 회전자를 끼운 구조를 하고 있다. 자계의 방향과 강도 및 회전자의 길이를 조정하고 편광면의 회전이 45°가 되도록 한다. 그 소자는 1방향성의 투과소자이며 하류 쪽에서의 반사광은 상류 측으로 역행하는 것을 방지할 수 있다.

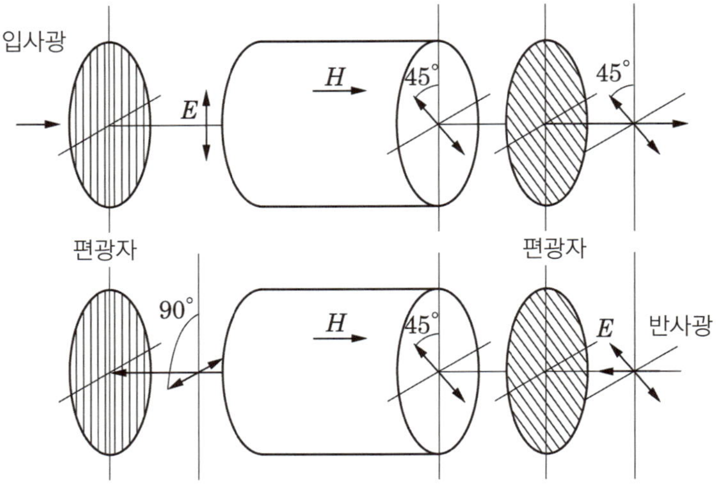

그림 1.27 페러데이 아이솔레이터에 의한 반사광의 억제

1.2.10 빔품질

여러 가지의 가공에 있어서 고출력 레이저광은 집광하여 사용하는 경우가 많다. 그림 1.28과 같이 레이저 출력, 광원의 면적 그리고 방사입체각을 각각 P, S, Ω 으로 하면 집광점에서의 레이저 강도 I는 빔의 파워밀도(P/S)에 비례하고 방사입체각(발산각 θ의 2승)에 반비례 한다. 그래서 빔품질을 고려하여 다음 식으로 정의되는 휘도 B(brightness)를 도입하는 것이 적절하다.

$$B = \frac{\text{레이저 파워}}{\text{광원의 면적} \times \text{방사입체각}}$$

$$= \frac{P}{S \cdot \Omega} = \frac{P}{\pi (D/2)^2 \pi (\theta/2)^2} = 1.62 \frac{P}{(D\theta)^2} \tag{1.26}$$

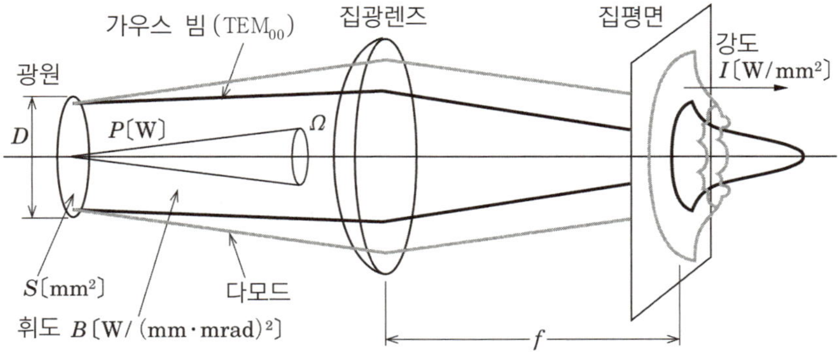

그림 1.28 빔 품질과 집광성능

여기에서 휘도는 실용적인 단위를 이용하여 $W/(\mathrm{mm}\cdot\mathrm{mrad})^2$로 표현되는 경우가 많다. 레이저빔을 초점거리 f 인 렌즈로 집광할 때의 강도는 빔 F 넘버가 $F=f/D$이므로 식 1.27로 표현된다.

$$I=\frac{P}{\pi(f\theta/2)^2}=\frac{\pi}{4}\frac{B}{F^2} \tag{1.27}$$

더불어 광원의 면적과 방사입체각 대신으로 빔의 직경 D 및 발산각 θ를 이용하는 쪽이 편리하며 또한 휘도는 사실상 빔 직경과 발산각의 곱 $D\cdot\theta$(통상 mm·mrad 단위를 이용)로 결정되므로 빔품질을 $D\cdot\theta$로 표현하는 경우도 많다. D나 θ의 정의에는 여러 가지가 있으나 1-1-5절과 같은 양상으로 일반적으로는 최대강도의 $1/e^2$이 되는 점에서 빔직경과 발산각(전각)을 얻는다. 이 경우 이상적인 가우스빔 (TEM_{00} 모드)에서는 식 1.6에서 식 1.28이 된다(파장1 μm에서$(D\cdot\theta)_G$=1.27 mm·rad).

$$(D \cdot \theta)_{\mathrm{G}} = \frac{\pi}{4}\lambda \cong 1.27\lambda \quad (1.28)$$

따라서, 파장이 1/10으로 짧아지면 회절한계의 휘도는 100배 높아진다. 또한, θ^2에 반비례하여 급속하게 빔품질이 열화하므로 멀티모드 발진은 반드시 피할 필요가 있다.

식 1.26의 $1/(S \cdot \Omega)$혹은 $1/(D \cdot \theta)$는 집광성을 나타내는 파라미터이지만 그 집광성은 빔의 공간적 강도분포나 위상분포의 불균일에 의해서 결정된다. 이러한 관점에서 최근에는 M^2 값을 빔품질의 지표로써 사용하는 경우도 많다. M^2 는 아래와 같이 정의되고, $D \cdot \theta$ 의 가우스빔의 $(D \cdot \theta)_{\mathrm{G}}$에 관한 비도 거의 같다.

$$M^2 = \frac{D\theta}{4\lambda/\pi} \quad (1.29)$$

또한, M^2 값을 이용하면 빔의 휘도는 식 1.30으로 표현된다.

$$B = \frac{P}{(M^2\lambda)^2} \quad (1.30)$$

이 경우에 집광성을 표현하는 파라미터는 $(M^2\lambda)^2$이다. 집광성능을 향상시키기 위해서는 광학소자의 열적효과에 의한 파면왜곡을 저감하는 것과 발생한 파면왜곡의 보정 가변형미러(deformable mirror), 위상공액 미러(phase conjugation mirror), 혹은 Zig Zag Slab Laser 라고 불리는 기하광학적 광로보상 등의 여러 가지 연구가 필요하다.

1.3 레이저 광과 물질의 상호작용

1.3.1 광 파라메트릭(parametric) 효과와 고주파 발생

유전체의 굴절률은 광전계 E에 의해 유기되는 분극에 의존한다. 광강도가 약한 경우를 선형광학영역이라 불리고 분극은 E에 비례하여 입사광과 같은 주파수에 추종하여 진동한다. 그러나 광강도가 강하게 되고 그 전계가 물질내부의 전계(원자나 분자의 전하분포에 기인함)와 같은 정도까지 근접하면 물질 내부의 전하분포까지도 영향을 받고 굴절률은 광강도 의존성을 가지는 것처럼 된다. 이러한 경우를 선형광학영역에 대하여 비선형광학의 영역이라 불리며 분극 벡터는 전계의 적절한 승(EE, EEE, …)의 항의 합으로 표현된다.

2종류의 광전계, $E_1=A_1\cos\omega_1 t$와 $E_2=A_2\cos\omega_2 t$ 가 유전체를 통과하는 경우는 E_1E_2 에 비례하는 분극성분 (2차의 비선형분극)이 나타나고 2배의 주파수 $(2\omega_1, 2\omega_2)$ 및 합$(\omega_1+\omega_2)$과 차$(\omega_1-\omega_2)$의 주파수 성분 혹은 직류성분(광정류효과)를 포함할 가능성이 있다. 이러한 분극성분은 새로운 주파수의 전자파를 유기하고 이러한 3개의 파가 관여하는 형상을 광 파라메트릭 과정(optical parametric process) 혹은 3광파혼합이라 부른다.

광 파라메트릭 과정의 중심에 2배 혹은 3배의 주파수에서의 변환(고주파변환)이 있으며 이를 이용하여 레이저의 단파장화가 비교적 용이하게 된다. 고주파변환을 행하기 위해서는 입사광 전계의 x, y, z성분의 조합$(E_iE_j,\ i,\ j=x,\ y,\ z)$의 어떠한 1개에 대하여 비선형분극을 발생시킬 필요가 있으며, 이를 위해서는 광학결정의 대칭성을 이용한다. 사용하는 결정에는 KDP, KTP, $LiNbO_3$, LBO, BBO 및 $CLBO$ 등 아주 많은 종류가 있으며 이들은 비선형결정이라고 불린다. 고효율의 고주파변환을 진행하기 위해서는 입사광의 두 가지 전계성분(기본파라

함, 파수벡터 k_1, k_2)과 고주파광(k_3)이 긴 거리에 걸쳐서 위상을 어긋나게 하지 않고 상호작용할 필요가 있다. 이 조건은 위상정합(즉 운동량보존)이라 불리며 $k_3=k_1+k_2$로 표시된다. 굴절률은 파장에 의해 달라지므로(굴절률 분산이라고 하며 일반적으로 단파장일수록 굴절률이 높음) 위상정합(phase matching)에는 특수한 방법이 필요하며 결정 안에서의 복굴절(1-2-9절 참조)을 이용한다. 이때에 k_1~k_3은 동일방향으로 향하고 있는 것이 편리하며 이러한 위상정합을 얻는 방법을 콜리니어(collinear)정합(스칼라 정합)이라고 부르며 2가지 방법이 있다. KDP 결정에 의한 2배 고주파 발생을 예로 하면 기본파의 상광선과 2배 고주파의 이상광선의 굴절률이 동일하게 되는 방향으로 레이저광을 운반하는 것이 타입 I 위상정합이라 불리는 방법이다. 이때의 레이저 광축과 결정의 광학축(z축)이 이루는 각도를 위상정합각이라고 하고 KDP결정에서는 Nd:YAG 레이저(파장 1.06 ㎛)에 대하여 41°이다. 또 다른 한 가지 방법은 타입 II의 위상정합으로 불리며 기본파의 상광선과 이상광선의 파수(스칼라)의 합이 2배 고주파의 이상광선의 파수와 동등하다. 타입 II의 KDP결정에서의 위상정합각은 동일하게 YAG 레이저에 대하여 59°이다.

1.3.2 비선형 굴절률과 빔 브레이크 업(break up)

비선형분극 중에서 EEE 비례하는 성분(3차의 비선형분극)은 4개의 파가 상호작용하는 과정에 관계하고 있으며 3배 고주파, 광커효과(optical kerr effect), 유도 부릴루앙(brillouin) 산란, 유도 라만(raman)산란 및 2광자흡수 등의 여러 가지 비선형 현상을 야기한다. 커효과란 직류전계에 의한 매질분자의 배치방향(배열)이 굴절률 n_0를 Δn 만큼만 변화시키는 현상이며 광커 효과란 광전계에 의해 같은 양상의 현상이 나타나는 것이다.

즉, 3차의 비선형분극에서는 입사광과 동일 주파수의 진동성분($(Ecos\omega t)^3 = 3E^2\cos\omega t + E^3\cos3\omega t$)이 존재하고 광전계의 2승 ($E^2$)에 비례하는 굴절률 변화를 야기한다. 굴절률 변화량은 $\varDelta n = n_2E^2/2$로 표시되고 비례정수 n^2(단위:m^2/V^2) 를 비선형 굴절률이라 부른다. 또한 비선형 굴절률에는 레이저강도 $I(=n_0c\epsilon_0E^2/2)$를 이용하여 $\varDelta n = n_2I$ 와 (n_2의 단위: m^2/V^2)로 정의되는 경우가 있어 주의를 요한다. 또한 cgs 단위계(n_2의 단위:esu)로 표시되는 경우도 많고 실용적인 레이저 강도 (W/cm^2)를 이용하는 것이 계산하기에 용이하다. 상호간의 환산은 $n_2[cm^2/W] = (1.2\times10^5\pi/n_0)\times n_2[m^2/V^2] = (4\pi/3\times10^3/n_0)\times n_2[esu]$이다.

비선형 굴절률의 값은 아주 작으며 글래스에서는 $n_2 \approx 3\times10^{-16}cm^2/W$이며 저출력 레이저에서는 문제가 되지 않는다. 그러나 단펄스 레이저에서 수백 MW/cm^2를 넘는 경우는 주의를 기울일 필요가 있다. 만일 빔의 공간강도분포에 불균일이 있으면 강도가 강한 부분의 굴절률이 높아지고 볼록렌즈 작용을 하여 강도교란이 성장한다. 이 효과가 두드러지는 경우에는 빔이 얇은 스폿으로 분열하게 되는 빔 브레이크 업(그림 1.29참조)을 생성시켜 광학소자의 손상과 연결된다. 또한, 파면이 공간

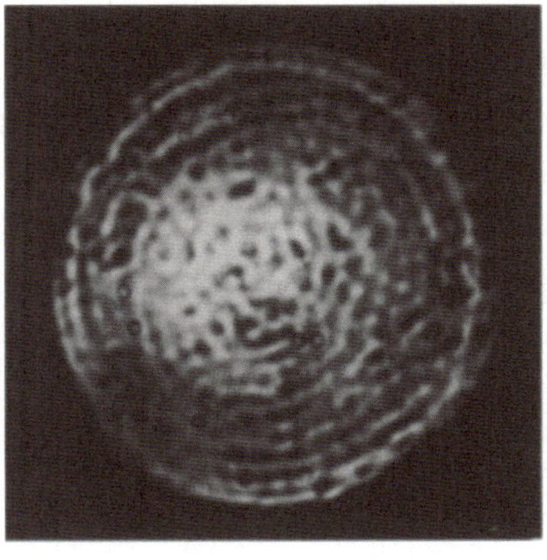

그림 1.29 브레이크 업된 빔 패턴

적으로 흐트러지므로 집광성능의 열화를 일으킨다. 이를 방지하기 위해서는 n_2가 작은 매질, 강도에 대응한 빔 직경의 확대 및 균일한 빔 패턴이 중요하다.

1.3.3 레이저에 의한 광학소자의 손상

고출력 레이저의 출력 에너지 플루언스(fluence)(단위면적당 에너지)는 사실상 광학소자의 레이저광에 의한 손상에 의해 제한된다. 광학소자 (유전체)가 완전히 균일하게 흡수도 전혀 없으면 레이저 손상은 일어나기 어렵다. 그러나 실제로 이러한 소자는 있을 수 없으므로 열적 파괴 혹은 광전계에 의한 파괴가 생긴다. 손상의 원인으로는 ① 레이저광의 흡수 ② 전자사태(electron avalanche) ③ 다광자 흡수 ④ 표면조도 및 ⑤ 전계집중 등 다양한 기구가 있으며 이들 중의 몇 가지가 관여함으로 손상 메카니즘은 상당히 복잡하게 된다. 어떠한 것에 있어서도 고내력의 광학소자 특히 반사경이나 편광자 혹은 무반사 코팅을 한 박막소자의 제작기술이 고출력 레이저를 저 코스트화하기 위한 한 가지 키포인트이다.

흡수에 관련해서는 소자의 재료자신에 의한 것 만 아니라 표면이나 내부에 존재하는 불순물(예를 들면 글래스를 용해할 때의 도가니 재료의 혼입)이나 결함(예를 들면 결정성장의 변형)으로 레이저광이 흡수되면 급격한 가열에 의해 용융이나 열응력으로 인하여 소자의 파괴로 이어진다. 레이저 펄스폭이 긴(수십 ps정도 이상) 경우의 파손은 재료내부에서의 열확산으로 좌우되어 레이저 손상 문턱 값(J/cm^2)은 펄스폭 τ_p의 1/2승에 비례하는 것으로 알려져 있다[2)].

또한, 다광자 흡수는 비선형 광학효과의 한 종류이며 동시에 2개 이상의 광자를 흡수하는 과정이다. 다광자를 흡수한 전자의 에너지가 이온화 레벨을 넘으면 전란이 생기고 단펄스 레이저에 대한 손상 원인의 하나가 되고 있다. 광자 에너지가 높은 단파장 레이저에서 현저하게 일어나고 2광자 흡수(천이확률은 강도의 2승에 비례)가 중요하게 된다.

이에 대하여 전자사태에 의한 손상은 기체의 절연파괴와 같은 형태의 현상이다. 레이저광의 전계에 의해 전자가 재료의 전란에너지 이상으로 가속되면 가속된 전자가 주변재료를 일시적으로 전란시켜 재료가 파손된다. 파장 10 μm의 CO_2레이저용의 NaCl 창의 내부손상 등이 이에 의한 것으로 설명 되고 있다. 다만, 자유전자생성의 원인은 불순물에 의한 흡수나 다광자 흡수도 관련있기 때문에 전자사태효과만으로 내부손상의 전부를 설명하는 것은 가능하지 않다.

이들의 흡수나 전자사태는 주로 광학소자의 내부손상과 관계있지만 표면손상도 매우 중요하다. 레이저에서는 박막코팅 소자가 빈번하게 사용되므로 표면손상이 레이저 출력제한의 주요한 원인이라고 말해도 과언이 아니다. 반사미러나 반사 방지막은 근적외~자외영역에서는 글래스(BK-7이나 석영 등) 기판으로 굴절률이 다른 유전체(금속이나 반도체의 산화물)를 다층 코팅하여 제작되므로 기판의 표면조도에 기인하는 국소적인 전계집중에 의해 레이저 손상 문턱치가 저하한다. 그러므로 기판의 연마가 중요하며 표면조도는 수 Å정도로 억제하는 것이 바람직하다. 또한 연마 시에 사용된 연마제는 극히 적은 양이지만 기판 표면에서부터 내부까지 확산되고 있다. 이를 이온빔에칭이나 화학처리를 통하여 제거하고 표면불순물에 의한 손상 문턱치의 저하도 막을 필요가 있다. 다층막 코팅 소자는 굴절률이 다른 박막간에서의 다중반사를 이용하는 것으로 박막의 두께 $nd=\lambda/4$ (n:굴절률, d:두께, λ:파장)가 기본으로 되어 있다. 다중반사에 의해 간섭이 생기고 입사광의 전계에 비하여 최대로 4배정도의 정재파 전계가 발생하는 영역이 있다. 그 때문에 다층막의 설계에 있어서는 흡수계수가 큰 재료 중에 전계가 강해지지 않도록 하거나 몇 층의 막 두께를 조정하여 전계가 집중하는 위치나 강도를 조정하는 것이 중요하다.

1.4 레이저 빔의 균일화와 패턴 제어

1.4.1 레이저 빔의 파면 변형보상

레이저 파워의 응용에서는 균일한 빔이 매우 중요하다. 발진기의 출력 패턴이 TEM_{00} 모드라 하더라도 고출력 레이저에서는 증폭기 안에서의 파면 변형에 의한 공간적 멀티모드 빔이 되기 쉽다. 파면 변형제거의 전형적인 방법으로서는 가변형미러(능동광학소자)와 위상공액 미러가 있다.

가변형미러는 반사미러의 이면 전후에 구동 가능한 소자(액추에이터, actuator)를 다수 배치하여 그림 1.30과 같이 파면변형과는 역으로 요철을 반사면에 주고 파면변형을 보정한 것이다. 보상 가능한 공간주파수는 액추에이터의 수에 의존하고 비교적 저공간 주파수의 파면 변형이 보정가능하다. 또한, 파면보정에 의해 초래된 강도분포의 불균일은 보상되지 않는다.

가변형미러보다도 공간적으로 보다 섬세한 파면변형의 보정이 가능한 방법으로써 위상공액 미러가 있다. 위상공액 광이란 편광이 보존되고 위상과 진행방향이 입사광과 반전된 광을 말한다. 그러므로 증폭기 예로 파면변형을 받은 레이저광을 위상공액 미러에 반사시키면 반사광은 역으로 파면변형을 가지고 반사된다. 이때에 빔파면의 모든 위치에 대응하여 원래의 광로를 역진하므로 다시 증폭기를 통과한 빔의 파면변형은 거의 완전하게 보정된다. 위상공액 광은 광에 의해 만들어진 매질중의 회절격자에 의한 회절에 의해 발생하므로 회절격자를 발생시키는 물리과정으로는 BBO나 $LiBbO_3$결정 등에서의 캐리어 생성에 의한 광유기 굴절률효과(photorefractive effect) 혹은 Na 증기나 반도체에서의 광커효과가 이용된다. 회절격자는 2개의 빔(프로브 광, 펌프 광이라 불림) 간섭에 의해 발생하고 이 회절격자에 의해 또 1개의 펌프 광이 회

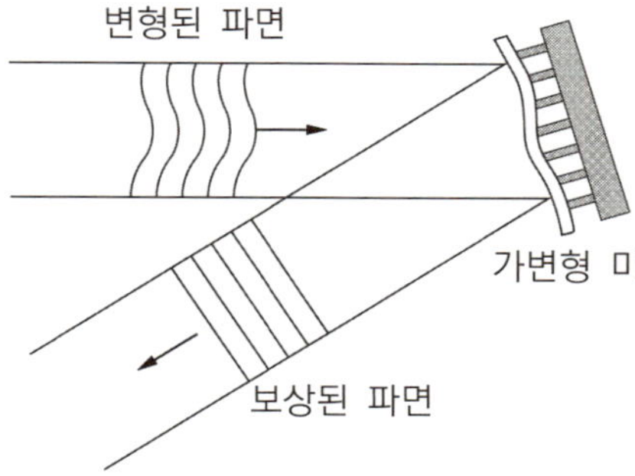

그림 1.30 가변형 미러에 의한 파면보상

절되어 프로브 광에 대한 위상공액 광으로 된다.

따라서 4개의 광파가 관여하고 있는 이러한 과정을 4광파 혼합이라고 부른다. 더불어 광유기 굴절 위상공액 미러는 공간적 굴절률 변화를 이용한 홀로그래피인 반면에 광커효과에 의한 4광파 혼합에서는 3차의 비선형 분극을 통해서 위상공액파(phase conjugation wave)가 발생한다.

그 외의 위상공액 미러로써 유도 브릴루앙 산란(SBS)이 있다. 이는 산란매질의 레이저에 비교하여 손상 문턱치가 높은 것과 필요한 빔이 1개뿐이며 더불어 광학배치가 그림 1.31과 같이 단순하다는 편리함으로 고출력 레이저에 있어 중요한 기술이 되어가고 있다. 브릴루앙 후방산란은 매질 안의 음파에 의한 광의 산란이며 음파의 주파수 만큼 아주 약간 저주파수 쪽으로 시프트(도플러 효과, Dopppler effect) 한다. 이때에 입사광과 후방산란광과의 사이의 비트(박자)에 의해 음파가 증폭되어 유도산란에 도달하므로 고반사율이 가능하다. SBS 매질로는 다양한 기체(메탄가스 등)나 액체(CS_2나 CCL_4 등) 및 고체(용융석영, LAP결정, 광파이버 등)가 이용 가능하지만 고반사율을 얻기 위해서는 높은 입력강도(수~수백 mJ)가 필요하다. 그러므로 손상 문턱치가 높은 매질은 없어서는 안되며 불순물을 거의 억제한 플러리너트(fluorinert)는 100%에 근접한 반사율이 얻어지고 있다.

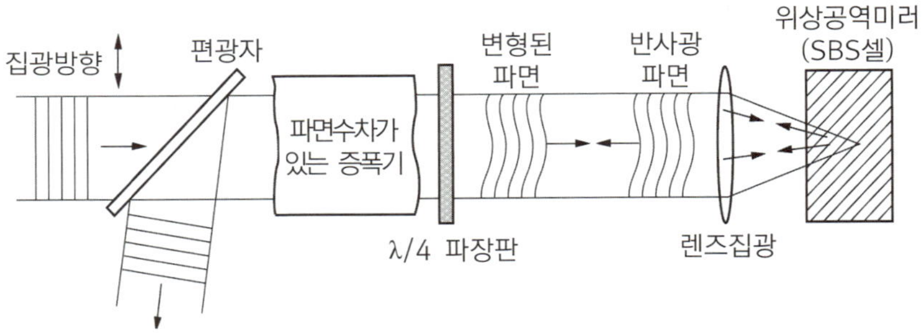

그림 1.31 위상공역미러에 의한 파면보상

1.4.2 회절 광학소자에 의한 레이저빔의 위상 분포 제어

레이저광은 집광되어 이용되는 경우가 많으므로 여기서는 집광 빔 패턴의 제어에 대하여 개략적으로 설명한다. 일반적으로 고출력 레이저의 출력빔은 유한한 개구나 소자의 손상에 의한 회절에 의해서 그림 1.32(a)와 같이 불균일한 강도분포가 되기 쉽다. 불균일한 근시야 패턴에서 균일한 집광 패턴을 얻기 위해 이용되는 것이 위상판이다. 위상판은 회절광학소자의 한 종류이며 가장 단순한 것은 불투명 유리와 같은 랜덤한 위상분포를 주는 것(랜덤 위상판)으로 글래스 기판위에 SiO_2 박막 코팅(혹은 에칭)에 의해 제작된다. 코팅은 미세한 엘리먼트로 분할하여 행해지나 엘리먼트마다 랜덤한 코팅두께를 주는 것과 그림 1.32(b)와 같이 반파장($\lambda/2$, 즉 π)의 위상차를 주는 것과 같은 코팅을 랜덤으로 배치하는 것은 거의 동등한 값의 결과를 가진다. 또한, 집광 스폿 사이즈는 식 1.5에 따르면 엘리먼트의 크기로 조정가능하다. 이렇게 하여 그림 1.32(c)와 같이 비교적 균일한 집광 강도분포가 얻어진다.

위상판의 위상분포를 미묘하게 조정함으로 집광 패턴의 형상을 제어하는 것이 가능하며 이러한 소자는 홀로그램의 한 종류이며 키노폼(kinoform) 위상판[5] 이라고 불린다. 예를 들면 그림 1.32(c,d)와 같이 슈퍼 가우스형의 집광분포가 얻어진다. 위상분포가 0과 π의 2값 배열

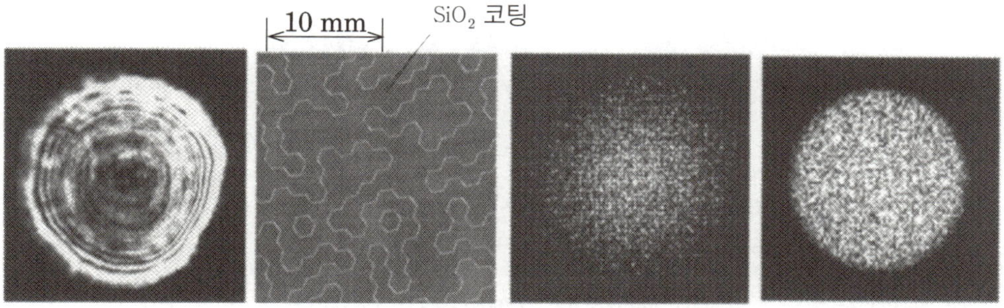

(a) 일반적인 집광빔패턴
(b) 랜덤 위상판의 구조
(c) 랜덤 위상판을 이용한 빔 패턴
(d) 키노폼(Kino Form) 위상판을 이용한 집광빔 패턴

그림 1.32 위상판에 의한 집광패턴의 제어

이면 점대칭인 강도분포 밖에 얻지 못하나 다단계(16단계정도)로 위상을 제어함으로 원리적으로는 임의의 강도분포를 만들어 내는 것이 가능하여 레이저 마킹 등에 응용되고 있다.

참고문헌

[1] B.J. Tompson and E. Wolf : J. Opt. Soc. Am., 47, p.898 (1957)

[2] H. Goldenberg and M.A. Tranter : Br. J. Appl. Phys., 3, p.296 (1952)

[3] R.K. Tyson : "Principles of Adaptive Optics", Academic Press, Boston (1991)

[4] 左貝潤一 : 位相共役光学, 朝倉書店 (1990)

[5] J. Amano and T. Sonehara : Appl. Opt., 30, p.4622 (1991)

その他光学およびレーザー関連では以下を参考にするとよい.

[6] M. Born and E. Wolf (著), 草川徹、横田英嗣(訳) : 光学の原理 Ⅰ, Ⅱ, Ⅲ, 東海大学出版会 (1974)

[7] J.W. Goodman(著), 武田光夫(訳) : 統計光学, 丸善 (1992)

[8] A. Yariv(著), 多田邦夫(訳) : 光エレク+トロニクスの基礎, 丸善 (1974)

[9] M. Sergebt Ⅲ, M.O. Scully and W.E. Lamb, Jr.(著), 霜田光一、岩澤 宏、神谷武志(訳) : レーザー物理, 丸善 (1978)

[10] 霜田光一 : レーザー物理入門, 岩波書店 (1983)

[11] 日本 レーザー学会(編) : レーザーハンドブック, オーム社 (1982)

2
CHAPTER
고출력 기체 레이저의 기초 기술

기체 레이저는 자외선에서 원적외선에 이르는 광범위한 파장대에서 실용적인 수준의 발진이 실현되고 있다. 레이저 매질인 가스의 종류를 바꿈으로 고정파장이지만 여러 가지의 파장을 선택할 수가 있다. 방전이나 전자빔 등에 의해 직접적으로 여기에너지를 주입할 수 있으며 순환냉각에 의해 여분의 에너지를 효율 좋게 제거할 수 있다. 또한 열 변형이나 비선형 광학정수도 적어 고출력에서도 고품질의 레이저빔(단일모드, 집광성 등)을 얻을 수 있는 등 많은 특징을 가지고 있다.

전형적인 고출력 기체 레이저인 CO_2레이저에서는 연속출력 100 kW의 레이저 장치가 이미 제조라인에 도입되어 있다. 단파장이 특징인 엑시머 레이저는 초미세가공이 요구되는 반도체 프로세스에서 그 위력을 발휘하고 있다.

이 장에서는 각종 기체 레이저에 대하여 그 특징들이 갖는 기초 기술에 대하여 서술한다.

2.1 적외 기체 레이저

대표적인 적외 기체 레이저는[1),2)] CO_2레이저이며 이것은 가공용 레이저로써 가장 많이 사용되어지고 있다. 또한 가장 많이 판매되고 있는 적외 레이저이다. 과거에 산업용으로 연구가 진행되었던 레이저로는 CO_2레이저 외에 CO레이저가 있다. 그 외의 레이저로는 COIL(chemically excited oxygen iodine laser)이 있다. 이 3종류의 레이저를 아래에 순차적으로 개략적인 설명을 하기로 한다.

2.1.1 CO_2레이저

(1) CO2레이저의 여기준위

CO_2분자는 C를 중심으로 양측에 수평으로 O가 붙어있는 분자구조이며 그 개략적인 그림을 2.1에 나타낸다. 3원자 분자이기 때문에 진동의 자유도는 3이며 그림 2.1에도 나타낸 것처럼 [대칭 진동모드], [벤딩모드], [비대칭 진동모드]와 같은 세종류의 기본적인 진동모드가 있다. 이 기본적인 에너지구조는 그림 2.2에서 보는 바와 같이 에너지 레벨의 좌측에 나타내고 있다.

001이라고 적혀있는 것은 비대칭 진동모드이고, 100은 대칭 진동모드, 020, 010은 벤딩모드이다. 001에서 100사이의 천이가 유명한 CO_2레이저의 라인이며, 10.6 ㎛ 주변의 파장을 갖는 광을 방출한다. 게다가 001에서 020으로의 천이에서는 9.6 ㎛ 주변의 파장을 갖는 광을 방출한다. 이들의 진동모드는 각각 회전진동의 미세구조이며 실제로 레이저에서는 회전준위가 미세구조에 따라서 아주 조금씩 파장이 다른 다수의 발진파장이 얻어질 수 있다. 산업용 대출력 레이저에서는 대부분의 출력이 001에서 100으로 천이하는 중에 P(18)모드만이 발진

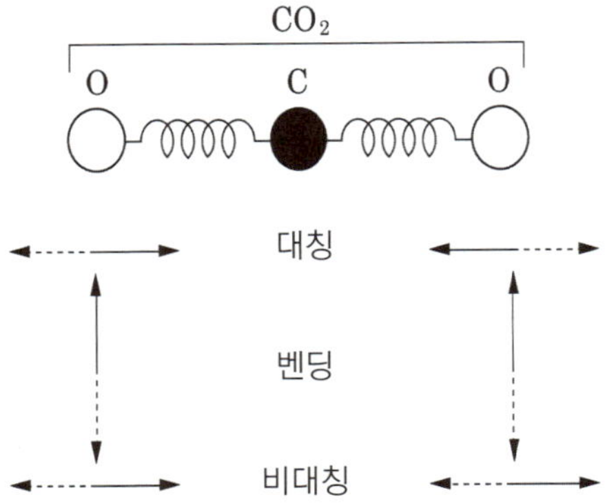

그림 2.1 CO_2분자의 진동모드

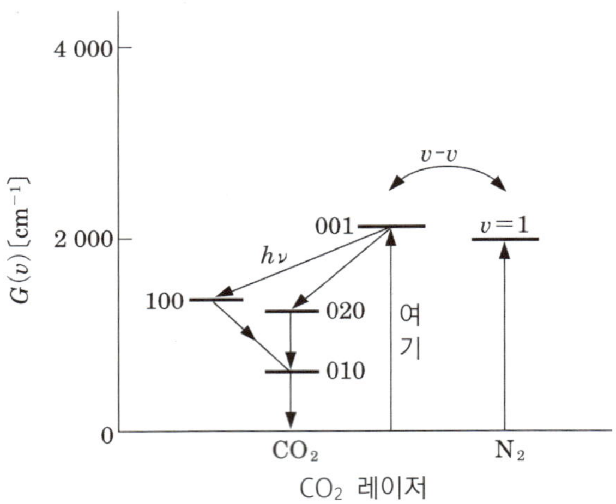

그림 2.2 CO_2, N_2의 진동에너지 준위

하는 예가 많다. 이것은 다수의 발진 파장간에 경합이 생겨 가장 이득이 큰 P(18)모드만이 남아서 발진하기 때문이다.

CO_2레이저에서 중요한 것은 N_2와 He가스로 혼합되어 있다는 것이다. N_2는 같은 원자의 2원자 분자이기 때문에 분자진동이 여기되면 그 진동이 CO_2와 같이 광을 방출하여 완화하지 않기 때문에 여기수명이 매

우 길다. 게다가 더 중요한 것은 N_2의 진동 여기준위는 CO_2의 여기준위인 001모드와 매우 근사하고 그 차이는 $18\,cm^{-1}$에 불과하다. 따라서 기저상태의 CO_2분자와 여기상태의 N_2분자가 충돌하면 매우 높은 확률로 N_2에너지가 CO_2분자의 001모드로 이동한다. 이 때문에 001모드와 100모드 사이에서 용이하게 역전분포가 생긴다.

He을 혼입하는 것은 He원자가 100모드나 010모드의 CO_2분자와 충돌하여 완화에 기여함과 동시에 방전의 안정화를 위해서도 중요하다. 이 3종류의 혼합기체를 글로(glow)영역에서 방전시키면 상태가 양호하여 평균전자 에너지는 N_2분자를 여기 시키는데 최적인 1eV정도로 된다.

$CO_2/N_2/He$은 모든 기체 레이저 중에서도 가장 뛰어난 조합으로 높은 게인(gain)과 대출력을 얻을 수 있다.

(2) 여기방법

CO_2레이저를 여기하기 위해서는 방전을 가하는 것이 필요하다. 예전부터 여러 가지의 방전방식이 시현되었지만, 현재 3종류의 방전방식이 실용화되어 있다. 그 중에 2종류는 CW발진과 펄스발진방식이다.

CW발진에서 가장 일반적으로 폭넓게 이용되고 있는 여기방법은 그림 2.3에 나타낸 고속축류라고 불리는 방식이다. 레이저의 광축과 가스흐름의 방향과 방전방향이 같은 방향인 축류형 방전방식이다. 원통의 튜브 안에 기체를 고속으로 흐르게 하며, 이때의 속도는 보통 초당 수십 m에서 최대 200 m까지 이른다. 가스를 흘리는 것은 기체의 냉각효과를 높이기 때문에 출력을 높일 수 있는 큰 효과가 있다. 여기방법에는 DC방식과 RF방식이 있으며, DC방식의 경우에는 관을 20~30 cm 정도로 분할하고 그 양단의 관속에 전극을 설치하여 높은 전압을 인가한다. RF방식에서는 관의 외부에 전극을 설치하고 수백 MHz에서 수 MHz정도의 RF전계를 인가하여 여기하는 방법이 사용되어지고 있다.

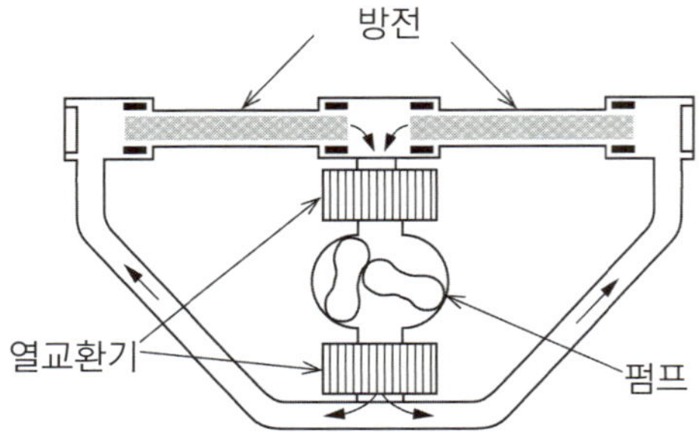

그림 2.3 고속축류형 CO_2레이저

CW에서 한 가지 더 여기하는 방식은 3축 직교형이라고 불리는 방식으로 가스흐름 방향, 방전을 가하는 방향 및 광축의 방향이 제각기 직교하고 있다. 동축형 및 3축 직교형의 2가지 방식이 있으며, 3축 직교형에서도 인가하는 전압은 DC와 RF 2가지 방식이 있다. 여기에 인가하는 전계로는 DC와 RF가 있기 때문에 여기방식으로서는 4가지 방식이 있는 것이 된다. 이들 중에 세계적인 경향을 보면 고속축류형을 사용한 사례가 압도적으로 많다. 특히 유럽과 미국에서는 거의 대부분의 산업용 레이저는 동축형으로 3축 직교형은 거의 없다고 보아도 된다. 수 kW 정도로 그다지 대출력이 아닌 경우는 여기전계로 DC방전을 사용하는 사례도 있지만, 10 kW이상의 고출력이 되면 대부분은 RF방전방식의 여기전계를 사용한다.

일본에서는 조금 사정이 달라 3축 직교형을 사용하고 있는 사례가 약 절반 정도를 차지하고 있다. 이 경우에도 여기방식은 RF를 사용하는 경우가 많다고 사료된다.

고속축류와 3축 직교 중에 어떤 방식이 우수한지의 여부와, 혹은 DC와 RF중에 어떤 방식이 우수할지에 대한 의견들은 제각기 분분하다. 빔의 안정성은 3축 직교형이 뛰어나다고 말 할 수 있다. 그 외에 그림 2.4에 나타낸 것처럼 도파로형 CO_2레이저[3),4)]가 있다. 이것은 평판위에 전극 2매를 1~2 mm 간격으로 서로 마주보게 하여 50 ~ 120 MHz의

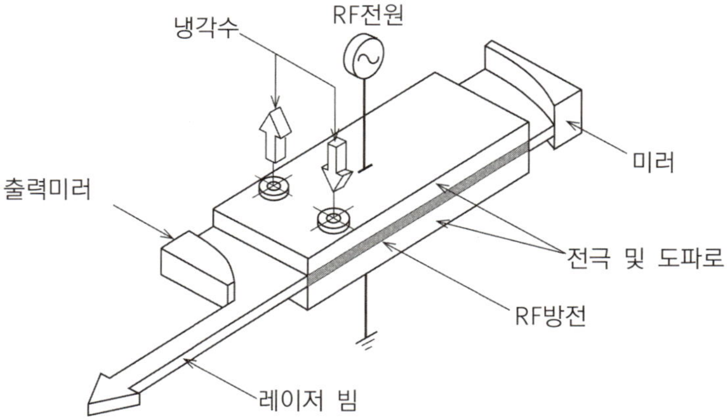

그림 2.4 도파로형 CO_2레이저

높은 주파수인 RF전계를 인가하는 방식이다. 이 레이저의 특징은 전극간격이 좁기 때문에 가스의 냉각효과가 큼으로 단위 체적당 큰 출력을 얻을 수 있다. 이 경우의 출력을 단위 면적당 출력으로 환산하면 전극 1㎡당 30 kW의 출력을 얻을 수 있다.

독일의 로핀시나(Rofin Sinar)사에서 이 방식의 레이저를 상품화하여 시판하고 있다. 도파로형 레이저의 뛰어난 점은 소형으로 로봇의 선단부에 레이저를 장착할 수 있다는 점을 먼저 들 수 있다. 또한, 레이저가스를 순환시킬 필요가 없기 때문에 가스 순환용 블로워를 없앨 수 있어 구조가 간단하고 원가가 저렴하게 될 뿐만 아니라 모터의 회전에 의한 진동이 없다는 것도 큰 장점이다.

CO_2레이저가 YAG레이저 등과 비교해서 뛰어난 점은, 높은 빔 품질의 대출력을 얻을 수 있다는 점이다. 빔 품질은 YAG레이저 파장인 1.06 ㎛에 비해 CO_2레이저는 그 10배인 10.6 ㎛이기에 이상적인 가우스 빔 조건으로 비교하면 CO_2레이저 쪽이 10배 나빠야 하지만 실제로는 CO_2레이저의 빔 품질이 더 우수하다. 1 kW레이저에서도 CO_2레이저에서는 20 mm·mrad, 도파로형 레이저의 경우 회절한계에 가까운 빔

품질을 얻을 수 있고 고속축류의 10 kW출력에서도 100 mm · mrad정도의 빔 품질을 얻을 수 가있다.

2.1.2 CO레이저

CO레이저의 특징은 파장이 5 ㎛이란 점에 있어서 CO_2레이저의 1/2파장이기 때문에 빔 품질이 CO_2레이저보다 2배 더 좋게 될 가능성이 있으며, 또한 금속 등의 흡수계수도 CO_2레이저보다도 높다.

CO레이저에 관해서는 공업용 레이저로서 일본에서 먼저 연구되어[5),6)] 후판을 절단할 때에 CO_2레이저와 비교해서 약 2배 정도의 성능이 뛰어나다는 것을 알아냈다.

절단특성이 CO_2레이저보다 CO레이저가 뛰어나다는 것은 그 후 실험적으로 독일과 프랑스의 공동연구소인 셀본에 의해 상세한 결과가 도출되었다. 또한, 독일 스튜트가르트 공과대학의 다우징거에 의해 이론적으로도 CO레이저의 5 ㎛쪽이 CO_2레이저보다 뛰어나다는 것을 알아냈다.

CO레이저의 단위 체적당 출력은 CO_2레이저와 거의 같고 좀 더 뛰어난 특성의 빔을 얻을 수 있지만 다른 결점도 있다.

가장 큰 결점은 CO레이저의 온도제어가 곤란하다는 것이다. CO레이저는 기본적으로 2준위 레이저이기 때문에 냉각이 필요하며 냉각을 하면 할수록 더 큰 출력을 얻을 수 있다. 최근에는 상온에서도 CO_2레이저와 비슷한 출력이 얻어지기도 했지만, 역시 온도에 대한 출력변동이 민감하다는 점이 결점이다.

두 번째의 결점으로는 가스의 수명이다. CO가스가 방전 중에 해리되어 C와 O로 쉽게 분리되어 버린다. 이것을 방지하기 위해서는 소량의 O_2를 첨가시켜두면 되지만 이 경우도 CO가 먼저 C와 산소로 분리되어

남은 C와 O_2가 결합하여 CO_2가 형성된다. 즉, CO레이저는 작동 중에 서서히 CO_2레이저로 변해간다고 하는 특징을 가지고 있기 때문에 가스 일부를 자주 교환해야만 한다.

이상의 2가지 결점을 극복한다면 CO레이저는 아주 강력한 산업용 레이저가 될 것이라고 생각되지만 현재까지 본격적인 산업용 레이저로서 시판된 사례는 없다.

2.1.3 COIL레이저

COIL레이저[7)]는 다른 레이저와는 전혀 다른 여기방식의 레이저이다. 아래에 설명한 것처럼 화학반응에 의해 과산화수소에서 여기산소를 만들어 그 여기산소에 요오드를 충돌시키므로 요오드분자가 1.31 ㎛로 발진한다.

$$H_2O_2 + 2NaOH + Cl_2 \rightarrow O_2^{\star} + 2NaCl + 2H_2O$$

$$I2 + nO_2^{\star} \rightarrow 2I + nO_2$$

$$I + O_2^{\star} \rightarrow I^{\star} + O_2$$

$$I^{\star} \rightarrow I + 1.31\ \mu m$$

이 레이저의 기본적인 원리를 그림 2.5에 나타낸다. 매우 간단한 기본 구조로 되어있으며 레이저 출력은 화학반응으로 방출되어진 에너지에서 공급되기 때문에 기본적으로 외부에서의 에너지입력을 필요로 하지 않는다. 그림 2.5의 상류부 냉각 트랩(trap)은 물을 담아두는 것으로 수증기분자는 여기 요오드를 빠르게 완화하기 때문에 가스흐름이 늦을 경우는 트랩이 필요하다. 그러나, 라발(laval)노즐에서 가스를 초음속으

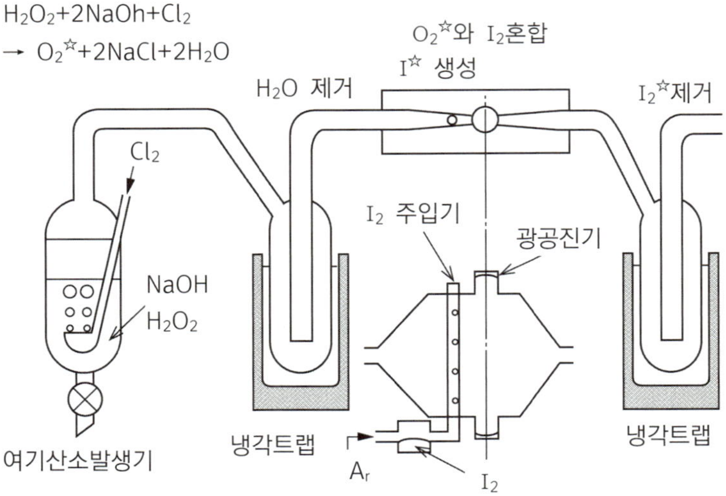

그림 2.5 COIL 레이저의 동작원리도

로 흘려 온도를 냉각하는 방식이라면 저온인 관계로 가스가 빠르게 흐르기 위해서 수증기 트랩은 필요 없게 된다.

COIL레이저의 가장 큰 특징은 전기입력을 필요로 하지 않기 때문에 전원이 없는 장소에서도 사용가능하다는 점과 더불어 높은 효율로 큰 출력을 얻을 수 있다는 점이다. 종래에 기록된 최대 화학효율은 40%, 최대출력은 40 kW이다. 군사용으로 개발되어져 있는 레이저로서는 월등히 높은 출력이다. 아마 미국에서는 수백 kW이상의 출력을 낼 수 있을 것으로 본다. 단지 여기서 말하는 화학효율은 화학반응에 의해서 발생한 에너지로 레이저의 광 출력을 나눈 값이다.

COIL레이저는 1.31 ㎛라고 하는 발진파장이 석영유리 파이버의 최저 손실영역에 있기 때문에 거의 손실 없이 대출력을 파이버를 통해서 전송할 수 있다. 게다가 압력이 낮은 기체 레이저이기 때문에 레이저 매질의 교란이 전혀 없고 최적의 빔 모드를 얻을 수 있는 능력을 가지고 있다.

[레이저의 출력], [효율], [빔 모드], [파이버의 최적 발진 파장]이라고 하는 4가지 관점에서 COIL레이저는 CO_2레이저나 YAG레이저를 넘어 가공용 레이저로서 최적의 레이저라고 말 할 수 있다. 이러한 이유로 전력사업에 있어서 먼거리에서 발전한 전력을 전선으로 원격지에서 최종 고객의 장소까지 보내어 이용하는 것처럼 이 COIL레이저를 원격지에서 발진시켜 그 출력을 최종 고객인 공장 등으로 배분해서 이용하는 광력시스템이라고 하는 새로운 광시스템을 구축하는 아이디어도 나와 있다.

또한, 전력을 필요로 하지 않는다는 점에서 이 레이저를 차에 탑재하는 형태로 하거나 또는 헬기에 탑재해서 여러 방면의 폐기물 처리나 재해시의 구제용으로 이용하려고 하는 아이디어도 나와 있다.

이 레이저는 1979년에 미국공군에서 발명된 비교적 새로운 레이저로써 미국을 비롯하여 러시아, 유럽 각국에서는 군사용 레이저로 개발되어져 왔다. 이 레이저를 산업용 레이저로 위에서 언급한 특징에 주목하여 연구를 개시한 것은 일본이 처음이었으며 1981년부터 연구가 진행되었다. 1990년대 말경 일본에서는 2 kW까지의 출력을 파이버로 전송하여 가공에 사용하는 실험이 행하여 졌으며 미국에서도 10 kW의 출력을 파이버를 통해서 가공실험을 했다. 이 무렵 일본에서 10 kW의 레이저장치가 완성되기도 하였다.

이 레이저의 결점은 동작압력이 2 Torr 정도로 상당히 낮기 때문에 배기를 위해 큰 펌프가 필요하다는 것을 제일 먼저 들 수 있다. 그럼에도 불구하고 산업용레이저로서는 너무 생소한 레이저이기에 이 레이저에 대한 연구인원 및 연구에 대한 투자시간이 적은 점을 가장 큰 결점으로 들 수 있다.

2.2 가시~자외(선) 기체 레이저

대표적인 가시(광선) 기체 레이저는 He−Ne레이저(파장:632.8 nm, 543.5 nm), He−Cd^+레이저(파장:441.6 nm), Ar^+레이저(파장:488.0 nm, 514.5 nm), 금속증기레이저(파장:Cu증기 510.6 nm, 578.2 nm, Au증기 627.8 nm) 등이 있다. 또 자외(선) 기체 레이저로는 엑시머 레이저(파장:ArF 193 nm, KrF 248 nm, XeCl 308 nm 등), He−Cd^+레이저(파장:325.0 nm) 등이 있다.

이들 중에 주로 에너지로 이용되는 대표적인 고출력 레이저는 Ar^+레이저, 동(Cu)증기 레이저, 엑시머 레이저를 들 수 있으며 이들에 대하여 서술하기로 한다.

2.2.1 Ar^+레이저

아르곤이온(Ar^+) 레이저는 1964년, Bridges에 의해 발명된 이온 레이저이다. He−Ne레이저가 중성 Ne원자의 여기준위를 발진선으로 이용한 것에 반하여 Ar^+레이저는 그림 2.6에 나타낸 것처럼 이온화 상태의 Ar^+의 여기준위를 발진선으로 이용하고 있다. 따라서 여기를 위해서는 높은 에너지를 필요로 하고 아크방전이 사용되어진다. 그림 2.6에 나타낸 것처럼 다수의 발진선이 관측되고 있지만 고출력을 얻을 수 있는 대표적인 파장은 굵은 선으로 그린 488.0 nm와 514.5 nm이다.

Ar^+레이저의 특징은 가시영역에서 파장을 갖는 연속발진(CW)의 고출력이다. 연구레벨에서는 CW 500 W급의 Ar^+레이저가 개발되어져 있지만 상용제품에서는 CW 20~30 W이하의 레이저가 대부분이다. He−Ne 레이저와 같이 빔 품질이 우수하고 고출력이란 점을 특징으로 산업응용에 사용되어지고 있다.

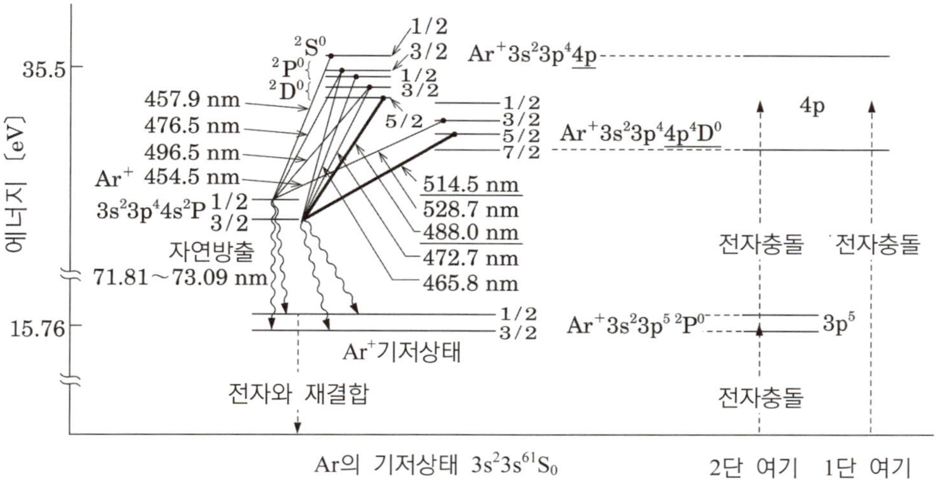

그림 2.6 Ar^+ 레이저의 에너지준위

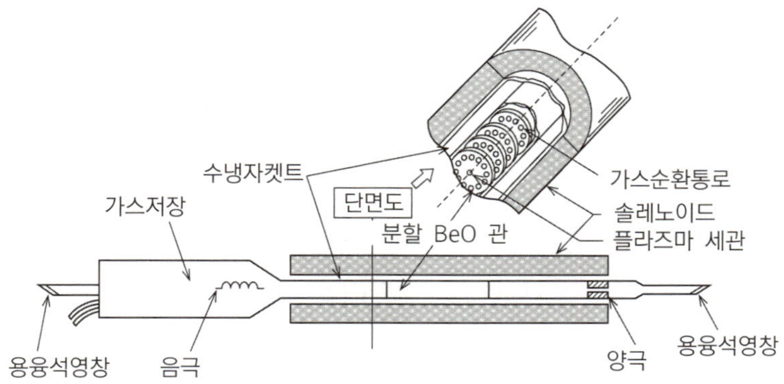

그림 2.7 Ar^+ 레이저관의 구조

Ar^+레이저의 단점은 길이가 긴 장치 사이즈와 파괴되기 쉬운 레이저관의 짧은 수명이다. 전자는 Ar^+레이저의 낮은 발진효율(0.01% 이하)이고, 후자는 여기용으로 대전류의 아크방전을 사용하고 있는 것에 기인하고 있다. 대표적인 Ar^+레이저관의 구조를 그림 2.7에 나타낸다. 양-음극 간에 직류전압을 인가하고 수십 A의 아크방전을 유지시키기 위해서 냉각이나 세라믹관을 사용한 내열구조의 설계가 중요하다.

2.2.2 구리증기 레이저

구리(Cu)증기 레이저는 가시영역의 파장을 가진 고반복 펄스 발진 레이저이다. 원자법 우라늄 농축용 색소 레이저의 여기용 광원 등을 목적으로 개발되어진 레이저이다. Ar^+레이저보다 2단계 이상 높다. 수 %의 발진효율을 가지며 가시영역에서는 최대의 평균출력을 얻을 수 있는 레이저이다. 그림 2.8에 나타낸 것처럼 구리원자의 에너지 준위를 이용하여 578.2 nm와 510.6 nm의 2가지 파장으로 발진한다. 레이저 천이의 하위준위는 비방사 완화의 준안정상태이기 때문에 이 완화시간이 제한되어 반복펄스 발진만이 가능하다. 하위준위의 수명이 길기 때문에 상위준위의 수명도 길게하지 않으면 반전분포가 형성되지 않기 때문에 레이저관을 1,300 ℃ 이상으로 온도를 올려 관벽에서의 충돌감쇄를 억제하고 방사밀폐를 일으킴으로 상위준위의 수명을 표면상 길게 하고 있다.

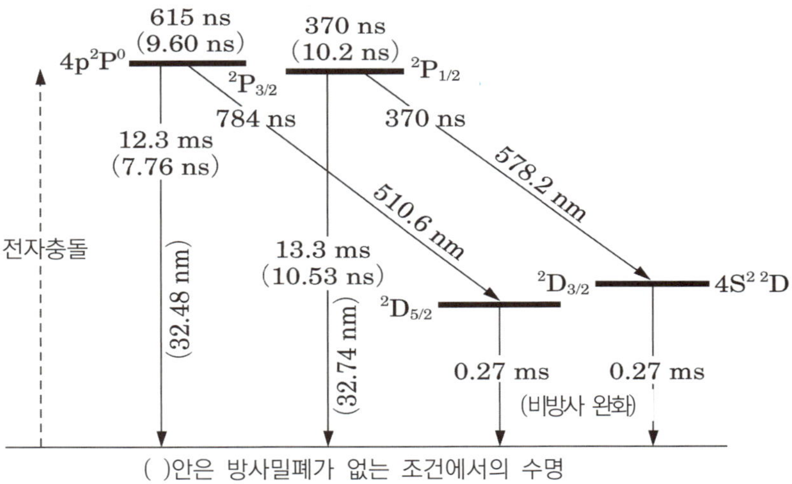

그림 2.8 구리증기 레이저의 에너지 준위

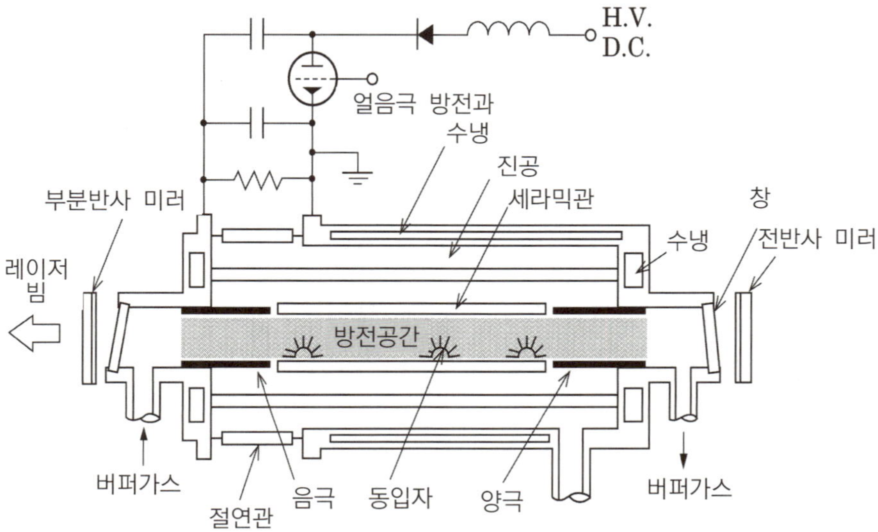

그림 2.9 구리증기 레이저의 구조

Cu증기 레이저의 구조를 그림 2.9에 나타낸다. 외부와 단열된 세라믹 관내에 Cu분말을 넣어 양-음극 간에 고전압 펄스를 반복(수~수십kHz) 인가하여 글로상의 반복펄스 방전을 일으킴으로 세라믹관의 가열과 Cu의 증발을 촉진시킨다. 1,500℃ 정도로 되면 세라믹관에 가득한 Cu증기가 글로상 방전에 의해 여기되어 레이저 발진이 이루어짐과 동시에 차례로 출력을 높여간다. Cu증기 레이저의 단점은 방전개시부터 발진, 최고출력에 도달할 때까지의 대기시간이 30분 이상 수 시간으로 길게 걸린다는 것이다.

또한, 다른 금속증기를 이용하려면 Cu증기 레이저와 동일한 방법으로 레이저 발진이 가능하게 된다. 예를 들면, 금(Au)증기 레이저(파장 627.8 nm)는 평균출력이 수십 W급의 적색 고출력 레이저로 잘 알려져 있다.

2.2.3 엑시머 레이저

엑시머(excimer)레이저란 “excited dimer”의 약어로 그 어원이 나타내는 것처럼 여기상태에서만 강하게 결합해서 안정적으로 존재하는 “여기된 2 양자체” (2 원자분자 등)를 의미한다. 엑시머레이저 발진과 관련하여 위치에너지 준위를 간략하게 그림 2.10에 나타낸다.

잘 알려져 있는 것처럼 Ar, Kr, Xe 등의 희가스(R)는 반응성이 부족하여 다른 원자와의 화합물을 만들기 어려운 원자이다. 그러나, 이것이 전자빔이나 방전에 의해 여기가 되거나 또는 이온화가 되면 반응성이 현저히 증가하고, 불소나 염소 등의 할로겐원자(X) 또는 분자와 결합하여 여기상태에서만 존재하는 분자(RX^*) 즉 엑시머가 형성된다.

여기상태에서 엑시머의 수명은 3~5 ns로 매우 짧다. 자외광을 자연방출하고 곧바로 기저상태로 떨어진다. 기저상태에서는 희가스와 할로겐

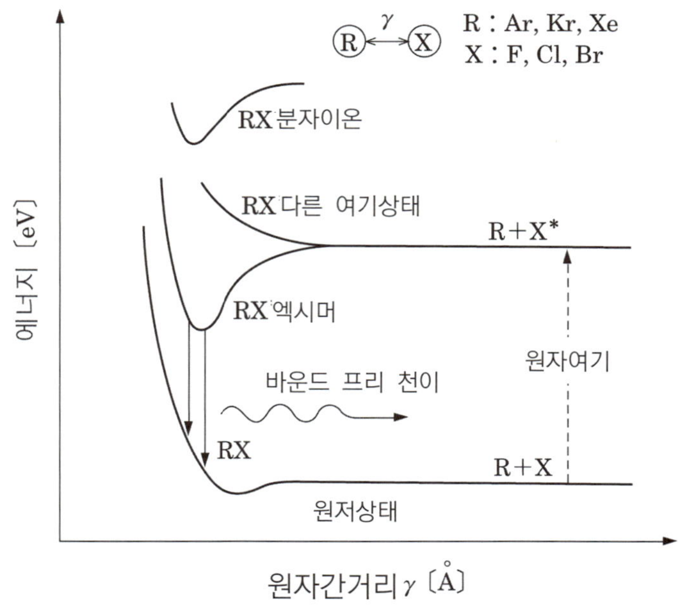

그림 2.10 엑시머 레이저의 포텐셜 에너지 준위

의 결합이 약하여 해리되어 재차 본래의 상태(R+X)로 되돌아간다. 이 천이를 속박-자유 천이(bound-free transition) 또는 엑시머 천이라고 부른다. 따라서 엑시머 RX^*에 주목하면 이 분자는 기저상태에서는 존재하지 않고 상위 준위에서만 존재하기 때문에 엑시머 RX^*(ArF, KrF, XeCl 등)의 반전분포가 용이하게 형성된다. 엑시머 레이저가 본질적으로 고효율 및 대출력이라고 말하여지는 이유는 이와 같이 레이저 천이의 하위준위인 기저상태에서 엑시머 분자가 존재하지 않는다는 것에 있다.

희가스와 할로겐과의 화합물 즉 희가스 할로겐화물(halide)의 엑시머(ArF, KrF, XeCl 등) 외에 희가스 동종의 희가스 엑시머(Ar_2, Kr_2, Xe_2 등)나 할로겐 종류의 F_2 등의 많은 엑시머 레이저 발진이 알려져 있다.

엑시머 광원이란

엑시머 광원에는 ArF^*, KrF^* 및 $XeCl^*$ 등을 발광원으로 한 희가스 할로겐화물의 엑시머 레이저와 Ar_2^*, Kr_2^* 및 Xe_2^* 등을 발광 종류로 한 희가스 엑시머 램프가 있다. 엑시머란 기저상태에서는 안정적인 분자상태로 유지하지 못하지만 여기상태에서는 안정적인 결합을 하는 분자로 표 1에서 보는 바와 같이 단파장의 광을 높은 효율로 발광한다.

긴 세월의 연구 결과, 최근 이들 엑시머 광원의 성능이 급속하게 향상된 관계로 응용면에서 많은 각광을 받고 있다. 특히, 파장 249 nm의 KrF 레이저가 64 M DRAM 양산라인의 스테퍼(stepper)광원으로 사용되었으며 ArF 레이저(파장 193 nm)는 CPU 및 DRAM의 스테퍼광원으로 사용되어지고 있다. 거듭하여 그 다음의 0.1 ㎛의 선폭에는 스테퍼광원으로 Kr_2 엑시머 레이저(파장 147 nm)가 사용되었다.

표 1 각종 엑시머의 발광파장과 광자에너지

발광원	파장(nm)	광자에너지(V)
Ar^*	126	9.8
$Arkr^*$	135	9.1
K_2^*	147	8.6
$krXe^*$	165	7.5
Xe_2^*	172	7.2
ArF^*	193	6.4
KrF^*	249	5.0
$XeCl^*$	308	4.0

표 2 분자의 결합 해리에너지

분자결합종류	해리에너지(eV)
C≡C	11.2
N≡N	9.8
C=O	7.7
C=N	6.5
C=C	6.1
N=N	4.8
H−O	4.6
C=S	4.0
C−C	3.7
C−H	3.6

이처럼 단파장광의 집광성을 이용한 초미세 리소그래피 외에 광자 에너지의 큰 이점을 이용한 광양자 프로세스도 최근 주목되기 시작했다. 즉, 표 1에 나타낸 것처럼 엑시머 광원의 광자에너지는 10~4 eV 사이에 있으며, 특히 희가스 엑시머의 광자 에너지는 표 2에 나타낸 것처럼 거의 분자결합 에너지보다 큰 값을 가지고 있다. 분자 결합 에너지보다 큰 에너지 광자가 물질에 흡수되면 결합의 해리가 생긴다. 이 경우 해리는 종래의 광 프로세스처럼 물질의 온도 상승을 필요로 하지 않고 광자가 직접 물질을 고에너지 상태로 여기시켜 결합을 절단한다고 말할 수 있는 물질에 있어서 우수한 프로세스이다. 이런 이유로 광양자 프로세스라고 칭하여 종래의 광 프로세스와 구별하고 있다. 앞으로 상당히 높은 고집적도 및 고정도의 프로세스가 요구되고 있는 각종 디바이스의 작성과정에서 불가피한 프로세스기술로 발전할 것으로 기대된다.

표 2.1 주요 엑시머 레이저의 특성

레이저	파장[nm]	가스조성	최대평균출력[W] (상용 제품)
F_2	157	F_2/He	
ArF	193	F_2/Ar/He	75
KrCl	222	HCl/kr/He	
KrF	248	F_2/kr/He	150
XeCl	308	HCl/Xe/He	200
XeF	351	F_2/Xe/He	

[주] He가스는 일부 Ne가스와 혼합된 경우가 있음

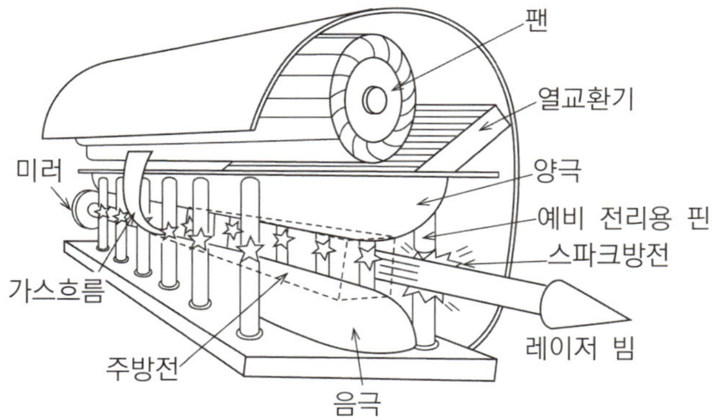

그림 2.11 대표적인 엑시머 레이저의 구성(자외선 예비전리방식)

표 2.1에 주요 엑시머 레이저의 파장과 가스 조성 등의 대표적 특성을 나타낸다. 전형적인 엑시머 레이저 장치의 입체 구조도를 그림 2.11에 나타낸다. KrF 레이저를 하나의 예로 들면 용기속에 Kr, He 및 F_2로 형성된 혼합가스를 약 4기압으로 봉입하고 이것을 팬으로 순환시키면서 글로상의 고밀도 펄스방전을 일으켜 레이저를 발진시킨다. 고기압 가스 중에 균일한 고밀도 펄스방전을 개시하기 위해서는 레이저 광축의 양측에 배치된 예비전리용 핀 사이의 스파크방전이 발생하는 자외선에 의해 양-음극 간의 주 방전공간을 주 방전 개시보다 앞선 전리(예비전리)가

매우 유효하다. 예비전리 방법으로서는 이 외에도 코로나방전 및 X선 등이 가끔씩 이용되어진다.

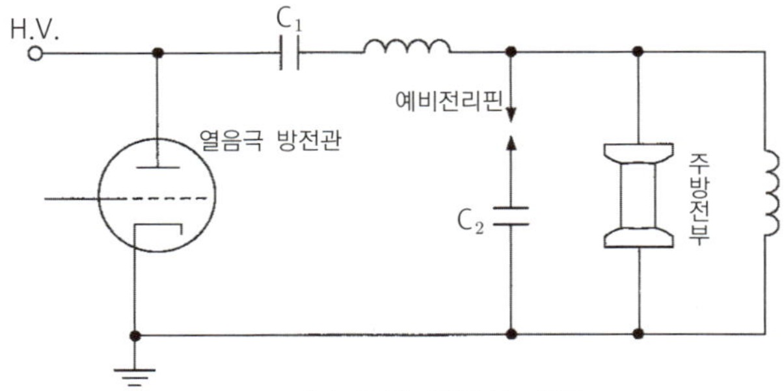

(a) 용량 이행형 회로

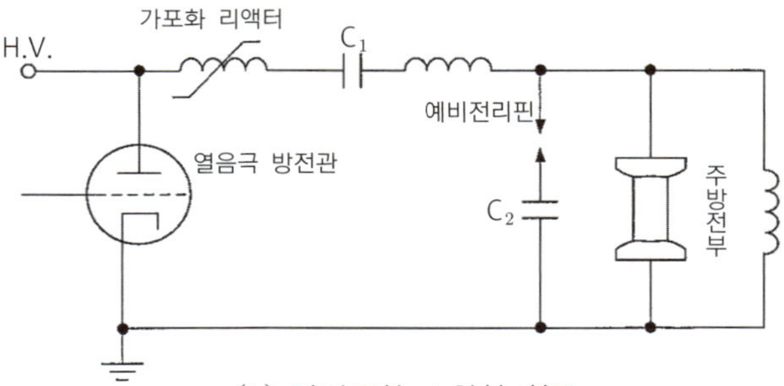

(b) 자기포화 스위치 회로

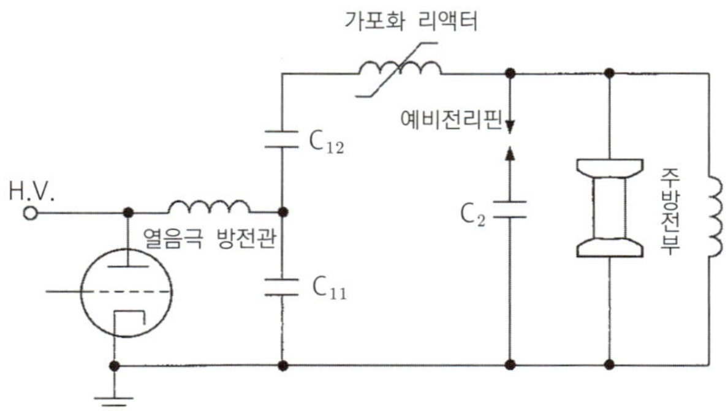

(c) LC 반전회로와 MPC

그림 2.12 엑시머 레이저의 방전여기회로

엑시머 레이저의 발진에는 이와 같은 예비전리 기술 외에, 기동속도가 빠른 방전여기는 수명이 짧은 엑시머의 반전분포 형성에 불가결한 것이다. 방전여기용 회로방식의 기본형을 그림 2.12에 나타낸다. 같은 그림 2.12(a)의 용량 이행형 회로는 커패시터(capacitor, 축전기) C_1의 용량을 잠시 커패시터 C_2로 이행하여 예비전리용 스파크방전을 일으킨 후 C_2에서 인덕턴스(inductance, 유도계수)가 적은 회로패스를 통해 주 방전 공간으로 전하를 신속히 공급하는 회로방식이다. 그림 2.12(b)는 자기포화 스위칭 소자인 가포화 리액터를 추가하여 사이러트론(thyratron, 열음극방전관: 격자제어에 의하여 개폐식으로 전류제어를 하는 방전관; 역자주)의 기동전류를 지연시키고 전력소비를 억제함으로 스위칭 소자로 사용되는 열음극방전관의 장수명화를 꾀한 회로이다. 또 그림 2.12(C)는 LC 반전회로로 2배 가까이 전압을 발생시켜 열음극방전관(thyratron)으로 인가시키는 전압의 저감을 꾀함과 동시에 C_2 충전 회로에 있는 방전 펄스를 압축(MPC: magnetic pulse compression)하여 매우 안정된 방전개시를 도모한 회로이다.

대출력 장치의 대표로써 그림 2.13에 세계 최대출력의 엑시머 레이저 장치의 외관 사진을 예시하였다. 이것은 통산성 공업기술원(일본)의 대형프로젝트[초선단가공 시스템의 연구개발: 1986~1994년]의 일환으로 미쯔비시전기주식회사가 개발한 평균출력 2 kW(반복주파수 800 Hz)의 XeCl 엑시머 레이저 장치이다. 독특한 구조로 연면코로나 예비전리방식 및 방전개시와 유지(전력주입)를 역할 분담한 반복 동작용의 스파이크 지속(spiker sustainer)회로를 개발하여 발진효율이 4.3%로 평균출력 2 kW를 실현했다.

엑시머 레이저 응용의 최근 흥미 깊은 사례로 반도체 메모리 제조공정 중에서 중요한 리소그래피에 적용한 것이다[11]. DRAM(dynamic random access memory)의 제조 프로세스에서는 미세화 및 고집적화와 함께 리소그래피용의 광원이 종래의 수은램프에서 엑시머 레이저로 교체되어지고 있다.

1990년 중반에는 KrF 엑시머 레이저가 64 M DRAM(설계규정:0.35 ㎛) 양산라인의 제 2세대에 채용되었고, 연이어 256 M DRAM(설계규정:0.25 ㎛)에 적용 되었다. 또한, 1 G DRAM(설계규정:0.18 ㎛)의 개발에서는 ArF 엑시머 레이저가 도입되었다.

그림 2.13 고출력 엑시머 레이저 발진장치
(사진제공:미쯔비시전기(주))
(레이저가스 : XeCl, 평균출력 : 2 kW, 발진효율 : 4.3%)

참고문헌

[1] 藤田知夫 "赤外分子レーザー", レーザー学会(編), 霜田光一 (監修) レーザー技術の新展開, pp. 103-105, 学会センター関西 (1994)

[2] T, Fujioka: "Industrial Gas Lasers between 1.05-10.6 ㎛ Range", Infrared Physics,32, pp. 81-90 (1991)

[3] 西前順一："スラブCO_2レーザー", レーザー研究, 21, pp, 453-461 (1993)

[4] 渡辺一弘 ："高周波励起スラブ型炭酸ガスレーザーの出力特性", レーザー研究, 21, pp. 1245-1254 (1993)

[5] S. Sato, T. Fujioka and H. Saito ："High-Power Closed-Cycle Subsonic CWCO Laser Excited by a Trasverse Self-Sustained Discharge", Applied Physics Lett., 46, pp. 537-539 (1985)

[6] S. Sato, K. Shimizu and K. Shimamoto ："Efficient Room- Temperature CO Laser with High Specific Output", Opt. Lett., 19, pp. 719-721 (1994)

[7] M. Endo, F. Wani, S. Nagatomo, D. Sugimoto, K. Nanri, S. Takeda and T. Fujioka ："Development of the Industrial COIL", Proc. SPIE, 3574, pp. 253-264 (1998)

[8] 秋葉稔光 (編著) ：レーザ技術読本、pp. 32-33, 日刊工業新聞社(1985)

[9] 矢島達夫, 霜田光一, 稲場文男, 難波 進 (編) ：レーザーハンドブック、p. 156 , 朝倉書店 (1989)

[10] Satoh, Y., Inoue,M., Fujikawa,S., Saito, Y.,Suzuki, A.,Haruta, K. and Nagai, H. ："Development of a 2-kW XeCl Laser with a Surface Corona Preionization Scheme and a Spiker-Sustainer Circuit", IEEE J. of Selected Topics in Quantum Electronics, 1, 3, pp. 811-824 (1995)

[11] 松井宏次, 若宮 亙："リソグラフィー技術", 応用物理、66, 11, pp. 1170-1175 (1997)

3

CHAPTER

고출력 고체 레이저의 기초 기술

반도체 레이저(LD) 여기 고출력 고체 레이저의 발전은 최근에 특히 두드러진다, 램프여기 고출력 고체 레이저와 비슷한 평균출력 5 kW가 개발되어 바로 고출력 고체 레이저로 성장했다. 그러나 LD여기 고출력 고체 레이저라도 레이저 재료에서 생기는 열효과를 보상하지 않으면 높은 빔 품질을 얻을 수 없다. 이 열효과 제어란 관점에서 LD여기 고출력 고체 레이저 개발의 현 상황을 전망하여 더욱 더 이 레이저를 산업용 툴로 실용화할 때의 최대 과제인 LD 어레이의 저가격화(생산원가)에 대해서도 언급하기로 한다.

3.1 고출력 고체 레이저의 현황

램프여기 고출력 고체 레이저의 고출력화가 진행되어 Nd:YAG 로드 레이저로 CW 5 kW[1] 및 CW 6 kW(파이버 결합)[2]가 제작되어 레이저 가공에 사용되고 있다. 램프여기 Nd:YAG 슬래브 레이저의 고출력화도 진행되어 CW 2~6 kW가 실용화되었다[3]. 그러나 램프수명이 500시간 정도로 너무 짧은 것이 문제로 나타났다.

Nd:YAG레이저의 빔 품질(M^2값)의 평균출력 의존성을 그림 3.1에 나타냈다[4]. M^2는 빔의 Θd가 TEM_{00} 횡모드의 회절한계치($4\lambda/\pi=1.27\lambda$, λ는 파장)의 몇 배인가를 나타내는 무차원 파라메타이다[5]. 여기서 θ는 강도가 $1/e^2$로 되는 빔의 확산전각이며 d는 $1/e^2$에서 측정한 빔 직경이다. 즉 $M^2=\Theta d_{TEM00}=\Theta d/1.27\lambda$로 정의된다. 예를 들면 $\lambda=1{,}064$ nm이고 $M^2=1$, 10, 100일 때 Θd는 각각 $\Theta d=1.35$ mm·mrad, 13.5 mm·mrad, 135 mm·mrad로 된다. 그림 3.1에서 보는 바와 같이 약 100 W보다 높은 평균출력으로 됨에 따라 슬래브 레이저 쪽이 빔 품질면에 있어서 로드 레이저보다 우수하다는 것을 알 수 있다.

한편 최근에 반도체 레이저(LD) 여기 고체 레이저도 고출력화가 진행되어 CW 로는 1.6 kW[6] 및 평균출력으로 5 kW가 달성되었다. LD의 수명[8]은 길어져 CW 로 3만 시간 이상, 펄스 동작으로 100억 쇼트(shot) 이상에 도달하여 LD여기 고출력 고체 레이저 개발에 강한 기대를 하고 있다.

본 장에서는 주로 대출력 LD여기 고출력 고체 레이저 기초 기술의 현 상황에 대하여 서술하기로 한다. 또 고출력 LD 어레이 광을 렌즈시스템 및 렌즈 덕트(duct)에서 직접 고강도로 집광하거나 LD 어레이 광을 마이크로렌즈로 파이버에 결합하여 그 출력 끝단의 광을 렌즈시스템에서 고강도로 집광하여 직접 LD광이 레이저 프로세싱이나 레이저 의료 등에 응용되어지고 있다.

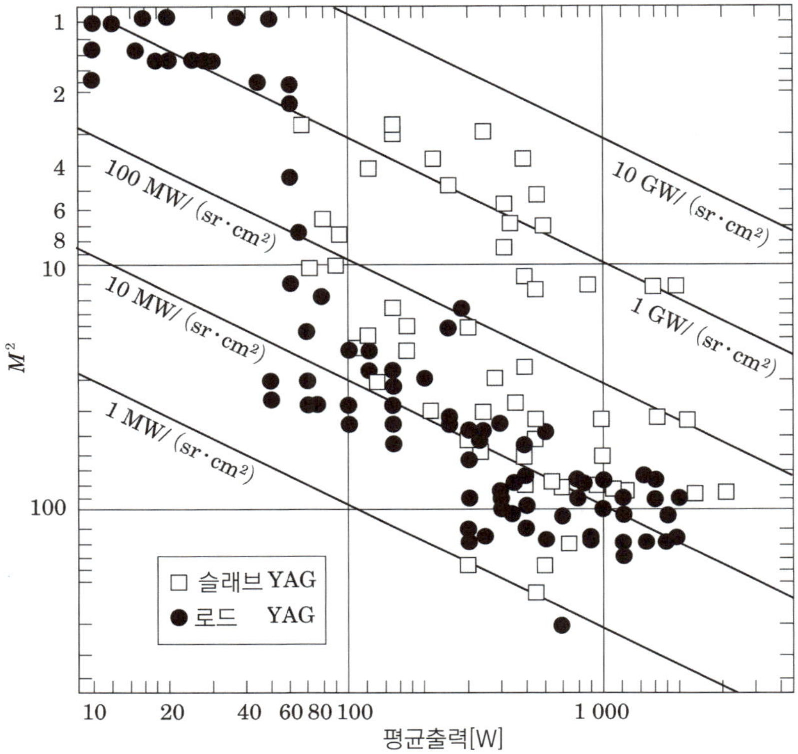

그림 3.1 Nd : YAG 레이저 빔 품질 M^2의 평균출력 의존성[4)]

3.2 LD여기 고체 레이저의 동작원리

잘 알려져 있는 것처럼 레이저는 ①레이저 매질 ②여기원 ③공진기로 구성되어 있다. ②의 여기원으로는 반도체 레이저(레이저 다이오드, LD)광을 사용하고 ①의 레이저 매질로는 고체를 사용하는 것이 LD여기 고체 레이저이다. 이것을 DPSSL(diode-pumped solid-state laser)이라고 부르고 있다. 상온에서 동작하는 고출력, 고효율 및 장수명의 LD가 1980년 후반부터 급속하게 개발되면서 저가격화도 진행되어 LD여기 고체 레이저가 상당히 주목받게 되었다[9].

고체 레이저 재료의 여기로 사용되어지고 있는 주요한 LD(파장역)는 InGaAsP(1,300~1,500 nm), InGaAs(900~1,000 nm), AlGaAs (780~ 810 nm), AlGaInP(615~690 nm)이다. 이들 LD의 동작 파장역에 강한 흡수선을 가진 고체 레이저 재료를 이용하여 아이세이프 레이저(eye-safe laser: 파장 1,450 nm이상), 파장가변 레이저 및 색중심 레이저를 포함 파장 1~3 ㎛ LD여기 고체 레이저가 실현되었다. 표 3.1에 주요한 LD여기 고체 레이저를 정리하여 나타내었다[9].

또한 그림 3.2에는 에너지 준위도에 따른 LD여기 고체 레이저의 동작원리를 나타내고 있다[9]. 그림을 보면서 이 레이저의 특징을 알아보기로 한다. 이전부터 고체 레이저의 여기광원으로 램프광원이 사용되었지만 이 램프광원은 그림에서 나타낸 것처럼 고체 레이저 매질의 흡수선과의 정합성은 나쁘고 램프광 에너지의 대부분이 열로 변환된다. 따라서 열효과(열렌즈, 열복굴절, 열변형) 때문에 레이저 출력 빔 품질이 나쁘고 렌즈를 이용해도 레이저광을 잘 모을 수 없는 결점이 있었다. 한편, LD를 예로 들면 발진파장 1,054 nm인 Nd:글래스 레이저의 강한 흡수선과 일치한 파장 803 nm로 발진시킬 수 있으므로 열로 변환되는 비율은 낮다. 따라서 열부하도 적어 높은 반복 동작이 가능하다.

표 3.1 주요한 LD 여기 고체 레이저[9)]

여기용 LD		LD 여기 고체 레이저			
종류	발진파장역 [nm]	레이저 재료	발진파장 [nm]	형광수명 [ms]	여기파장 [nm]
InGaAs	900~1,000	Yb : YAG	1,030	0.95	940±9
		Yb : S-FAP	1,040	1.1	900
		Yb : YLF	1,020	2,016	962
		Yb : Er : glass	1,545±12	7	970
		Er : Fiber	1,530	9	980
		Er : YAG	2,937	0.1	960
AlGaAs	780~810	Nd : YAG	1,064	0.23	807±2
		Nd : YVO_4	1,064	0.080	807±4
		Nd : YLF	1,047	0.52	798
		Nd : glass	1,054	0.320	803±6.5
		Tm : YAG	2,021	12	780~785
		Tm,Ho : YAG	2,090	8	780~785
		Tm,Ho : YLF	2,067	12	798
		Tm : YLF	1,500	1.0	780
		Er : YLF	2,800	4.2	797
AlGaInP	615~690	Cr : LiSAF	750~1,000	0.068	650±100
		Cr : LiCAF	700~900	0.17	630±100
		Cr : LiSGAF	700~1,100	0.088	650±100
		Cr : LiSCAF	750~950	0.080	670

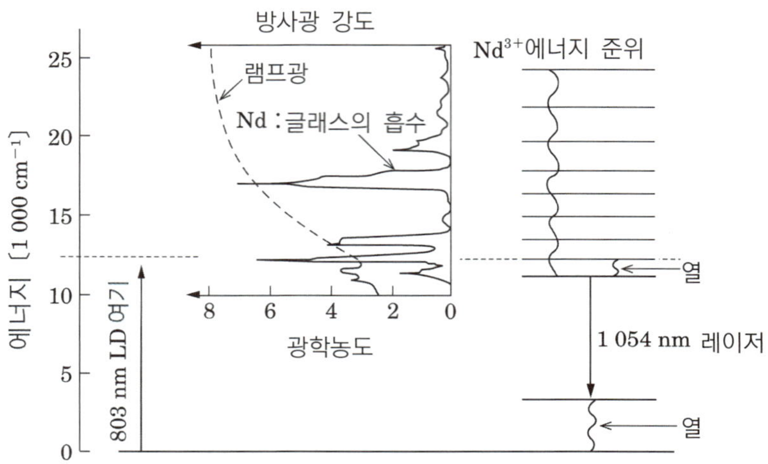

그림 3.2 LD여기 고체 레이저의 동작원리[9)]

이 경우 양자효율은 803 nm/1,054 nm=76%임으로 나머지 24%가 열로 변환되어질 뿐이다. 이런 이점 때문에 주파수 초고안정도를 가진 LD 여기 고체 레이저가 개발되어졌다. 그러나 여기서 주목할 것은 이 24%의 열에 의해 고체 레이저 매질에 열효과가 나타난다는 것이다. 이 때문에 열렌즈, 열복굴절 및 열변형 등의 열효과를 보상하는 것이 필요하게 된다.

LD 어레이의 펄스폭은 레이저 재료의 형광수명과 거의 같게 설정된다. 형광수명이 길수록 (예를 들면 Nd:글래스(LHG8)에서는 0.32 ms) 그 형광수명사이에 상준위로 에너지가 축척되어 Q스위치 등에 의해 큰 펄스출력을 내는 것이 가능하게 된다. 이 때문에 긴 형광수명의 레이저 재료가 바람직하다.

효율 좋은 여기를 하기 위해서는 LD파장을 레이저 매질의 흡수선과 일치시키지 않으면 안 된다. LD를 선택함으로 개략적인 중심파장을 선택하고, 그 다음에 필요한 LD의 정밀한 파장을 조사할 때에 지정하는 것이 일반적이다. 사용 시에는 펠티어소자(Peltier element)나 물로 냉각하는 히트싱크(heat sink)의 온도조정에 의해 레이저 매질의 흡수선에 LD파장을 일치시키는 것도 가능하다. 펄스동작 LD의 경우, 예를 들면 200㎲의 펄스동작 중에 LD 가열을 위해 파장왜곡(wavelength chirping: 0.3 nm/℃)이 일어나 발진파장이 2 nm정도 긴 파장쪽으로 시프트(shift)한다. 이에 대한 대책으로 사전에 파장왜곡(wavelength chirping)에 대응해서 짧은 파장쪽으로 중심파장을 시프트 시키는 방법을 이용하는 등의 여기효율을 올리는 방법도 있다.

만약 레이저 매질의 흡수영역이 넓어지면 파장왜곡의 영향이 적고 LD제조 수율도 높아지게 된다. 예를 들어 넓은 흡수영역을 가진 레이저 재료를 여기파장과 함께 열거하면 Nd:YVO4(807±4 nm), Nd:글래스(803±6.5 nm), Nd:CNGG(808±4.5 nm), Yb:YAG(941±9 nm), Fe, Ho:YGG(950±50 nm), Ti:사파이어(500±100 nm) 등이 있다. 특히 2.1 ㎛ Fe,

Ho:YGG 레이저의 경우 흡수영역이 ±50 nm로 넓기 때문에 InGaAs LD(900~1,000 nm)의 온도조정이 필요 없다.

오히려 LD의 발광영역이 좁기 때문에 출력광은 회절에 의해 빠른 축(fast axis) 방향에서 전각으로 30 ~ 40 도, 느린 축(slow axis) 방향에서 전각으로 10도 정도 넓어짐으로 이것을 프리즘 등으로 정형하여 렌즈시스템을 레이저 매질과 조건을 맞추어 입사시키는 것이 반드시 필요하다[8]. 레이저 재료에 근접해서 LD 여기 할 경우에는 문제가 적다. 특히 2차원 LD 어레이 광을 조건에 맞추어 입사시키는 것은 쉬운 일이 아니다. 이 때문에 렌즈시스템, 파이버, 바이너리(binary) 광학(이원광학), 도파로(시트유리판), 렌즈덕트(lens duct) 등이 사용되어지고 있다. 앞으로는 LD 집광효율을 향상시키는 것이 과제로 남아있다.

레이저 식물공장이란

LED(발광 다이오드)나 LD(반도체레이저)를 인공광으로 이용하는 소위 「레이저 식물공장」[32),33)]이 최근 야채나 벼 등에 대해서 시도된 실험 자료의 축적이 진행되고 있다. 청색과 적색의 LD가격이 현저히 낮아지는 경향이 있기 때문에 가까운 장래에 레이저 식물공장의 실용화가 기대되고 있다. 식물의 광반응 작용 스펙트럼을 아래 그림에 나타낸다[33)]. 식물은 기본적으로 광합성 ①(식물에 조사한 단색광에 대해서 어느 정도의 큰 작용이 있는지를 나타내고 있다)에 의해 성장한다. ①이외의 중요한 광반응으로서 광 형태형성②, ③, ④가 있다. 이들에게는 강한 광반응 ②(420~470 nm의 청색광에 대한 피크)과 약한 광반응 ③(640~ 690 nm의 적색광에 대한 피크) 및 약한 광반응 ④(730 nm의 원적색에 대한 피크)이 있다. ②,③,④의 광반응은 피크파장에 상응하는

LED나 LD의 준단색광을 이용해도 식물은 정상적으로 자란다는 것이 실험을 통해서 밝혀졌다[32].

LED나 LD를 이용한 레이저 식물공장에서는 청색광, 적색광 및 원적색광의 강도 비율을 독립적으로 자유롭게 선택할 수 있고 펄스조사도 가능하여 2종류의 단색광의 상승효과에 관한 실험도 행하여지고 있다.

원적색광, 적색광 및 청색광의 LD 개발은 현저하게 진행되고 있으며 수만 시간이라고 하는 긴 수명을 가지고 있다. 이들 LD의 정보기기(CD, DVD등)에서의 응용과 더불어 낮은 가격화가 진행되어 레이저 식물공장이 한층 더 보급될 것이라 생각되어진다. 게다가 레이저 식물공장에는 대량의 LD가 사용됨으로 LD의 가격이 더욱 더 낮아질 것이라 기대되며 LD가 많은 다른 분야에 응용되어질 것이다.

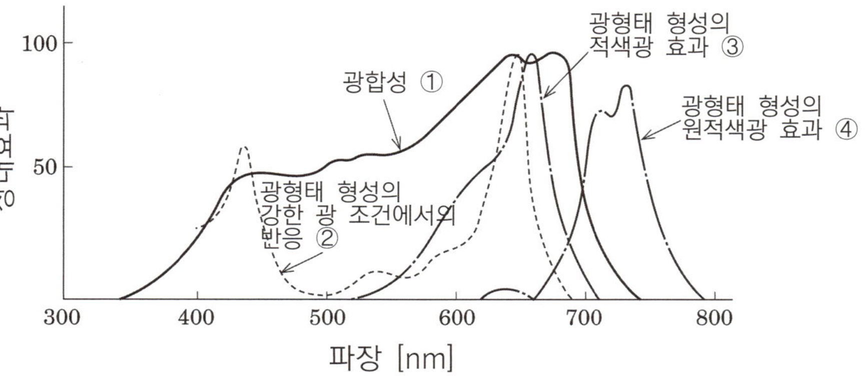

식물의 광반응 작용 스펙트럼[33]

3.3 고출력 반도체 레이저의 현상

고출력 반도체 레이저(LD)가 최근에 급속히 진전하여 고출력(420 kW), 고효율(>66%), 장수명(CW 동작에서 수만 시간, 펄스 동작에서 100억 쇼트(short)이상)의 2차원 LD어레이 개발에는 놀라운 점이 있다. 이것은 양자 우물형 LD를 다수 1차원 바(bar)형태로 나열하여 그 바(bar)를 적층하여 2차원 어레이로 만든 것이다. 피크출력으로 420 kW의 LD어레이(803 nmAlGaAs, 10 cm×38 cm, 9,100개의 바, 100~400 ㎲펄스, 10 Hz 반복율, $4.00/W)가 Nd:글래스 슬래브의 여기용으로 1993년 미국에서 개발되었다[9].

고체 레이저 재료 여기용의 고출력 LD로서 900 nm영역 InGaAs LD는 Yb:YAG(발진파장 1,030 nm/여기파장 941 nm), Yb:S-FAP(1,040 nm/900 nm), Er:파이버(1,530 nm/980 nm) 등의 여기용으로 고출력 2차원 LD어레이가 개발되어있다.

800 nm영역의 AlGaAs LD는 Nd:YAG(1,064 nm/807 nm), Nd:YVO_4(1,064 nm/807 nm), Nd:YLF(1,047 nm/798 nm), Nd:글래스(1,054 nm/803 nm), Tm:YAG(2,021 nm/780 ~788 nm), Ho:YAG(2,098 nm/780~810 nm), Tm, Ho:YAG(2,090 nm/780~787 nm) 등의 여기용으로 CW 및 펄스동작 2차원 어레이는 미국, 독일, 프랑스 및 일본에서 구입 가능하다. 일본에서도 807 nm AlGaAs 2차원 어레이(2.5 kW/㎠, 200 ㎲펄스, 반복율 50 Hz, 전기·광 변환율 50%)가 개발되었다[10]. 600 nm 영역의 AlGaInP LD는 파장가변 Cr:LiSAF (750~1,000 nm/650±100 nm) 등의 여기용으로 개발되어있다. 이 레이저는 직접 LD로 여기시키는 파장가변 고체 레이저로써 주목받고 있다.

또 1,460 nm InGaAsP LD가 1,552 nm Er:파이버 레이저의 여기용으로 개발되어져있다.

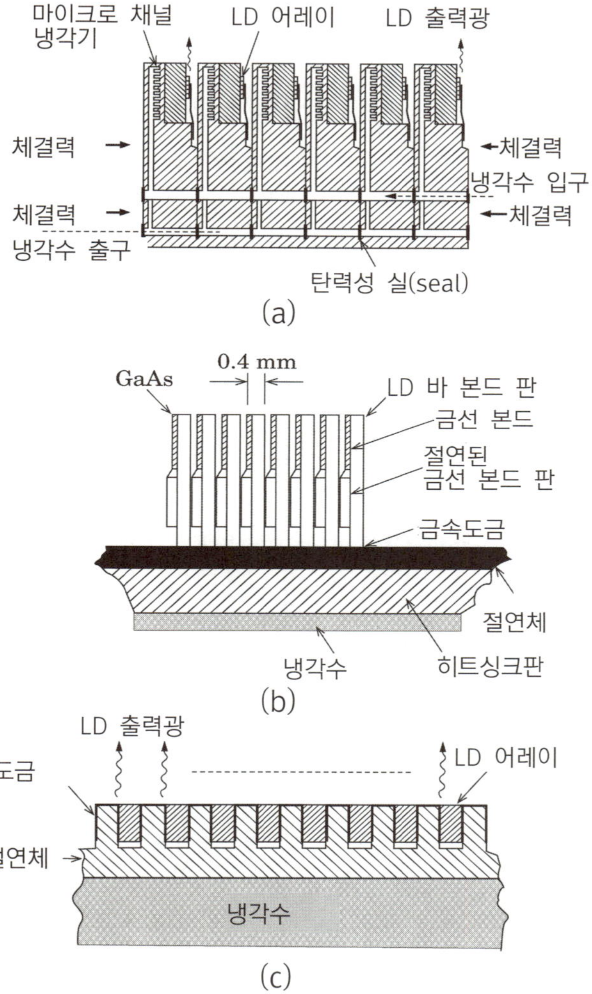

그림 3.3 다중바 구성 고출력 LD어레이의 냉각방법[8)]

2차원 고출력 LD어레이를 구성할 때 문제가 되는 것은 각 바 한 개당 약 2 kW/㎠의 열이 발생한다는 것이다. 따라서 이 발생 열을 효율 좋게 제거하는 것이 무엇보다 중요하다. 열을 충분히 제거하지 않으면 LD가 녹거나 온도상승과 함께 발진파장이 순차적으로 장파장 쪽으로 시프트 한다. 또한, 200 μs의 펄스동작 중에서도 장파장 쪽으로 발진파장이 왜곡(chirp)되거나하기 때문이다. 그림 3.3(a)는 LD어레이의 아주 가까운 부분을 실리콘이나 동으로 만든 마이크로 채널로 물을 흘려 고효율로 냉각하는 방법이다[8]. 이 방법에 의해 1 cm 길이의 바 두께를 1 mm까지 얇게 만들 수 있다[9]. 또 원통형의 마이크로 렌즈를 LD바의 직전에 접착해서 거의 평행 광속의 LD광을 뽑아내는 것도 가능하다. 원격으로 레이저 재료를 LD여기 시키는 것도 가능하게 되었다.

그림 3. 3(b)는 히터 스프레더(heat spreader)로 동판에 LD바를 부착한 것들을 2차원적으로 적층하여 히트싱크(방열판)위에 부착해서 냉각하는 방법을 나타내고 있다. 시판되고 있는 LD바의 간격은 0.4 mm에서 2 mm까지이다. 0.4 mm간격일 때의 출력밀도는 1.5 kW/㎠이지만 듀티 사이클(duty cycle, LD동작시간을 동작주기로 나눈 값)은 3%로 낮다. 그러나 간격을 0.8 mm (2 mm)로 넓히면 출력밀도는 800 W/㎠ (300 W/㎠)로 낮아지지만 듀티 사이클은 6% (20%)로 높아진다[8].

그림 3.3(c)는 열전도가 좋고 전기적으로 절연체인 BeO 등에 1차원 바를 끼워 넣어 2차원 어레이로 만들고 BeO를 물로 냉각함으로 효율 좋게 열을 제거하는 것이다[8]. 이것은 CW 동작의 2차원 어레이로 구입도 가능하다. 이 외에 피크출력 1~3 kW(1×1 ㎠, 200 ㎲펄스, 반복율 50 Hz)의 45° 반사경을 이용한 면 발광형으로 된 AlGaAs 레이저가 프랑스에서 시작품으로 제작 되었다[9].

고출력 LD어레이 광을 렌즈시스템 및 렌즈덕트를 사용하여 직접 고강도로 집광하거나 LD어레이 광을 마이크로렌즈로 파이버에 결합하고 그 출력 끝단의 광을 렌즈시스템을 통하여 고강도로 집광된 LD광이 직접적으로 레이저 프로세싱이나 레이저 의료 등에 응용되고 있다.

3.4 고체 레이저의 열효과 제어 기초 기술

LD여기 고체 레이저는 램프여기 고체 레이저를 대신하는 고체 레이저로 주목받고 있지만 이미 3-2절에서 서술한바와 같이 열효과(열렌즈 효과, 열복굴절 효과, 열변형)에 의한 손실로부터 완전히 해방된 것은 아니다. 따라서 열효과의 제어기술에 대한 연구개발도 활발하다.

3.4.1 더블패스 증폭기에서의 열복굴절 보상

다중패스 증폭방식에 있어서 직선편광을 증폭하기 위해 증폭기부의 고체 레이저 재료에 열복굴절이 생기면 직선편광이 타원편광으로 되어 필요로 하는 직선편광 성분이외에는 손실이 되어 에너지 추출효과가 현저하게 저하하게 된다. 여기에서는 가장 많이 사용되고 있는 더블패스 증폭방식을 예로 들어 열복굴절 효과의 보상에 대해서 먼저 소개하기로 한다[11).

그림 3.4에 더블패스 증폭방식을 나타낸다. 입사광(p편광)은 편광빔 분배기(splitter)를 투과 후 복굴절 물질과 45도 패러데이(Faraday) 회전편광자를 지나 반사경에서 반사되어 편광빔 분배기(splitter)에서 s편광 성분으로 출력되어진다. 45도 패러데이(Faraday) 회전편광자를 왕복해서 90도 선회함으로 굴절율 x성분과 y성분이 교체된다. 따라서 상대위상차는 아래 3.1식처럼

$$\delta = \frac{2\pi}{\lambda}\ell[(nx-ny)+(ny-nx)]=0 \tag{3.1}$$

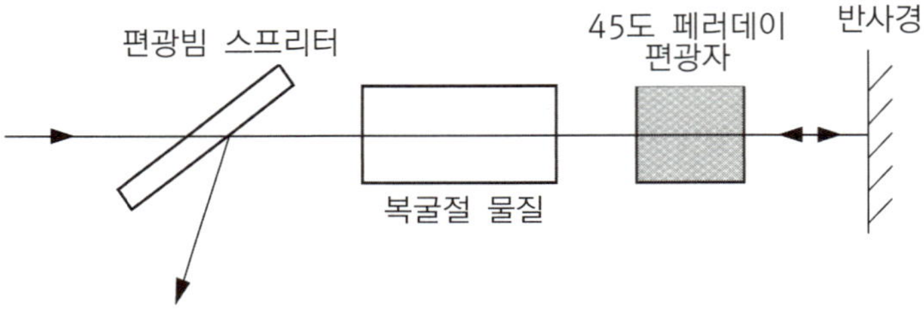

그림 3.4 45도 페러데이 회전편광자를 이용한 열복굴절보상

δ가 0이 되어 보상되며 열복굴에 전혀 영향을 받지 않은 직선편광(s편광) 출력이 얻어진다(여기에서 λ는 파장, l은 레이저 재료인 복굴절 물질의 길이, n_x는 굴절율 x의 성분, n_y는 굴절율 y의 성분). 단지, 주의할 것은 이론적으로 완전히 보상되는 것은 기하 광학적으로 레이저광이 반사경에 의해서 반사되는 경우이며 복굴절 물질에 열렌즈 효과나 열변형이 생기면 이 보상은 성립이 안 된다. 열렌즈 효과나 열변형의 보상을 위해서는 망원경, 위상결합 미러 및 가변형 미러 등을 사용하여야 한다.

3.4.2 90도 석영 회전편광자를 이용한 열복굴절 보상

90도 석영 회전편광자를 이용해도 열복굴절은 보상가능하다. 그림 3.5에서처럼 90도 선회시킴으로 그림 3.4와 같이 p편광을 입사시킨 경우 열복굴절이 완전히 보상되어 열복굴절의 영향을 전혀 받지 않는 직선편광(s편광)을 얻을 수 있고 열렌즈나 열변형에 의한 광 틀어짐을 무시하면 완전히 보상되는 것을 알 수 있다. 또 s편광을 시킨 경우에는 같은 열복굴절이 완전히 보상되어 p편광 출력을 얻을 수 있다. 이런 시스템에서의 열렌즈 효과의 보상을 위해서는 오목렌즈, 망원경 및 상전송이 이용되어진다.

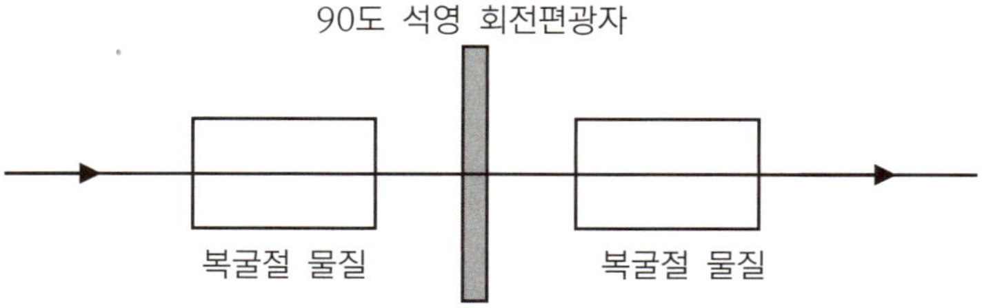

그림 3.5 90도 석영 회전편광자를 이용한 열복굴절 보상

3.4.3 LD 여기 Nd:글래스 레이저 발진기의 열복굴절 보상

LD여기 1,054 nm Nd:글래스 레이저 발진기 전체의 열복굴절의 2차원분포를 회전검광자법[12]에 의한 복굴절 화상처리장치를 이용하여 측정했다[13]. 그림 3.6에서처럼 좌우대칭으로 놓인 동일 LD어레이로 여기된 Nd:글래스 (HAP4) 중간에 90도 석영 회전편광자를 삽입해서 열복굴절을 보상하고 있다. 그림 3.6의 구성에서는 열복굴절이 보상되고 열복굴절의 영향을 전혀 받지 않는 입사광(우측으로 회전하는 원편광)과 같이 우측으로 회전하는 원편광 출력이 얻어진다. 만약 열렌즈 효과가 무시될 정도로 작다면 이론적으로 완전히 보상된다는 것을 알 수 있다.

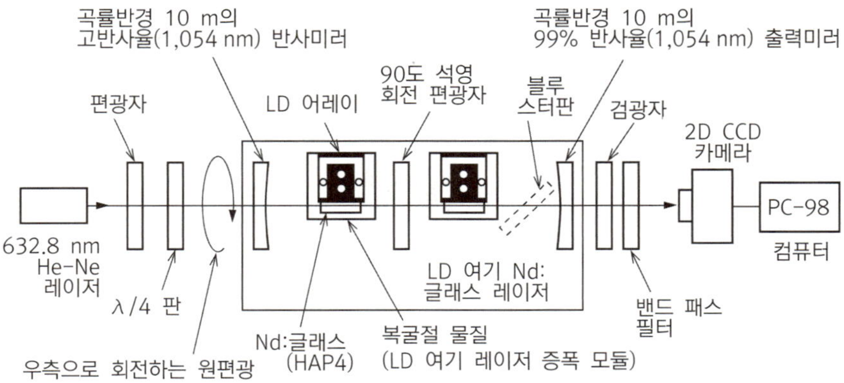

그림 3.6 2차원 열복굴절 분포측정의 실험 배치도[13]

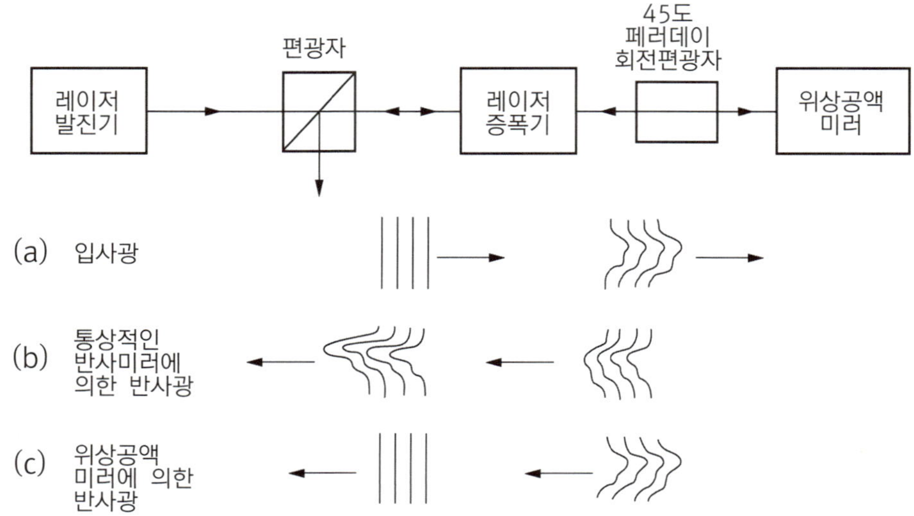

그림 3.7 위상공액 미러를 이용한 열렌즈 효과 보상[8]

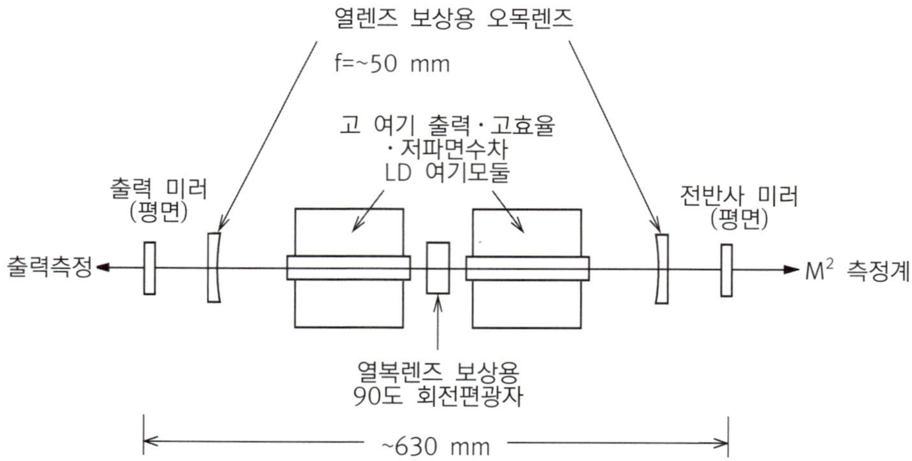

그림 3.8 오목렌즈와 90도 회전편광자를 이용한 CWLD여기의 175 W
(M_2 < 1.1 1, 064 nm Nd : YAG레이저[14])

3.4.5 상 전송 기술의 응용

레이저 핵융합용 대형레이저에서 자주 사용하는 케플러식(Keplerian : 2매의 블록렌즈로 구성되어 있음) 망원경의 상 전송 기술이 LD여기 대출력 고체 레이저에 응용되어 빔 품질향상에 기여하고 있다.

그림 3.9에 나타낸 것처럼 초점거리 f_1과 f_2의 블록렌즈가 f_1+f_2의 간격으로 놓여있을 때 렌즈 f_1의 바로 앞 a 에 있는 상 x_1은 렌즈 f_2의 후방 b의 도입상 y_1으로 전송된다. 이때의 상 전송 공식은 그림 3.9 에서 확인된 것처럼

$$f_1+f_2=f_2/f_1\times a+f_1/f_2 b \tag{3.2}$$

로 수식화 할 수 있다.

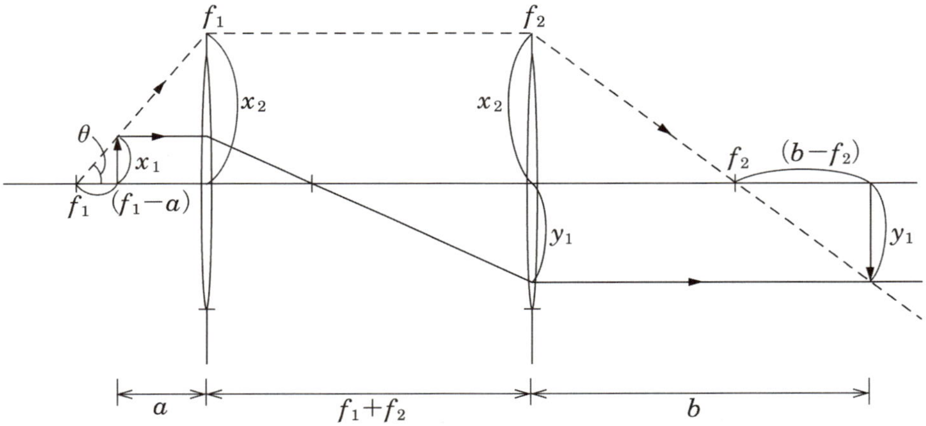

그림 3.9 케플러식(Keplerian) 망원경에 의한 상전송의 원리도

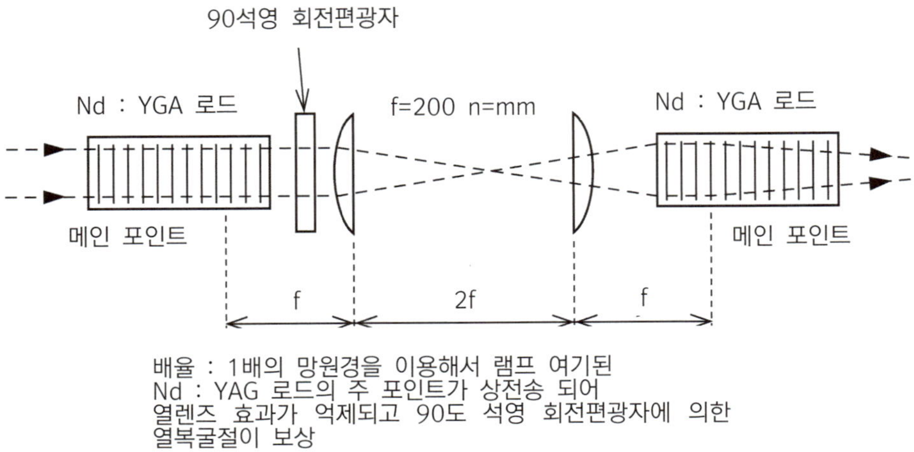

그림 3.10 상전송의 열렌즈 효과 억제에의 응용[16)]

그림 3.9에 나타낸 것처럼 x_1에서 어느 정도의 확산각을 갖고 출사한 광속에서도 y_1으로 상 전송시킴으로 그림 3.10에 나타낸 것처럼 열렌즈 효과 억제에 응용되어지고 있다.

3.5 LD여기 대출력 고체 레이저의 현상

LD어레이는 0.84 MW(=0.42 MW×2대, 400 μs 펄스동작)까지 개발이 진행되었고, LD효율도 66%이상으로 효율이 높아졌으며 수명도 100억회(shot)이상 달성되었다[9]. LD여기 대출력 고체 레이저의 출력으로서 펄스당 20 J, 평균출력 5 kW, CW출력 1.6 kW가 달성되었다. 램프여기 대출력 고체 레이저와 동등하게 되었고, 고출력 고체 레이저로서 그 지위가 확립되게 된 것이다[8),9)].

LD여기 대출력 고체 레이저의 주요한 LD여기 방식으로는 단면여기, 측면여기 및 표면여기가 있다[9]. 아래에 각 방식에 대하여 주된 예를 들어 조명해 보기로 한다.

3.5.1 LD단면여기의 로드와 디스크

특징은 다음과 같다.

- 컴펙트(소형화)
- 저, 중, 고출력용
- 파이버레이저
- 공냉, 전도냉각, 수냉

고출력 LD를 그대로 사용

고출력 반도체 레이저(LD)는 지금까지 주로 고체 레이저 매질의 여기용으로써 고출력화가 도모되어 왔다. LD는 발진효율이 높고 출력도 길이 1 cm의 1차원 어레이로 20 W이상(연속출력)을 얻을 수 있기 때문에 종래의 고체 레이저에 비해서 장치가 큰 폭으로 소형화되었다. 이처럼 LD가 고체 레이저의 여기용으로 사용되어온 이유는 LD 출력빔의 품질이 나쁘고 거의 집광이 이루어지지 않기 때문이다. 고출력 LD에서는 레이저광이 1×100 ㎛의 좁은 영역에서 방사되기 때문에 반도체의 기판에 직교하는 방향에서는 약 40°, 기판방향으로는 약 10° 의 빔 확산각을 가지고 있다. 또 기판방향으로는 넓은 활성매질의 폭이 있기 때문에 출력빔은 멀티모드화하고 있다. 이처럼 빔은 보통의 렌즈시스템에서는 집광하기가 불가능하며 집광밀도가 10 kW/㎠ 정도 밖에 되지 않았다(그림참조).

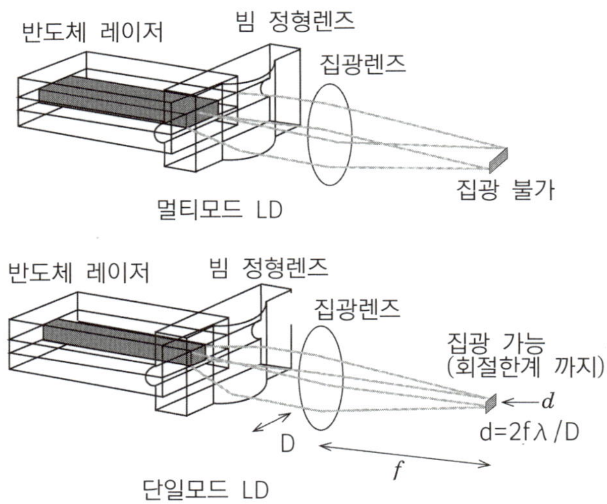

이러한 문제점 때문에 LD는 오로지 고체 레이저의 여기용으로 사용되어져 왔지만, 최근에 이 LD를 직접적으로 가공에 사용하려고하는 노력이 여러 곳에서 이루어지고 있다. 그 이유는 고체 레이저와 비교해서 LD를 직접 사용하는 것이 가능해짐으로 발진효율이 한 단계 정도 더 높아지고 장치도 수십 분의 1로 작게 되며 가격적으로도 한 단계 이상의 개선이 되었기 때문이다. 앞

에서 서술한 발산각과 공간적 멀티모드 문제를 발진기-증폭기 구성이나 테이퍼형의 구조를 사용하는 등의 LD의 구조적인 연구를 통하여 해결하려는 노력이 LD제조사들 사이에서 경쟁적으로 진행되고 있다. 독일에서는 LD를 가공에서 직접 이용하는 것을 국가프로젝트로 취급하고 있다. 또 지금까지는 효과적인 대책이 없었던 광학계에 대해서도 높은 정밀도의 회절렌즈가 개발되거나 자외 레이저광을 이용한 레이저 어블레이션에 의한 LD와 렌즈의 조합으로 상호의 위치오차와 광학적인 수차를 보정하는 것처럼 렌즈형상을 수정하는 기술이 현재 개발되어 1 MW/㎠이상의 집광휘도가 얻어지게 될 것으로 예상된다.

이러한 기술을 이용하면 손바닥에 올려놓을 수 있는 조그마한 수 ㎠의 LD어레이에서 1 kW 이상의 레이저광을 출력시킬 수 있다. 두꺼운 철판의 절단이나 용접 그리고 천공에 사용되어지게 될 것이라고 생각되어진다.

오사카대학 레이저핵융합연구센터 지쯔노 타카히사

그림 3.11에서는 LD광을 렌즈로 횡모드 체적 안에 집광하여 고효율로 DPSSL이 실현되는 전형적인 배치를 나타내고 있다[8)]. 로드를 대신하여 얇은 디스크형태의 고체 레이저 재료를 이용한 소출력의 소형 DPSSL은 레이더용이나 시드(seed)레이저용으로 사용되어지고 있다[17)]. 또 로드를 파이버형태로 한 파이버레이저는 고효율 DPSSL로써 주목받고 있다[18)]. 그림 3.11에서 보이는 것과 같은 배치는 Nd:YAG레이저와 같은 4준위 레이저 뿐 만아니라 Yb:YAG레이저처럼 준 3준위 레이저에도 채용되어지고 있다.

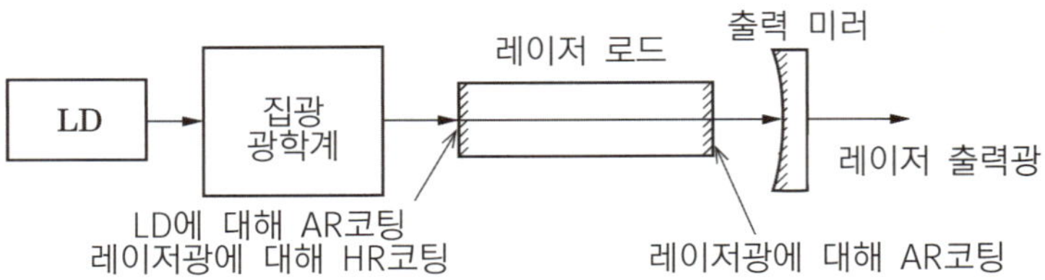

그림 3.11 LD단면여기방식

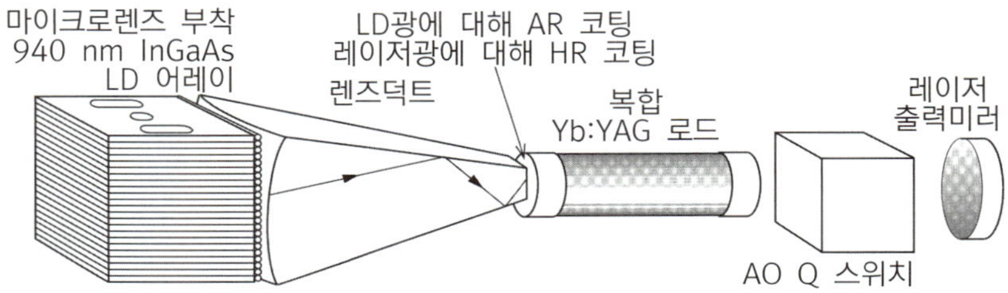

그림 3.12 CW출력 434W의 단면LD여기 1,030 nm Yb : YAG레이저[19)]

준 3준위의 1,030 nm Yb:YAG레이저나 1,040 nm Yb:S-FAP 레이저에는 강한 끝단면 LD여기(10 kW/㎠ 이상)가 불가피하기 때문에 단면 LD여기가 사용되어진다.

그림 3.12는 CW 1.75 kW 940 nm LD광을 먼저 마이크로렌즈로 빠른 축을 평행으로 광속한 다음에 렌즈덕트에 의해 Yb:YAG로드 끝단면으로 10 kW/㎠이상의 강도로 집광하여 2 mmΦ × 60 mm의 복합 Yb:YAG 로드((Yb:0.5%)를 끝단면축 여기로 1,030 nm파장의 CW 출력으로 434 W(광-광변환효율 25%), Q-SW출력으로 226 W(26 ns, 10 kHz)가 얻어졌다. KTP 결정에 의한 제 2고주파 광으로 파장을 변환하여 515 nm에서 평균출력으로 76 W(10 kHz, 변환효율 40%)가 보고되어져 있다[19)]. 역시 끝단면축 LD의 강한 여기때 끝단면파괴를 방지하기 위해 Yb를 도프(dope)하지 않은 YAG의 엔드캡(end cap, 길이는 로드의 직경정도)이 불가피하고 이것에 의해 끝단면의 늘어남을 억제하여 압축응력에 의한 끝단면파괴를 방지하고 있다[20)].

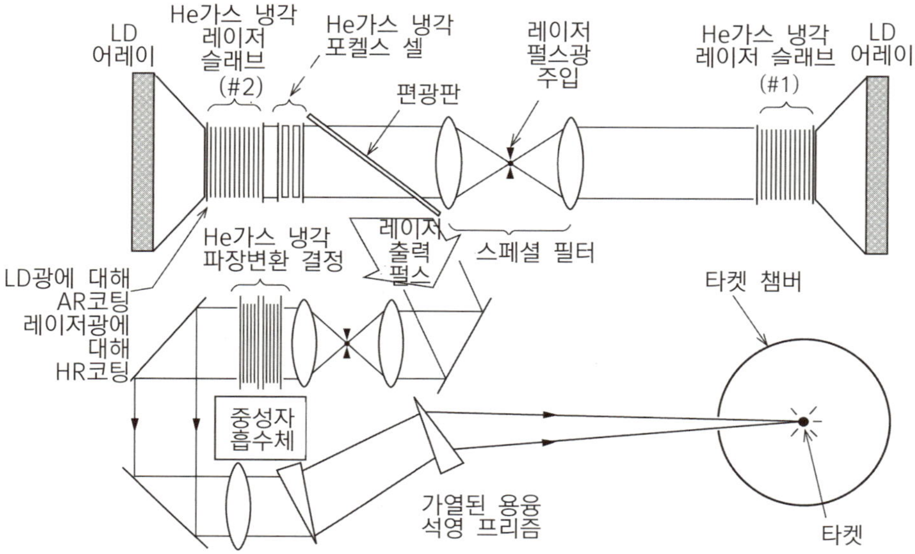

그림 3.13 LD단면여기 1,040 nm Yb : S-FAP레이저 드라이버의 모식도[21)]

900 nm LD여기의 1,040 nm Yb:S−FAP레이저 핵융합 드라이버의 모식도를 그림 3.13에 나타낸다. 미국의 로렌스 리버모아 국립연구소(LLNL, Lawrence Livermore National Laboratory)에서는 형광수명이 1.1 ms로 긴 Yb:S−FAP결정을 10.2 kW/㎠의 강도에서 끝단면 LD여기 하여 349 nm 3.7 MJ DPSSL 드라이버(헬리오스, Helios)를 2030년경에는 건설할 계획을 가지고 있다. 현재 LLNL에서는 평균출력 1 kW=100 J×10 Hz(효율10%)의 "머큐리(Mercury)", LD여기 1,040 nm Yb:S−FAP 레이저가 1997~2000년의 4년 계획으로 건설되어지고 있다[22)]. 그림 3.13에 나타낸 것처럼 KD*P 포켈스 셀(Pockels cell)과 349 nm광을 발생시키는 KDP 파장 변환소자도 헬륨가스로 냉각시킬 예정이다[21)].

3.5.2 LD측면 여기의 로드

특징은 다음과 같다.

- 고출력용
- 수냉

그림 3.14는 물로 냉각된 로드형 레이저 재료의 주변으로부터 LD광 반사경의 슬릿(slit)개구 또는 천공된 렌즈, 시드도파로 및 파이버를 이용하여 입사시킨 LD광을 모아서 균일한 LD여기를 얻어내는 방법을 나타내고 있다. 이 방식에서는 고출력이 고효율로 달성되었다.

일본에서는 LD여기 로드형 Nd:YAG레이저로 CW 출력1.2 kW가 광-광 변환효율 30%, 전기-광 변환효율12%를 얻어냈다[23].

LD측면 여기 로드형의 1,064 nm Nd:YAG레이저에 있어서 90도 석영 회전편광자와 오목면 렌즈를 이용하여 열복굴절과 열렌즈를 억제하고 평균출력 208 W를 높은 빔 품질(M^2<1.1, TEM_{00}모드)로 얻었다는 것이 그림 3.8에 있다. 고체 레이저에 있어서 208 W의 평균출력이 TEM_{00} 모드에서 달성되었다는 것은 이것이 처음이다[14].

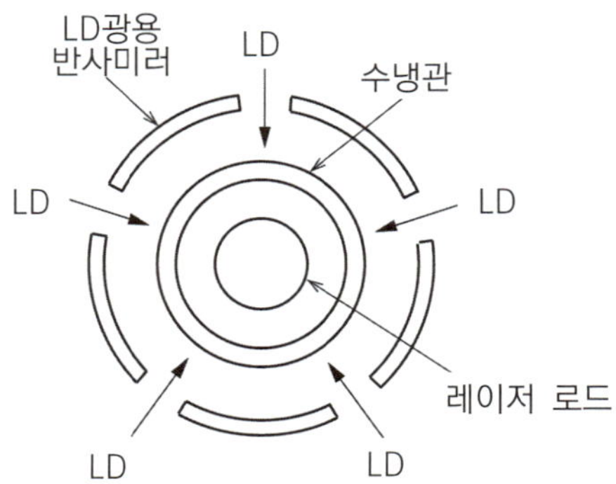

그림 3.14 LD 측면여기방식의 로드

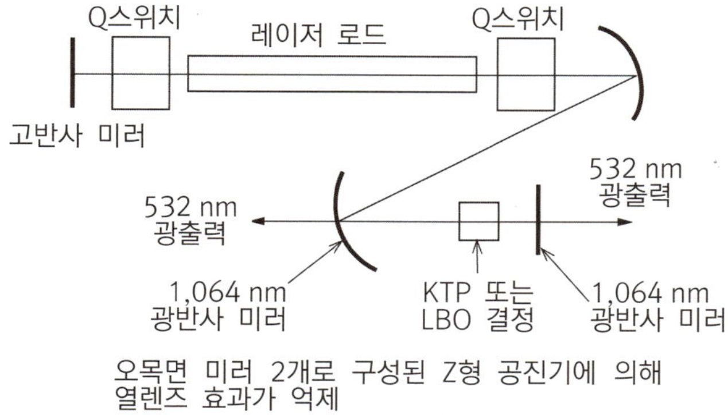

그림 3.15 공진기 내 제2고조파 광 발생용 LD여기 1 064 nm Nd : YAG 로드레이저[24)]

Z형 레이저 공진기 중에 KTP결정을 그림 3.15에 나타낸 것처럼 배치하고 상 전송에 의해 로드출력 구경을 KTP결정 중앙으로 상 전송하면 안정된 평균출력 315 W의 532 nm의 광이 17 kHz의 반복율로 실현되었다. 이 532 nm에서의 315 W는 단일 공진기에서의 출력 값으로는 세계 최대이다. 여전히 전기 532 nm광 변환효율은 8.3%에 달하며 1,064 nm광에서 532 nm광으로의 변환효율은 82%이다[24)].

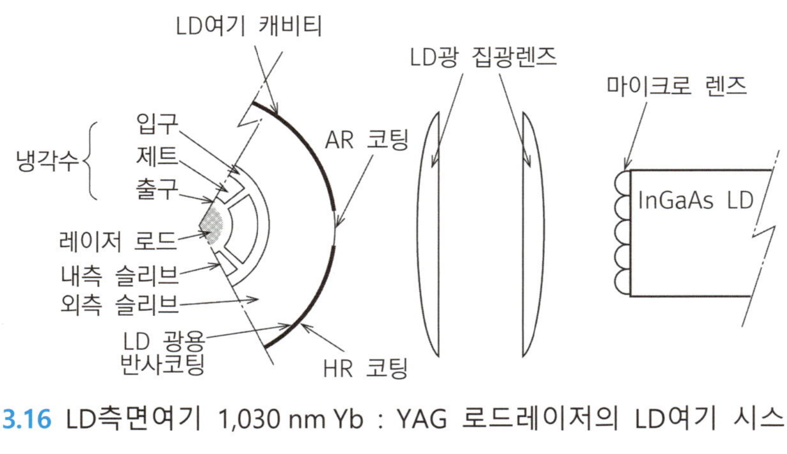

그림 3.16 LD측면여기 1,030 nm Yb : YAG 로드레이저의 LD여기 시스템[25)]

측면 LD여기의 1,030 nm Yb:YAG 레이저에서도 그림 3.16에 나타낸 것처럼 LD여기광과 형광을 가두어 엔드캡 부착의 2 mmΦ×20 mm로드(Yb:1 at.%)에 잘 흡수되어 1,030 nm Q-CW 출력으로 600 W(광-광 변환효율 17%)가 얻어졌다[25]. Yb:YAG 로드는 제트(jet)물로 냉각되고 있다. 게다가 엔드캡이 부착된 3 mmΦ×30 mm의 Yb:YAG로드를 측면 여기하여 1,030 nm CW 출력으로 950 W(광-광 변환효율 20%)가 달성되었다[26].

3.5.3 LD측면여기의 지그재그 슬래브

특징은 다음과 같다.

- 고출력용
- 수냉

그림 3.17에 그 구조를 나타내고 있다. 레이저 매질이 슬래브(평판)형태인 고체 레이저를 슬래브 레이저라고 한다. 이 슬래브 레이저는 이상적으로는 직사각형구조이므로 응력유기 복굴절과 지그재그 열전달에 의

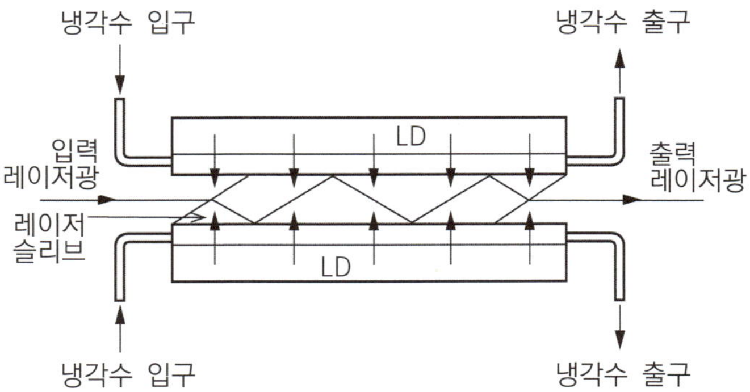

그림 3.17 LD측면여기방식의 지그재그 슬래브

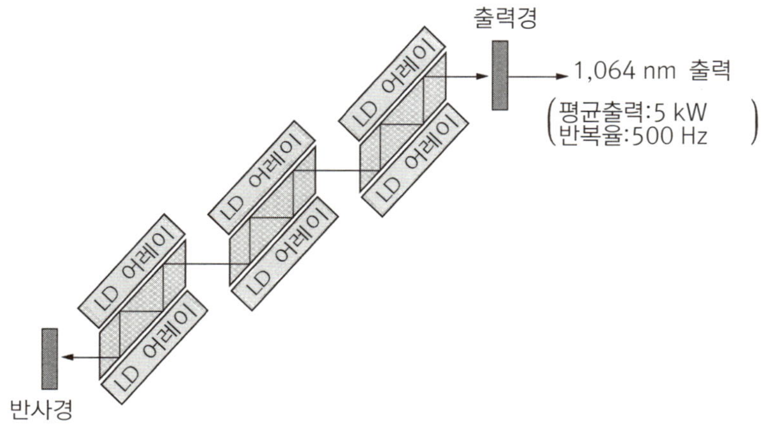

그림 3.18 평균출력 5 kW의 LD측면여기 1,064 nm Nd : YAG 지그재그 레이저

해 열적 응력유기의 열렌즈 효과들을 제거하는 것이 가능하다. 그러나 실제로 한정적인 크기의 슬래브 레이저에서는 가장자리와 끝단의 효과가 발현되어 열렌즈, 열복굴절이나 열변형에 의한 파면 산란을 무시할 수 없게 됨으로 그들을 보상해야 할 필요가 있다[8].

빔 품질이란 관점에서 그림 3.1에 나타낸 것처럼 약 100 W 이상의 높은 평균출력을 낼 때에는 일반적으로 로드 레이저보다도 슬래브 레이저 쪽이 우수하다는 것이 실험적으로 확인되고 있다[4].

LD여기 1,064 nm Nd:YAG 지그재그 슬래브 3매를 그림 3.18에 나타낸 것처럼 직렬로 놓고 평행 평면미러로 구성된 공진기에 의해 평균출 5 kW(펄스폭 500 ms, 반복률 500 Hz)의 세계 최대출력 DPSSL이 1996년에 달성되었다[7]. Nd:YAG 지그재그 슬래브 1장당 평균출력은 약 1.7 kW로 발생이 가능하므로 2장을 사용할 경우 평균출력 3 kW가 3.5×DL의 빔 품질로 얻어진다. 여기서 DL은 회절한계를 의미한다.

일본에서는 지그재그 슬래브형 Nd:YAG 결정의 한쪽 측면에 LD어레이를 배치하고 다른 한쪽 측면에 금을 코팅한 고반사면을 배치한 일면

LD여기방식을 개발함으로 평균출력 1,642 kW, 광-광 변환효율 40.3%로 세계 최고 수준의 효율이 실현되었다[27].

한편 LD여기 1,054 nm Nd:글래스 슬래브 수냉방식에 의한 핵융합용 레이저 드라이버의 개념설계가 만들어지고 이 개념설계에 사용된 지그재그 슬래브형 수냉방식을 실증하기 위해 LD여기 10 J×10 Hz Nd:글래스 레이저의 개발이 진행되고 있다[28]. 이 테스트 모듈에서는 그림 3.4에 나타낸 45도 패러데이 회전 편광자에 의한 열복굴절 보상과 (3.2)의 수식 및 상 전송이 이용되었다. 더구나 Nd:글래스 슬래브는 피크출력 200 kW의 803 nm AlGaAs LD어레이[29]로 측면 여기를 시켰다.

3.5.4 LD표면 여기 디스크

LD표면 여기 디스크를 그림 3.19에 나타낸다. 특징은 다음과 같다.

- 고출력용
- 헬륨가스 수냉

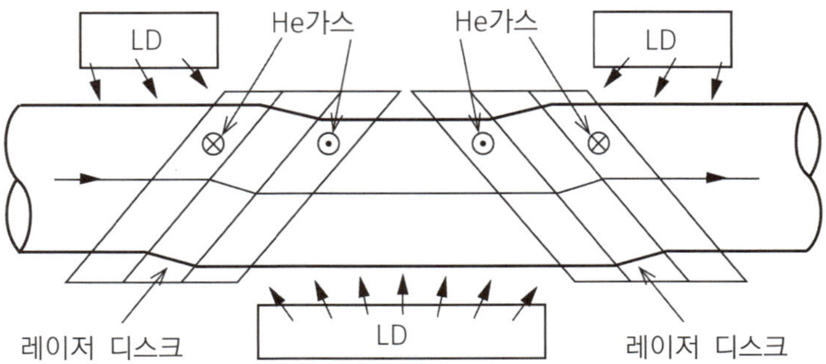

그림 3.19 LD표면여기방식의 디스크

레이저 핵융합용 드라이버는 파장 350 nm에서 출력 4 MJ을 총합효율 10%이상에서 동시에 10 Hz이상의 반복율로 실현할 필요가 있다. 이 때문에 LD여기 고체 레이저 드라이버가 유망하다. 헬륨가스 냉각의 LD여기 1,054 nm Nd:글래스 레이저 재생 증폭기 모듈(0.2 MJ 출력)이 설계되고 LD에 의해 표면에서 글래스 디스크가 여기되는 구성방식이 채용되어졌다[30] (9장의 그림 9.13을 참조).

3.5.5 LD표면여기의 엑티브 미러형 박막 디스크

엑티브 미러형 박막 디스크를 그림 3.20에 나타낸다. 특징은 다음과 같다.

- 중 출력용
- 전도냉각

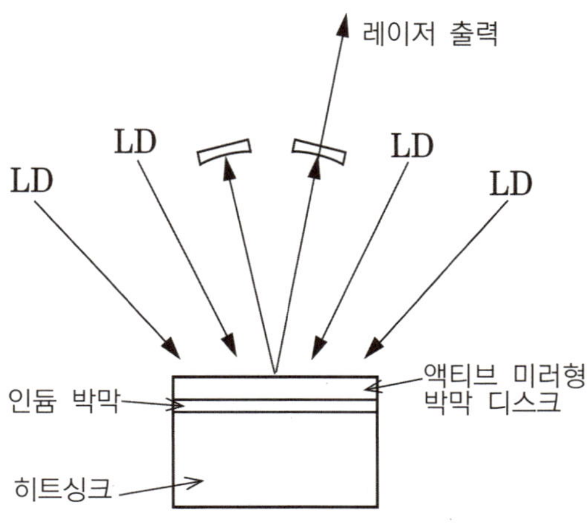

그림 3.20 LD표면여기 액티브 미러방식

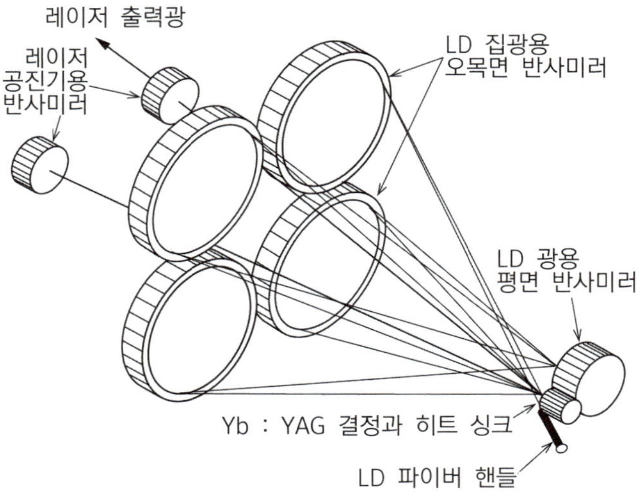

그림 3.21 940 nm LD 표면여기의 CW 346 W 1,030 nm Yb : YAG박막 디스크 레이저[31]

엑티브 미러방식의 Yb:YAG 레이저의 고출력화도 발전하고 있으며, 그림 3.21에 나타낸 LD여기 박막 디스크(0.32 mmt×4.7 mmΦ, −78℃)의 Yb:YAG를 CW 출력 700 W의 파이버 결합 940 nm InGaAs LD로 여기하고 1,030 nm 출력으로 CW 346 W(광−광 변환효율 49%, 전기−광 변환효율 16.8%)가 얻어졌다. 게다가 박막디스크를 이용한 LD여기 다중 엑티브 미러 지그재그 Yb:YAG레이저에 의해 CW 출력 1 kW를 달성한다는 계획도 가지고 있다[31].

참고문헌

[1] 谷生至誠, 金澤祐孝, 西見明浩, 若狭裕, 塩崎宏行 : "CW 4 kW Nd : YAG レーザー " レーザー学会研究会報告, RTM-95-25, pp. 1-6 (1995-11)

[2] G.Bostanjolo, Th. Beck and K. Richter : "6-kW Nd : YAG-Laser System for Welding Applications", SPIE, 3097, pp.129-136 (June 1997)

[3] 町田久忠, 吉田宏之, 古屋好丈, 家久信明 : "2kW スラブ型 Nd:YAG レーザー", レーザー学会研究会報告 (1997-02)

[4] 久場一樹 : "固体レーザーの高出力化と高輝度化 ", 高機能レーザー開発調査委員会報告書, 井澤靖和(編), ICF フォーラムレーザー核融合技術振興会 pp.57-63 (1995-12)

[5] N. Hodgson and H. Weber : "Optical Resonators, Fundamentals, Advanced Concepts and Applications", pp.605-614, Springer-Verlag, London (1997)

[6] T. Brand, B. Ozygus and H. Weber, : "Diode Pumped Solid State Lasers in the kW-Range", Laser Physics, 8, p.1 (1998)

[7] R. Moyer, J. Machan, M. Vally, G. Holleman, J. Zamel, M. Mitchell, R. Tinti, D. Burchman, G. Harpole, M. Wichham, H. Injeyan and L. Marabella : "Killowatt-Class Diode-Pumped Industrial Lasers:, LEOS'97, Boston, USA, No. WT3 (Nov. 1996)

[8] W. Koechner : "Solid State Laser Engineering", Springer-Verlag, Berlin (1996)

[9] 山中正宣, 中井貞雄 : レーザー装置の基礎 II 一全固体化レーザー" レーザー研究, 26, pp.762-768 (1998-10)

[10] 菅 博文，神崎武司，宮島博文，伊藤之弘，書馬輝夫，山中正宣，近江雅人，桐山博光，中井貞雄：“固体レーザー励起用高出力半導体レーザーダイオード(二次元高出力半導体レーザーアレイの開發)”，レーザー研究，23，pp.541-552 (1995-07).

[11] 桐山博光、山中正宣:"LD励起個体レーザー材料における2次元熱複屈折分布測定とその補償"，レーザー研究，24，pp.343-352 (1996-03)

[12] M.Ohmi, M. Akatsuka, K. Ishikawa, K. Naito, Y Yonezawa, Y. Nishida, M. Yamanaka, Y. Izawa and S. Nakai : "High-Sensitivity Two-Dimensinal Thermal-and Mechanical-Stress-Induced Birefringence Measurements in a Nd : YAG Rod", Appl. Opt., 33, pp.6368-6372 (Sept. 1994)

[13] H. Kiriyama, T. Yoshida, N. Srinivasan, H. Matsui, K. Nishida, M. Yamanaka, Y. Izawa, T. Yamanaka and S. Nakai : "Thermal Birefringence Effect on the Performance of a Laser-Diode Pumped Solid-State Laser", Jpn.J.Appl.Phys.,36, pp.7197-7201 (Dec.1997)

[14] 平野嘉仁，山本修平，小矢田康晴，笠原久美雄，LD励起高平均出力 Nd : YAG ロッドレーザー"，レーザー学会研究会報告，RTM-97-53, pp.37-42(1997-12) ; Y. Hirano, K. Koyata, S. Yamamoto and K. Kasahara : "208Watts Average Power TEM_{00} Mode Operation of Diode-Pumped Nd : YAG Rod Laser", CLEO '98, Postdeadline Papers, San Francisco, USA, No. CPD 1-1 (3-8 May 1998)

[15] M. Ohmi, K. Naito, K. Ishikawa, M. Akatsuka, T. Sato, M. Yamanaka, M. Nakatsuka and S. Nakai : "Parametric Studies on the Laser-Diode Pumped, Thermal Lensing-Compensated, Mode-Locked, Q-Switched Nd : YAG Laser", Jpn. J. Appl. Phys. 33, pp.2579-2585 (May 1994).

[16] Q. Lue, N. Kugler, H. Weber, S. Dong, N. Mueller and U.

Wittrock : "A Novel Approach for Compensation of Birefringence in Cylidrical Nd : YAG Rods", Opt. Quantum Electron., 28, pp.57-69 (1996)

[17] T. Taira, J. Saikawa, T. Kobayashi and R. L. Byer : "Diode-Pumped Tunable Yb : YAG Miniature Lasers at Room Temperature : Modeling and Experiment", IEEE J. Selected Topics Quantum Electron, 3, p. 100 (1997)

[18] 植田憲一, 劉 安平 ; "キロワット級ファイバーレーザーの展望" MICR OOPTICS NEWS, 16, p.25, (1998)

[19] C. Bibeau, R. Beach, C. Ebbers, M. Emanuel and J. Skidmore : "CW and Q-swithched Performance of a Diode End-Pumped Yb : YAG Laser", Trends in Optics and Photonics 10 Advanc ed Solid State Lasers, p. 276 (1997)

[20] S. A. Payne, R. J. Beach, C. Bibeau, C. A. Ebbers, M. A. Ema nuel, E. C. Honea, Christopher D. Marshall, R. H. Page, K. I. Schaffers, J. A. Skidmore, S. B. Sutton and W. F. Krupke : "Diode Arrays, Crystals, and Thermal Management for Solid-State Lasers", IEEE J. Selected Topics Quantum Electron, 3, p p.71-81 (Feb. 1997)

[21] C. D. Orth, S. A. Payne and W. F. Krupke : "A Diode Pumpe d Solid State Laser Driver for Inertial Fusion Energy", Nucle ar Fusion 36, p. 75 (1996)

[22] C. D. Marshall, R. J. Beach, C. Bibeau, C. A. Ebbers, M. A. E manuel, E. C. Honea, W. F. Krupke, S. A. Payne, H. T. Powel l, K. I. Schaffers, J. A. Skidmore, and S. B. Sutton : "Next-G eneration Laser for Inertial Confinement Fusion", Advanced S olid State Lasers, Technical Digest, Idaho, USA, p.76, No. AM C 1-1 (2-4 Feb.1998)

[23] 秋山靖祐, 高瀬智祐, 高田 淳, 湯浅広士, 小野 明, "1 kW級ロッド型LD励起YAGレーザーの開発", "レーザー学会研究会報告, RTM-98-31, p. 1 (1998)

[24] J. J. Chang, E. P. Dragon and I. L. Bass : "315 W Pulsed-Green Generation with a Diode-Pumped Nd : YAG Laser", CLEO '98, Postdeadline Papers, San Francisco, USA, No. CPD 2-1 (3-8 May 1998)

[25] H. W. Bruesselbach, D. S. Sumida, R. A. Reader and R. W. Byren : "Low Heat High-Power Scaling Using InGaAs-Diode-Pumped Yb : YAG Laser", IEEE J. Sected Topecs Quantum Electron, 3, pp. 105-116 (Feb. 1997)

[26] 平等拓範 : "LD励起ミニチュアYb : レーザーの高機能化", レーザー学会研究会報告, RTM-97-50, pp.19-24 (1997-12) ; D. S. Sumida, A. A. Betin, H. Bruesselbach, R. Byren, S. Matthews, R. Reeden and M. S. Mangir : "Diode-pumped Yb : YAG Catches up with Nd : YAG", Laser Focus World, 35 pp. 63-70 (June 1999)

[27] 佐藤雅夫, 内藤真哉, 町田久忠, 吉田宏之, 家久信明, 軽部規夫, "スラブ型完全個体化レーザーの開発現況と今後の研究計画", レーザー学会研究会報告, RTM-98-32, p. 7 (1998)

[28] 松井宏記, 江口武芳, 日浦規光, 古河裕之, 金辺 忠, 山中正宣, 中塚正大, 井澤靖和, 中井貞雄, 神崎武司, 宮島博文, 宮本昌浩, 菅 博文, "LD励起10J×10 Hz Nd : ガラススラブレーザーの開発", レーザー学会研究会報告, RTM-98-34, p. 19 (1998)

[29] 菅 博文, 神崎武司, 宮島博文, 曾根明弘, 伊藤之弘, 松井 謙, 森田剛徳, 宮本昌浩, 晝馬輝夫 : "固体レーザー励起用LDの高出力化", MICROOPTICS NEWS, 16, p.31 (1998)

[30] S. Nakai, M. André, W. F. Krupke, A. A. Mak, J. M. Soures and M. Yamanaka : "Solid State Laser Drivers", Energy from

Inertial Fusion, IAEA, pp.79-95 (1995)

[31] U. Brauch, K. Contag, A. Giesen, I. Johannsen, M. Karszewski, C. Stewan and A. Voss : “Thin Disk Laser Design for High-Power Diode-Pumped Solid State Lasers”, Technical Digest, CLEO’97, p.78 (May 1997)

[32] K. L. Schepler : “Trends in Solid-State Lasers”, Optics and Photonics News, 8, pp.38-41 (Jan. 1997)

[33] “ レーザー植物工場　小特集号”, レーザー研究, 25, pp. 831-854 (1997)

[34] 高辻正基：植物工場の基礎と実際, 裳華房 (1996)

4

CHAPTER

중공업에서의 레이저응용기술

적정규모와 기능을 갖춘 레이저광을 이용하면 높은 에너지 밀도를 얻을 수 있으며 고성능의 재료가공용 열에너지원으로서 산업계의 높은 기대를 반영하듯 이미 자동차산업을 시작으로 각종 산업에 걸쳐서 레이저 가공기술이 실용화 되고 있다.

후판을 비교적 많이 취급하게 되는 중공업에서는 지금까지 다른 산업의 경우만큼 레이저 가공의 보급이 진전되지는 않았으나 레이저 발진기의 대출력화 등을 통하여 중공업계에서도 레이저 가공에 이용할 수 있는 새로운 기술의 개발이 빠른 속도로 이루어지고 있다.

여기에서는 중공업분야에서 지금까지 실용화된 레이저 가공기술과 최신의 레이저 가공기술의 개발상황에 대하여 기술하겠다.

4.1 중공업에서 사용되는 레이저 기술

4.1.1 레이저 발진기의 종류

중공업분야에서는 레이저광을 비교적 두꺼운 재료를 가공하는 수단으로 사용하기 때문에 일반적으로 높은 출력을 얻을 수 있는 CO_2 레이저나 YAG 레이저가 주로 사용되고 있다.

CO_2 레이저는 발진효율과 빔의 효율이 높고 취급이 간편하기 때문에 가공용 레이저 발진기로서 그 지위를 견지하고 있다. 또한 보다 높은 성능과 기능 및 높은 출력을 목표로 하는 개발이 현재도 진행되고 있으며 이미 25 kW급의 발진기가 시판되고 100 kW급도 제작되고 있다. 그러나 CO_2 레이저의 경우 장치가 대형화된다는 점과 에너지 전송이 미러를 이용한 반사방식이기 때문에 내부에 집어넣어 작업하거나 협소한 곳에 적용하는 것은 곤란하다.

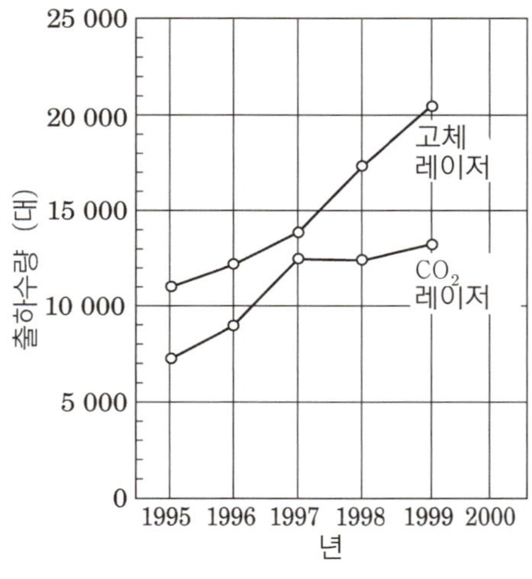

그림 4.1 세계 시장에 있어서 고체레이저와 CO_2레이저의 출하대수 추이[1)]

한편 YAG 레이저의 경우 CO_2 레이저와 비교하여 출력은 작지만 파장이 짧기 때문에 광파이버로 에너지를 전송할 수 있고 복잡한 형상이나 협소한 장소에서도 비교적 쉽게 레이저를 조사할 수 있다는 장점을 가지고 있다. 최근에는 수 kW급의 고출력 YAG레이저가 개발되고 있다.

그림 4.1은 세계 시장에서의 고체레이저와 CO_2 레이저의 출하대수를 보여 주고 있다. CO_2 레이저의 출하대수는 해가 거듭됨에 따라 포화상태의 경향을 보이고 있지만 고체레이저의 신장은 현저한 것을 알 수 있다.

4.1.2 레이저 가공의 종류

중공업에서 사용되는 주요 용도별로 크게 분류하면 ①절단이나 홀가공 등의 절단가공, ②용접가공, ③담금질(quenching)이나 육성 등의 표면개질 등으로 나눌 수 있다.

그 한 가지 실례로서 그림 4.2에 세계의 레이저 가공기의 전산업에 대하여 조사한 용도별 비율을 나타내었다. 용도별로 보았을 때 CO_2 와 YAG 레이저 가공기 사이에는 큰 차이가 있는 것을 알 수 있다. CO_2 레이저 가공기의 경우 대부분이 절단가공에 이용되고 있는 것에 비하여 YAG 레이저의 경우에는 절단, 용접, 표면개질가공 등 폭넓은 분야에 이용되고 있다. 그 이유로서는 YAG 레이저가 다음과 같은 특징을 가지고 있기 때문이라고 여겨진다.

① 스폿(spot)의 지름을 작게 집광할 수 있기 때문에 미세가공을 할 수 있다.
② 일반 유리계통의 광학부품을 사용할 수 있다.
③ 금속표면에서 흡수율이 높다.
④ 유리계통의 광파이버로 빔을 전송할 수 있다.

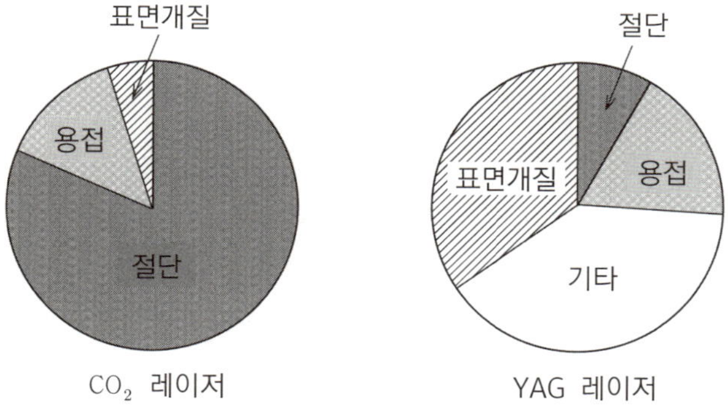

그림 4.2 레이저 가공기의 용도별 비율[2)]

한편, 레이저 가공기는 한 대의 레이저 발진기로부터 시분할(time sharing)로 복수 개의 워크스테이션(work station)에 빔을 전송함으로써 용접, 절단 등 다용도로 사용할 수 있다. 그림 4.3에 연구용으로 개발된 CO_2 레이저(25 kW)의 다목적 이용 사례를 나타내었다[3)]. 레이저빔의 전송에는 반사경을 사용하고 있다.

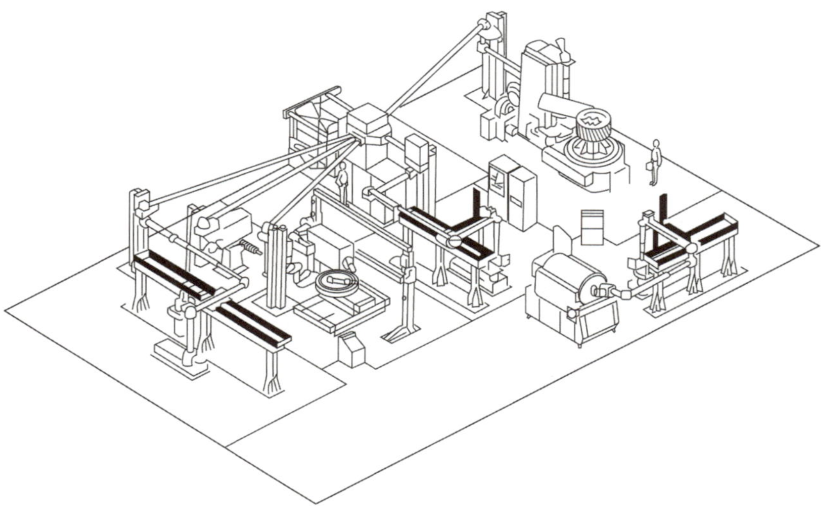

그림 4.3 CO_2 레이저(25 kW) 발진기의 다목적 이용사례[3)]

4.1.3 레이저 가공의 장단점

(1) 절단가공

레이저 가공기는 현재 절단에 가장 많이 이용되고 있으며 자동차산업이나 항공기산업에 있어서 레이저 절단가공의 생산현장에 대한 보급은 눈부실 정도이다. 이와 같이 중공업분야에서는 ①높은 정밀 가공의 필요성, ②가공 공장의 작업환경 개선, ③공장의 무인화 시스템화 등의 관점에서 레이저가공에 대한 강력한 니즈(needs)가 존재한다.

금속에 대한 레이저 절단의 기본적인 사항은 가스절단의 경우와 같으며 금속을 용융시켜 이것을 고속의 가스로 불어 날리는 것이다. 이에 경합되는 기술로는 가스절단, 플라즈마절단, 방전가공, 펀치프레스(punch press)가 있다. 현재까지 여타의 열원과 레이저 절단을 비교하였을 때 레이저 절단의 특징으로서는

① 고속절단이며 절단폭이 좁다.
② 열영향이나 열변형이 작다.
③ 형상정밀도가 높고 평활하다.
④ 복잡한 형상의 미세가공을 할 수 있다.

등을 들 수 있다. 레이저 절단의 경우 그림 4.4에 나타낸 바와 같이 절단정밀도는 방전가공에 견줄 만큼은 아니지만 속도에서는 압도적이며 NC제어로 절단 형상을 자유롭게 선택할 수 있는 유연성이 있다. 그림 4.5에 각종 절단법의 절단능력을 나타내었고 그림 4.6에는 각종 절단법의 변형량을 보여주고 있다. 이 그림들에서 보면 레이저 절단의 절단능력은 확실히 가스 절단이나 플라즈마 절단의 영역에 이를 정도로 확대되고 있다는 것을 알 수 있다. 현재 철강재료 이외에 동이나 알루미늄에 대해서도 양호한 절단을 수행할 수 있도록 기술개발이 진전되고 있지만 절단 두께에는 한계가 있는 실정이다.

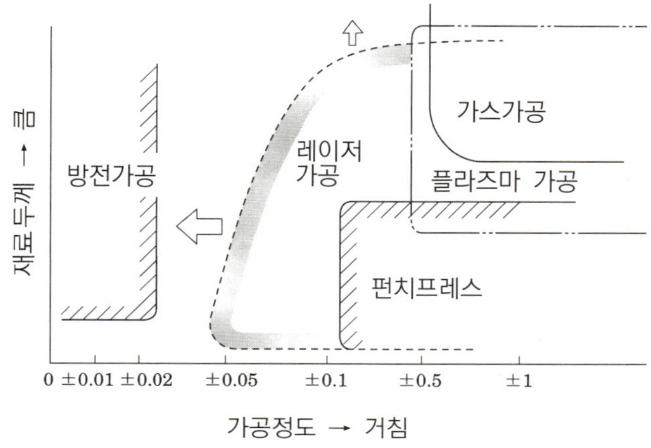

그림 4.4 각종 판금가공법별 가공정밀도[4)]

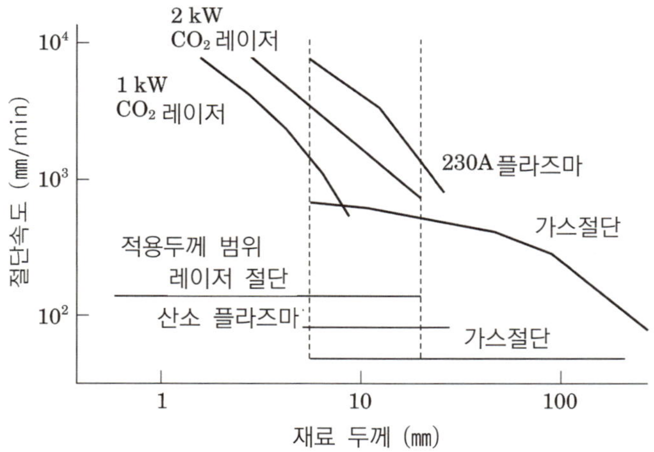

그림 4.5 각종 절단법의 능력 비교[5)]

한편 절단 가공과 같은 것으로서 홀(hole)가공이 있다. 이것은 절단과 마찬가지로 재료에 고밀도의 집중에너지를 조사하여 용융부를 가스분사로 비산시키거나 증발시켜 홀을 만드는 가공이다. 레이저 홀을 가공할 때는 절단의 경우와 마찬가지로 다른 열원에 비해 정밀하면서도 빠른 속도로 가공을 할 수 있다.

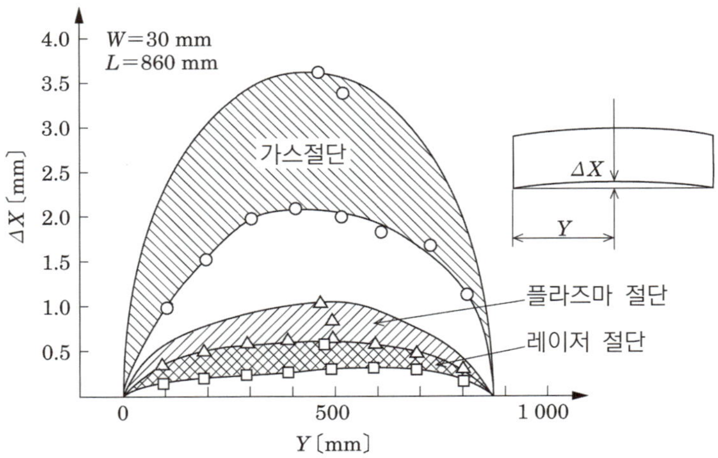

그림 4.6 각종 절단법의 변형량[6)]

(2) 용접가공

지금까지 CO_2 레이저를 이용한 용접은 제철공정에 대한 전용 프로세스로 상징될 만큼 철강재료를 주요 대상으로 하였다. 최근에 들어와서는 제트엔진 부품에 많이 사용되고 있는 티타늄합금의 경우에는 레이저빔의 흡수율이 높아 일반적으로 레이저 용접에 적용하고 있는 조건보다도 더 낮은 입열조건의 레이저용접을 적용하고 있다.

비철재료 중에서 구조용 재료로 많이 사용되고 있는 알루미늄 재료는 지금까지 CO_2 레이저빔의 흡수율이 낮아 레이저 용접이 곤란한 것으로 알려져 왔다. 그러나 CO_2 레이저에 의한 에너지밀도의 향상이나 레이저빔의 흡수율이 높은 YAG 레이저의 출력이 증강됨에 따라 알루미늄계 재료에 대하여 레이저 용접을 적용할 수 있도록 진전이 이루어지고 있다. 레이저 가공에서 용접이 점유하는 비중은 절단가공에 비하여 현저하게 낮은 것이 현실이다.

그러나 최근 고출력의 레이저 발진기(10 kW 이상의 CO_2 레이저나 4 kW급의 YAG 레이저)가 시장에 등장한 것이나 레이저 용접이 가진 고

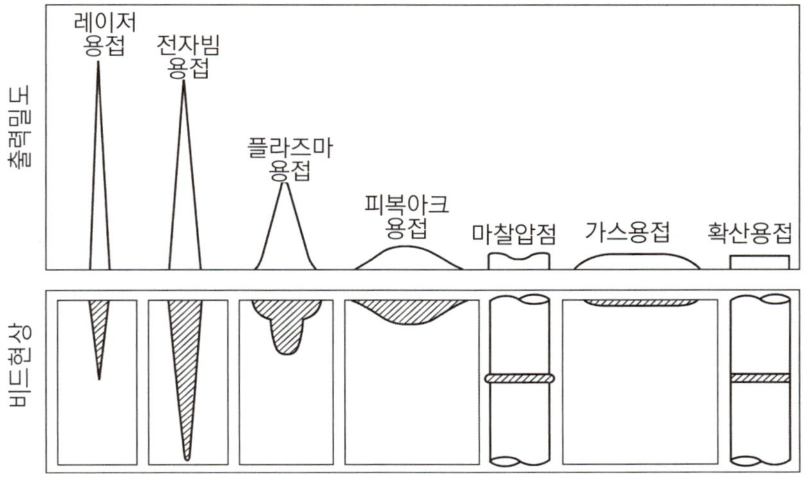

그림 4.7 각종 열원의 출력 밀도분포와 비드 형상[7)]

품질성에 대한 수요측면에서 볼 때 레이저 용접에 관한 기술개발이 활발하며 본격적인 레이저 용접의 응용이 시작된 상황이다.

금속재료를 용융시켜 용접하는 열원에는 아크, 저항, 플라즈마, 전자빔 그리고 레이저빔 등이 있다. 이러한 열원의 에너지 분포와 대표적인 용접비드 형상을 그림 4.7에 나타내었다. 레이저 용접의 경우 에너지밀도가 대단히 높기 때문에 비드의 폭이 좁고 용입의 깊이가 깊은 것을 알 수 있다.

레이저 용접의 일반적인 특징으로서의 장점은

① 정밀하고 미세한 용접이 가능하다.
② 용입이 깊은 용접을 고속으로 수행할 수 있다.
③ 가열냉각 사이클이 짧기 때문에 모재의 열영향이나 열변형이 작다.
④ 광파이버를 이용하면 레이저 장치에서 멀리 떨어져 있는 곳에서도 용접을 수행할 수 있다는 점 등이며, 단점으로서는 다음과 같은 것이 있다.

- 피용접재의 그루브 치수와 용접장치에 대하여 높은 정도의 관리가 필요하다.
- 용접 중에 발생하는 플라즈마에 의한 빔흡수의 영향이 강하다.
- 소요 경비가 많다.

(3) 표면개질 가공

레이저 빔은 지금까지 주로 빔스폿(beam spot)의 지름을 작게 하여 높은 에너지 밀도를 생성시켜 용접에 이용하거나 절단, 홀가공 등에 사용되어 왔다. 그러나 최근에 이르러서는 빔스폿 지름을 약간 크게 하여 (1 ~ 수 mm) 재료 표면의 한정된 영역만을 용융시키면서 재료의 표면기능을 향상시키는 표면개질수단으로도 이용할 수 있게 되었다. 일반적으로는 그림 4.8에 나타낸 바와 같이 레이저빔의 열원은 기존의 열원에 비하여 모재에 대한 용입이 얕다. 또한 지금까지의 아크나 플라즈마와는 달리 열원의 에너지강도나 크기의 제어가 쉽기 때문에 재료의 용입률이나 열영향의 폭을 정확하게 조절할 수 있다. 이 때문에 레이저빔의 이러한 성질과 급가열, 급냉각을 이용하면 종래의 열원에서는 기대할 수 없었던 우수한 표면 개질층을 만들 수 있는 것으로 알려져 있다.

그림 4.9에 레이저 표면개질의 종류를 나타내었다[8]. 중공업분야에서 주로 사용하고 있는 레이저 표면개질의 종류로서는 미리 도포한 금속분말층을 레이저광으로 용융시키거나(그림 4.8 (a)) 레이저광 안에 금속와이어나 분말을 공급하면서 용융시켜 재료의 표면에 모재와는 다른 표면층(clad층)을 형성시키는 방법이 있다(그림 4.10).

이 방법은 레이저 클래딩이라고 일컬어진다. 한편, 레이저 빔에서 단지 용융 혹은 가열만 하여 표면기능을 개선시키는 표면개질기술도 있다. 이것은 레이저에 의한 급가열이나 급냉 응고를 이용하는 것으로서 레이저 담금질작업(quenching)으로 주철이나 고탄소강을 고경도화하거나 레이저 용융법으로 오스테나이트계 스테인리스강의 내식성을 개선하는 것 등을 예로 들 수 있다. 이러한 레이저 표면개질은 넓은 면적에는 적합하지 않지만 한정된 부분에 고성능의 표면층을 만드는 수단으로서는 유용하다. 일반적으로 발진한 그대로의 레이저빔으로 용융시킨 것만으로는 작은 점에 불과하기 때문에 어떠한 범위에 걸쳐 일정한 두께로 표면개질을 수행할 경우에는 빔의 균일화가 필요하게 된다. 이러한 방법에는 기계적인 방법과 광학적인 방법이 있다.

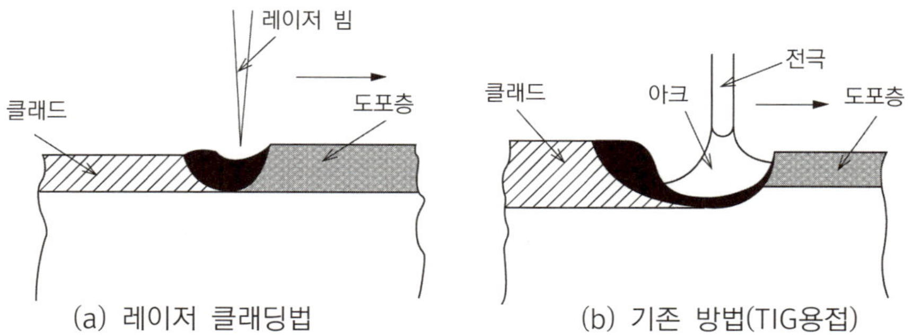

그림 4.8 레이저 빔과 기존 열원의 용입 상태

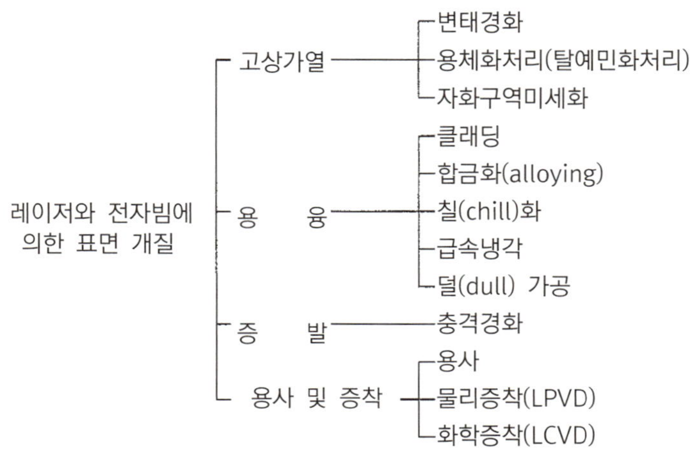

그림 4.9 모재의 가열상황에 따른 레이저 표면개질의 분류[8)]

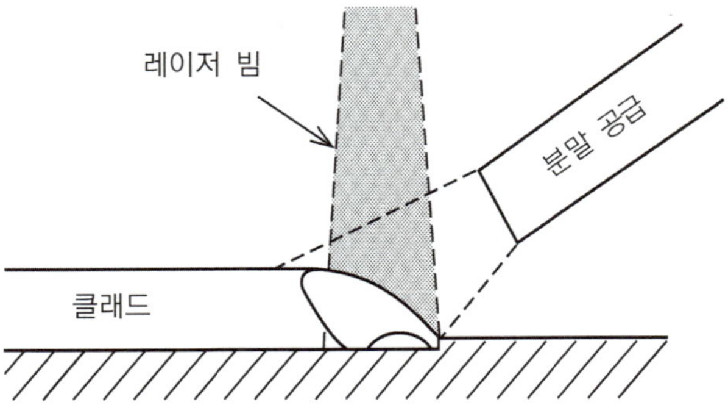

그림 4.10 분말을 공급하면서 용융시키는 레이저 클래딩법

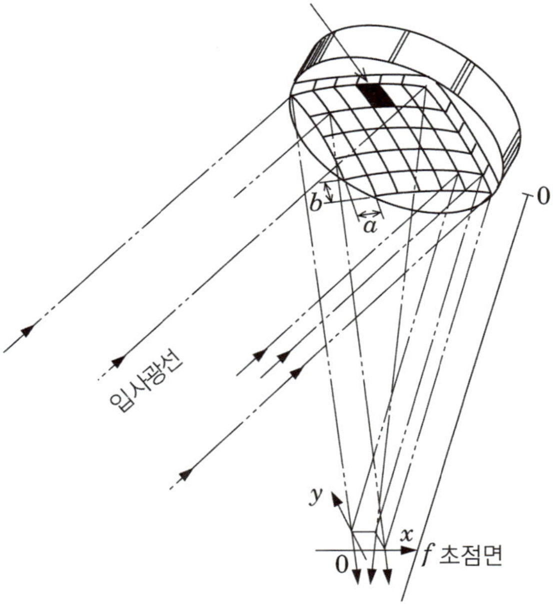

그림 4.11 세그먼트 렌즈[9)]

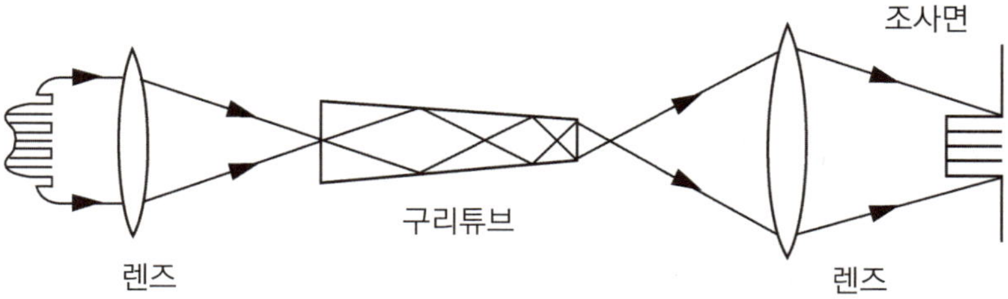

그림 4.12 칼라 아이도스코프를 이용한 빔의 균일화[10)]

전자의 경우 평면반사경의 기계적 진동이나 폴리곤(polygon) 미러의 회전으로 집광스폿을 조사하여 균일한 비드형상을 얻는다.

한편 후자의 경우 불균일한 비드를 작은 영역으로 분할하여 이 영역들을 중첩시켜서 균일화를 도모한 것으로서 그림 4.11과 4.12에 나타낸 세그먼트(segment)렌즈나 칼라 아이도스코프(color idoscope)[10)]가 대표적이다.

4.2 중공업분야에 있어서 레이저 가공의 실용화 예

4.2.1 원자력분야에 있어서의 실용화 예

(1) 제조과정에서의 실용화

후판을 취급하는 경우가 많은 원자력분야의 제조과정에서는 수십 kW급의 CO_2 레이저가 널리 사용되고 있다.

① 제어봉 클러스터(cluster) 도관의 용접

PWR(Pressurized-Water Reactor, 가압수형원자로) 내 구조물의 일부인 제어봉 클러스터(cluster) 도관의 용접은 가능한 한 변형을 억제할 필요가 있기 때문에 이전에는 전자빔용접이 사용되었다. 전자빔 용접작업은 진공상태에서 이루어져야 하므로 작업성에 어려움이 따른다. 이러한 관점에서 고능률화를 도모하기 위해 대기 중에서 용접을 할 수 있는 레이저 용접이 실용화되고 있다.

② 증기발생기 전열관의 진동방지 금속패드의 용접

증기발생기 전열관의 진동방지 금속패드는 시공할 때 후열처리를 생략하기 위해 스테인리스강 패드의 앞 끝에 인코넬(inconel) 재료를 용접한 후 본체에 용접으로 고정시키고 있다. 이전부터 스테인리스강과 인코넬의 용접에는 앞에서 언급한 클러스터도관의 경우와 마찬가지로 전자빔이 사용되어 왔으나 작업성의 개선이나 공기단축의 측면에서 대출력의 CO_2 레이저가 적용되고 있다.

(2) 기존 설비플랜트에서의 실용화

원자력 플랜트는 한번 운전에 들어가면 연 1회의 정기검사가 의무화되어 있으며 이 검사에서 보수나 예방보전 대책을 필요로 하는 경우에는 신뢰성이 높은 기술을 사용하여 효율적으로 작업을 진행하여야만 한다.

보수와 예방보전기술의 경우 발전소 현지에서 작업을 진행할 필요가 있으며 또한, 기존설비의 대상 부위에 투입되는 열을 억제해야만 한다. 레이저는 저입열의 열원일 뿐만 아니라 YAG 레이저를 이용하면 광파이버로 에너지를 전송할 수 있다. 그러므로 저입열을 사용하여 고품질시공을 원격조작으로 수행할 수가 있다.

다음에 YAG 레이저의 특징을 살린 실용화 사례를 기술한다.

① 증기발생기 전열관의 보수용접

PWR의 증기발생기에서는 1기당 약 3,000본의 전열관(내경 16 mm)이 있고 정기검사에서 보수가 필요하다고 판단한 것에 대해서는 그에 맞는 조치가 필요하게 된다. 이때의 보수 방법으로서 슬리브(sleeve)를 전열관의 내부에 삽입하고 광파이버로 전송한 레이저광으로 용접하여 설치하는 방법이 실용화되고 있다.

원자로 격납용기의 외부에 설치된 YAG 레이저 발진기로부터 출력된 레이저광을 약 200 m 길이의 광파이버로 전송한 후 노 내의 전열관 안에 삽입한 슬리브의 안쪽을 용접하고 있는 상황을 그림 4.13에 나타내었다[11),13)].

이전까지의 방법과 비교할 때 YAG 레이저 용접 슬리브공법을 적용하면 시공능률의 향상에 따른 작업자의 피로도가 감소하고 슬리브 적용범위의 확대라는 장점을 가지고 있어서 앞으로 한층 더 적용이 확대될 것으로 기대된다.

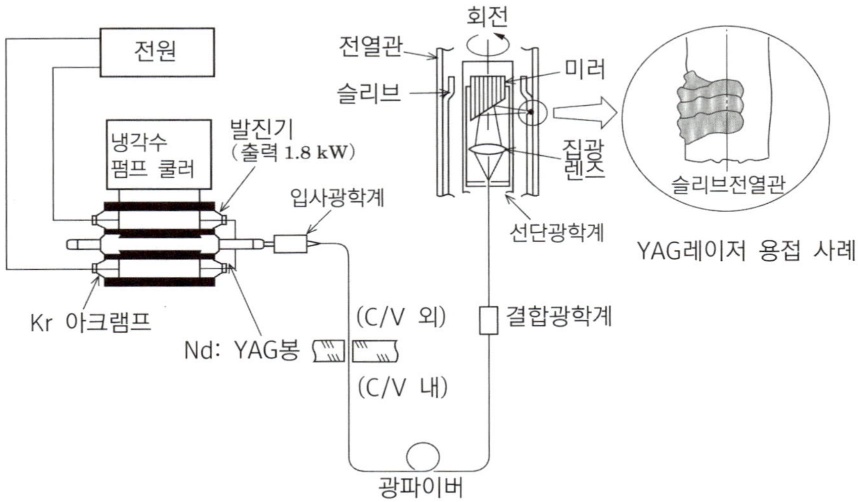

그림 4.13 레이저 용접을 이용한 증기 발생 전열관의 슬리브 보수[11),13)]

② 소구경 배관 내면의 클래드(clad)에 의한 예방 보전 기술

최근 BWR(Boiling-Water Reactor, 비등수형 원자로)에서는 기존설비에 있어서 예방 보전의 관점에서 스테인리스강으로 제작된 소구경 배관의 용접부 내면에 대한 내응력부식균열성 향상을 위한 작업을 해당 현장에서 직접 수행해야 할 필요가 발생한다. 이러한 협소 부위에 대한 예방 보전 대책으로서 YAG 레이저를 이용하여 고내식성 합금을 배관 내면에 클래딩(cladding)하는 기술이 개발되었고 이미 실용화되고 있다. 그림 4.14에 옥외로부터 약 150 m 길이의 광파이버로 전송된 레이저광으로 배관내면에 도포된 합금분말층을 용융시켜 기존설비배관의 내면에 고내식성의 합금층을 형성시키고 있는 상황을 보여주고 있다[14)].

이러한 YAG 레이저 클래딩공법은 앞으로 새로운 예방 보전 대책으로서 기존 설비플랜트의 수명연장에 기여할 것으로 기대한다.

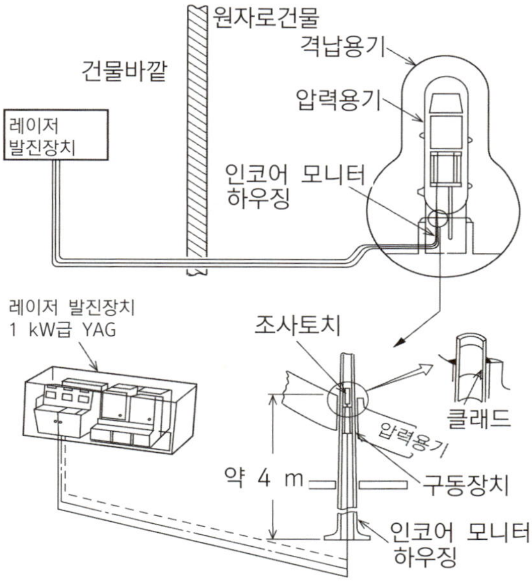

그림 4.14 소구경 배관 내면의 레이저 클래딩공법[14)]

4.2.2 항공기 분야에 있어서의 실용화 예

항공기 부품의 용접에서는 변형이 작고 모재에 대한 용접의 열영향을 최소화할 수 있는 방법을 필요로 하며 이전까지는 전자빔이 주류를 이루었었다. 그러나 전자빔의 경우 진공 챔버 내에서 용접을 수행해야만 하기 때문에 대기 중에서 고정도, 고성능의 용접을 할 수 있으며 또한 용접자동화를 용이하게 할 수 있는 레이저용접이 주목을 받고 있다. 그림 4.15에 나타낸 것처럼 민간항공기용 제트엔진 V 2,500에 사용된 Ti 합금의 팬 프레임(Fan frame)과 팬 케이스(Fan case)의 용접에 11 kW 짜리 CO_2 레이저가 사용되고 있다. 이 레이저 용접의 전체 길이는 약 20 m에 달한다[15)].

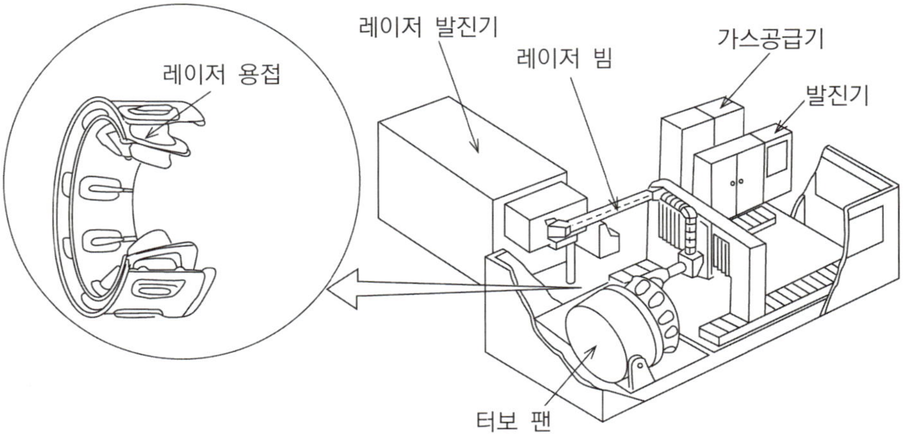

그림 4.15 11 kW CO_2 레이저 용접기의 개략도[15)]

이외에도 미국 육군 전차의 가스터빈 엔진의 열교환기 제작에 CO_2 레이저를 사용하였고 또 터빈 블레이드(turbine blade)의 크리닝 튜브(cleaning tube)의 용접에 대한 YAG 레이저용접을 실용화하였다.

레이저용접 이외의 실용화 사례로서는 터빈 블레이드의 슈라우드 노치(shroud notch)의 경화 육성 용접에 롤스로이스(Rolls-Royce)사가 세계적 선구자로서 레이저를 사용한 표면육성기술을 개발하여 실용화에 성공하였다. 이것은 그림 4.16에 나타낸 바와 같이 이전까지 사용해 왔던 방식인 니켈(Ni) 합금의 블레이드 위에 코발트(Co) 합금을 TIG 용접으로 육성하는 대신에 코발트(Co) 합금을 공급하면서 레이저 빔으로 용융시켜 육성층을 형성하는 방법이다[16)].

이러한 레이저 육성기술을 적용함으로서 품질의 안정을 가져왔으며 능률개선에 따른 생산성은 TIG 용접 육성방법에 비하여 3~5배 가량 향상되었다.

레이저 가공기술로서 항공제트분야에서 가장 폭넓게 사용되고 있는 기술은 YAG 레이저를 이용한 홀가공이다.

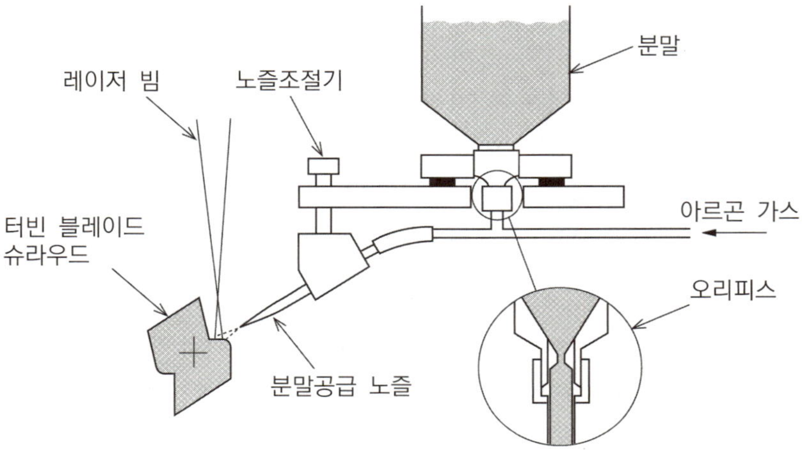

그림 4.16 항공기용 터빈 블레이드 슈라우드(shroud)의 레이저 클래딩[16)]

터빈의 고정날개에는 냉각용 공기를 불어내는 구멍을 엔진 1기당 1만 개 정도 만들어야 하는데 날개의 면이나 공기통로의 면에 시공하게 된다. 이전까지는 방전가공이 이용되어 왔으나 레이저의 홀가공 속도가 방전가공보다 10배 이상 빠르기 때문에 레이저 가공의 적용이 급속하게 확대되고 있다.

4.2.3 기타 분야에 있어서의 실용화 예

(1) 선박용 디젤엔진의 레이저 담금질(quenching)

고밀도 에너지인 레이저광의 급가열, 급냉각현상을 이용하면 여러 가지 재료에 대하여 담금질처리를 할 수 있다. 선박용 디젤엔진 분야에서는 피스톤링(piston ring)의 홈이나 피스톤라이너(piston liner) 내면에 대하여 고능률, 고성능(저변형)의 표면경화법인 레이저를 이용한 국부 담금질법이 실용화되어 있다.

(2) 교량에 있어서의 레이저 절단

교량 제작과정에 있어서는 박판 보다는 후판(9 ~ 14 mm)의 경우가 절단변수가 많을 뿐 아니라 슬릿(slit)이나 오려내기 가공 등 복잡한 절단가공을 수행하게 된다. 이러한 절단과정에서 고속화, 고정밀화 및 무인화를 목적으로 하는 레이저 절단라인이 제작현장에 도입되고 있다.

한 가지 실례로서 CAD/CAM을 장착한 자동 CO_2 절단 시스템라인의 레이아웃과 레이저 절단된 부재의 외관을 그림 4.17에 나타낸다[17]. 레이저 절단라인은 비교적 큰 부재를 절단하는 A 라인과 소형 부재를 절단하는 B 라인으로 구성되어 있다. 각 라인의 최대 폭은 A 라인 : 3.6 m,

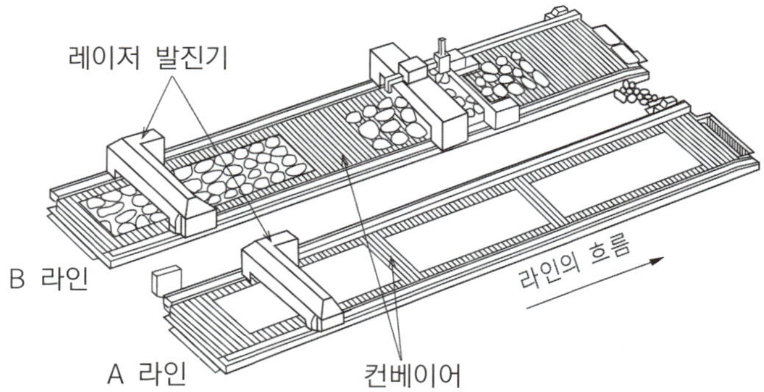

(a) 자동 CO_2 절단시스템 라인

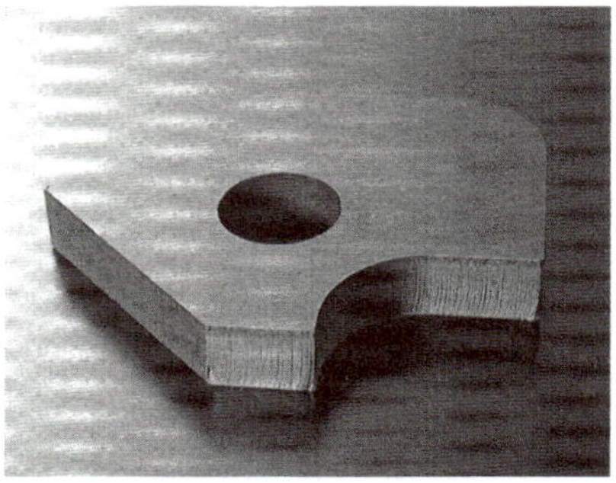

(b) 레이저 절단 재료의 외관

그림 4.17 교량에 있어서 자동 레이저절단[17]

B라인 : 2.6 m로서 양쪽 라인 모두 3 kW CO_2 레이저 발진기 탑재형 NC 제어 절단장치를 구비하고 있다.

(3) Al 합금 챔버(chamber)에 대한 레이저 용접

알루미늄합금의 용접에 적용한 예로서 대형방사광시설(Spring-8)의 알루미늄합금 챔버에 대한 레이저 용접이다. 그림 4.18에서 볼 수 있듯이 용접은 한 유닛(unit)이 5 m의 길이가 되는 챔버에 부착시켜야 하는 원반 모양의 빔 검출 모니터(BPM)에 대한 원주용접으로서 용접의 개수는 1,152군데에 이른다. 일반적으로 대형제작물에서 치수의 정도가 엄격한 부재를 용접하는데 있어서는 대기 중에서 용접을 진행할 수가

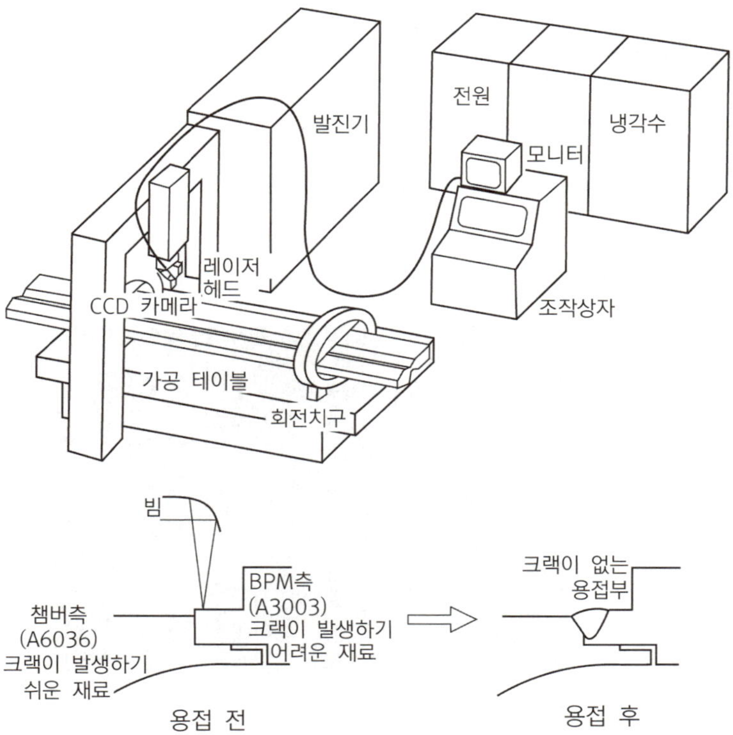

그림 4.18 알루미늄합금 챔버에 대한 레이저용접[18]

있고 변형이 작으며 입열량이 적은 레이저용접이 유용하지만 표면반사가 크고 열전도율이 높은 알루미늄합금의 경우에는 용접이 곤란한 것으로 알려져 있었다. 이번에는 이러한 문제점을 해결하여 실용화에 성공하였다.

레이저로 교량을 절단한다

빛으로 두꺼운 철판을 절단하는 시대가 도래하였다. 그 한 실례를 소개한다. 교량의 제작과정에서는 9 ~ 14 mm 두께의 철판에 슬릿(slit)을 만들거나 어떤 형상을 도려내거나 하는 등 복잡한 절단가공이 필요하게 된다. 최근에 와서 이러한 철판을 절단하는 기술로서 「레이저광」의 사용이 폭넓게 진행되어 왔다. 그 이유로서는 레이저광을 사용하면 복잡한 형태의 제품을 "빠르게", "깔끔하게" 절단할 수 있을 뿐만 아니라 컴퓨터나 로봇 등과 조합시키면 무인작업을 할 수 있고 "경비절감(cost down)으로 연결" 될 수 있기 때문이다. 그 한 가지 실례로서 큰 출력을 얻을 수 있는 CO_2 레이저광으로 교량에 사용될 철판을 절단하고 있는 상황을 그림에서 볼 수 있다.

CO_2 레이저(6 kW)에 의한 교량 패널의 절단(재료 두께 8 ~ 9 mm)

(4) 철강에 있어서의 레이저 용접

레이저는 에너지 밀도가 높기 때문에 용접에 적용하면 저입열로서 고속용접을 할 수 있으므로 생산성을 향상시킬 수 있을 뿐만 아니라 고품질의 용접이음을 만들 수가 있다. 그러나 레이저 빔의 스폿지름이 작기 때문에 그루브의 형상에는 높은 정밀도가 요구되므로 레이저 용접의 적용확대에 있어서 하나의 걸림돌이 되고 있다. 이러한 문제점을 해결하기 위해 레이저 용접과 고주파를 이용한 예열 장치를 조합시킨 새로운 용접법이 스테인리스강 용접강관 제조라인에 도입되었다. 그 개략도를 그림 4.19에 나타낸다.

최근에 이르러 전자강판의 두께가 더 얇아지고 고품질화가 되면서 제품코일(coil)의 용접도 높은 품질이 요구되고 있다. 폭이 좁은 코일류에 있어서는 모두 레이저용접이 적용되고 있지만 최근에 들어와서는 광폭 박판코일(0.15 mm × 1,000 mm)에까지도 여러 가지 연구를 집중하여 레이저 용접이 실용화되고 있다.

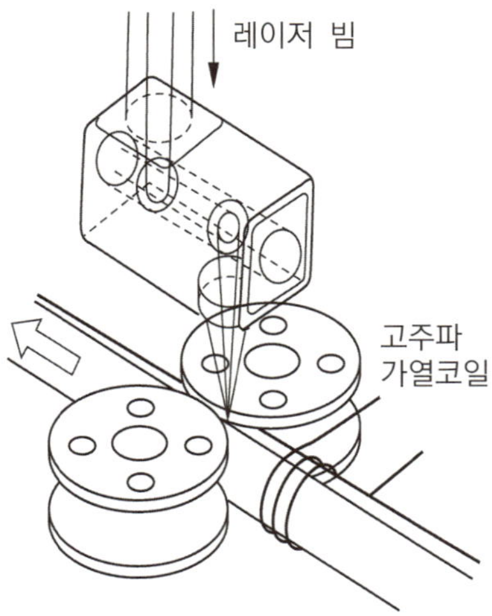

그림 4.19 스테인리스강 파이프에 대한 고주파 예열 레이저 용접법

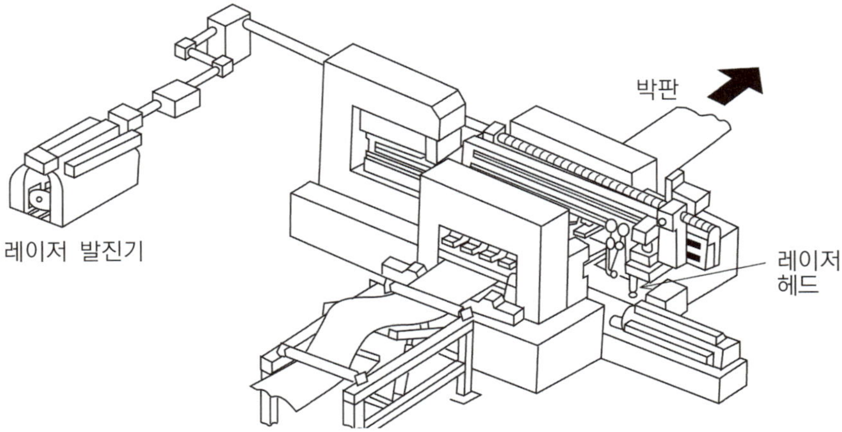

그림 4.20 연속압연 라인에서의 레이저 용접[19)]

그림 4.20에 연속압연라인에 적용된 레이저 용접의 개략도를 나타내었다[19)]. 이 경우에는 선행코일의 종단과 후행코일의 시단의 접합에 10 kW의 레이저용접이 적용되었으며 또한 레이저용접을 사용함으로써 생산성과 수율이 향상되고 있다.

4.3 개발 중인 새로운 레이저 가공기술

최근 들어 레이저 발진기의 발전도 현저하게 이루어져서 CO_2 레이저의 경우 지금까지 출력 10 kW급이 주류를 이루었지만 최근에 이르러서는 25 ~ 100 kW급의 장비도 시장에 출하되고 있다. 또 유연한 열가공 작업에 효율적인 YAG 레이저의 경우에도 지금까지 출력으로 2 kW급이 최고였지만 최근에는 4 kW급 이상까지 나오고 있다.

이와 같이 발진기의 대출력을 활용한 새로운 레이저 가공기술의 개발이 이루어지고 있다. 여기에서는 원자력분야에 적용할 수 있다고 판단되는 최신의 레이저 가공기술에 대해 기술하겠다.

4.3.1 대출력 YAG 레이저를 이용한 수중용접

원자로 내 구조물의 보수, 메가 플롯(mega float)계획으로서 현재 프로젝트가 진행 중인 해양에 떠있는 대형 부유구조물의 건조나 댐 수문의 보수 등에 있어서는 수중용접기술의 완성이 필수불가결한 상황이다. 현재와 같이 아크용접으로 수행하는 수중용접에서는 수압의 변동에 따라 아크현상이 불안정하게 되며 높은 품질의 용접부를 만들기가 힘들다는 문제가 있다.

한편, 레이저용접의 경우에는 레이저광의 에너지를 직접 사용하여 재료를 용융시키기 때문에 기본적으로 용접부 주위의 수압의 영향을 받지 않는다.

또, YAG 레이저를 이용하면 광파이버로 에너지를 전송할 수 있기 때문에 협소한 곳도 원격조정으로 용접할 수 있다는 등의 이점이 있다. 그래서 최근에는 4 kW급의 대출력 YAG 레이저를 이용한 수중용접 기술의 개발이 진행되고 있다.

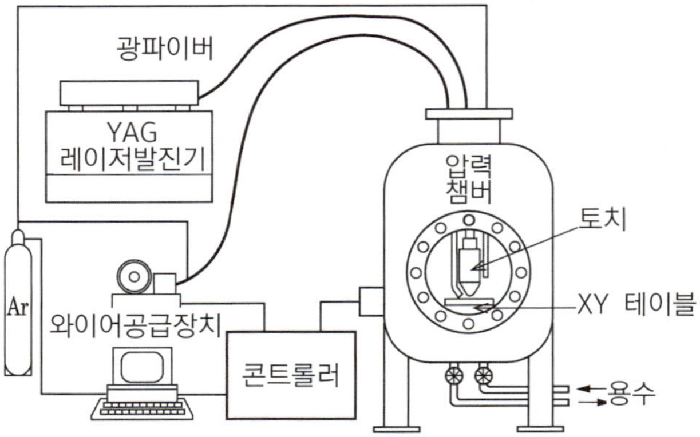

그림 4.21 수압 조건하에서 YAG 레이저를 이용한 용접시험장치의 개요[20)]

그림 4.21에 4 kW급의 YAG 레이저를 이용하여 수압환경 조건하에 와이어를 공급하면서 용접이 가능한 시험장치의 개요를 나타낸다[20)]. 이 장치를 이용하여 수압 하에서 용접실험이 이미 이루어지고 있다. 그 결과 대출력 YAG 레이저를 이용하면 수압이 변화하여도 안정된 용접부를 만들 수 있을 뿐만 아니라 국부적으로 물을 차단하지 않고도 수중에서 건전한 용접부를 형성할 수 있다는 것을 보여주고 있다.

보통의 아크 용접기를 사용하는 수중용접에서는 수심이 깊어질수록 전류케이블의 중량이 증가하게 되고 그에 따라서 원격 구동 장치를 대형화해야 할 필요가 있지만 YAG 레이저를 이용하게 되면 광파이버 자체가 가볍기 때문에 원격장치를 소형화할 수 있게 된다. 또한 레이저용접의 경우 수중에서 대전류가 흐르도록 하지 않아도 되기 때문에 누전 등에 의한 문제들을 회피할 수 있다는 이점도 있다.

이와 같이 수중 YAG 레이저 용접법은 용접의 품질과 시공 그리고 주변장치의 측면에서도 많은 이점이 있고 새로운 수중용접기술로서 실제적인 적용이 기대되고 있다.

4.3.2 플럭스 코어드 와이어를 이용한 레이저 클래딩

자동차 산업에 있어서 자동차의 엔진밸브나 밸브시트면 또는 항공기 산업에 있어서 항공기의 터빈 블레이드의 표면 경화 육성에는 이미 분말공급식의 CO_2 레이저 클래딩기술이 실용화되어 있다. 분말공급식의 경우 아래보기 시공이 기본으로서 현장시공 등에서 요구되는 전자세 시공이 곤란하고 재료의 수율이 나쁘다는 등의 단점이 있다.

이와 같은 문제점을 해결하는 방법으로서 전자세 시공을 할 수 있을 뿐더러 또한 높은 수율을 기대할 수 있는 와이어 공급식 레이저 클래딩에 대한 기술개발이 진전되고 있다.

그림 4.22에서 외경 38.1 mm, 길이 5 m짜리 배관의 바깥표면에 고내식성합금(310합금이나 625합금 등)에 레이저 클래딩 작업을 하고 있는 상황을 보여주고 있다[21].

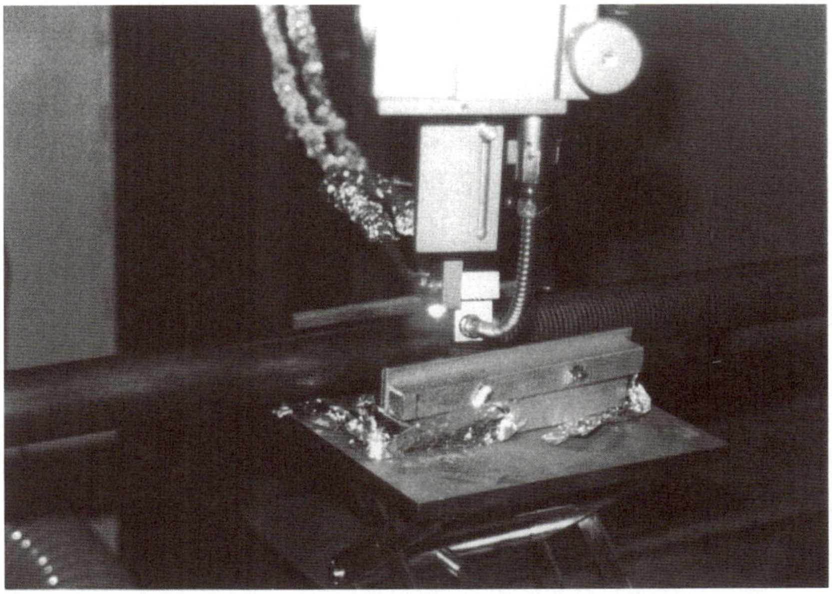

그림 4.22 길이가 긴 배관에 대한 와이어 공급식 레이저 클래딩

그림 4.23 엔진밸브에 대한 플럭스 코어드 와이어 공급식 레이저 클래딩

또한 그림 4.23에서는 엔진밸브의 주위에 플럭스 코어드 와이어를 공급하면서 특수한 표면경화합금을 레이저 클래딩하고 있는 상황을 보여주고 있다[21). 원자력분야에서 사용되는 밸브시트 면은 내습동 특성이나 내마모특성을 향상시키기 위해 이전의 코발트(Co)를 기재로 하는 스텔라이트(stellite)가 사용되고 있다. 그러나 코발트는 방사선 피폭량을 높이기 때문에 코발트가 들어가지 않은 합금의 개발을 기대하고 있다.

플럭스 코어드 와이어 공급식 레이저 클래딩공법을 사용하면 코발트가 함유되지 않은(Co-free)고성능의 합금을 경제적으로 밸브시트 면에 육성할 수 있다는 것을 실험적으로 확인하였다.

플럭스 코어드 와이어 공급식 레이저 클래딩기술에 최근 개발된 25 kW급의 CO_2 레이저나 4 kW급의 YAG 레이저를 사용함으로써 레이저클래딩의 단점인 처리능력을 대폭적으로 개선할 수 있다. 앞으로 원자력분야의 적용과 확대가 기대되고 있다.

4.3.3 스테인리스강 후판의 레이저 절단

원자력 발전 설비를 단기간에 해체하여 철거하는 데 필요한 고성능의 절단기술이 요구되고 있다. 이러한 절단수단으로서는 고출력을 얻을 수 있을 뿐만 아니라 파이버로 에너지를 전송할 수 있어서 원격조작을 할 수 있는 CO_2 레이저가 유력시 되고 있어서 CO_2 레이저를 이용한 스테인리스강 후판의 레이저절단기술에 대한 개발이 진행되고 있다[11].

현재 산소를 보조 가스로 사용하는 5 kW급 장치로 재료두께 75 mm까지 절단을 할 수 있게 되었다. 앞으로 더욱 발진기의 고출력화가 진행되면 초후판 스테인리스강과 콘크리트나 암석 등을 고속절단 할 수 있게 되며 레이저를 사용한 원자력 시설의 해체 및 철거기술의 실용화를 향하여 한층 더 개발이 진전될 것으로 기대된다.

4.3.4 레이저 피닝(peening)에 의한 응력제거기술

원자력 분야에서의 새로운 레이저 가공기술의 개발시험으로서 레이저 피닝법을 사용한 잔류응력의 저감기술이 있다. 이 기술은 노의 내부 구조물에 시공된 용접부 등에서 응력부식균열을 일으키는 원인이 되는 인장 잔류응력을 저감시키는 것이다.

보통 금속재료의 표면에 잔류하는 응력을 저감시키는 방법으로서 기계적으로 재료의 표면을 연속적으로 타격하여 소성변형을 일으켜서 응력을 완화시키는 쇼트 피닝(shot peening)법이 알려져 있다. 레이저 피닝은 기계적인 힘 대신에 수중에서 강력한 펄스 레이저를 조사하여 이 때 발생하는 플라즈마의 충격력을 이용하는 것이다.

레이저 피닝에는 YAG 레이저나 구리(Cu)증기 레이저가 이용되고 있다. 그림 4.24에 레이저 피닝 실험장치의 개략도를 나타내었다[22),23)].

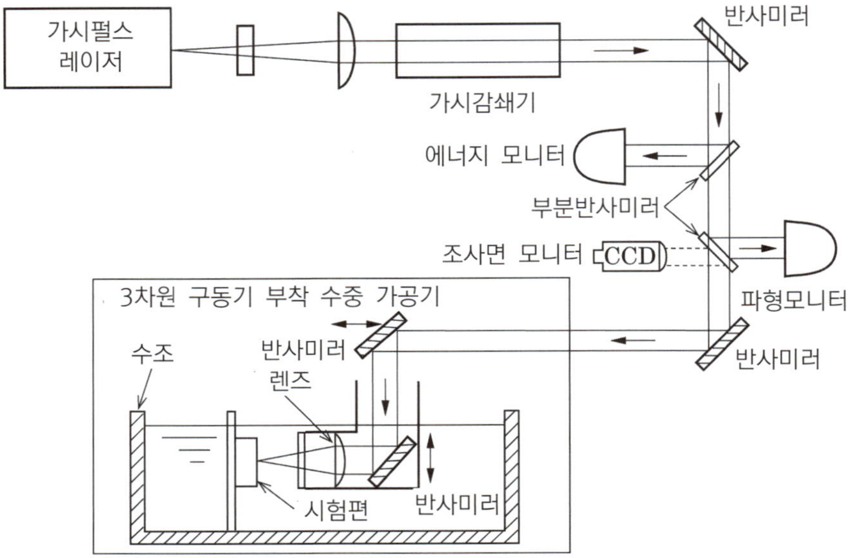

그림 4.24 레이저 피닝 실험장치의 개략도[22),23)]

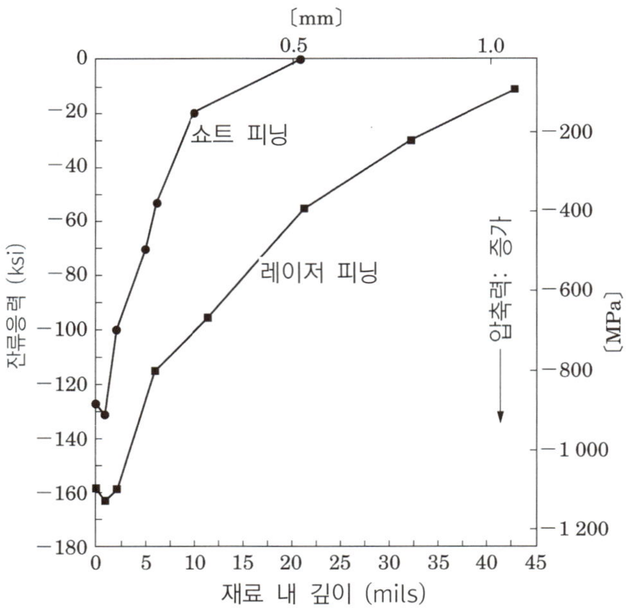

그림 4.25 레이저 피닝의 결과 및 쇼트 피닝과의 비교[26)]

레이저 피닝 효과에 따라 잔류응력이 인장으로부터 압축측으로 변화하는 것이 실험적으로 확인되었다. 또, 그림 4.25에는 피닝용으로 개발한 10 Hz, 100 J/펄스급의 글래스 레이저의 피닝 작업의 결과를 일반 쇼트 피닝의 경우와 비교하여 나타내었다[24].

이러한 레이저 피닝 기술은 원자력 분야에 있어서 지금부터 새로운 예방 보전 대책으로서 실용화가 기대되고 있다.

참고문헌

[1] S. G. Anderson : Laser Focus World, 32, p.50 (1996) ; 33, p.72 (1997) ; 34, p.78(1998) ; 35, p.80 (1999)

[2] 矢野經濟研究所 : レ-ザ年鑑 (1985-1991)

[3] V. G. Regson, et al. : L.I.A. ICALEO 8548, pp. 163-167 (1985)

[4] レ-ザ熱加工研究會 : レ-ザ熔接の現狀と將來の技術 (1994-2003)

[5] 早崎 : 熔接技術, 5, p.88 (1992)

[6] 藤井 : "厚板切斷用レ-ザの現狀", 平成4年度熔接.接合セミナ-最近の切斷 技術の進展とその熔接ぇの應用-", 熔接學會(1992)

[7] 須淸ら : "省エナジ側面からみた熔接", 熔接技術, 28-1, pp.42-48 (1980)

[8] 丸尾, 宮本 : 熔接學會誌, 56, 3, pp.129-134 (1987)

[9] 中谷ら : 昭和60年度 精密學會大會 論文集, pp.129-130 (1985)

[10] 木村ら : 昭和60年度 精密學會大會 論文集, pp.127-130 (1985)

[11] 松本 長 : "原子力におけるレ-ザ加工技術の開發と應用", 火力原子力, 42, 5, p.80

[12] 石出, 外 : "高出力CO2レ-ザの厚板熔接への適用", 第35會レ-ザ熱加工研究會誌, 2, 2, p.231 (1995)

[13] 辻倉米藏 : "レ-ザ加工に 期待する", レ-ザ加工 國際フォ-ラム'96, p.11 (1996)

[14] 平野 外 : "光ファイバ傳送によるレ-ザクラッティング技術の開發", IHI技法, 30, 4, p.234 (1990)

[15] 大村, 宋野 : 熔接學會誌, 59, 6, p.459

[16] R. M. Macintyre : "Laser Surface Treatment", NATO ASI Series, pp.389-421 (1986)

[17] 秦ら : 熔接技術, pp.68-71 (1994-1995)

[18] 山岡ら : 第32會レ-ザ熱加工研究會論文集, p.177 (1994-2007)

[19] 河谷ら :“プロセスライン用レ-ザ熔接機の改發”, 川崎製鐵技報, 16-1, pp53-59 (1984)

[20] 大脇 外 :“高出力YAGレ-ザによる水中熔接法の改發(제1보)”, 接合學會 全國大會講演概要, 57, p.422

[21] 森重德男 : 壓力技術 34, 3, p.129 (1996)

[22] 佐野雄二 :“レ-ザを利用した水中加工技術”, 第52回レ-ザエネルギ機器應用研究會 資料 (1995-2002)

[23] 小畑, 外 :“水中レ-ザ照査による殘溜應力改善技術開發 (1)-(2)”, 日本原子力 學會 (1994 秋季大會), L28, L29

[24] L.A.Hackel : High energy, high average power solid state laser in the ns to μs range“, Paper No. 3343-21 SPIE International Symposium on High-Power Laser Ablation (1998) April, SantaFe, New Mexico, USA

5 CHAPTER

자동차산업에서의 레이저 가공기술

자동차 제조 라인에서는 부품의 정도나 차체의 정도를 계측하는 도구로서 레이저를 사용하고 있으며 또한 프레스 가공품의 절단, 홀가공이나 기어의 용접 작업 등에 가공 도구로서 레이저가 이용되고 있다. 특히 고출력 레이저의 성능과 품질이 향상되고 가격도 저렴하게 형성되고 있는 상황이라서 레이저가공의 적용이 확대되어 가고 있다. 앞으로 레이저 기술의 발달과 더불어 레이저 가공을 중심에 자리 잡도록 하는 전혀 새로운 제조라인의 설계도 검토되고 있다.

본 장에서는 자동차 산업에 있어서 레이저 가공기술에 관한 역사를 뒤돌아보고 최근의 주목할 만한 응용의 예를 소개해 가면서 현재 어떠한 종류의 가공작업에 레이저가 이용되고 있는가에 대해 기술하겠다. 아울러 앞으로의 전망에 대해서도 약간 언급을 하겠다.

5.1 자동차산업에 있어서 레이저 가공의 역사

5.1.1 자동차 산업에 도입되고 있는 레이저 가공기의 대수 추이

그림 5.1에 전 세계 자동차 산업에 도입되고 있는 레이저 가공기의 대수 추이를 보여주고 있다[1]. 1993년 현재 3,600대를 상회하는 레이저 가공기가 전 세계의 자동차 산업에 도입이 된 것으로 추정하고 있다. 1995년에는 그 대수가 5,000대를 훨씬 초과하게 된 것을 알 수 있다. 그러나 최근의 세계적인 경기불황으로 인하여 실제로는 이와 같은 신장세를 보여주기 힘들 것으로 생각되지만 자동차 산업에서의 레이저 가공의 응용은 꾸준하게 증가하고 있다.

여기에서 자동차 산업에 있어서 레이저 가공기술의 발전을 한번 뒤돌아보기로 하자. 자동차 산업에 레이저 가공이 처음으로 도입되었던 것은 1969년도로서 미국의 제너럴 모터스(General Motors : GM)사가 전자 부품인 저항의 트리밍(trimming)용으로 3대의 레이저가공기를 도입한

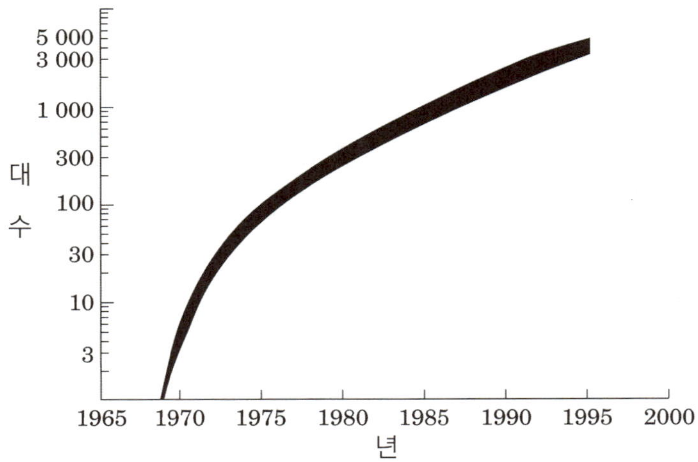

그림 5.1 자동차 산업에 도입된 레이저 가공기의 대수 추이[1]

사례라고 알려져 있다. 마이만(Maiman)이 레이저를 발견한 시점으로부터 겨우 9년 뒤의 일이었다.

그 후 1970년대부터 1980년대 전반까지는 미국을 중심으로 비교적 출력이 낮은 레이저로 전자부품을 가공하는 것으로부터 시작하여 비교적 출력이 큰 레이저로는 절단, 홀가공, 용접 등에 응용하는 것으로 발전하고 있었다. 이러한 과정에 원동력이 된 것은 1970년대 중반 경에 이루어진 두 가지의 큰 개발이다.

그중 하나는 포드(Ford)사에서 시트메탈(sheet metal)을 레이저로 용접한 것이고, 다른 하나는 GM사에서 스티어링 기어 하우징(steering gear housing)을 레이저로 담금질(quenching)처리한 것이다. 전자는 실제의 생산라인에서 적용이 되는데 까지는 이르지 못하였으나 후자는 양산라인에 사용되었다.

그 후 이러한 기술들의 응용이 가장 빠르게 적용된 가공법은 레이저 절단과 레이저 용접이다. 레이저 절단은 시험 단계나 소량생산 시에 패널(panel)부품의 절단이나 홀가공에서, 또한 레이저 용접은 트랜스미션 기어(transmission gear)의 용접에서 성공적으로 적용하고 있다.

1980년대 후반부터는 미국에 가세하여 유럽과 일본이 레이저 가공기술 개발의 견인차가 되었다. 유럽에서는 유레카(EUREKA)나 브라이트/유램(BRITE/EURAM) 등의 첨단기술개발 프로젝트가 또, 일본에서는 통산성 공업기술원이 추진한 대형프로젝트인 「초고성능 레이저 응용 복합생산시스템」이 추진되어 레이저 가공현상에 대한 이해나 레이저 가공기의 성능이 비약적으로 향상되었다.

이와 함께 레이저 가공에 대한 여러 가지 응용기술도 개발되었다. 자동차 산업에서는 현재 차체에 대한 레이저 가공의 적용을 중심으로 기술개발이 이루어지고 있다. 특히 고출력의 Nd:YAG 레이저의 출현과 더불어 차체조립작업에 레이저를 적용하는 개발이 활발히 일어나고 있으며 유럽을 중심으로 적용사례가 증가하고 있다.

5.1.2 자동차 업계에 있어서 레이저 가공기의 용도

자동차 산업에 있어서 주로 가공용으로 이용되고 있는 것은 CO_2 레이저와 Nd:YAG 레이저이다. 레이저의 종류나 또는 출력의 크기 정도에서 용도가 다르지만 전 세계 자동차 산업에서 사용되고 있는 가공용 레이저의 용도를 전체적으로 종류 및 출력을 포함하여 분류하면 그림 5.2에서 보는 바와 같다.

레이저 가공기의 주요 용도는 절단과 용접이다. 일본에서는 이 그림에서 나타난 비율보다도 절단 및 홀가공의 비율이 높고 용접의 비율은 더 낮다[2)]. 미국이나 유럽에서는 일본의 경우보다 용접이 더 많은 비율을 차지하고 있다. 최근에는 Nd:YAG 레이저를 사용한 마킹작업이 증가하고 있다. 특히 미국에서는 차량의 도난방지를 위해 모든 부품에 제조번호를 새겨 넣도록 의무화하고 있으며 그러한 작업에는 Nd:YAG 레이저가 많이 사용되고 있다.

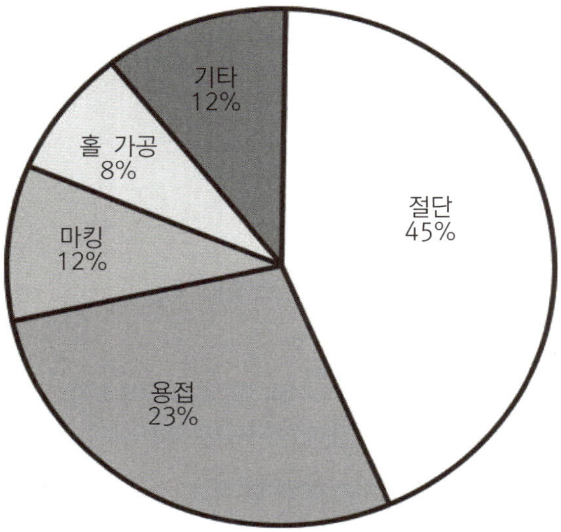

그림 5.2 자동차 산업에 있어서 레이저가공기의 용도

표 5.1 자동차 산업에 있어서 대표적인 레이저 가공의 적용사례

가공의 종류	차체	유닛	기타
절단홀 가공	패널 부품 3차원 트리밍 차체의 라인내 절단	배기가스파이프 홀가공 커넥팅로드의 기름홀가공	레이저블랭크 프레임
접합	프레스블랭크재의 용접 차체의 3차원 용접	트랜스미션 기어의 용접 보기류의 용접	
표면개질	도장면의 처리 레이저 무늬강판	유압부품의 담금질 엔진부품의 육성	프레스나이프의 담금질
기타	차체정보 마킹	관리정보 마킹	스테레오 리소그래피

표 5.1은 자동차 산업에 있어서 지금까지 보고되어 있는 대표적인 레이저가공의 적용사례를 정리하여 놓은 것이다. 그중 절단, 홀가공, 접합 및 표면개질 등 각각의 분야에서 최근에 개발된 사례를 표 5,1에 기술한다.

5.2 최근의 응용사례

5.2.1 절단, 홀가공

(1) 차체패널 부품의 절단

레이저를 이용한 차체패널 부품의 3차원 절단가공은 현재 상황에서는 시편제작공정이나 소량생산에는 적용이 힘든 기술로 알려져 있다. 자동차의 강판패널 부품은 4~5회의 프레스공정을 거쳐 만들어진다. 각 공정에 있어서 생산 프레임의 최종 디자인을 결정하기까지에는 시편 제작을 여러 번 반복하게 되지만 이러한 시험단계에서의 패널 부품의 트리밍(trimming : 절단)이나 피어싱(piercing : 홀가공)가공에 레이저가 사용되고 있다. 또, 소량생산 차량에서는 트리밍이나 피어싱용 금형을 제작하지 않고 레이저가공으로 대신하고 있다.

레이저 절단을 사용함으로서 고가의 금형을 생략할 수 있으며 경비절감과 개발기간을 단축할 수 있게 된다. 그림 5.3은 패널 부품의 트리밍을 보여주고 있다. 또한 레이저로 절단된 패널 부품은 지금까지 처리해온 강판 외에 각종 수지 재료로 만들어진 범퍼(bumper), 내장부품, 차체 외판 등에 이르기까지 광범위하다. 레이저 절단의 문제점은 금형프레스에 비해 가공속도가 떨어진다는 점으로서 지금까지는 중규모의 생산 이상에서는 레이저 절단을 적용하지 않았다.

그러나 최근에 차체의 조립라인 내에서 바디패널(body panel)을 레이저로 절단하는 기술이 구미나 일본의 자동차회사들에서 도입되기 시작하고 있다. 이것은 마커램프(marker lamp), 루프록(roof lock), 사이드몰딩(side moulding) 등 차종간 혼류생산에 따라 부품의 취부홀의 위치가 달라지게 되는데 각 사양별로 금형을 따로 제작하지 않고 하나로 조립한 후에 라인 내에서 레이저 절단으로 대신하는 기술이다. 이러한 개념도를 그림 5.4에 나타낸다.

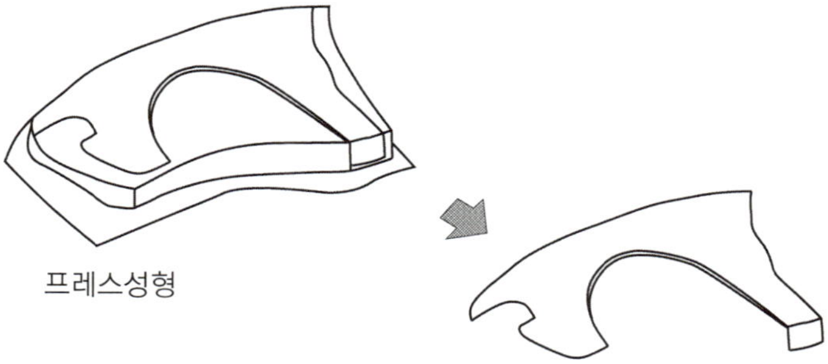

그림 5.3 패널 부품의 트리밍

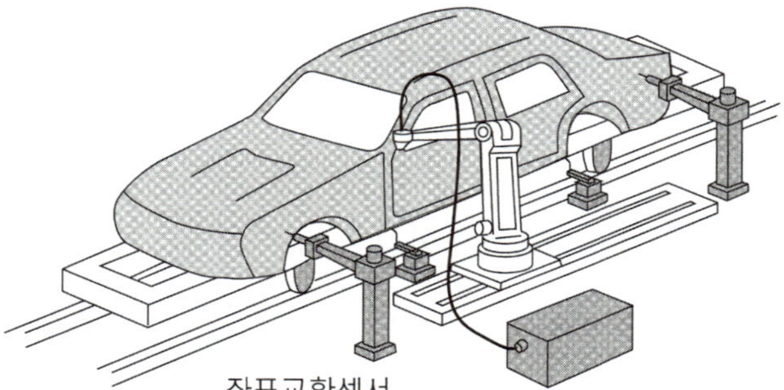

그림 5.4 차체조립라인 내에서의 레이저 절단

이 사례에서는 로봇의 암(arm)에 조사용 광학기를 장착하여 Nd:YAG 레이저를 광파이버로 전송하여 가공한다. Nd:YAG 레이저는 광파이버로 전송할 수 있기 때문에 다관절 로봇과 조합하면 콤팩트한 장치를 구성할 수 있다. 이 기술은 최소의 기본 패널로 차종혼합생산에 대응할 수 있으며 금형의 숫자를 줄일 수 있기 때문에 원가 절감 효과도 크며 앞으로 다품종 소량생산이나 FMS(Flexible Manufacturing System)화를 추진하는데 있어서 확대 적용될 것으로 기대되고 있다.

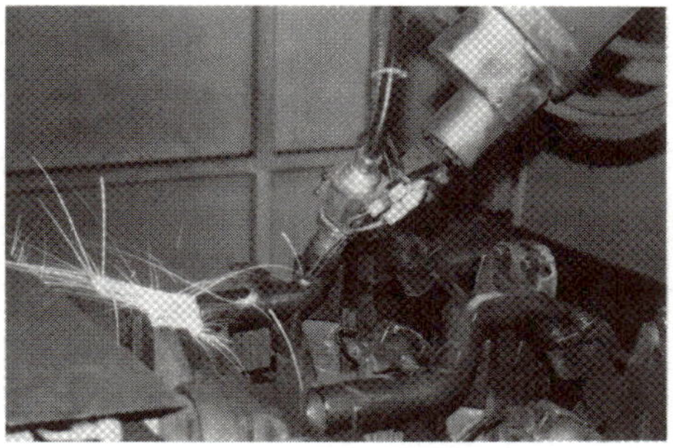

(a) 가공하는 모습

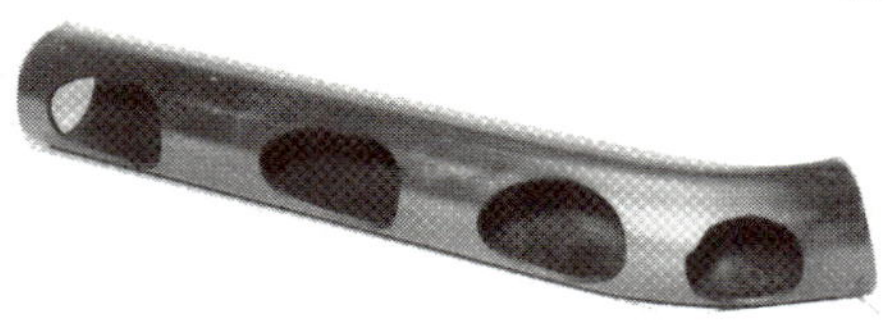

(b) 가공된 파이프

그림 5.5 배기 매니폴드(exhaust manifold)의 홀절단 가공과 가공된 파이프

(2) 엔진 배기관의 홀가공

그림 5.5에 Nd:YAG 레이저를 이용한 엔진 배기관의 메인포트(main port)부를 홀절단 가공을 하는 모습과 가공이 끝난 파이프를 보여주고 있다. 고출력 엔진의 배기관에는 지금까지 사용해 왔던 주철 대신에 스테인리스강이 사용되고 있다.

파이프는 길이가 300~500 mm, 두께가 3.2 mm로서 작지만 3차원 형상의 홀가공을 해야 한다. 이 사례에서는 비교적 저렴한 경비로 3차원 가공을 할 수 있는 Nd:YAG 레이저와 광파이버 및 로봇을 조합하여 적용을 하였다.

5.2.2 레이저 용접

레이저 용접은 미국을 중심으로 트랜스미션 기어 등의 용접에 사용되고 있다. 그러나 일본의 자동차 산업은 구미의 그것과는 다소 다른 모습을 가지고 있다. 구미의 자동차제조에서는 트랜스미션을 용접할 때 전자빔 보다는 레이저 용접의 우위성이 폭넓게 인식되어 있어서 레이저

용접이 많이 이용되고 있으나 일본에서는 아직까지 전자빔용접이 일반적으로 사용되고 있다. 전자빔용접과 비교하였을 때 레이저 용접의 장점은 진공 및 배기장치가 생략된다는 것이며 그림 5.6에 나타낸 바와 같이 빔의 분할에 의한 멀티스테이션(multi-station)화[3)]가 가능함으로써 보다 높은 생산성을 얻을 수 있다는 점이다.

앞으로 전자부품 등 소규모 부품을 중심으로 레이저 용접의 적용이 증가할 것으로 예상된다. 레이저 용접의 실례로서 유닛 부품에 대한 적용사례와 차체에 응용하는 사례에 대하여 기술하겠다. 전자빔용접과 경합하지 않는 레이저 용접의 응용은 특히 주목을 받고 있다.

(1) 유닛 부품의 레이저 용접

사륜구동 차량 등의 차동기어부에 사용되는 비스코스 커플링(viscous coupling)은 그림 5.7에 보이는 것처럼 하우징(housing) 내에 몇 장의 플레이트(plate)나 베어링을 조합하여 넣은 구조로 되어 있다.

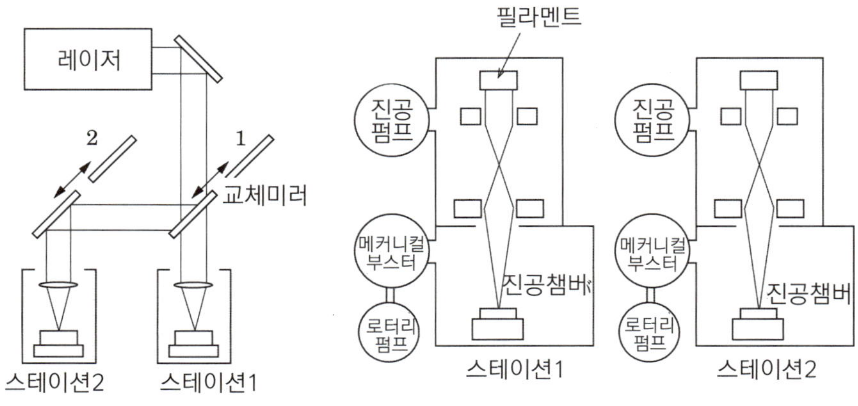

(a) 레이저 용접 (b) 전자빔 용접

그림 5.6 빔의 분할에 의한 멀티스테이션(multi-station)화[3)]

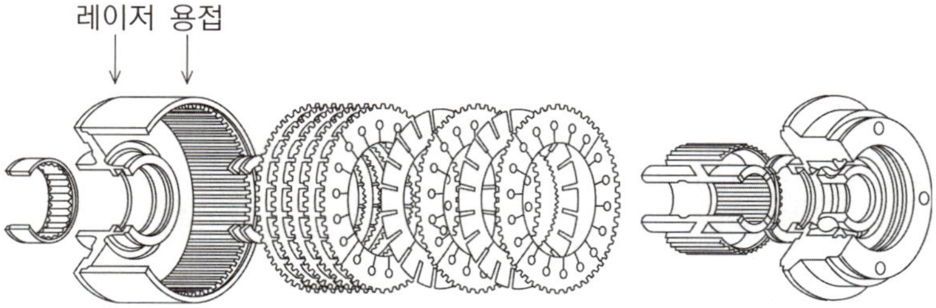

그림 5.7 비스코스커플링 하우징의 레이저 용접

이러한 하우징의 용접은 최종 공정이기 때문에 가능한 한 변형이 작게 발생하도록 해야 하며 또한, 내부 부품의 최고 도달온도를 낮게 억제해야 할 필요가 있기 때문에 레이저 용접이 적용되고 있는 것이다.

(2) 차체에 대한 응용 1 : 블랭크(blank)재료의 레이저 용접

프레스 가공하기 전의 차체패널 부품을 블랭크재라고 한다. 이것을 한 장의 강판으로부터 잘라내는 것이 아니라 표면처리의 종류나 강의 종류, 재료의 두께 등 차체로서 볼 때 각각의 부품에 요구되는 성능을 얻을 수 있도록 조합한 것을 한 장의 블랭크재에 포함이 되도록 레이저로 맞대기용접을 하는 기술이 개발되어 있다. 이는 양복을 재봉할 때처럼 형상이나 재질을 임의로 조합하여 사용한다고 하여 테일러드 블랭크(tailored blank)라고 한다.

독일의 티센스틸(Thyssen steel)이 1986년에 아우디(Audi)사의 플로어 패널(floor panel)용의 블랭크재의 맞대기 용접 이음에 레이저 용접기술을 처음으로 적용하였다. 그림 5.8은 바디 사이드(body side)에 적용된 사례[4)]이다. 여기에서는 재료의 두께와 표면처리상태가 다른 다섯 장의 강판을 조합하여 레이저로 용접함으로써 한 장의 블랭크재를 구성하였다. 특히 방청이 필요한 하부 쪽에는 방청능력이 우수한 강판을 사용하고 있다.

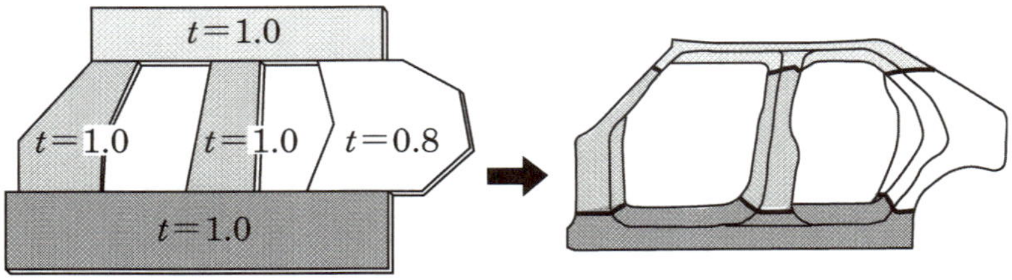

(a) 레이저 용접 블랭크재 (b) 프레스 가공 후의 형상

그림 5.8 바디 사이드에 대한 테일러드 블랭크의 적용[4)]

레이저용접으로 저렴해진 자동차

온난화와 자원재생 등의 환경문제나 안정성에 관한 소비자의 관심이 높고 혹은 충돌안전성에 대한 새로운 규정의 도입 등으로 인해 차체의 성능에 대한 요구는 점점 높아지고 있다. 연비를 개선하기 위해 차체를 경량화하기 위해서는 지금까지 사용해 왔던 강판보다 더욱 강도가 높은 강판을 사용하는 것이 필요하며 더 나아가서 알루미늄합금 등의 경량재료로 변경해야만 할 필요가 있다. 충돌안전성을 향상시키고자 하면 충돌 시에 효율이 좋고 충격에너지를 안전하게 흡수할 수 있도록 구조를 만들지 않으면 안 된다. 한편으로 원가절감에 대한 추구는 끊임없이 이루어지고 있다. 일반적으로 충돌안전성의 향상 및 경량화와 원가절감은 상반되는 것이며 이들을 어떻게 양립시켜 나갈 것인가가 당면한 주요 문제라고 말할 수 있다. 이러한 상황을 해결하기 위해서는 재료, 구조, 공법 등의 측면에서 차체의 혁신에 집중할 필요가 있으며 그 수단의 하나로서 레이저를 이용한 테일러드 블랭크재의 적용이나 3차원용접이 주목되고 있다.

그 중에서도 테일러드 블랭크재는 표면처리나 강도 또는 두께가 서로 다른 복수의 강판을 레이저를 사용하여 맞대기 용접을 함으로써 부품으로서 최적의 강판조합을 얻을 수 있기 때문에 보강판(reinforced steel) 등의 부품수를 줄일 수 있으며 성형비용의 절감, 재료의 수율 향상 등 재료비와 가공비를 대폭적으로 절감할 수 있을 뿐만 아니라 차체의 경량화나 조립정도의 향상에도 효과가 높다(그림 참조). 또한 경제적인 효과가 크고 적용 부위도 많기 때문에 앞으로도 적용사례가 증가할 것으로 전망된다.

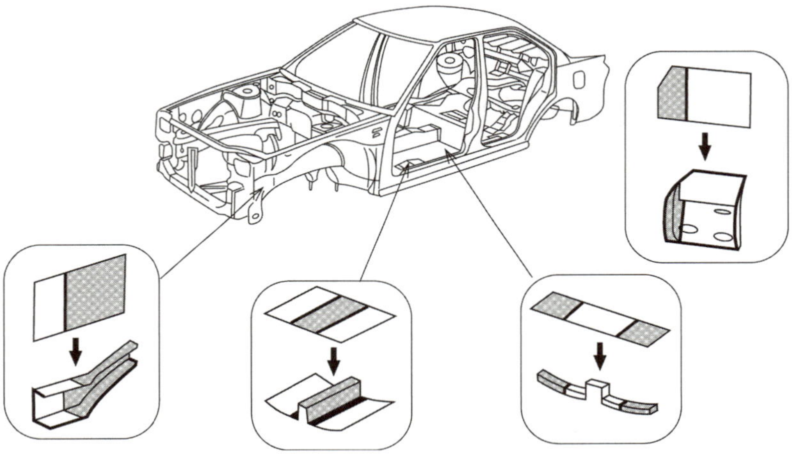

테일러드 블랭크의 적용

그림 5.9는 이너 도어(inner door)에 대하여 두께가 다른 블랭크재를 적용한 사례로서 도어의 앞부분에 두께가 두꺼운 강판이 배치되도록 설계함으로써 같은 두께와 강판으로 만들 때 필요한 보강판을 생략할 수 있게 된다.

그림 5.10은 소절재 이용의 사례[5)]이다. 바디 사이드의 블랭크재를 찍어낼 때 소부재(작은 부재)를 그림과 같이 조합하여 맞대기 용접을 적용하고 있다. 지금까지는 스크랩(scrap)재료로서 폐기하거나 더 작은 부품의 제작에 사용해 왔던 이러한 작은 부재를 레이저 용접을 이용하

여 보다 큰 부품으로 이용할 수 있게 됨으로써 재료의 수율향상을 도모하고 있다. 그 결과, 한 장의 재료에서 이러한 부품들을 만드는 경우에 비하여 재료비를 절감할 수 있게 되는 것이다.

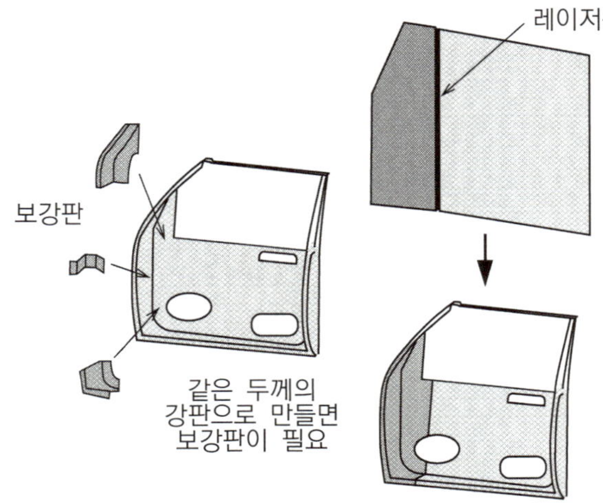

그림 5.9 이너 도어(inner door)에 있어서 두께가 다른 블랭크재 적용

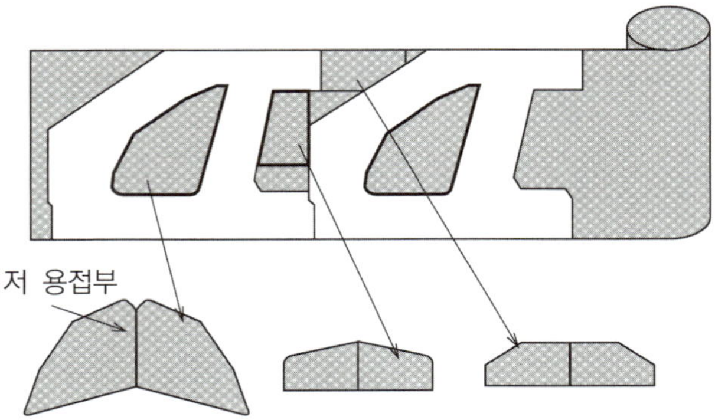

그림 5.10 레이저를 이용한 작은 부재들의 블랭크 용접[5)]

이와 같이 부품의 일체화를 통한 재료수율의 향상이나 부품 수의 저감, 프레스 금형 수량의 저감, 일체화 성형에 의한 차체 정도의 향상, 최적 재료의 배치에 따른 원가절감이나 경량화 등 여러 가지 많은 장점이 있는 테일러드 블랭크재가 오늘날에 와서는 전 세계의 자동차메이커에서 각종 패널부품에 적용되기 시작하고 있다.

적용부위는 앞에서 언급한 도어나 바디 사이드 외에 범퍼, 센터 필러(center pillar) 등 서로 두께가 다른 부품으로 이루어진 부위나 보강부(reinforcement)가 형성되어 있는 부품이 대상이 될 수 있으므로 이러한 기술의 적용범위는 확대 되어갈 것으로 기대된다. 구미에서는 테일러드 블랭크재의 공급처가 있어 자동차메이커에 공급하고 있으나 일본에서는 현재 이러한 공급업체가 없어 자동차메이커 각사에서 관련기술을 자체개발하여 사용하고 있다.

(3) 차체에 대한 응용 2 : 3차원 레이저 용접

차체는 많은 프레스 부품으로 구성되어 있으며 이들을 저항점용접이나 아크용접 또는 브레이징(brazing) 등으로 서로 접합하여 일체화 구조로 만들고 있다. 지금까지 저항점용접이 많이 적용되어 온 차체 용접에도 레이저 용접의 적용이 시작되었다. 차체의 용접에 저항점용접 대신 레이저를 적용할 때의 장점을 서로 비교하여 기술하겠다.

① 연속용접

저항점용접은 점접합의 집합으로 이루어진데 비하여 레이저 용접은 선용접이며 연속/단속용접을 임의로 선택할 수 있다 (그림 5.11). 곡선용접도 가능하여 용접강도의 제어라는 측면에서 저항점용접보다도 우수하다.

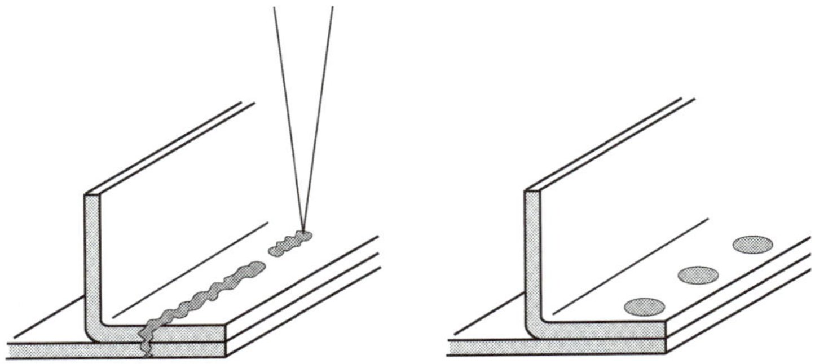

(a) 레이저 용접 (b) 저항점용접

그림 5.11 레이저 용접과 저항점용접의 비교 I (연속용접과 점용접)

② 편측 비접촉 용접

일반적으로 저항점용접은 피접합재의 양측에서 팁(tip)으로 누르고 통전함으로써 용접이 이루어진다. 차체에서는 포대구조로 이루어져 있는 부분을 용접할 경우 용접 전극이 통과할 수 있는 홀을 만들고 용접 후에 메우는 방법을 사용하고 있다. 레이저 용접은 한쪽에서 접촉 없이 용접할 수 있다는 특징이 있어서 점용접을 전제로 하고 있는 현재의 방법에 비하여 차체구조 및 용접공정에 혁신을 가져올 수 있을 것으로 생각된다.

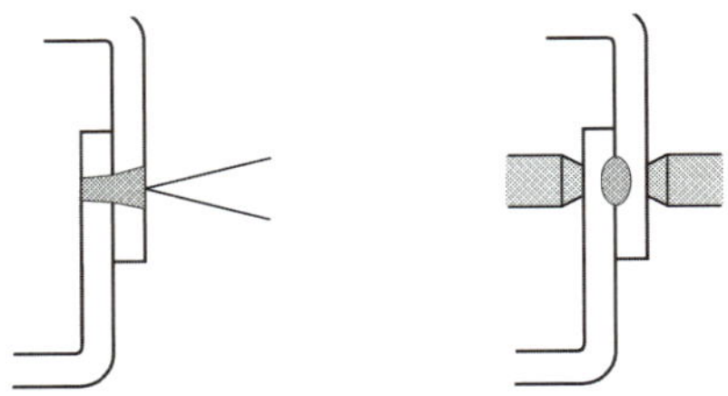

(a) 레이저 용접 (b) 저항점용접

그림 5.12 레이저 용접과 저항점용접의 비교 II
(편측 비접촉 용접과 양측 접촉 용접)

또, 플랜지가 불필요하게 되므로 차체의 경량화와 용접부의 단면적 확대에도 기여할 수 있는 가능성을 가지고 있다. (그림 5.12)

③ 재료 두께 비율 제한의 배제

점용접은 저항 가열방식이므로 겹치는 피용접재의 두께에 한계가 있어서 재료의 두께 배분의 자유도의 범위를 감소시키는 요인이 된다. 따라서 레이저 용접을 이용하게 되면 재료의 두께에 대한 제약을 받지 않을 수 있게 된다. (그림 5.13)

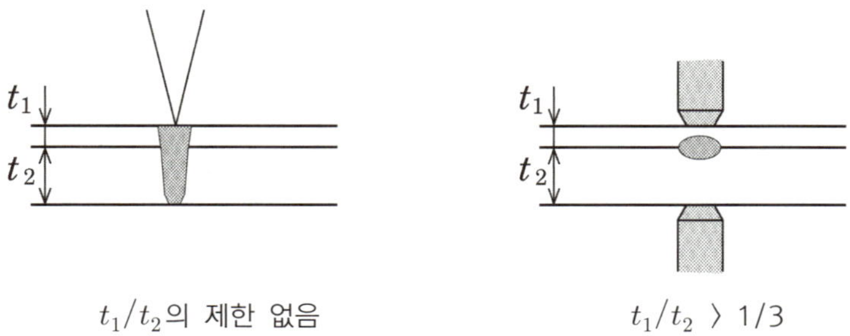

(a) 레이저 용접　　(b) 저항점용접

그림 5.13 레이저 용접과 저항점용접의 비교 III
(재료두께비의 제한)

④ 낮은 열변형

입열량이 적고 열변형의 발생이 잘 일어나지 않기 때문에 루프(roof)나 펜더(fender)와 같은 외판면에서의 열변형의 영향을 최소화할 수 있다.

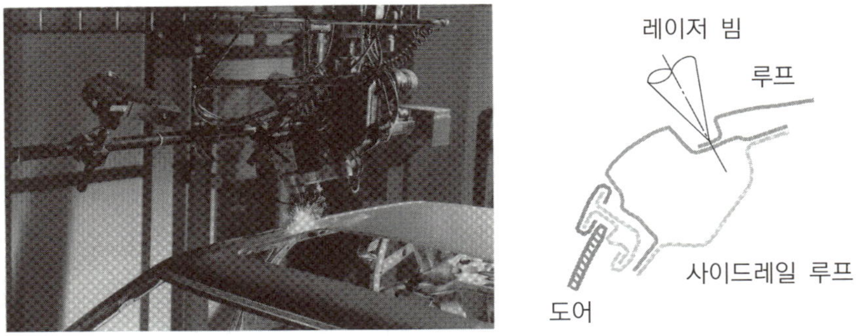

그림 5.14 루프와 바디 사이드의 레이저 용접[6]

이상과 같은 장점이 기대되지만 실용화를 위해서는 프레스 부품의 정도 향상이나 위치결정정밀도의 향상 등 해결해야 할 과제도 많다.

그림 5.14는 루프와 바디 사이드의 용접에 저항점용접 대신에 레이저 용접을 적용한 실용화 사례[6]이다. 연속용접에 의해 차체의 강도 향상 특히, 충돌성능을 향상시킬 수 있다는 점이 기대되고 있다. 이 기술에서는 겹쳐진 판의 틈이 벌어지지 않도록 누르면서 용접을 하는 특수한 가공헤드의 개발이나 프레스 정밀도의 향상 등을 도모하고 있다. 유럽에서는 최근 이와 동일한 부위에 대해서 이와 같은 기술이 몇몇 종류의 차량에 적용되기 시작하였다. 그림 5.15는 루프와 후방펜더(rear fender)를 용가재(filler wire)를 사용하여 레이저로 용접한 실용화 사례[7]이다. 이러한 부위에는 대개 아크 브레이징법이 사용되어져 왔다.

이때의 브레이징의 열원은 고온의 아크이므로 접합 후 열변형이 크고 그라인딩작업으로 마무리하는데 많은 시간이 소요된다. 본 사례에서는 루프와 후방펜더의 맞대기 이음부를 각각 레이저로 절단한 후 레이저 용접을 시공한 것이다. 레이저용접을 적용함으로써 열변형을 낮출 수 있기 때문에 그라인딩 등에 필요한 공수를 저감할 수 있게 되는 것이다. 그림 5.16은 후드 패널의 헴(hood panel hem)에 저항점용접 대신 레이저 용접을 적용한 사례[8]이다.

저항점용접에서는 외판의 표면에 압입자국이 남기 때문에 연삭 등의 수정가공이 필요하게 된다. 연삭을 하게 되면 방청피막이 손상되기 때문에 재료의 방청특성에 좋지 않은 영향을 미치게 된다. 레이저용접은 비접촉식 편측가공이므로 이와 같은 수정가공을 생략할 수 있기 때문에 결과적으로 재료의 방청성능을 유지할 수 있게 되며 또한 성질이 무른 알루미늄합금의 후드에도 유용하다.

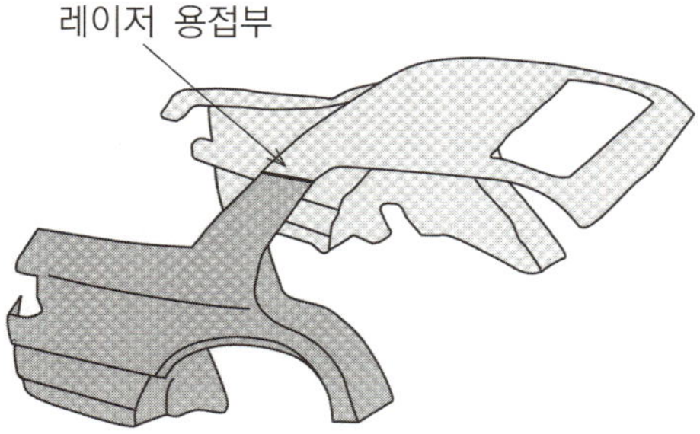

그림 5.15 루프와 후방 펜더의 레이저용접[7)]

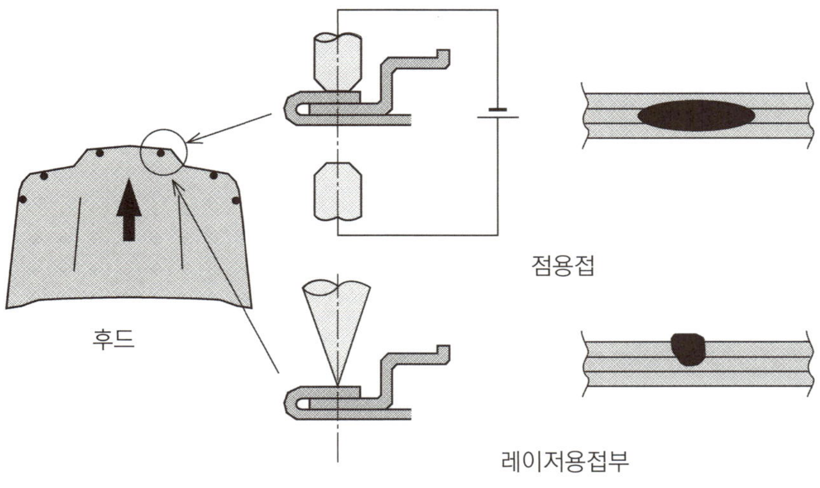

그림 5.16 후드 패널의 헴(hem)부의 레이저 용접[8)]

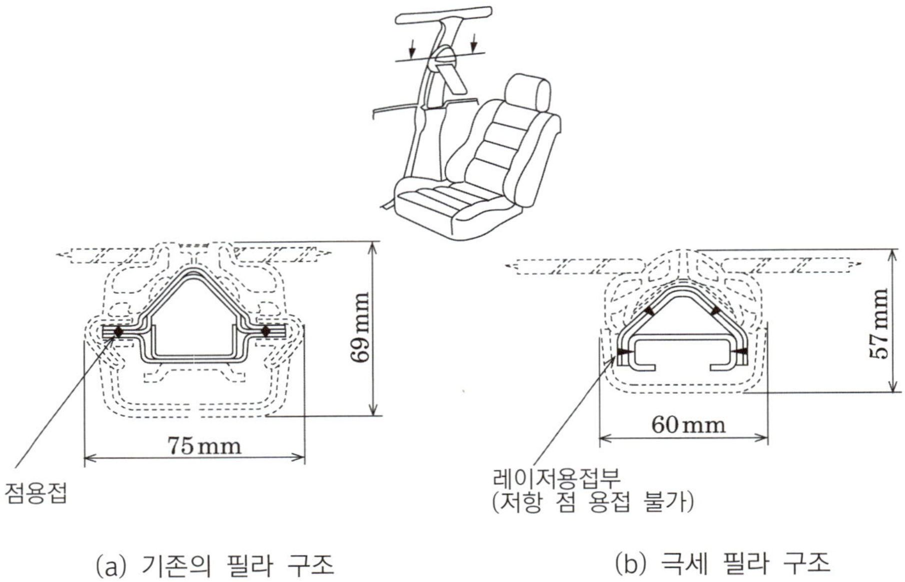

그림 5.17 센터 필라의 시트벨트 고정부의 레이저용접[9]

그림 5.17은 센터 필라(center pillar)의 시트벨트(seat belt)의 고정부에 레이저용접을 적용한 사례[9]이다. 지금까지 사용해 왔던 저항점용접 대신에 레이저용접을 적용함으로써 플랜지를 생략할 수 있게 되고 동일한 강도이면서 단면크기가 작은 필라를 사용할 수 있게 되었다.

5.2.3 표면처리

레이저 담금질을 시작으로 하는 표면처리기술은 이미 1974년도에 미국 GM사가 파워스티어링 기어하우징(power steering gear housing)에 대하여 레이저 담금질을 양산기술로 실용화하였음에도 불구하고 절단이나 용접 등 그 외의 레이저가공기술에 비하여 실용화된 것이 적다.

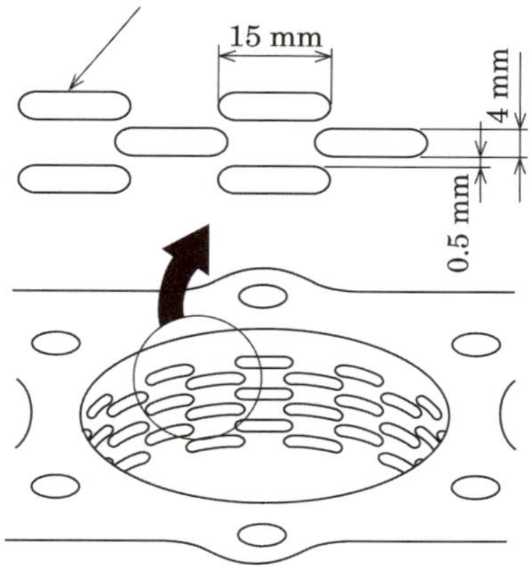

그림 5.18 실린더블록 홀 내면의 레이저 담금질[10)]

그러나 잠재적으로는 국소표면처리에 대한 레이저가공의 필요성이 커져서 레이저의 특성을 살린 표면처리기술이 엔진부품을 중심으로 개발되고 있다.

그림 5.18은 디젤엔진용 주철 실린더블록(cylinder block) 보어(bore) 내면의 내마모성을 향상시키기 위해 레이저 담금질을 적용한 사례[10)]이다. 보어 내면의 상부에 소나무껍질 모양으로 레이저 담금질을 함으로써 경화층을 만들어 내마모성을 향상시키고자 하였다.

그림 5.19에 배기밸브의 스텔라이트(stellite)를 육성하는데 있어서 이전까지 사용하였던 플라즈마나 아크용접 대신에 CO_2 레이저를 적용한 사례[11)]이다.

회전하는 밸브의 표면에 스텔라이트분말을 공급하고 거기에 레이저를 조사하여 육성하는 방법이다. 그림 5.20은 알루미늄으로 만든 실린더 헤드의 밸브 시트부에 소결재 시트를 압입하는 대신에 분말 형태의 밸브 시트 재료를 레이저를 사용하여 직접 레이저 육성용접을 하는 기술[12)]이다.

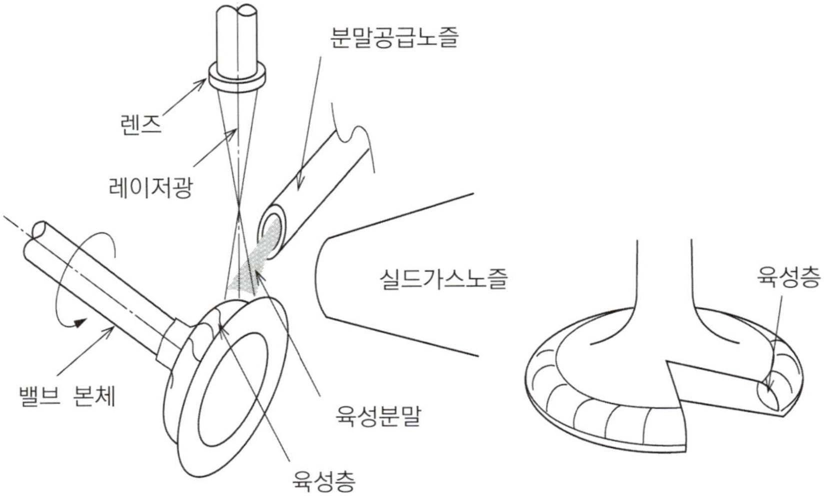

그림 5.19 배기밸브에 있어서 레이저를 이용한 스텔라이트 육성[11)]

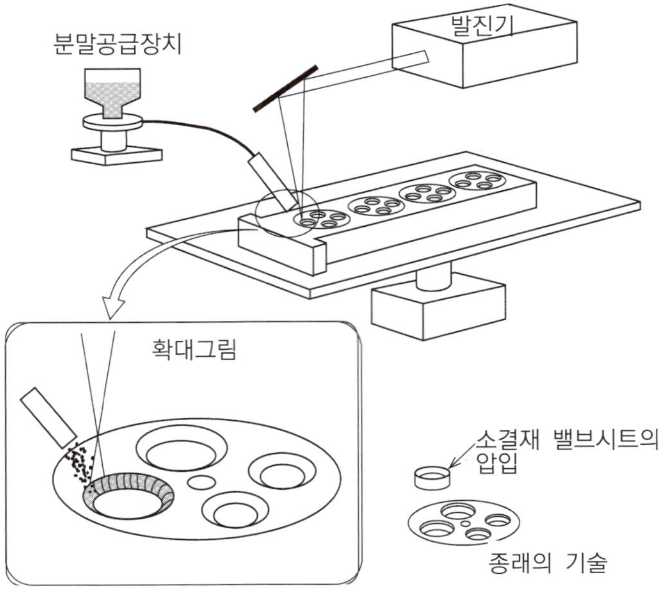

그림 5.20 실린더 헤드의 레이저 육성[12)]

회전하는 실린더 헤드의 밸브 시트부에 시트재 분말이 공급되고 여기에 레이저를 조사하여 육성이 이루어진다. 이러한 레이저 육성기술은 고출력 레이저에서 얻은 고밀도에너지를 육성부위에 국부적으로 조사함으로써 최소한의 필요한 입열량으로 육성을 진행하기 때문에 기지금속과 육성되는 금속과의 희석률을 낮게 억제할 수 있도록 하기 위해 적용되고 있는 기술이다. 밸브의 경우에 있어서 레이저 육성용접을 적용함으로써 고가의 스텔라이트의 양을 최소한으로 억제할 수 있게 된다.

알루미늄 합금계 실린더헤드에서는 구리계 분말합금 간에 형성되는 취약한 금속간화합물의 생성을 최소한으로 억제할 수가 있다. 레이저로 육성 작업한 실린더는 밸브시트와 실린더헤드가 야금적으로 직접 접합이 되기 때문에 밸브시트로부터의 냉각능력을 향상시켜 이전까지 사용해온 소결재 압입방법에 비해서 밸브의 온도를 낮출 수 있게 되며 또한, 밸브의 지름을 크게 만들 수 있게 된다. 따라서 엔진출력을 높일 수 있게 되는 것이다.

매우 독특한 표면처리의 예로서 레이저 요철(dull)강판을 들 수 있다. 자동차용 강판은 프레스작업 시 버닝(burning)을 방지하거나 도장 점착이 잘 되도록 하기 위해 표면에 미세한 요철이 가공되어 있다.

이러한 요철은 조질압연강(quenched & tempered steel) 롤러의 표면에 가공되어 있는데 압연공정과정에서 강판의 표면에 전사되어 무늬가 만들어지는 것이다. 이전까지는 쇼트 블라스팅(shot blasting)이나 방전가공으로 이러한 작업이 이루어졌으나 가공표면의 요철이 불규칙하기 때문에 도장 후의 강판표면의 품질(선명성)이 충분하게 만족스럽지 않은 문제점이 있었다.

이에 반하여 제어성이 우수한 레이저로는 규칙적인 요철무늬를 가공할 수 있는 것이다. 그림 5.21은 레이저 요철과 쇼트 블라스팅으로 가공한 것을 비교한 것이다[13]. 레이저로 가공한 것은 쇼트 블라스팅으로

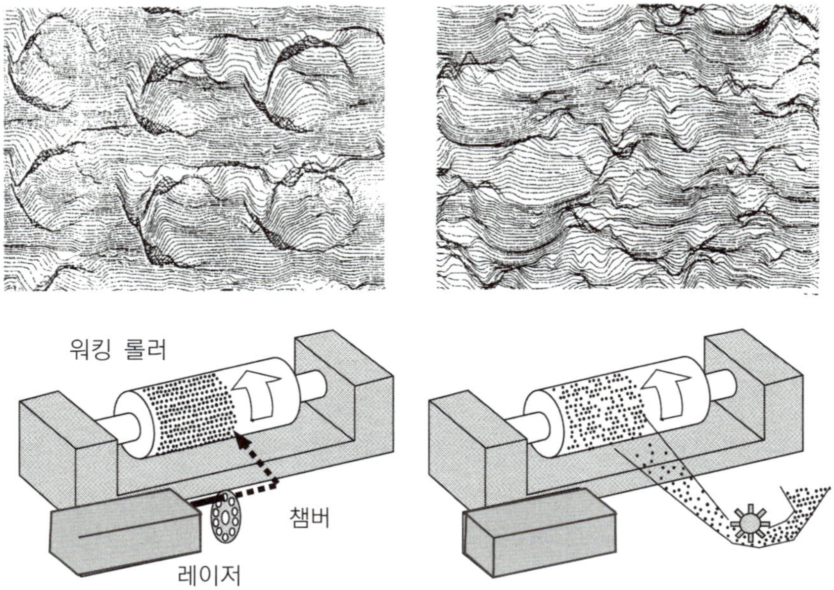

(a) 레이저 무늬(dull) 가공 (b) 쇼트 블라스팅 무늬(dull) 가공

그림 5.21 레이저 요철 강판과 쇼트 블라스팅 강판의 표면 조도[13)]

가공한 것에 비해 규칙성이 우수하며 자동차용 외판의 도장 후 품질을 높일 수 있게 되었다.

5.2.4 기타

스테레오 리소그래피(stereolithography) 라고 일컫는 것이 있는데 이는 레이저를 사용하여 부품개발을 위한 시험 제작기간을 단축시키는 기술 즉, 신속 원형 모형제작기술 (rapid prototyping)로서 실용화가 이루어지고 있다. 이 기술은 자외선경화수지에 자외선 레이저를 조사하여 시험제작 부품을 직접 확보하는 기술로서 개발 부품의 프로토타입

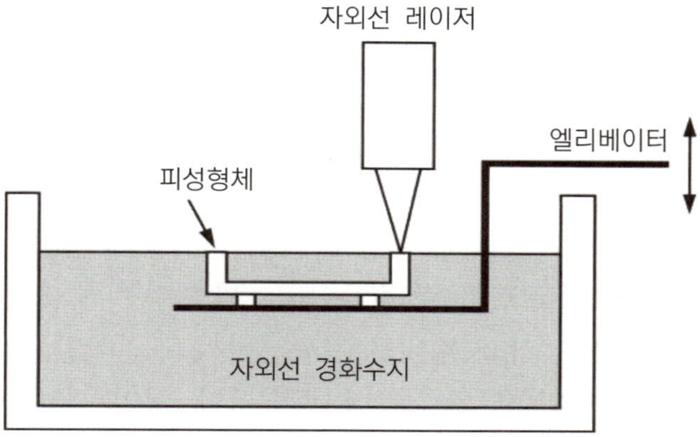

그림 5.22 스테레오 리소그래피 (stereolithography) 의 개념도

모델(prototype model)을 단시간에 제작할 수가 있다. 그림 5.22는 그에 대한 개념도를 보여주고 있다. 10 mW 정도의 자외선영역을 가진 레이저를 조사하면 조사된 표층부의 액상수지가 경화된다. 경화된 층의 형성재를 내리면 다음으로 경화된 액상수지가 준비된다. 이러한 동작을 반복함으로써 순차적으로 경화층이 적층된다. CAD 데이터를 기반으로 한 부품의 단면형상을 따라 레이저를 조사함으로써 복잡한 부품의 모델을 제작할 수 있게 된다. 같은 방법으로 수지 대신 금속분말을 사용하여 부품모델을 만드는 CO_2 레이저를 이용한 래피드 프로토타이핑(rapid prototyping)기술도 개발되어 있다.

이상과 같이 자동차의 제조와 관련하여 최근에 주목을 받고 있는 레이저가공의 적용사례에 대하여 기술하였다. 마지막으로 장래의 동향에 대해 전망해 보겠다.

5.3 자동차산업에 있어서 앞으로의 레이저가공기술

5.3.1 장래 동향

그림 5.23은 레이저 가공기술을 기술적 난이도와 경제적 효과의 측면에서 분류한 포트폴리오(portfolio)이다. 세로축은 해결해야만 하는 문제의 크기, 가로축은 기술 확대의 가능성이라고 인식할 수도 있다. 절단이나 홀가공은 기술적으로는 이미 확립되어 있어 개발난이도가 낮다. 향후, 앞에서 기술한 온라인(on line)절단과 같은 기술이 확대될 것으로 생각된다. 테일러드 블랭크용접을 시작으로 하는 레이저용접은 차체에 대한 응용을 중심으로 적용이 확대되어갈 것으로 예상된다.

요즘은 안전에 대한 자동차 소비자의 관심이 높기도 하거니와 충돌안전성에 관한 규제의 도입도 이에 더욱 기여를 하게 되어 차체에 기대하는 요구 성능이 높아져 가고 있다. 일반적으로 충돌안전성의 향상 및 경량화와 원가절감은 상반되는 것으로서 이러한 양립상태가 당면한 중요

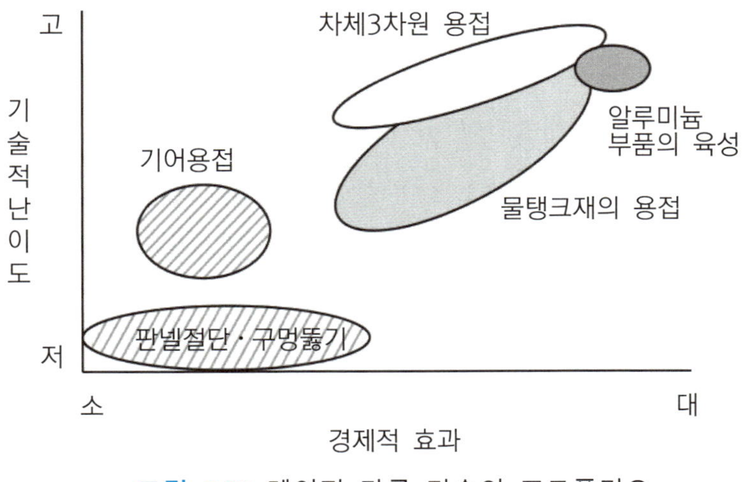

그림 5.23 레이저 가공 기술의 포트폴리오

과제라고 할 수 있을 것이다. 이 상황을 해결하기 위해서는 재료, 구조, 공법이라는 측면에서 차체의 혁신으로 해결해야만 한다. 그 수단의 하나로서 레이저를 사용한 테일러드 블랭크재의 적용이나 3차원용접이 주목되고 있다.

테일러드 블랭크용접은 경제적인 효과도 크고 적용부위도 많으므로 앞으로 급속하게 증가할 것으로 예상 된다. 레이저를 사용한 차체의 3차원용접에는 해결해야할 과제가 많지만 지금까지 사용해 오고 있는 저항점용접에 비하여 장점도 많아 앞으로 개발이 진전될 것으로 기대되고 있다.

5.3.2 앞으로의 과제

레이저 가공은 상세하게 기술한 사례에서 볼 수 있듯이 확실하게 자동차의 제조기술로서 침투하고 있다. 앞으로 이를 적용하는 데 있어서 양적, 질적 모두에서 증가할 것이다. 그러나 차체의 용접만 보더라도 70년 이상의 역사를 가진 저항점용접에 비하면 아직 갓 태어난 유아정도의 기술이다. 따라서 장래 이 기술이 자동차의 제조기술로서 확고한 위치를 구축해 가기 위해서는 해결하지 않으면 안 될 과제도 많으므로 아래에 이러한 주요 과제에 대해 언급해 보고자 한다.

(1) 기초연구의 필요성

레이저 용접은 블랭크재의 용접 등 양산기술에 사용되기 시작하였으나 양산기술로서 반드시 만족할만한 것은 아니다. 레이저와 재료의 상호작용에 관한 기초적인 연구가 더욱 필요하다. 재료와 레이저의 상호작용에 관한 이해가 진전되면 높은 수준의 프로세스 모니터링(process monitoring)이나 인텔리전트 피드백(intelligent feed back)이 가능하게 되어 보다 정확한 가공의 제어를 할 수 있게 된다. 또한 향후 자동차는 환경문제에서 시작하여 차체경량화나 재활용성이 높은 재료의 사용이 확대되어 간다. 알루미늄합금도 그중의 하나이지만 새로운 재료의 적용을 넓혀가는 차원에서도 필요하다.

(2) 가공기의 코스트 다운(cost down)

최근 10년 사이에 레이저발진기의 성능은 향상되었으며 가격도 상당히 저렴해졌다. 그렇지만 레이저의 초기 경비는 다른 열원들에 비해 아직까지 높다. 몇 가지 매력적인 기술면이 있지만 경제적인 시야에서 객관적으로 타당성이 있어야만 한다. 한층 더 저렴화, 소형화, 고성능화가 기대되어 진다. 또한, 현재는 출력이 낮지만 발진효율이나 빔의 품질이 우수한 다이오드 레이저(diode Laser) 및 다이오드 여기 고체레이저(diode pumped solid state Laser, DPSSL)의 개발이 진전되고 있어 고출력화가 지속적으로 이루어질 것이며 아울러 가격도 더 저렴해 질 것으로 기대가 되고 있다.

(3) 레이저 가공에 적합한 설계기술

지금까지의 공법을 전제로 설계된 부품을 그대로 사용하면서 공법만 레이저 가공으로 대체하는 것만으로는 큰 장점을 얻을 수가 없다. 레이저빔의 특성을 최대한으로 살린 설계기술력이 필수 불가결하며 레이저를 가공 도구(tool)의 중심으로 사용하는 노력이 필요하다. 레이저가공을 중심공정에 놓은 제조라인 및 그 라인에 적합한 차량의 설계는 혁신적인 자동차 제작을 실현하기 위해서라도 극복하지 않으면 안되는 미래를 향한 커다란 기술과제가 될 것이다.

참고문헌

[1] Belforte, D.A. : "Auto applications shift into high gear", Industrial Laser Review, 8, 2, pp. 11-12 (1993)

[2] Shibata, K. : "Laser processing in the Japanese Automotive Industry", Proc. of Laser Applications in the Automotive Industries, 25th ISATA, pp. 431-438 (June 1992)

[3] Itoh, M., et al. : "Application of Laser Processing for Automotive Manufacturing in Japan", Proc. of SPIE, 668, pp. 201-208 (1986)

[4] 高砂ら : Toyota Technical Review, 43, p. 70 (1993-07)

[5] 森ら : 日産技報, 35, p. 121 (1994-10)

[6] Hanicke, L., et al. : "Roof Laser Welding in Series Production", SAE paper #930028 (1993)

[7] Krimse, W. : Laser Treatment of Materials, p. 419 (1992)

[8] 福田 : 日本溶接協會部會資料「本田に於けるレ-ザ溶接適用事例の紹介」(1991-11)

[9] 高橋ら : 第29會レ-ザ熱加工研究會論文集, p. 205 (1993-02)

[10] 日經マテリアル, 138, p. 22 (1994-02)

[11] Mori, K. et al. : "Application of Laser Cladding for Engine Valve", Paper #885181, Proc. of 22nd FISITA Congress (1988)

[12] Kawasaki, K. et al. : "Development of Engine Valve Seat Directly Deposited on Aluminum Cylinder Head by Laser Cladding Process", paper #920571 (24-28 Feb. 1992)

[13] Imanaka, M. et al. : "Development of High Image Clarity Steel Sheet by the Application of Laser Texturing", Proc. of 15th BIENNIAL Congress, Controlling Sheet Metal Forming Processes, MI, U.S.A. (16-18, May 1988)

[14] Endriz, J. G. : "The Impact of Diode Laser 21st Century Factory", ICALEO'96 Tchnical Digest, p. 17 (Oct, 1996)

6 CHAPTER

토목, 건축에서의 레이저 응용기술

일본의 건설업은 매출액이 100조 엔에 이르는 거대산업이지만 다른 산업에 비하여 레이저 가공기술의 도입이 가장 늦은 분야 중의 하나이다. 그러나 토목, 건축 재료에 대하여 레이저 가공기술의 적용을 목표로 한 연구는 50여 년 전부터 이루어져 왔지만 최근에는 레이저 기술이 발전함에 따라 건조물의 오염 제거나 해체, 암반 굴삭 등에도 실용화 연구가 본격화되고 있으며 석상의 클리닝 등과 같이 실용화 된 사례도 볼 수 있게 되었다. 본 장에서는 대표적인 사례 및 연구 개발의 동향을 소개하고 아울러 레이저가 건축, 토목 분야로 보급되는 것에 있어서 방해가 되고 있는 문제점 및 장래의 전망에 대해서 기술한다.

6.1 토목, 건축업에서의 레이저 가공기술의 개황

일본의 토목, 건축업은 업체수가 55 만개, 종사자수가 약 670 만 명, 연간 매출액 약 85 조엔의 거대산업이다[1)]. 그림 6.1 (a) ~ (c)에 일본, 미국 및 영국의 건설업 규모를 나타낸다. 또한 이 세 나라의 건설업에 관한 지표를 같은 그림 (d) ~ (f)에 나타낸다. 일본의 연간 건설 투자액은 국내총생산액(GDP)의 17%에 달하며 국민 1인당 연간 건설투자액은 76만 엔이다. 또한 건설업 취업자 수는 전체 취업자 수의 약 10%이다. 모든 지표에서 일본의 지표는 다른 나라의 수치를 훨씬 상회하며, 이는 일본 건설업의 거대함과 경제와 고용에 대한 공헌도가 높음을 인상적으로 보여주는 것이다.

고출력 레이저의 응용은 각종 재료의 절단, 홀(hole) 가공 및 금속재료의 용접을 중심으로 1970년대 이후 급격히 보급되어 왔다. 현재 가공용 CO_2레이저, YAG 레이저, 엑시머 레이저 등이 자동차, 정밀기기, 철강, 중기계, 전자 산업 등 여러 가지 산업 분야의 생산 라인에 설치되어 이용되고 있다. 건설 분야에서는 레이저 계측기가 널리 이용되고 있으며 최근에는 측량을 위한 레이저 마킹도 실용화 되고 있지만 레이저에 의한 재료 가공기술의 도입은 늦어지고 있다. 건설용 재료의 가공에 레이저 기술이 사용된 사례가 극히 드물게 있기는 하지만 아주 넓은 범위의 무기, 유기 및 금속재료가 대량(연간 수 억톤)으로 사용되고 있는 거대산업이라고 하는 관점에서 볼 때 레이저 가공기술이 아직 건설분야까지 침투하지 못하고 있다고 해도 과언은 아니다.

건설업이라고 하는 것은 아주 역사가 오래되어 신기술이 쉽게 적용되는 분야는 아니다. 더욱이 레이저 가공은 경비가 비싸다는 치명적인 결점이 있다. 한편 레이저의 특징을 활용하여 높은 비용을 감수할 수 있는 부가가치가 높은 토목, 건설재료의 레이저 가공기술을 목표로 한 연구 개발은 셀 수 있을 정도로 적지만 50여 년 전부터 이루어져 왔다.

본 장에서는 실용화된 대표적인 사례와 연구 개발의 동향과 장래의 전망에 대해서 기술한다.

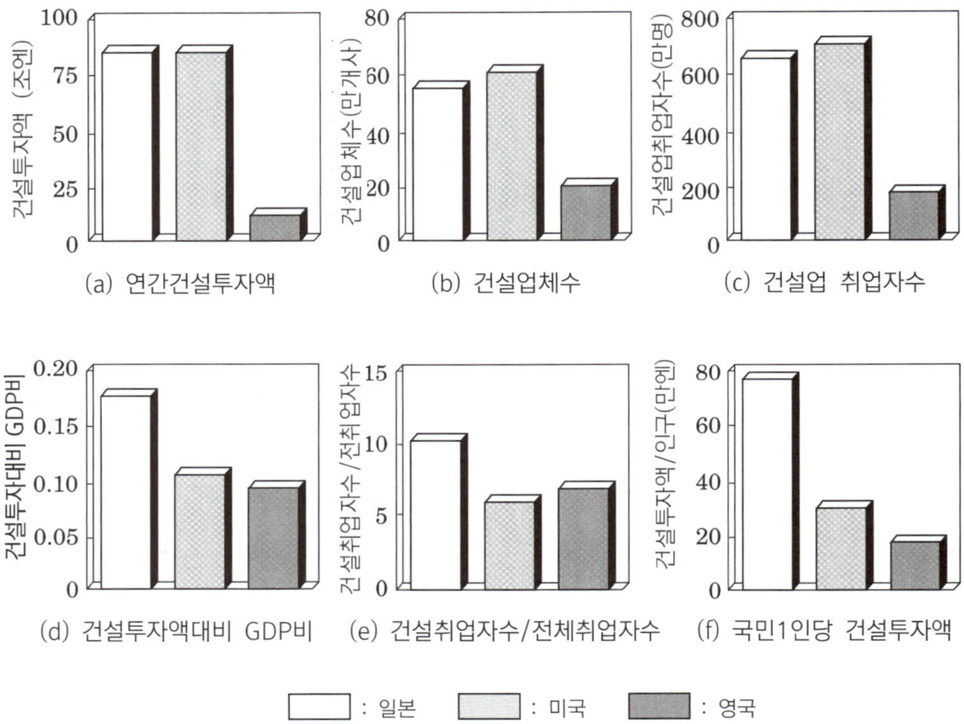

그림 6.1 일본, 미국 및 영국의 건설업 비교

6.2 건설업에서의 레이저 재료 가공분야

건설업에서의 레이저 재료 가공기술은

① 건설용 2차 제품의 생산 공장에서의 레이저 재료 가공기술

② 건설 현장 또는 기존의 건조물을 대상으로 하는 레이저 현장 가공기술은 두 가지로 크게 나눌 수가 있다. 건설용 2차 제품의 가공은 현재 시판되고 있는 레이저 가공기로 충분히 대응할 수 있는 기술이며 비용 문제만 해결되면 널리 보급 될 수 있는 잠재력이 있다. 한편 레이저에 의한 현장 가공은 건설업에서 아주 매력적이지만 실용화를 위해서는 레이저 설비의 소형화, 출력 안정성, 광전송, 기기의 유지 및 보수의 용이성 등을 해결할 수 있는 레이저 기술의 진보가 이루어져야 하는 문제가 포함되어 있다.

건설용 2차 제품의 레이저 가공기술을 레이저 출력별로 분류해서 표 6.1에 나타낸다. 그 중 화장타일, 석재 및 교량(bridge) 부재의 절단은 실용화되어 있다. 용접에 관해서는 알루미늄 새시의 용접(박판)에 CO_2 레이저가 사용되고 있다. 구조부재(후판)의 레이저 용접 및 레이저 표면 개질은 현재 연구가 활발히 진행되고 있다. 건설용 2차 제품의 레이저 가공기술 동향에 대해서는 다음 절에서 설명을 하겠다.

고출력 레이저를 건설 현장이나 기존의 건물에 가져와서 콘크리트나 암반의 가공에 이용하고자 하는 시도가 오래 전부터 있어 왔다. 건설 현장에서의 재료가공 시 레이저 이용 기술로서 표 6.2에 나타낸 콘크리트나 석재의 오염제거가공, 절단가공 및 암반의 연삭가공이 제안되고 있다. 그 중 오랜 기간 사용하여 오염된 건조물이나 기념물(유물)의 오염 제거에는 레이저가 꼭 필요한 도구가 되고 있다. 그 밖의 이용 기술은 연구개발은 진행되고 있지만 현 단계에서는 더욱더 기술이 발전하지 않으면 안 되는 문제가 있으며 실용화에는 시간이 걸린다. 건설 현장을

대상으로 한 레이저 가공기술의 동향에 대해서는 6.4절에 더 자세하게 기술하였다.

표 6.1 건설업용 2차 제품의 레이저 가공기술의 분류

레이저출력	가공의 종류	용도	기술의 현상 및 향후 전망
수 kW	절단, 홀가공	- 대형 세라믹타일 및 석재의 절단 - 교량 부재의 절단	일부 실용화, 향후 서서히 기술 진보
수 kW~ 수십 kW	용접	- 알루미늄새시의 용접 - 후판강구조물의 용접	알루미늄새시 용접은 실용화가 됨 후판강구조물의 용접은 실용화 됨
수 kW	표면 개질	- 시멘트계 재료, 석재, 세라믹판, 목재 등의 표면 개질(내식성 개선)	연구개발 단계에 머무르고 있음 실용화에는 레이저 가공 비용 감소가 필요

표 6.2 건설현장에서의 레이저 이용기술의 분류

레이저출력	가공의 종류	용도	기술의 현황 및 향후 전망
수십 kW~ 수백 kW	오염제거 (일반)	- 오염된 건조물 표면의 오염제거	외국에서 실용화되어 있어 향후 보급가능성이 큼
수백 kW~ 수 kW	오염제거 (원자력분야)	- 방사선 물질로 오염된 콘크리트 벽이나 금속의 오염제거	연구개발이 진행되고 있어 수년 후 실용화 가능성도 있음
수십 kW	절단	- 원자로 생체 차폐벽 콘크리트 절단	연구개발 단계. 고출력 레이저 광의 전송기술이 충분히 진보되지 않았고 다른 주변 기술도 미정비되어 있어 실용화가 늦어짐
수십 kW~ 수백 kW	굴삭	- 터널이나 유정의 굴착	기초연구영역에 머무르고 있으며 미래기술로서 일부 주목되어 왔지만 현재의 레이저 발진/전송기술의 단계에서는 실용화가 곤란

6.3 건설용 2차 제품의 레이저 가공

건설용 구조부재나 내외장용 2차 제품의 가공에 레이저를 적용한 사례를 볼 수 있게 되었다. 본 절에서는 실용화되어 있는 레이저 절단 및 용접의 예와 건설재료의 레이저 표면 개질의 연구개발 동향에 대해서 기술한다.

6.3.1 레이저 절단

(1) 세라믹 타일이나 석재의 절단

건축물의 벽이나 바닥을 피복하는 세라믹 타일의 크기는 이십여 년 전까지만 해도 300 ㎜가 한계라고 여겨졌지만 최근 타일의 대형화가 진행되어 1,000 × 3,000 ㎜의 제품이 제조되고 있다. 대형 타일의 형상과 치수를 시공하는 벽이나 바닥의 설계 사양에 맞추어 가공해야 하는데 이러한 절단가공에는 대개 다이아몬드 커터를 사용하여 왔으나 다이아몬드 커터에서는 다음과 같은 문제가 발생한다.

① 절단의 최종 위치에서의 각결함(모서리 부분의 깨어짐)이 발생하기 쉽다.
② 절단 시 진동이 잔금 발생 및 파단의 원인이 된다.
③ 복잡한 형상이나 곡선 가공이 곤란하다.

이와 같은 문제를 해결하기 위한 수단으로서 대형 세라믹 타일의 레이저 절단이 검토되어 실용화에 이르고 있다. 그림 6.2에 세라믹 타일 생산라인의 레이저 절단 모습을 나타낸다. Yokoyama 등[2)]에 따르면 레이저 출력 1,300 W에서 타일 두께 4 ㎜의 경우 3,500 ㎜/min, 6 ㎜의 경우 2,000 ㎜/min의 속도로 양호한 절단가공을 할 수 있다.

그림 6.2 대형 세라믹 타일의 레이저 절단 가공 모습
(사진 제공 : ㈜ 크레 · 반 · 세라믹스)

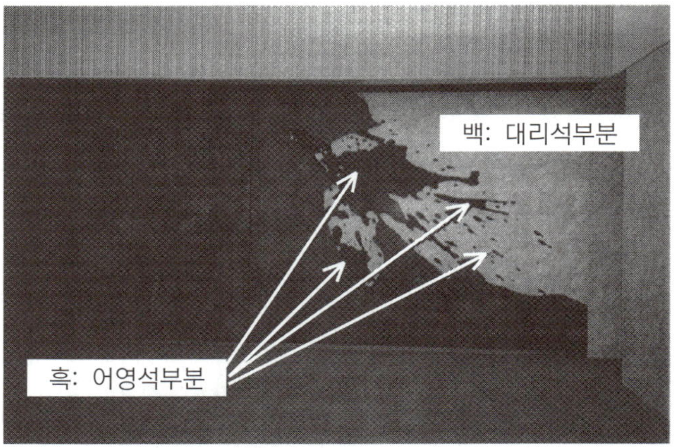

그림 6.3 레이저에 의해 보다 복잡하게 절단된 대리석과 어영석을 이용한 상감벽화

건축에서 널리 사용되고 있는 대리석의 절단에 레이저가 이용되고 있다고 보고되고 있다. 대리석의 생산지인 스페인에서는 30년 전부터 대리석 절단에 레이저의 응용이 검토되었으며 대리석의 종류, 두께, 절단

조건의 관계가 정립되어 있다[3]. 그러나 대리석 가공 라인에 레이저 절단이 실제로 이용되고 있는지는 알 수가 없다.

20여 년 전 일본에서도 높이 3.5 m, 길이 30 m에 달하는 대형상감(象嵌)벽면의 복합 석재 절단에 레이저가 이용되었다[4]. 형상을 새겨 넣은 복합부재는 깎여진 부분(백색 대리석)과 기재 부분(흑색 어영석)으로 구성되어 있어서 아주 복잡한 절단기술이 요구되기 때문에 종래의 다이아몬드 커터나 띠톱으로는 곡률을 정확히 재현할 수 없어서 레이저 절단이 적용되었다. 디자이너가 그린 밑그림을 CAD화하여 그 데이터를 레이저 절단프로그램에 적용하여 절단을 실시하였다. 이 대형벽면은 일본 동경에 있는 초고층 빌딩의 로비에 설치되어 있다.(그림 6.3 참조)

(2) 교량부재의 절단

토목 분야에서는 교량부재의 생산라인의 고속화, 고정밀화 및 무인화를 목적으로 한 레이저 절단 가공 라인이 도입되어 있다[5),6)]. 레이저 절단의 대상이 되는 부재는 4.5~16 ㎜ 두께의 웨브(web), 다이어프램(diaphragm), 겻대(gusset plate), 횡 리브(rib), 수직, 수평 보강재(stiffener), 이중 겹판(double plate) 등이다(그림 6.4참조).

레이저 절단 라인의 도입으로 생산성과 품질, 작업 환경의 측면에서 아래와 같은 효과를 얻을 수 있다.

① 부재정밀도 향상

- 열변형이 거의 발생하지 않기 때문에 절단 정밀도가 우수하다.
- 절단면의 직각성이 우수하며 절단면의 윗 가장자리가 매끈하기 때문에 조립 및 용접작업이 용이하다.
- NC프로그램을 사용하여 복잡한 형상을 손쉽게 절단할 수 있다.

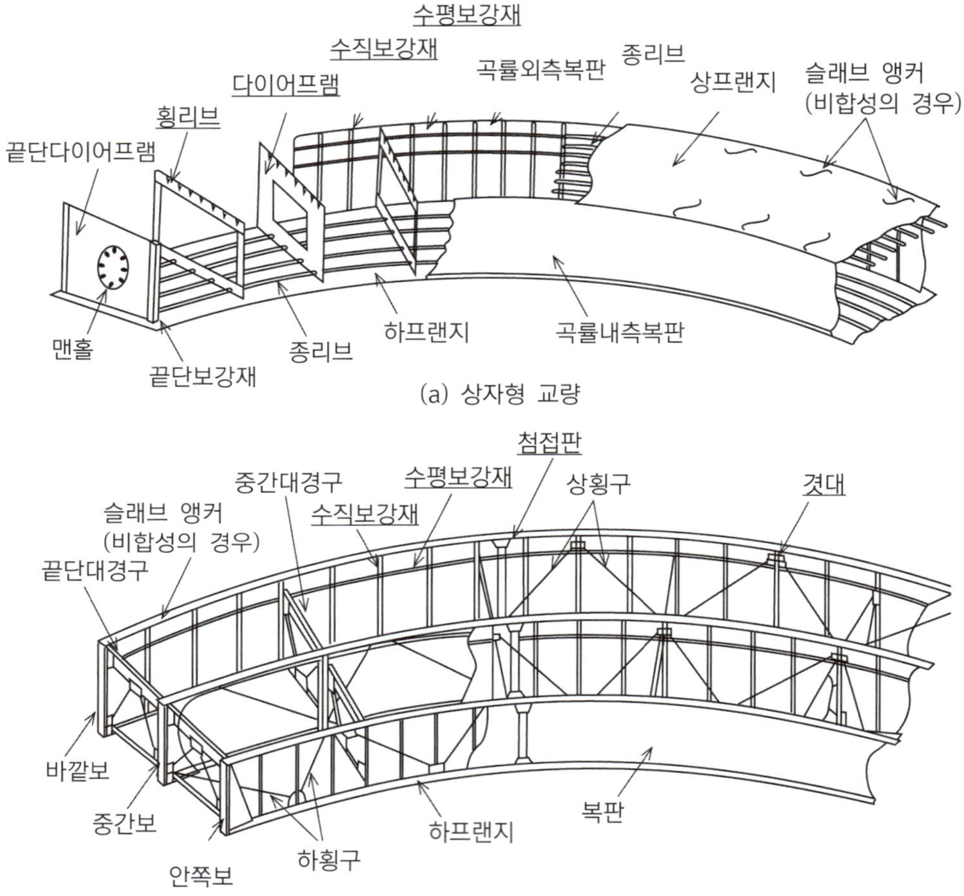

(a) 상자형 교량

(b) I형 교량

그림 6.4 다리 보의 구성도[5)]
(밑줄로 표시된 부재의 절단에 CO_2 레이저가 이용되고 있다.)

② 작업의 효율화

- 가스 절단에 비하여 절단속도가 빨라 절단 시간이 단축된다.
- 드로스(dross)와 스케일의 부착이 상당히 적기 때문에 절단 후 손질작업을 줄일 수 있다.

- 열변형이 작기 때문에 절단후의 변형부 수정작업이 불필요하다.
- 탈기능화 및 무인화가 가능하다.

③ 작업환경의 향상

- 흄(fume)과 분진의 발생이 적다.
- 소음이 작다.

6.3.2 레이저 용접

레이저 용접은 낮은 입열량, 낮은 변형량, 고능률화, 후처리 불필요 등의 이점이 있어 거의 모든 산업에 적용되고 있다. 건축 분야에서의 적용사례는 아직 적지만 알루미늄 새시의 생산라인에 5.5 kW의 CO_2 레이저 용접기가 도입되어 생산비 절감을 도모한 사례가 보고되었다[7]. 대상재료는 Al 6,000 계열의 알루미늄 합금으로 그림 6.5에 나타낸 것처럼 위보기 자세로 겹치기 용접을 적용하였다.

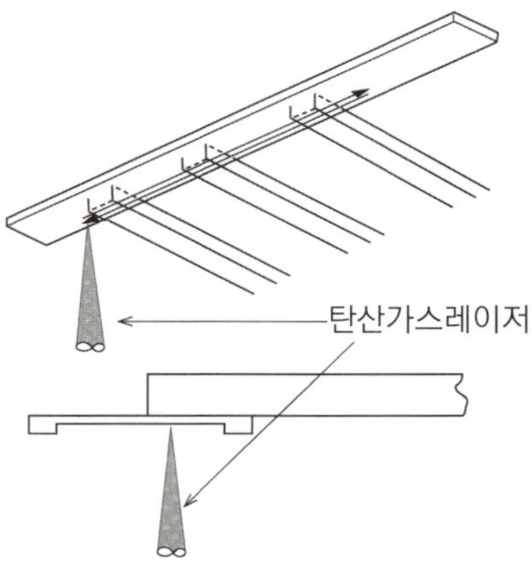

그림 6.5 알루미늄 새시의 위보기 레이저 용접의 모식도[7]

최근에는 파이버 레이저가 고출력화 됨에 따라 재료 두께 100㎜ 정도의 후판 용접 적용이 기대되고 있다. 조선 등의 중후장대 산업의 용접 라인의 자동화, 고속화를 목적으로 수십 kW급의 레이저의 도입이 검토되기 시작했으며 유럽과 미국 등에서는 레이저 용접 절차의 규격화도 진행되고 있다[8),9)]. 이러한 흐름이 건설용 구조물의 용접에도 영향을 미쳐 장래에는 기둥, 보, 교각도리(횡목) 등의 용접라인에도 레이저 용접기가 적용될 것으로 예상된다.

6.3.3 레이저 표면 개질

건설업에 사용되는 내외장재의 양은 점점 늘어나고 있다. 예를 들어 세라믹 타일의 일본 국내 소비량은 약 7,000만 ㎡이며 석재, 시멘트 소재, 목재 등을 합치면 수억 ㎡의 내외장재가 소비되고 있는 것으로 추측된다. 이와 같이 내외장재의 가식(加飾) 및 내구성 향상 등을 목적으로 한 레이저 표면 처리 기술을 아래에 소개한다.

(1) 표면용융에 의한 가식(加飾)처리

레이저의 특징인 순간 가열성, 에너지 제어성을 이용하면 시멘트 모르타르, 천연석재, 타일 등 건축용 무기재료의 표면을 용융, 유리화(glassivation)시키거나 착색하여 외부 미관을 향상시킬 수 있다[10)~25)]. 이와 같은 무기재료는 대개 실리카(silica), 알루미나(alumina), 산화칼슘 등의 산화물을 많이 함유하고 있기 때문에 금속재료에 비하여 레이저광의 흡수력이 높아 400~500 W/㎠ 정도의 비교적 낮은 에너지 밀도에서 표면용융이 일어난다[19)]. 또한 레이저 표면처리는 산소, 아르곤 등의 가공용 가스의 공급이 필요하지 않으며 렌즈나 미러 보호용 압축공기의 공급만으로도 가공을 할 수 있다. 아래에는 무기건축 재료의 표면의 용융처리 사례를 소개한다.

① 천연석재의 표면용융처리

각종 천연석재의 레이저 표면 용융처리에의 적용 사례를 표 6.3에 나타낸다. 밀도와 강도가 비교적 크고 또한 가열시 열팽창, 수축이나 구성 광물의 변질, 분해에 따라 고온강도가 현저히 저하되는 화강암류, 변성암류 등은 레이저 조사 시 표면 폭렬이나 크랙이 발생하기 쉽기 때문에 표면용융처리에 적절하지 않다. 한편, 비중과 강도가 낮은 응회암류에 속하는 대곡석(大谷石), 전하석(田下石)이나 석영조면암(石英粗面岩)류에 속하는 갱화석(坑火石)의 경우에는 안정된 표면 유리층을 생성시킬 수 있다.

석재의 유리화 사례로서 레이저 처리 전후의 대곡석의 외관을 그림 6.6에 나타낸다. 레이저 조사에 의해 표면용융이 일어나고 광택이 있는 백색 유리층이 형성됨과 동시에 철분이 많은 “미소”라 불리우는 부분이 검게 발색하여 어영석(御影石) 블록이 된다. 대곡석은 연석의 분류에 들어가며 연마해도 광택은 생기지 않고 용도가 벽돌 등에 한정되어 있는 저급한 석재이지만 레이저 표면처리를 통해 표면은 고급스럽게 마무리 된다.

표 6.3 천연석재의 레이저 용융처리에의 적용성

종류	석재명	부피 비중	레이저 용융 처리후의 표면 상태
석영조면암	갱화석	1.6	안정된 용융 가능, 백색 유리층 형성
응회암	대곡석	1.5	안정된 용융 가능, 백색 유리층 형성
	약초석	1.7	안정된 용융 가능, 흑색 유리층 형성
	십화전석	1.6	안정된 용융 가능, 흑색 유리층 형성
화강암	어영석	2.65	용융불안정, 폭렬 및 균열 발생
변성암	대리석	2.7	안정된 용융 불가능, 분해, 균열발생, 기재의 파손

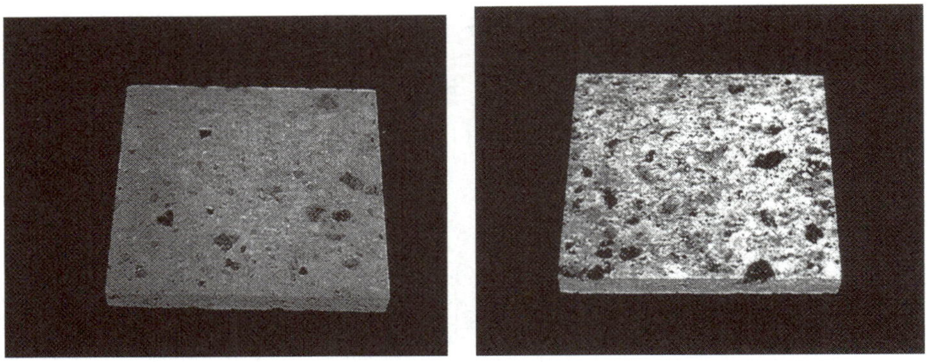

(a) 처리전 (b) 표면용융처리후

그림 6.6 레이저 표면처리 전후의 대곡석의 외관
(레이저 표면처리로 광택이 있는 백색 유리층이 형성됨과 동시에 철분이 많은 "미소"라고 불리우는 부분이 검게 발색하여 어영석 블럭이 된다.)

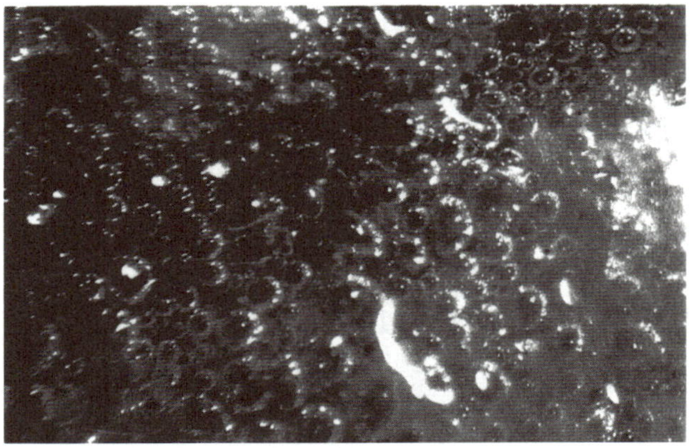

그림 6.7 레이저 표면처리후의 대곡석 표면의 구조
(유리화된 표면층은 거품 유리 모양으로 되어 있다.)

그림 6.7의 현미경 사진에 나타난 것처럼 유리화된 표면층은 일종의 발포 유리(form glass) 모양으로 되어 있다. 이것은 레이저 가열시 재료 내부에 공기가 팽창하여 빠져나가지 못하고 용융 유리층에 갇히기 때문이다. 레이저의 조사 조건에 따라 유리층내 기포의 크기와 분포가 변하기 때문에 조사 조건을 조정함으로써 유리층의 마무리 상태를 변화시킬 수 있게 된다.

또한 석재의 흡수성을 이용하여 금속이온을 함유한 액체를 표면에 함침 시킨 후 레이저를 조사하면 색을 띄게 되도록 하는 기술이 제안되어 있다[13]. 이 기술을 이용하여 천연석재의 표면 전체나 일부를 착색하여 의장성을 향상시킬 수 있다.

② 시멘트계 재료의 용융처리 사례

시멘트계 재료는 대개 열에 약하고 약 200℃ 이상으로 가열하면 탈수, 분해되어 강도가 저하한다. 그러나 레이저의 급가열, 급냉 특성을 이용하여 강도의 손상 없이 시멘트계 재질의 표면을 유리화시켜 의장성을 부여할 수 있다. 그 하나의 예로써 천연 제올라이트(zeolite)를 골재로한 시멘트 모르타르의 레이저 표면처리에 대하여 아래에 기술한다.

천연 제올라이트는 우수한 흡방습성을 가지고 있기 때문에 제올라이트와 시멘트를 섞은 제올라이트 모르타르 경화체는 자기 흡방습성을 갖는 의장재로서 주목을 받고 있다. 레이저를 사용하여 제올라이트 표면을 유리화시켜 의장성을 대폭 증가시킬 수 있으며 금속간화합물을 첨가하여 유리화층을 탈색시키는 작업도 가능하다[14)~23)]. 표면에 유리층이 존재하여도 모재의 흡방습성을 유지할 수가 있는데 그 이유는 유리층에는 표면에서 안쪽까지 무수히 많은 미세한 기공이 존재하여 습기의 통로가 형성되어 있기 때문이다(그림 6.8 참조). 그 결과 레이저 처리를 한 제올라이트 모르타르는 목재(편백)와 거의 동등하게 우수한 흡방습성을 갖게 된다(그림 6.9 참조). 레이저 처리한 제올라이트 모르타르 패널의 시공 사례를 그림 6.10에 나타낸다.

(a) 패널 외관

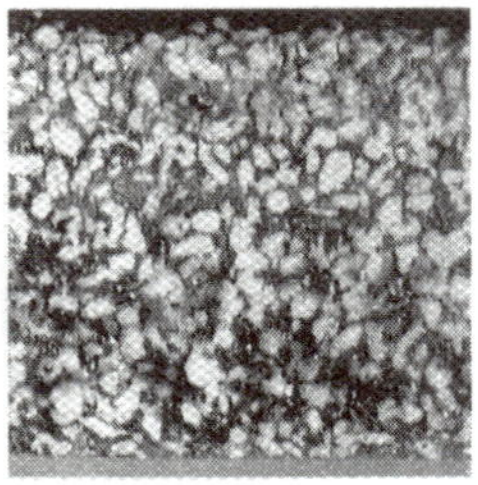

(b) 단면 매크로 사진

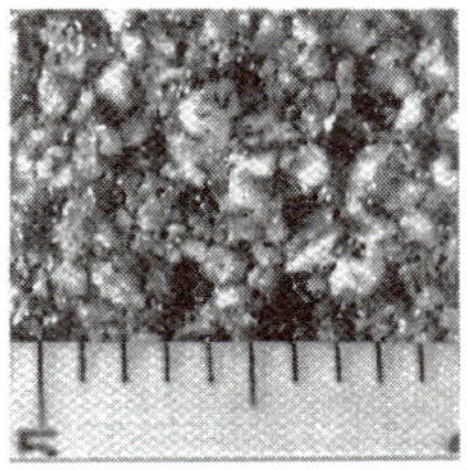

(c) 표면 확대 사진

그림 6.8 레이저 조사로 유리화된 제올라이트 모르타르

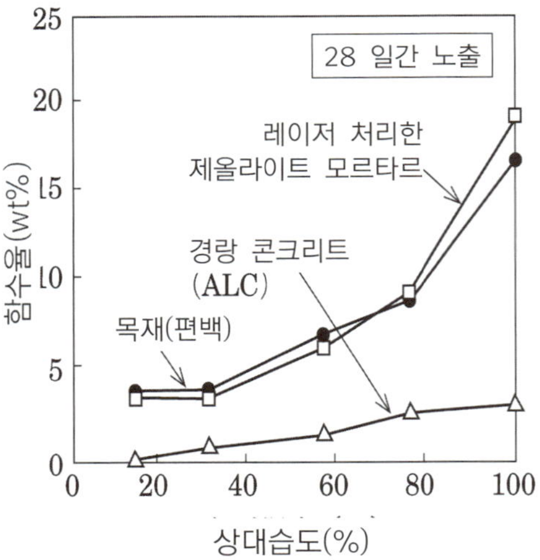

(a) 흡습 특성

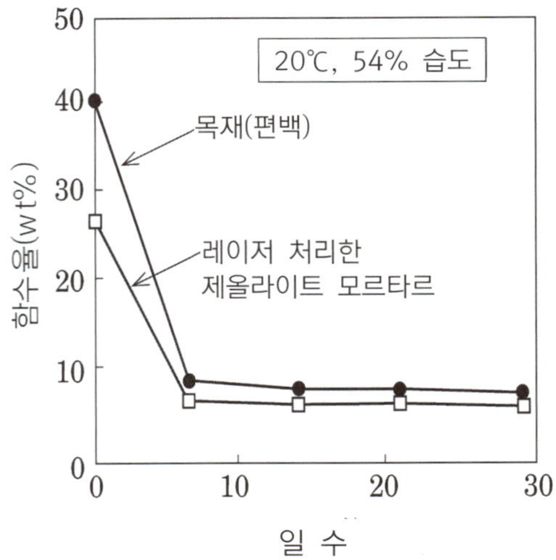

(b) 방습 특성

그림 6.9 레이저 처리한 제올라이트 모르타르의 흡, 방습 특성

그림 6.10 레이저 처리 제올라이트 모르타르 패널의 시공 사례

③ 세라믹 타일의 가식(加飾)

다수의 세라믹 타일을 배열한 타일 패널의 표면을 레이저를 사용하여 국부적으로 용융시켜 임의의 모양을 그리는 기술이 제안되어 있다[24),25)]. 대개 다수의 타일에 연속되는 큰 모양을 가지는 면을 얻기 위해서는 우선 모양이 새겨진 타일을 각각 제작한 뒤 제작된 타일을 원하는 모양을 얻을 수 있도록 배열해야 한다. 그러나 이 방법은 많은 종류의 모양이 새겨진 타일을 필요로 하기 때문에 그 제작과 관리에 손이 많이 간다. 또한 타일 배열이 조금만 어긋나도 얻어지는 모양의 연속성이 없어져 일체감이 손상되는 문제가 발생한다. 다수의 타일을 미리 배열하여 고정한 후 그 표면을 레이저로 국부적으로 용융시킴으로써 우수한 연속성과 일체감을 갖는 큰 모양을 손쉽게 효율적으로 형성시킬 수가 있다. 그림 6.11에 그 하나의 사례를 나타낸다.

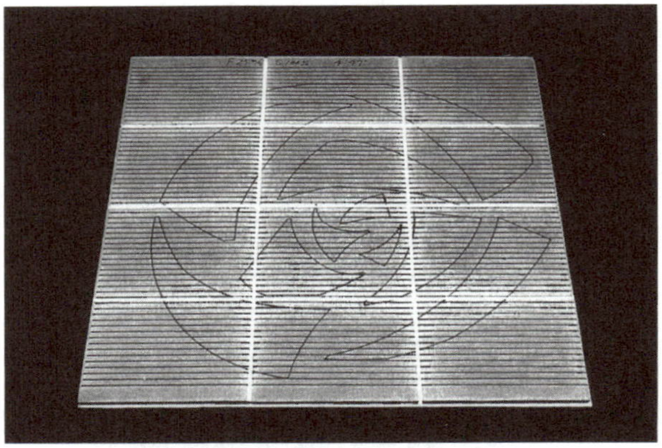

그림 6.11 레이저에 의한 세라믹 타일 표면의 모양 형성 사례

(2) 표면폭렬처리(surface explosive spalling treatment)

화강암은 건축재료 중에서도 특히 내구성과 의장성이 뛰어나며 어영석과 같은 고급석재의 사용량은 해가 갈수록 증가하는 경향이다. 어영석 표면의 마무리 방법은 연마법과 끌로 마무리하는 방법, 버너로 마무리하는 방법 등이 있다. 버너 마무리는 물을 뿌려가면서 가스버너로 석재의 표면을 가열함으로써 표면 폭렬을 일으켜 거친면을 만드는 방법이다. 폭렬은 어영석에 포함되어 있는 저온형의 α 석영이 575℃에서 고온형의 β 석영으로 변형할 때 이상 팽창에 동반되는 열응력에 의해 발생한다. 버너 마무리는 광택은 적지만 표면의 요철로 어영석의 질감을 표현할 수 있으며 양산성, 경제성도 뛰어나다.

이전의 버너 마무리 방법은 ① 열을 받는 시간이 길기 때문에 석재가 열에 의한 열화가 일어나기 쉽고, ② 석재의 모서리 부분은 열처리 중에 손상을 입기 쉬우며, ③ 열처리시 발생하는 소음이 상당이 크고, ④ 열처리 시 물을 뿌려 주어야 하는 등의 결점이 있다. 어영석의 조면화 가공에 있어서 가열원을 종래의 가스버너에서 레이저로 바꿈으로서 석재의 중앙부와 가장자리 부분에 대한 투입열량을 쉽게 제어할 수 있기

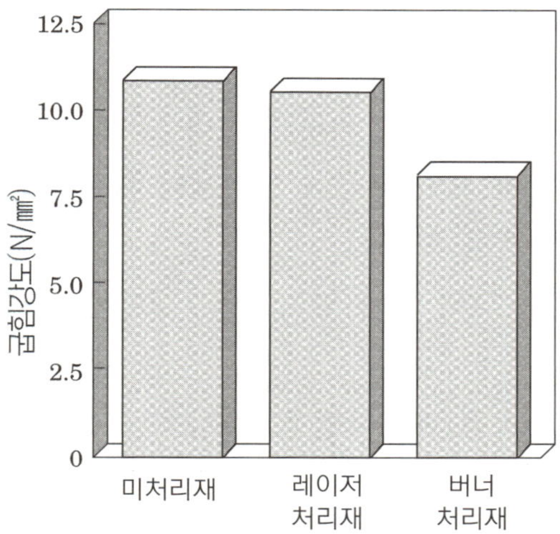

그림 6.12 어영석블럭(두께 25 ㎜)의 굽힘 강도의 비교

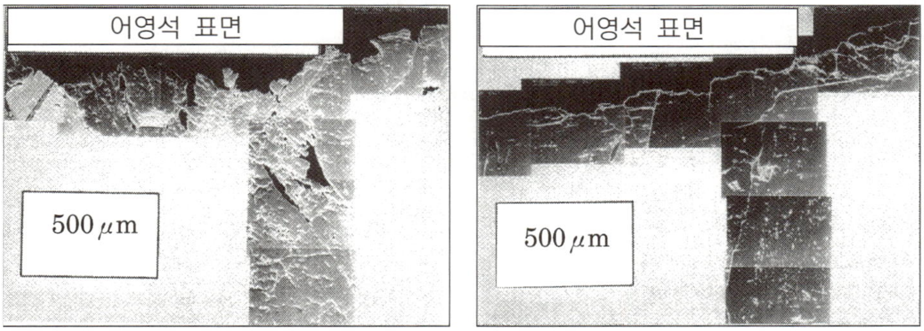

(a) 버너처리 (b) 레이저 처리

그림 6.13 조면화 처리 후 어영석 내부의 균열 발생 상황

때문에 열화를 방지할 수 있다[26)~29)]. 미처리, 레이저 처리 및 버너 처리의 어영석 블록(전부 25 ㎜ 두께)의 굽힘 강도 비교를 그림 6.12에 나타낸다. 미처리재와 비교할 때 버너 처리재의 굽힘 강도는 약 25% 저하하지만 레이저 열처리에 따른 강도 저하는 아주 작다. 이것은 그림 6.13에 나타낸 것처럼 레이저 처리는 버너 처리에 비하여 석재 내부의

균열 발생이 적기 때문이다. 레이저 처리의 경우에는 입열의 제어가 정확하며 또한 가열, 냉각속도가 아주 빠르기 때문에 열화에 의한 석재 내부의 균열 발생이 억제된다. 버너 처리의 경우에는 적절한 열 제어가 곤란하고 과열에 의해 표면 부근에서 석재의 내부까지 크랙이 다수 발생하기 쉬워 강도저하를 초래한다.

어영석의 조면화를 위해 버너 방식 대신 레이저를 사용함으로써 다음과 같은 효과를 얻을 수 있다.

① 레이저 처리 조건(에너지밀도, 주사속도 등)의 제어가 쉽기 때문에 석재의 중앙부, 코너부 등의 폭렬에 필요한 열량이 정확히 제어되어 석재의 열화를 억제 할 수 있으며 강도의 저하는 작아진다.

② 레이저 처리 조건을 변화시킴으로써 석재의 표면 조도를 손쉽게 조정할 수 있다. 또 필요에 따라서는 국부적인 처리를 하여 모양을 만들 수도 있다.

③ 레이저 처리는 자기냉각기능을 갖추고 있어 가열시 석재를 냉각시키기 위해 물을 뿌려주는 작업이 불필요하다.

④ 레이저 처리는 버너 처리에 비하여 내부 균열 발생이 억제되기 때문에 시공 후 장시간 사용 중 균열이 확대되는 등 석재의 열화가 진행될 위험성이 작고 박육화, 내구성 향상 등이 기대된다.

(3) 표면탄화처리

목재의 표면처리의 하나로서 탄화처리가 있으며 탄화처리된 것은 대개 「구운 판」이라 불린다. 표면을 탄화시킴으로써 목재의 부드러운 나이테 부분과 단단한 나이테 부분의 차이가 선명해져 의장성이 향상된다. 또한 내염해성, 방충방식성 등의 기능도 부여된다. 목재의 탄화처리에는 현재 LPG가스버너 가열방식이 사용되고 있다. 그러나 버너로 탄화 처리하는 대상이 되는 목재는 나뭇결이 선명한 침엽수인 삼나무

표 6.4 탄화처리 후의 목재의 의장성 평가

종류	수종	탄화 처리후의 의장성 평가	
		버너 처리	레이저 처리
침엽수	삼나무	○	○
	편백나무	△	○
활엽수	벚꽃나무	×	○
	참빗살나무	×	△
	느티나무	×	○
	너도밤나무	×	△
	티크(teak)	×	△
	졸참나무	×	△

에 거의 한정되어 있다. 그 이외의 수종에서는 가스버너로 나이테의 차를 선명하게 표현 할 수 있는 열제어가 곤란하다. 한편, 레이저를 탄화 처리의 열원으로 이용하면 나무의 종류에 따라 입열량을 제어하는 것이 쉽기 때문에 표 6.4에 나타낸 것처럼 탄화처리를 할 수 있는 수종을 삼나무에서부터 편백나무, 벚꽃나무, 느티나무 등으로 까지 넓힐 수가 있다[30),31),32)].

레이저 조사 조건은 목재의 종류, 판재의 두께, 함수율, 탄화층의 목표 두께 등에 따라 달라지는데 탄산가스 레이저를 사용하는 경우 대표적인 조건으로서 삼나무의 탄화처리 조건은 다음과 같다.

출　　력 : 380 W
이 동 속 도 : 15,000 mm/min
빔 직 경 : 25 mm

목재는 레이저 처리 후 표면이 탄화되어 나이테의 차가 강조되고 아름다운 마무리가 된다. 버너 처리 방법의 경우, 처리 후의 표면 탄화층이 두껍기 때문에 금속재 브러시로 탄화층의 표면부를 제거한 후 헝겊으로 마무리하여야 공정이 완료된다. 그러나 레이저 처리방법의 경우에는 투입 에너지를 적절히 조절함으로써 이와 같은 공정을 생략하고 처리 후의 목재를 그대로 완성품으로 사용할 수 있다. 또한 레이저를 사용하면 탄화처리 시에 발생하는 가스(CO, CO_2) 및 분진량이 대폭적으로 감소하고 작업환경이 개선된다.

레이저 처리 방법에서는 목재의 표면이 탄화되더라도 식물의 헛물관 조직에 손상은 거의 없고 선명하게 남아 있는 것이 특징이다. 또한 적정한 조사 조건을 선정하면 극박판 목재도 탄화처리가 충분히 가능하다. 그 예로서 0.2 ㎜ 두께의 목재(얇은 천연 목판)의 탄화처리 사례를 그림 6.14에 나타낸다.

열대우림은 연간 약 1,200만 ha가 채벌되어 지구 환경을 파괴하는 큰 국제적인 문제가 되고 있다. 목재를 유효 적절하게 이용하는 방법의 하나로 나뭇결이 아름다운 목재를 0.1 ~ 0.5 ㎜로 얇게 잘라 벽재나 가구로 가공하는 기술이 있다. 이 얇은 천연 목판의 의장성을 높이고 색깔 변화를 제어하는 표면탄화처리 기술은 레이저가 가지고 있는 유연한 에너지 제어성을 크게 활용한 것이다.

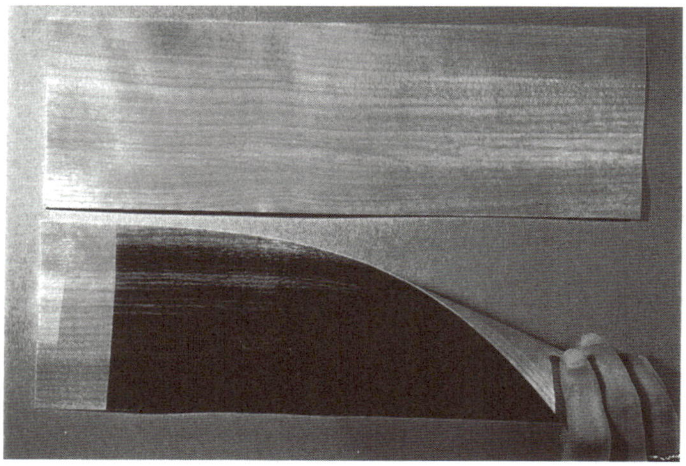

그림 6.14 레이저 탄화처리된 아주 얇은 목재

6.4 건설 현장에서의 레이저 응용

앞 절에서는 공장의 생산라인에 있어서 건설용 2차 제품의 레이저 가공사례를 소개하였다. 이와 같은 가공은 건설 회사가 아니라 건설용 자재를 공급하는 건축 자재 생산 업체에서 실시하는 것이다. 한편 건설회사로서는 레이저를 실제 건설현장 또는 기존의 건조물에 설치하여 재료 가공을 할 수 있도록 하는 것이 가장 매력적이다. 본 절에서는 레이저를 사용한 현장 가공의 기술동향을 소개한다.

6.4.1 오염된 건조물의 클리닝

레이저를 고체 표면에 조사하여 그 표면의 부착물을 분리시키는 레이저 클리닝기술은 전자산업분야를 시작으로 여러 가지 산업분야에서 이용되어 왔다. 이전의 세정 기술(워터 제트, 화학 약품, 블라스팅 등에 의한 세정)과 비교하여 레이저 클리닝의 장점으로서는 다음과 같은 것들을 들 수 있다[33)~35)].

a) 비접촉 방식에 용제를 필요로 하지 않는 드라이 공법이다.
b) 약품, 블라스터(blaster)재, 물 등을 사용하지 않기 때문에 2차 오염물이 발생하지 않는다.
c) 대상물의 표면에 주어지는 손상이 적다.
d) 적용 범위가 넓고 금속, 돌, 콘크리트, 수지, 나무 등의 거의 모든 재료에 적용 할 수 있다.
e) 자동화가 가능하다.

건축 분야에 있어서는 약 40여 년 전에 대리석 조각이나 다른 석재에 부착되어 있는 먼지나 집적물이 레이저 조사에 의해 박리 제거되는 것이 실증되어 레이저의 파라미터(에너지 밀도, 이동 속도, 펄스폭, 진동수 등)을 적절히 선정하는 것에 의해 아주 무른 석재인 경우에도 모재의 손상 없이 오염물이 쉽게 제거되는 것이 확인되었다. 그 후 유럽을 중심으로 건조물의 클리닝(녹, 산화물, 탄화물, 도막, 눌어붙은 먼지의 제거)에의 레이저의 응용에 기대가 높아져 특히 역사적으로 중요한 건조물의 보전을 목적으로 한 기술개발이 진행되었다.

조각, 빌딩의 레이저 제염

레이저를 고체 표면에 조사하여 그 표면의 부착물을 분리하는 레이저 클리닝 기술은 여러 산업 분야에 이용되어 왔다. 건축 분야에서는 레이저 조사 조건을 적절히 선정하게 되면 콘크리트, 세라믹이나 아주 무른 석재의 경우에도 모재를 상처주지 않고 오염물을 쉽게 제거할 수 있다는 것이 실증되고 있다. 20여 년 전 유럽을 중심으로 특히 역사적으로 중요한 건조물이나 조각을 보전하기 위한 목적으로 하는 클리닝(녹, 산화물, 탄화물, 도막, 눌어붙은 먼지의 제거)작업에 레이저 응용이 보급되기 시작했다.

건축 현장에서 사용 할 수 있는 제염용 레이저 설비의 실례로서 영국의 Lynton Lasers사의 Q스위치 Nd:YAG 레이저 시스템을 그림 1에 나타낸다. 레이저의 능력은 펄스 에너지가 0~300 mJ, 펄스폭이 6 ns, 펄스반복수가 1~20 Hz이고 발진기의 크기는 80(H) × 62(W) × 67(D), 무게는 125 kg의 소형장치이다. 그림 2에는 이 레이저 클리닝 시스템에 의해 제염된 17세기 테라코타(Terracotta)상 「Statue of Neptune」을 나타낸다. 이 경우에는 0.3~0.5 J/㎠의 에너지 밀도를 가진 레이저를 조사하여 본체 표면에 손상을 전혀 입히지 않고 표면에 축척되어 있던 오염 물질을 제거하는데 성공하였다고 보고하였다.

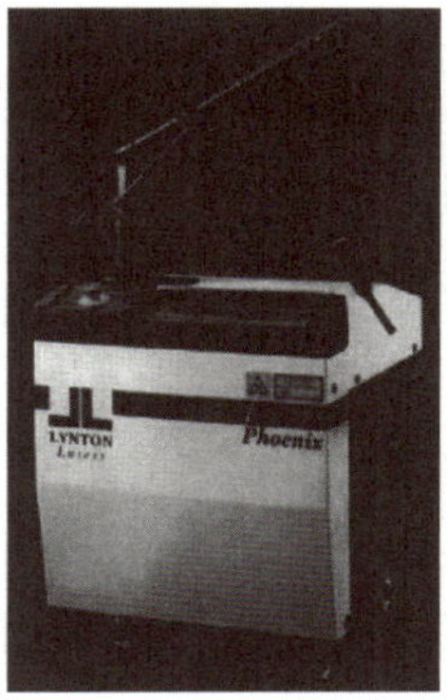

그림 1 레이저 제염장치 사례

그림 2 레이저 제염을 실시한 17세기 테라코타(Terracotta)상 「Statue of Neptune」 (우측은 제염 후, 좌측은 제염 전의 상황)

1989년 레이저에 의한 건조물의 제염이 실무적인 면에서 어떤 문제점이 있는가를 평가하기 위해서 소형의 레이저 장치에 의한 현장 실험이 이탈리아와 중국의 역사적인 건조물을 대상으로 실시되었다[35]. 이탈리아의 크레모나 대성당(Cremona Cathedral) 의 외장(12세기의 문)중 가장 중요한 Wilgelmo 상이 레이저 조사에 의해 제염처리 되었다. 당시에는 상 하나의 오염물을 완전히 제거하기 위해서 약 1개월의 작업(약 백만 레이저 펄스)이 필요로 하였지만 현재 시판되고 있는 레이저를 이용하면 같은 작업을 하루 만에 끝낼 수 있다.

중국의 서안에 있는 Xian Warrior상의 레이저 제염 현장 실험에서는 플라즈마 분광에 의해 레이저 제염 작업의 자동 제어가 가능하다는 것이 실증되었다.

이들 실험을 통해서 레이저에 의한 건조물의 제염 기술은 유럽에서는 이미 실용화되어 프랑스의 아미앵 대성당(Amiens Cathedral)의 제염 등 다수의 시공 사례가 있다. 일본에서는 일반 건조물의 제염에 레이저 시스템을 도입하여 건조물의 클리닝 분야로의 진출을 목표로 하는 움직임이 20여 년 전부터 나타나고 있다[33]. 또한 원자력 분야에서도 방사선 물질의 레이저 제염을 목표로 한 연구개발이 진행되고 있다(다음 절 참조).

6.4.2 원자력 시설의 해체, 제염

원자력 분야에서는 레이저의 특징인 단색성, 고에너지 밀도, 전송성 및 원격 조작성 등을 활용하여 여러 가지 신기술(원자로 연료봉의 절단 및 소구경 냉각관의 수리, 배관이나 다른 금속부분의 제염, 동위체 분리, 핵융합 등)이 제안되어 그 일부는 이미 실용화 되어 있다. 이러한 기술에 대해서는 4장 및 8장에서도 기술하지만 여기서는 콘크리트 절단 및 콘크리트 제염에 대한 레이저 응용에 관한 연구개발 동향을 소개한다.

(1) 생체 차폐벽(Biological shield wall) 콘크리트의 절단

원자로의 생체 차폐벽은 고밀도의 철근콘크리트 구조물로 되어 있어 그 해체에 이용되는 기존의 공법은 다음과 같다.

- 다이아몬드 블레이드 톱 절단
- 다이아몬드 와이어 톱 절단
- Core boring
- 워터젯 절단
- 화염젯 절단
- 제어 폭파

이들 공법의 대체 공법으로서 고출력 레이저에 의한 생체 차폐벽 콘크리트의 절단 공법이 제안되어 있다[36),37),38)]. 레이저 절단을 적용함으로써 다음과 같은 장점이 기대된다.

a) 절단 홈의 폭이 다른 공법에 비해 좁기 때문에 절단 중에 발생하는 2차 생성물(흄, 분진 등)의 양이 적다.

b) 원격조작 무인화가 쉽다.

c) 저소음 및 저진동 공법이다.

d) 비접촉식 절단이기 때문에 마모의 문제가 없고 부품 교환이 적다.

차폐 콘크리트에 대한 레이저 절단법의 적용은 1980년대부터 검토되어 왔다. 당초에는 절단홈 내에 생성되는 점성이 높은 유리질의 용융 슬래그(slag)를 제거하는 것이 곤란했었기 때문에 절단 깊이는 10 kW의 출력에서 13～18 ㎝ 정도가 한도였지만 20여 년 전 여러 가지가 개선되어 9 kW의 출력으로 30 ㎝ 까지 절단한 사례도 있다[39)]. 약 20 ㎝ 까지는 절단 깊이가 레이저의 입열량과 거의 비례해서 증가한다. 그러나 두께가 20 ㎝를 넘으면 용융 슬래그가 절단홈으로부터 배출이 잘 안 되기 때문에 입열량의 증가에 비하여 절단 깊이의 증가는 작아진다.

원자로의 해체에는 70～200 ㎝ 두께의 콘크리트를 절단 할 필요가 있다. 이 수준의 절단 두께를 달성하기 위해서는 더욱더 연구개발이 필요하다. 현재는 절단홈의 용융 슬래그의 배출에 수백 ℓ/min에 달하는 보조가스를 사용하고 있지만 보조가스만으로는 용융 슬랙을 배출시키는 데는 한계가 있어 다른 방법도 아울러 검토할 필요가 있다.

또한 70～200 ㎝ 두께의 차폐 콘크리트의 절단에 필요한 레이저 출력은 20 kW이상으로 예상되며 20여 년 전에는 레이저로서는 탄산가스 레이저만 적용이 가능하였다. 실제 차폐 콘크리트 절단의 경우 탄산가스 레이저 발진기를 원자로 바깥쪽에 설치하여 발진기로부터 레이저 광을 콘크리트 표면까지(복잡한 경로가 예상됨) 장거리 전송해야 하지

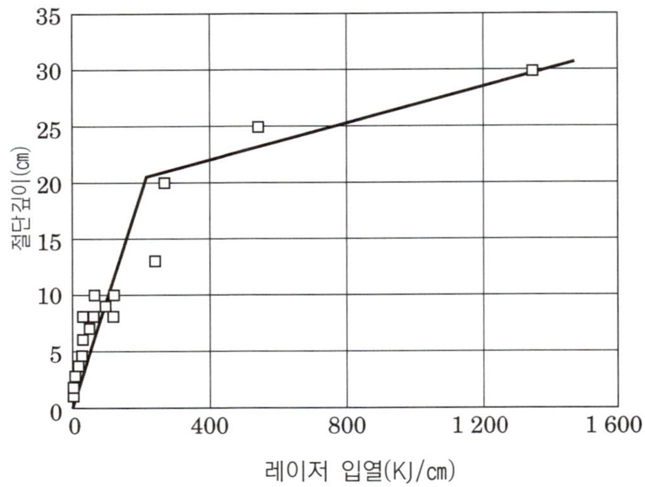

그림 6.15 레이저의 입열과 콘크리트 절단 깊이와의 관계

만 탄산가스 레이저는 안타깝게도 파이버 전송이 불가능하다는 단점이 있고 미러전송을 해야 한다. 이러한 출력 수준의 레이저 광을 어떠한 방법으로 효율적으로 전송하고 어떠한 방법으로 절단 조작을 해야 하는가 하는 것이 아주 중요한 문제이다. 최근에는 파이버 전송이 가능한 새로운 고출력 레이저가 개발되어 이러한 문제들이 해결되고 있어서 원자로 해체뿐만 아니라 일반 구조물의 절단, 해체에도 레이저를 적용 할 수 있다.

(2) 콘크리트의 제염

방사선 물질에 의해 오염된 금속부분의 표면 제염에 레이저를 적용하기 위한 연구는 많이 실시되고 있지만 본 절에서는 콘크리트의 오염을 대상으로 한 제염기술의 연구 개발에 대해서 기술한다.

콘크리트의 경우 금속과 달리 오염이 표면뿐만 아니라 콘크리트 내부에까지 침투되어 있는 경우가 많은데 그것은 콘크리트에는 마이크로 크랙이나 미세한 기공이 다수 존재하기 때문이다. 따라서 제염에는 표면으로부터 수 ㎜~수십 ㎜ 의 깊이까지 콘크리트를 제거해야 할 경우가 있다. 콘크리트의 레이저 제염방법으로서 다음과 같은 방법들이 제안되어 있다[40)~43)].

① 고에너지 밀도의 레이저를 조사하여 표면층을 증발시켜 제염하는 방법

이것은 약 2,500~5,000 W/㎠의 에너지 밀도를 가진 레이저로 30 ㎜/s 정도의 이동속도로 조사하여 콘크리트의 표면층을 증발시키며 이러한 작업을 반복함으로써 필요한 깊이까지 콘크리트를 제거하는 방법이다(그림 6.16 참조).

이 방법에 있어서 1시간당 제거 속도는 약 200 ㎤/kW라고 알려져 있다[41),42)].

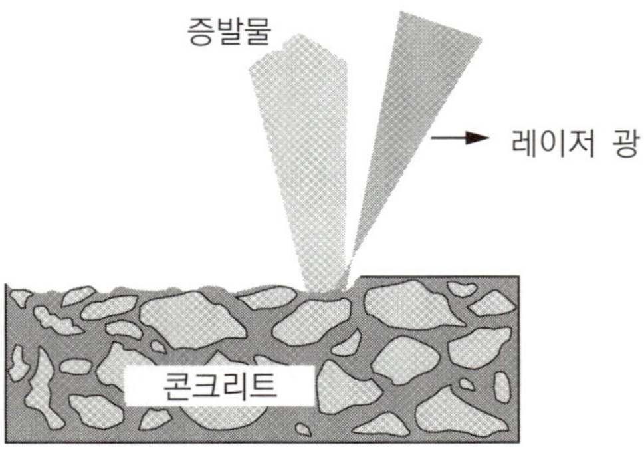

그림 6.16 표면 증발을 이용한 콘크리트 제염 방법

② 저에너지 밀도의 레이저를 조사하여 콘크리트 표면부를 취하시키는 방법을 이용한 제염 방법

이것은 약 200~800 W/㎠의 에너지 밀도의 레이저를 30~150 ㎜/min 정도의 이동속도로 조사하여 콘크리트의 표면 부근을 1,000 ℃ 전후의 온도까지 상승시켜 무른 열화층을 형성시킨 후 이 열화층을 기계적으로 박리시키는 방법이다. 레이저 조사

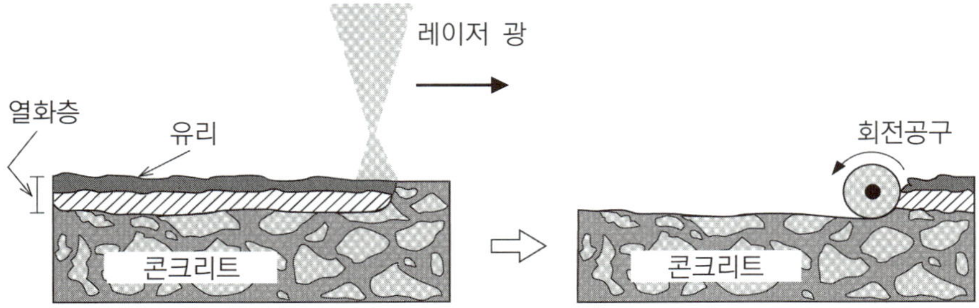

(a) 레이저 조사에 의한 열화층 형성 (b) 회전 공구 등에 의한 열화층의 박리

그림 6.17 열열화를 이용한 콘크리트의 제염 방법

조건에 따라 콘크리트 표면이 유리화될 때도 있다(그림 6.17참조). 일반적으로 콘크리트를 기계적으로 제거하는 데는 큰 힘이 필요하지만 열화를 일으킴으로써 힘이 1/10～1/100으로 감소하게 되어[41] 열화층이 간단히 박리된다.

열화층 형성 공정과 박리 공정을 반복함으로써 필요한 깊이까지 콘크리트를 제거할 수 있으며 시간당 제거 속도는 약 300～400 ㎠/kW이다[41),42)].

③ 수증기 발생에 동반되는 폭렬(explosive spalling)을 이용한 제거 방법

이것은 콘크리트 중에 포함되어 있는 수분의 증발을 이용하는 것이다. 상기 ①, ②의 방법에 보다 낮은 에너지 밀도 (약 150 W/㎠)의 레이저 조사를 빠른 이동 속도(500㎜/min 전후)로 실시하면 콘크리트에 함유된 수분이 급속하게 증발하여 표면층에 폭렬이 발생한다. 이로 인하여 1～3㎜ 정도까지의 표면층이 제거된다(그림 6.18 참조). 이 방법은 상기 ①, ②의 방법에 비해서 효율적이며 시간당 제거 속도는 약 500～800㎠/kW이다. 그러나 첫 번째 층이 폭렬에 의해 제거 된 후 다시 폭렬을 일으키는 것은 불가능하기 때문에 비교적 얇은 오염을 제거하는데 적합하다.

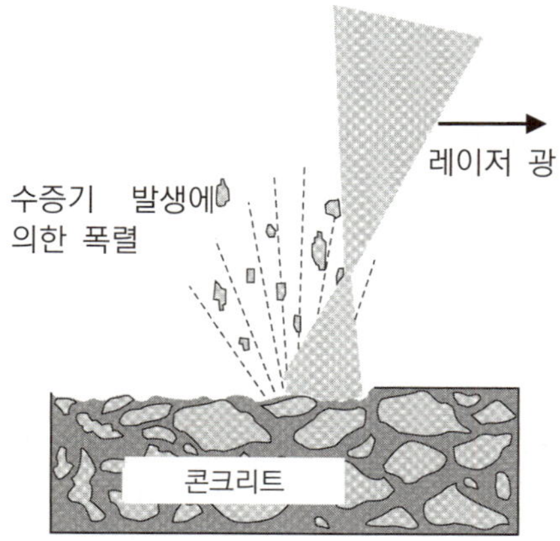

그림 6.18 표면 폭렬에 의한 콘크리트의 제염 방법

콘크리트의 제염에 보통 사용되는 기계적 마멸이나 절삭공법에 비해 레이저 제염은 다음과 같은 장점이 있다.

a) 오염된 콘크리트 분진의 비산이 적고 회수가 용이하다.
b) 기계적 제염이 곤란한 좁은 곳, 모퉁이 부분 등을 처리하기 용이하다.
c) 원격 조작성이 좋다.
a) 2차적인 오염물(마모된 칼날 등)의 발생이 적다.

콘크리트의 레이저 제거 처리법에 필요한 에너지 밀도는 수백 W/㎠ ~ 수 kW/㎠로서 이미 기술적으로 가능하고 시행 방법, 비용을 포함한 실용화 프로젝트로의 움직임이 기대된다.

6.4.3 암반 굴삭

레이저 광을 터널이나 유정의 굴삭에 이용하려고 하는 시도가 미국에서 일어나 1960~1970년대에 많은 연구가 이루어졌다[44]. 이전의 기계 굴삭 방법은 굴삭력에 대해 반력을 확보해야 하지만 무반력 굴삭이 가능하다는 것이 레이저 굴삭의 큰 매력이다. 그 밖의 이점으로서 ① 저소음, 저진동 굴삭을 할 수 있으므로 작업환경이 개선된다. ② 비접촉 가공이기 때문에 칼날의 마모 문제가 없다. ③ 굴삭 단면의 설계가 자유롭다. 등을 열거 할 수가 있다. 1960~1970년대 당시에는 레이저 출력이 작아 실용적인 굴삭 깊이를 레이저로 기공 할 수가 없었다. 따라서 레이저광과 여러 가지 암반의 상호작용을 파악, 수치화하고 그 기초 데이터로부터 장래 어떠한 조건이 만족되면 굴삭 수단으로서 레이저 사용이 가능한가를 검토한 연구가 많았다. 그 결과 레이저 단독으로는 암반의 굴삭은 곤란하지만 다른 기계적 굴삭 방법과 레이저를 조합하여 굴삭 속도를 높일 수 있다는 것이 판명되었다. 예를 들어 Jurewickz 등[45]의 연구에 의하면 장차 250 kW의 레이저가 개발되어 현장에서의 사용 가능하게 되면 직경 3 m의 터널 굴삭기와 레이저를 병용하는 것이 터널 굴삭기를 단독 사용하는 것에 비해 2 배의 굴삭 속도를 달성할 수 있으며 또한 착암기(rock drill)와 50 kW 레이저를 병용하여 단단한 암석에 직경 30 ㎝의 구멍을 뚫는 속도가 3 배에 달했다고 한다.

20여 년 전 일본에서도 레이저의 굴삭에 관한 기초 연구가 이루어졌다[46),47)]. Hukui 등[47)]에 따르면 레이저 조사를 이용한 굴삭 양식에는 용융, 열응력에 의한 파괴 및 수증기에 의한 인장 파괴 등 세 가지가 있다. 이 중 열응력 양식은 파괴 효율이 가장 높으며 용융 양식에 비해 10 배가 된다.

열응력 파괴양식의 실례로서 10 kW의 레이저를 300 ㎜/min의 이동속도로 조사한 어영석 블록의 단면을 그림 6.19에 나타낸다. 레이저 광이 직접 닿은 폭인 약 5 ㎜의 부분은 용융되어 있지만 그 주변의 넓은 범위에 열응력에 의한 균열이 나타나 있어 굴삭이 용이하다는 것을 보여준다.

최근의 레이저 발진 기술이 발전함에 따라 고에너지 변환 효율을 가지는 대출력의 레이저가 가까운 장래에 개발될 수 있다는 기대를 가질

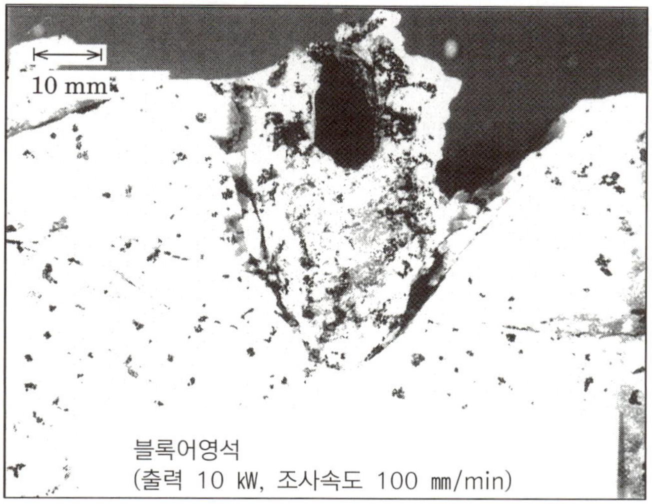

그림 6.19 레이저 조사후 블럭어영석의 단면

수 있게 되었다. 그러나 암반굴삭에 응용하기 위해서 필요한 다른 주변 기술의 진보가 느려 레이저를 탑재한 굴삭기의 실현은 아직 시간이 필요할 것으로 생각된다.

6.5 향후 전망

토목, 건축 분야에서 재료가공에 대한 레이저 응용의 잠재력은 크다고 인식되어 있다. 하지만 건설업으로의 레이저 가공기술의 침투는 느리고 건설업에 사용되고 있는 재료의 범위와 규모에 비해 레이저 가공이 실용화된 사례는 극히 적다. 그 배경에는 건설업에 사용되는 재료는 가격이 싼 것이 많고 레이저 가공에 필요한 비용은 너무 비싸다는 기본적인 문제가 있다. 또한 건설업이라고 하는 것은 지극히 역사가 오래되어 신기술의 진입이 용이하지 않다는 문제도 있다. 게다가 레이저와 건설재료의 상호 작용에 대한 연구가 적기 때문에 불명확한 점이 많고 기초적인 데이터 조차 부족하다. 그러나 최근의 레이저 기술이 발전함에 따라 건설 재료에 대한 레이저 응용은 크게 진보하고 있다.

표 6.5에 재료별로 본 레이저 이용기술의 전망을 나타낸다[48]. 덧붙여 터널 굴삭의 대상이 되는 암반이나 콘크리트 구조물과 같은 중후장대물의 가공을 위해 수십 kW 또는 100~200 kW 의 대출력 레이저를 현장에 설치하여 이용하는 것을 생각한 경우 레이저의 고출력화와 안정성, 레이저 광의 전송, 작업장의 안정성 등 여러 가지 방면에 걸쳐 미해결 문제가 많이 남아있는 것이 현실이다. 한편 원자력 시설의 제염과 같은 특수한 분야에 있어서는 기존의 파이버 전송이 가능한 레이저 시스템을 이용할 수 있기 때문에 수년 내에 레이저가 적용될 가능성이 높다고 생각된다.

장래에 토목, 건축분야가 고출력 레이저의 새로운 응용 분야로서 발전하기 위해서는 소프트웨어적인 측면에서는 레이저와 건설재료의 상호작용에 관한 연구의 보급과 레이저 조사 시에 일어나는 제 현상을 해명해야만 한다. 또한 하드웨어적인 측면에서는 앞에서도 기술한 전송기술의 발전, 저비용의 고출력레이저 설비의 개발, 유지 보수의 합리화. 저비용화, 모니터링, 온라인 제어 등 주변기술의 발달이 필수불가결하다.

표 6.5 재료별 레이저 이용기술의 전망

재료별 가공	대상테마	레이저효과	문제점	해결방법	시장규모	기술의 난이도
천연목재	절단 · 조각	벌채,정밀가공, 절단	목재의 흑색화	탄화로 목재보호	대규모	파이버필요
합판	절단	벌채,정밀가공, 절단	목재의 흑색화	흡수절단	대규모	보통
particle board	절단	벌채,정밀가공, 절단	목재의 흑색화	고속절단	대규모	보통
OSB단열재	복합판	이종재절단	목재의 두께감소	연구필요	중규모	신시장
대리석	절단	박판절단	목재의 백색화	흡수절단	중규모	보통
어영석	절단 · 엠보싱	엠보싱가공소음 제거	경제성	전용기개발	대규모	대
사암	녹제거	가열살균	이동가공성	파이버필요	소규모	용이
타일	가식 · 절단	정밀가공	먼지발생	초점거리 확대	중규모	실용화2 kW
콘크리트	표면용융 · 착색	고내구성착색 · 경관	전용기개발	전용기개발	대규모	이동성
몰타르	용융 · 착색	고내구성착색 · 경관	전용기개발	전용기개발	대규모	이동성
FRP	절단	CAD화 · 가공정밀도	악취발생	배기	중규모	용이
종이 · 맹장지	절단	CAD화 · 가공정밀도	경제성	CAD · 속도	소규모	보통
케블러섬유	절단	칼의 대체 · 내구성	경제성	전용기개발	소규모	보통
강	절단 · 용접	정밀절단 · 용접	실용화	코스트저감	대규모	소형화
알루미늄	절단 · 용접	정밀절단 · 용접	용융	기초연구	중규모	단면용융 · 어려움
스테인리스강	절단 · 용접	정밀절단 · 용접	실용화	CAD · 정밀도	중규모	실용화
고무	절단	정밀절단 · 가공	악취발생	CAD · 정밀도	소규모	보통
막구조물(膜構造物)	절단	CAD화 · 가공정밀도	경제성	CAD · 정밀도	소규모	보통
집성목재(集成木材)	절단	CAD화 · 가공정밀도	경제성	CAD · 정밀도	중규모	보통
ALC (경량기포콘크리트)	절단 · 용접	도량 · 엠보싱 가공	경제성	CAD · 정밀도	대규모	보통
압출성형판	절단	표면디자인 가공	경제성	CAD · 정밀도	중규모	어려움
유리	용융	구멍뚫기 가공	깨짐	응력집중	중규모	어려움
석고보드	절단	CAD화 · 가공정밀도	경제성	CAD · 속도	대규모	보통
규산칼슘板	절단	CAD화 · 가공정밀도	경제성	CAD · 속도	대규모	보통
벽돌 · 기와	용융	CAD화 · 가공정밀도	특징적 디자인	CAD · 속도	소규모	보통

도막	박리	박리 · 밀착용 앵커	전용기 개발	전용기개발	대규모	보통
가죽	절단	흡수냉동절단 · CAD	악취발생	전용기개발	소규모	보통
해체	이종재료 절단	부피분량을 1/3로줄임	경제성	전용기개발	대규모	어려움
측량	정밀도	높이,위치측량	경제성	전용기개발	중규모	보통
가이드, 사인	피난유도	비상시 광유도	연기발생시시야 확보	성능평가 · 인가	중규모	보통
조명연출	공간연출	광파이버 발광	경제성	전용기개발	소규모	보통

참고문헌

[1] 建設白書, 經濟白書, 他

[2] 横山良洋, 衫本賢司 : "大型セラッミク板の切斷加工", レーザー研究, 28-2, pp. 200-208(1996).

[3] M. Pires. A. Ferreira, et al. : "Marble Cutting by Laser", SPIE 952, p. 622(1988).

[4] 衫本賢司, 相原敏弘, 他 : "レーザーによる大理石の吸水切斷に関する研究", レーザー研究, 28-1, pp. 191-199(1996).

[5] 泰 詮, 尾栢 茂, 他 : "橋梁工場におけるCO₂レーザー切斷システム適用", 溶接技術, 42-5, pp. 68-71(1994).

[6] 北口善久, 横谷一人 : "橋梁制作ラインにおけるレーザー切斷システム", 溶接技術, 42-11, pp. 75-79(1994).

[7] 大橋誠一, 山田次男 : "最新CO_2レーザー加工機と溶接", 溶接技術, 43-11, pp. 60-65(1995).

[8] M. Sellerup : "Future Use of Laser for Building Laser Commercial Ships", Proceedings of the International Conference on Exploitation of Laser Processing in Shipyards and Structural Steelwork, Glasgow, U. K(May 1996).

[9] Classification Societies' Guidelines for the Approval of CO_2 Laser Welding, Proceedings of the International Conference on Exploitation of Laser Processing in Shipyards and Structural Steelwork, Glasgow, U. K(May 1996).

[10] 市原英樹, 片山 聖, 他 : "高出力レーザーの新しい應用(その3. 無機材料表面のガラス層の性状", 溶接學會全國大會講演概要, 53, pp. 250-251(1993-09).

[11] S. Wingnarajah, 市原秀樹, 他 : "高出力レーザーの新しい應用", 溶接學會全國大會講演概要, 48, pp. 112-113(1991-04).

[12] 市原英樹, 永井香織, 他 : "高出力レーザーの新しい應用(その2. 建築用パネルのセラミック化に関する研究)", 溶接學會全國大會講演概要, 49, pp. 160-161(1991-09).

[13] S. Wignarajah, K. Sugimoto, 他 : "Laser Surface Treatment of Natural Stone and Cement Composites", 大成建築技術研究所報, 24, pp. 401-407(1991).

[14] 藤岡知夫, 衫本賢司, 他 : "レーザーを用いたゼオライト係モルタルのセラミック化研究", 日本建築學會1990年度大會概要集(A), pp. 815-820.

[15] K. Sugimoto, S. Wingnarajah, et. al. : "Fundamental Study on Laser Treatment of Architectural Materials", Proc. of ICALEO'90, Boston(Nov. 1990).

[16] 粨谷正廣, 木村啓一, 他 : "レーザーを用いたゼオライト係モルタルのセラミック化研究(その4. 表面性状と 吸防濕特性)", 日本建築學會1991年度大會概要集(A), pp. 463-464.

[17] 粨谷正廣, S. Wignarajah, 他 : "レーザーを用いたゼオライト係モルタルのセラミック化研究(その5. 反り學動의 檢討)", 日本建築學會1992年度大會概要集(A), pp. 2553-256.

[18] S. Wignarajah, K. Sugimoto、et al. : "Effect of Laser Surface Treatment on the Physical Characteristics and Mechanical Behaviour of Cement Base Materials", Proc. of ICALEO'92, Florida(Oct. 1992).

[19] 衫本賢司, S. Wignarajah, 他 : "レーザーを用いたゼオライト係モルタルのセラミック化", Gypsum & Lime 245, p. 201(1993).

[20] 市原英樹, 永井香織, 他 :“セメント材質の表面ガラス層着色検討(その1. セメント材質の表面ガラス層における着色要因と阻害要因の抽出)”, 日本建築學會1994年度大會槪要集(A), pp. 893-894.

[21] 市原英樹, 永井香織, 他 :“セメント材質の表面ガラス層着色検討(その2。セメント材質の着色された表面ガラス層における着色傾向)”, 日本建築學會1994年度大會槪要集(A), pp. 895-896.

[22] 市原英樹, 永井香織, 他 :“レーザー照射のよるセメント系材料の着色ガラス層の形成)”, 日本レーザー學會誌(1994-04).

[23] 永井香織, 市原英樹, S. Wingnarajah :“レーザー 照射によるゼオライトモルタルの着色ガラス層の形成)”, 大成建設技術研究所報, 27, pp. 23-30(1994).

[24] 出願特許, 特開平 08-165180

[25] 出願特許, 特開平 08-165181

[26] 田中一哉, S. Wignarajah, 他 :“レーザーによる建築材料の表面處理研究(その3. 稻田御影石の粗面化)”, 日本建築仕上學會1992年度大會學術講演會研究發表論文集, pp. 127-130.

[27] 田中一哉, S. Wignarajah, 他 :“レーザーによる建築材料の表面處理 研究(その4. 粗面化處理後御影石表面の構造變化)”, 日本建築仕上學會1993年度大會學術講演會研究發表論文集, pp. 57-60.

[28] 田中一哉 :“レーザーによる御影石の表面處理に関する研究”, 大成建築技術研究所報, 26, pp. 45-50(1993).

[29] K. Tanaka, S. Wingnarajah 他 :“Microstructure changes of the surface layer of granite and durability after roughening treatment”, CIBW 70國際學會, Tokyo(1994-10).

[30] 永井香織, S. Wingnarajah, 他 :“レーザーによる建築材料の表面處理研究(その2. 材料表面の炭化處理検討)”, 日本建築仕上學會1992年度大會學術講演會研究發表論文集, pp. 123-126.

[31] 永井香織, 岩本玲實 : "極薄板木材の炭化處理に関する硏究", 大成建設技術硏究所報, 26, pp. 51-56(1993).

[32] K. Nagai, T. Iwamoto, 他 : "Study of effective use of rejected wood", CIBW 70國際學會, Tokyo(1994-10).

[33] 大同特殊鋼(株) 商品開發部 : Optical Cleaning Machine "Art Light NL 102"に関する說明資料

[34] Ian A. Watson, Alvin You, et. al. : "Laser Remediation of Sandstone Contaminated with Microbial Growth and Bryophyte", レーザー硏究, 24, 2, pp. 165-173(1996).

[35] John F. Asmus : "Large-Scale Stone Cleaning by Laser", Western Association for Art Confirmation Newsletter, 13, 1 (Jan. 1991) : viewed at internet site http://sul-server-2.stanford.e여/waac/wn/wn13/wn13-1/wn13-102.html

[36] M. Hamasaki : "Experimental cutting of biological shield concrete using laser", Proceedings of the International Symp. on Laser Processing sponsored by the Institute of Laser and Chemical Technology, Tokyo, pp. 65-73(May 1987)

[37] 衫田ら : "レーザーのユンクリート切斷への適用", ユンクリート工學, 24, 1, pp. 13-22 (1986)

[38] H. Yoshizawa, S. Wignarajah, et. al. : "Study on laser cutting of concrete", Journal of the Japan Welding Society, 120, pp. 31-36(1989).

[39] 最新レーザー加工技術總覽, 産業技術サービスセンター, pp. 302-305 (1989)

[40] L. Li, et. al. : "Laser Fixing and Sealing of Radio active Contamination on Concrete Surfaces", Proc. LAMP' 92, Nagaoka, Japan, p. 841(June 1992).

[41] 鐮田博文, 三森武男ら ：“レーザーによるコンクリート表面の除染”, レーザー學會誌, 24,2, pp. 182-199.

[42] 出願特許, 特開平 07-209491

[43] 出願特許, 特開平 07-269130

[44] William C. Maurer ： “Advanced Drilling Techniques, Petroleum Publishing Co., pp. 421-463, Tulsa, Oklahoma, USA (1980)

[45] B. R. Jurewicz, L. E. Greenwald, et. al. ：“Focused Laser Beams to Assist Rock Excavation”, quoted in Ref. 43

[46] 兵頭和也, 有川 究, 他 ：三菱重工技報,29, 5, pp. 400-403 (1992).

[47] 兵頭和也, 高谷 秀, 他 ：“CO_2レーザー光を應用した岩盤の掘削に関する基礎研究”, 資源と素材, 112, 8, pp. 537-542.

[48] 中井, 衫本, シバクマラン ：レーザー研究, 26, 1, pp. 72-78 (1998).

7

CHAPTER

반도체 산업에서의 레이저 응용기술

전자기술의 발달은 끊임없이 이어진다. 그 때문에 반도체 산업은 항상 새로운 첨단 기술의 개발이 필수 불가결하다. 그 배경에는 전자 기술의 수요가 사회의 구석구석까지 침투해 있기 때문이다. 그에 따른 반도체 수요의 증가가 있으며 그와 함께 코스트의 저감이나 제조설비의 단순화가 필요하게 되는 것이다. 레이저 응용기술의 특징은 미세가공, 저온공정, 저손상 프로세스이며 플라즈마나 이온빔에는 없는 장점이 있다. 경비면에서도 제조 설비의 가격을 절약할 수 있다는 장점이 있다. 이와 같이 미래를 향한 반도체 산업의 기초로서 반도체 프로세스에서의 파워 레이저의 응용 사례를 소개한다.

7.1 레이저 프로세스의 개요

IC 제조기술의 발달을 위해서는 디바이스 프로세스(device process)가 중요하다. 이 장에서 기술하는 레이저 프로세스는 IC 제조기술과 밀접한 관계가 있다. 반도체 IC 제조에서는 실리콘 웨이퍼 위에 일정한 산화 피막과 금속막을 형성시켜 순차 리소그래피(lithography)에 의한 미세가공, 에칭, 이온 주입 등으로 IC 회로가 제조된다. 각각의 프로세스 기술은 실용기술로서 최고 수준의 기술이 사용된다. 일본의 기술 개발력은 국제적으로 높이 평가되지만 첨단기술은 항상 보다 진보한 최신의 기술을 필요로 한다. 반도체 기술은 항상 새로운 혁신적인 기술의 진보에 지지되어져 왔다. 본 장의 레이저 프로세스는 현재의 반도체 프로세스의 혁신을 목적으로 하는 것이다. 우선 반도체 공정의 현재 상황의 요점을 기술한다,

7.1.1 반도체 프로세스

IC 제조에는 반도체 공정이 이용되며 실리콘 기판 위에 박막형성, 이온 주입, 어닐링, 배선 등의 공정에 의해 전자회로가 형성된다. 반도체 프로세스는 말하자면 이러한 최첨단기술이 집적된 것이다.

(1) 박막형성

박막을 기판 위에 형성하는 기술로서는 PVD(Physical Vapor Deposition : 물리적 증착) 기술 및 CVD(Chemical Vapor Deposition : 화학적 증착) 기술이 있다[1). PVD는 박막의 구성 원자를 포함한 고체 타겟물로부터 물리적 작용으로 기판 표면위로 수송하여 박막을 형성하는 방법이다. 그에 비하여 CVD는 타겟으로 하는 박막의 구성 원자를 포함한 원

료가스를 기판 위 또는 그 부근을 여기·분해시켜 화학 반응으로 박막을 형성하는 방법이다.

PVD의 일종인 진공증착은 저항 가열이나 전자빔 가열로 금, 동, 알루미늄과 융점이 높은 몰리브덴이나 실리콘, 크롬 등 승화성 재료의 박막을 만드는 경우에 이용된다. CVD에는 열 CVD, 플라즈마 CVD 등이 있다. 가스로서 공급되는 박막의 구성 재료에 대해서 열, 광, 전자파 등의 에너지를 가하여 가스 분자를 여기하거나 분해하고 기판 표면에서의 반응을 거쳐 박막을 퇴적시키는 방법이다. 이러한 박막 형성기술들의 문제점은 가열공정이 기본으로 되어 있다는 점이다. 장래의 IC제조 프로세스에서는 가열공정이 아닌 순수한 양자 상태의 여기에 의한 화학반응을 이용하지 않으면 안 된다. 본장에서 서술하는 레이저 CVD는 기본적으로는 가열 공정이 필요 없으며 따라서 공정 온도의 저온화를 도모할 수 있다.

(2) 이온 주입[2)]

이온 주입이라는 것은 실리콘 기판에 고속 이온을 주입하는 것이다. 반도체 기술에서의 이온 주입의 실용적인 사용법은 주로 기판의 전기적 특성을 제어하는 것이다. 대표적 이온 에너지는 30～300 keV이며 이온의 도스(dose)량은 10^{11}～11^{16} ion/㎠ 이다. 도스량이라고 하는 것은 반도체 표면의 단위 면적에 주입되는 이온의 수로 나타낸다. 이온 주입의 주요한 이점은 확산 프로세스에 비하여 불순물의 도핑(doping)을 정확하면서도 재현성이 좋게 제어 할 수 있으며 프로세스에 필요한 온도가 낮다는 것이다. 반도체 기판에 이온이 들어가면 원자핵과의 충돌로 격자위치에 있는 원자를 이동시켜 원래 격자에 손상을 준다. 따라서 이온 주입식 전기적 특성의 제어에는 어닐링(annealing)이 필요하다. 주입된 이온을 활성화하여 이동도나 다른 성질을 회복시키기 위해서는 적절한 온도와 시간으로 반도체를 어닐링해야 한다. 장래의 반도체 기술에 필요한 박막 접합을 형성해야하는 관점에서는 열처리(어닐링) 공정은 없는 편이 낫다.

또한 최근의 이온 빔 기술의 진보에 따른 수속 이온빔(focused ion beam)기술은 직접묘화법(直接描畫法 : direct lithography)으로 한 번에 그림으로써 레지스트(resist: 다른 물질의 표면을 보호하기 위하여 칠하는 물질)를 사용하지 않고 패턴 형성을 할 수 있다. 그러나 이온빔 프로세스에서는 결정에 손상을 주기 때문에 열처리 프로세스가 필요하며 또 직접묘화법은 그리는 속도가 느린 것이 단점의 하나이다. 저손상, 저온 프로세스 관점에서 레이저 도핑이 주목된다. 파워 레이저의 응용은 보다 유연한 프로세스를 실현할 수 있다는 점에서 기대감을 모은다.

(3) 에칭

일반적으로 초 LSI 프로세스는 기판위에 금속, 반도체, 절연체 등의 박막을 전면에 형성시키고 선택적으로 에칭하여 제거하기 때문에 에칭 공정이 중요하다.

에칭 공정에서는

a) 마스크 패턴(mask pattern)에 충실한 에칭이 가능하다.(이방성)
b) 아래 기판이나 박막에 손상을 주지 않는다.(저손상)
c) 특정의 박막만을 선택적으로 에칭한다.(선택성)
d) 에칭 속도가 빠르다.(고속)
e) 시료가 중금속으로 오염되지 않는다.(clean)

라고 하는 조건을 만족시켜야 한다. 이러한 관점에서 드라이 에칭(dry etching)이 최적의 방법이다. 드라이 에칭은 가공정밀도가 높고 미세가공이 가능하다는 장점이 있다. 레이저 여기 에칭은 레이저를 이용하여 열적인 요인을 피해 이상적인 양자 상태의 여기로 화학반응에 근접시킬 수 있다. 또한 레이저 광의 파동성을 이용하여 기판위에 광파

진동파장 이하의 미세한 주기적 전계(電界)를 만들며 이것에 의해 깨끗하게 정렬된 양자점(quantum dot)이 형성된다. 양자점이라고 하는 것은 직경 100 nm이하의 미세한 점상의 구조이다. 이와 같은 미세한 영역에서는 전자의 에너지 상태가 양자화 된 값을 갖는다. 그에 따라 새로운 개념의 전자 디바이스가 만들어진다.

(4) 플라즈마 프로세스

초 LSI의 프로세스에는 박막형성, 에칭, 이온 플레이팅(ion plating) 등 플라즈마가 많이 이용된다. 이들은 드라이 프로세스이며 에칭에서는 표면의 굴절률(refractive index)의 변화나 발광분석으로 에칭의 종점 검출을 할 수 있다는 이점이 있다. 그러나 장래의 문제점으로서 생각할 때 플라즈마 프로세스의 문제점은 고에너지 입자의 존재와 단파장광 방사이다. 이러한 고에너지 입자·방사는 기판에 충돌하여 기판 손상을 일으키거나 불순물의 분포에 영향을 준다. 또한 프로세스의 제어라는 관점에서는 플라즈마의 안정된 점등조건과 반응효율이 높은 조건과는 반드시 일치하지는 않기 때문에 재현성이나 에너지 효율의 최적화가 곤란하게 된다. 레이저 프로세스는 플라즈마를 대신하여 저손상·저온화 드라이 프로세스를 실현하고 특히 프로세스 최적 조건과 레이저 조사조건에 어떤 영향도 받지 않고 독립적으로 설정 할 수 있는 이점이 있다.

(5) 리소그래피(lithography) 기술[3)]

패턴의 전사(轉寫)는 노광장치를 이용하여 실행할 수 있다. 노광장치의 성능을 나타내는 세 가지 값은 해상도, 중첩 정밀도(alignment precision), 처리율(throughput)이다. 해상도는 엑시머 레이저의 실용화와 함께 눈부신 발전을 이루었다. 중첩정밀도는 본장에서 서술하는 자기정합(self alignment)이 하나의 해결책을 제공한다. 해상도를 향상시키려면 렌즈 개구수를 향상시키고 단파장광원을 사용하여야 한다. 개구수를 향상시키면 후술하는 것과 같이 초점심도가 저하하기 때문에 한계가 있다. 단파장화에 있어서는 수은 램프의 g 선 (파장 436 nm) 이나 I 선(365 nm) 대신 더 단파장인 KrF 엑시머 레이저나 ArF 엑시머 레이저가 유리하다는 것은 말할 필요도 없다.

(6) 자기정합성

리소그래피 기술의 중요한 성능 중의 하나는 중첩정밀도이다. 이것은 웨이퍼에 패턴을 중첩시킬 때 정밀도를 말한다. 중첩오차를 최소화하는 궁극적인 방법은 자연적으로 패턴이 매칭되도록 자기정합성을 활용하는 것이다. MOSIC(Metal Oxide Semiconductor Integrated Circuit)에서는 게이트(gate) 전극을 마스크(mask)로 하여 이온을 주입하여 소스·드래인(drain)을 형성하는 것이 자기정합적이 될 수 있다. 레이저 프로세스에서는 레이저 도핑을 밑바탕으로 하여 고품질의 동박막이나 금박막이 자기정합적으로 형성된다. 이후 레이저 프로세스가 보급되면 이와 같은 사례는 무수히 많이 발견 될 것이다.

(7) 레이저 어블레이션(laser ablation)

고 파워 밀도의 펄스 발진 레이저를 이용하여 재료를 증발시키는 방법은 레이저 어블레이션이라고 알려져 있다. 이것은 박막 형성법인 PVD의 일종이다. 레이저 광을 집광하여 목표물에 조사하면 그 표면이 증발·기화하여 가스 모양의 입자가 기둥형상으로 분출한다. 이 현상을 어블레이션이라고 한다. 어블레이션으로 생성된 입자가 날아가 맞은편 쪽 기판에 부착되면 박막형성이 되고 제거가공을 하면 드라이 에칭이 된다. 엑시머 레이저의 특징은 단파장, 단펄스, 높은 피크파워이기 때문에 레이저 어블레이션의 광원으로 적합하다. 그러나 SiO_2 등 절연체를 어블레이션 작업하는데 있어서는 엑시머 레이저의 광자 에너지는 충분하지 못하다. 이와 같은 와이드 밴드 갭(wide band gap) 재료의 어블레이션에는 광자 에너지가 더 큰 단파장 레이저가 필요하다. 수소 안티 스톡스-라만 레이저(hydrogen anti stokes raman laser)를 이용하여 SiO_2를 여기 시킴과 동시에 별도의 레이저 광을 조사하는 다중여기방식이 효율적이다.

이상과 같이 반도체 프로세스 기술의 최근 동향이나 그들의 특징을 살펴보았다. 반도체 프로세스 기술은 고도로 개발이 추진되어 왔지만 장래 기술로서는 반드시 완전하지만은 않다는 것도 지적되었다. 여기서 본론으로 돌아가 반도체 산업 기술에서 파워 레이저가 달성할 역할 혹은 장래 기술로써 현재 상황의 결점을 제거하는 여러 가지 프로세스 기술을 소개한다.

7.1.2 레이저 프로세서의 장점

레이저 광선의 단파장성, 단펄스성, 고휘도성을 이용하여 특색 있는 레이저 프로세스가 개발되어 왔다. 반도체 프로세스에 대한 파워 레이저의 응용으로서 다음의 세 가지가 중요하게 고려되고 있다.

(1) 초미세 가공기술

초미세 가공에는 서브 쿼트 마이크론(sub-quarter micron)이라고 불리는 초미세 가공기술이 요구된다. 엑시머 레이저의 단파장성은 이와 같은 미세 가공에 도움이 된다.

(2) 프로세스 온도의 저온화

저온화의 의미는 반도체 소자 제작시의 온도를 낮게 억제하지 않으면 안된다는 것이다. 반도체는 미묘한 원자의 배치에 의해 기능을 하고 있다. 이것을 불순물의 농도 분포라고 한다. 제작 온도가 고온이 되면 불순물의 농도 분포가 변화하여 제대로 기능하지 못한다.

(3) 저손상 프로세스

저손상화는 결정 손상이 최소화 되게 하는 것이다. 불순물 첨가에는 일반적으로 이온 주입이 이용되는데 이것은 반도체에 변형을 가져온다. 이러한 변형은 전자의 흐름을 방해한다. 파워 레이저를 이용한 레이저 도핑은 변형의 발생을 최소화한다.

7.1.3 파급 효과

반도체 산업에 있어서의 파워 레이저의 응용은 앞에서 서술한 것과 같이 미세 가공, 프로세스 저온화, 저손상화라고 하는 키워드를 내걸고 연구 개발이 진행되고 있다. 또한 파워 레이저의 이점은 코스트도 있다. 반도체 공장의 건설에는 1조원 단위의 자금이 필요하다고 알려져 있다. 이것은 대규모 도심 개발에 상당하는 액수이다. 앞으로 점점 반도체 응용제품의 저변이 넓어지면, 보다 가격이 낮아질 것이다. 반도체 산업에서 파워 레이저를 응용하는 것은 반도체 제조 장치의 간소화, 프로세스의 단순화가 이루어져 건설비를 크게 저감할 수 있을 것으로 판단된다.

7.1.4 레이저 프로세스의 응용분야

레이저 프로세스는 저온, 저손상 프로세스이다. 박막 형성에서는 열분해 CVD와 같이 기판을 고온으로 가열할 필요가 없다. 열분해 대신 레이저 광화학을 이용한다. 레이저 광화학은 상온에서 화학 반응을 일으키기 때문에 저온프로세스이다. 박막 형성뿐만 아니라 에칭을 이용한 제거 가공이나 도핑, 즉 불순물 첨가에는 기존의 플라즈마나 이온 빔 등이 응용되어 왔으나 이들 영역에도 레이저 프로세스는 이용된다. 레이저 프로세스의 응용에 대하여 아래와 같은 점에 초점을 맞추어 소개한다.

a) 엑시머 레이저의 리소그래피에서에 있어서의 단파장성과 고출력성의 응용
b) 2광자 흡수에 의한 광분해 박막형성(레이저 CVD)
c) 레이저 도핑과 자기정합적 금속박막형성
d) 레이저 에칭과 양자점 형성
e) 진공 자외선 레이저 가공

7.2 엑시머 레이저 리소그래피

KrF 엑시머 레이저의 실용화로 1/4 ㎛ 이하로 도전할 수 있는 리소그래피가 실현되었다. 엑시머 레이저 자체의 개발이나 노광장치의 개발이 진행되어 그와 함께 레지스트 노광기술, 스펙트럼의 협대역화 등의 연구개발이 행해 지고 있다.

7.2.1 해상도 한계

축소투영노광으로 레지스트 위에 전사되는 패턴의 해상도 한계는 잘 알려진 다음식으로 얻는다.

$$R = k_1(\lambda/NA) \tag{7.1}$$

여기에서 R은 해상도, k_1은 레지스트 프로세스(resist process)정수, λ는 노광 광원의 파장, NA는 축소 투영렌즈의 개구수(NA, numerical aperture)이다. 해상도 R을 향상시키는데는 단파장광이 유리하다. NA를 크게 하면 R은 작아진다. 그러나 이 경우에는 다음에 서술한 것과 같이 초점심도가 작아진다. k_2를 초점심도에 관한 프로세스 정수로서 초점심도(DOF)는 다음 식으로 주어진다.

$$DOF = k_2(\lambda/NA^2) \tag{7.2}$$

NA를 너무 크게 하면 초점 심도가 극단적으로 작아져 실용적인 면에서 한계가 있다. 전형적인 i선 리지스트에 대해서는 k_1 은 ~ 0.7, k_2는

~ 0.8로 되어 있다. 이와 같이 필요한 해상도를 달성하고 아울러 실용적인 초점심도를 얻기 위해서는 노광 광원의 단파장화가 필요하다. 광원을 단파장화하기 위해서 지금까지는 수은 램프의 g선(파장 436 ㎚) 및 I선(파장 365 ㎚)에 의한 기술개발이 이루어져 왔다. KrF 엑시머 레이저(파장 248 ㎚)는 파장이 짧기 때문에 해상도 한계를 향상시킬 수 있어 유리하다. 또한 장래의 광기술로서 ArF 엑시머 레이저(파장 193 ㎚) 리소그래피도 고려할 수 있다.

7.2.2 엑시머 레이저에 의한 미세가공

(1) 단파장성의 이용

엑시머 레이저의 단파장성을 이용한 미세가공의 예를 나타낸다[5]. 그림 7.1은 폭 0.5 ㎛의 슬릿(slit)을 통과한 ArF 엑시머 레이저(파장 193 ㎚) 광으로 노광 현상한 PMMA 리지스트의 SEM상 사진이다. 엑시머 레이저의 장점은 다음과 같다.

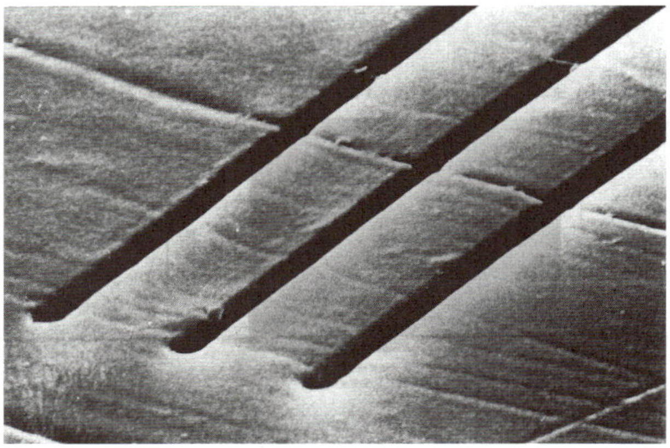

그림 7.1 ArF 엑시머 레이저 노광에 의한 PMMA의 포토에칭(선폭 0.5 μ)

a) 가시광선이나 적외선 등을 포함하지 않기 때문에 마스크나 웨이퍼의 변형이 없다.

b) 노광시간이 레이저 펄스 폭인 10 ns정도이기 때문에 기계적 진동의 영향이 작다.

c) 빔의 스펙터 폭을 협대역화 함으로써 노광 광학계는 색지움 렌즈(아크로매틱 렌즈, achromatic lens)를 사용할 필요가 없이 단색 투영 렌즈로 충분하다.

(2) 레지스트 감광성의 비상반성(non-reciprocity)

레이저 노광과 같은 강력한 광조사하에서 레지스트의 감광특성은 아직 충분히 해명되어 있지 않다. 그러나 레지스트의 비상반성에 의한 선폭의 축소는 이론적으로 알려져 장래의 미세 가공에는 중요한 역할을 할 것으로 예상된다.(아래 칼럼 참조)

레지스트의 비상반성에 의한 선폭축소 이론

레지스트의 비상반성에 의한 선폭의 축소는 이론적으로 알려져 장래의 미세 가공에는 중요한 역할을 할 것으로 예상된다. D. J. Ehrlich 등에 의하면[22] 레지스터의 노광량 E 와 광강도 I 의 관계를 ρ라고 하는 파라미터로 표시하고 또 현상 콘트라스트 비를 γ라고 할 때 최소선 간격은 다음 식으로 주어진다.

$$S_2 = \omega_0 [2(\ln 2)/\rho + (\ln\ 10)/\rho\gamma]$$

이 식은 리지스트의 전자빔 직접 묘화에도 적합하다. $\rho = 10$, $\rho\gamma = 50$이면 최소선 간격 S 와 투사선폭 $2\omega_0$ 와의 비는 0.25 이하가 됨을 알 수 있다.

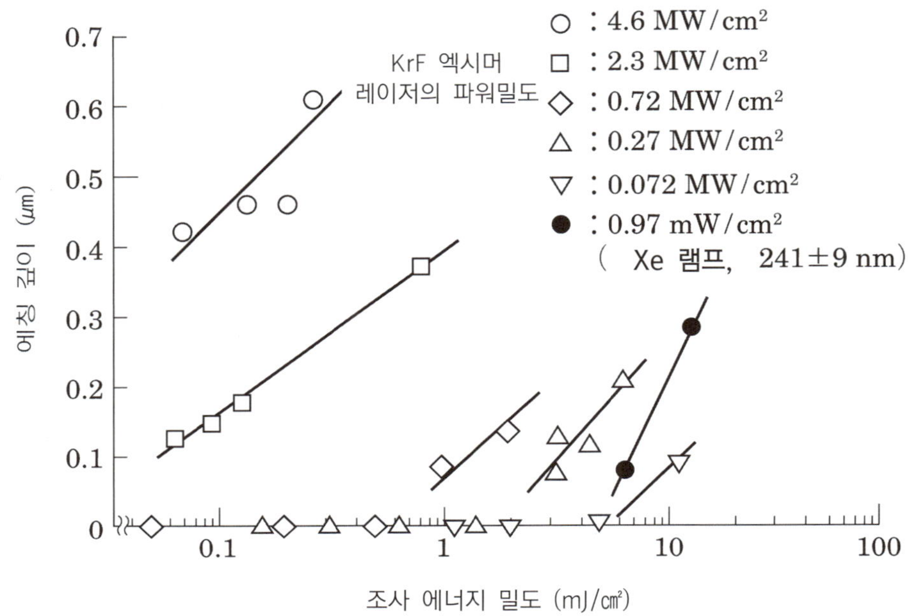

그림 7.2 PMMA의 에칭 깊이와 KrF 엑시머 레이저 파워와의 관계

그림 7.2에 전자 빔 노광용 레지스트로서 알려져 있는 PMMA의 에칭 깊이와 조사 에너지 밀도의 관계를 나타낸다. 최대 레이저 강도(4.6 MW/㎤)에 있어서는 조사 에너지가 최소라도 큰 에칭 깊이를 얻을 수 있다.

또한 비간섭성 광(incoherent light)인 Xe 램프와도 비교되지만 필요한 조사에너지 밀도가 1/100이하로 되는 것을 알 수 있다[6].

7.2.3 엑시머 레이저의 협대역화

엑시머 레이저가 발진하는 심자외(深紫外) 영역에서는 실용적인 광학 재료의 종류가 한정된다. 게다가 이 파장영역에서는 광학 재료의 굴절률의 파장 의존성도 크다. 엑시머 레이저의 발진 스펙터의 폭은 보통 약 0.3 nm(FWHM)으로 넓기 때문에 그대로는 투영렌즈의 색지움이 필요하다. 두 종류 이상의 광학 재료를 조합하는 색지움 렌즈(아크로매틱 렌즈, achromatic lens)의 제조는 상당히 어렵다. 따라서 발진 스펙터의 폭을 1/100 정도로 협대역화 하여 단색 렌즈를 실용화하려고 하고 있다. 협대역화 엑시머 레이저는 이와 같은 목적으로 개발되었다. 또한 스펙터를 협대역화 함에 의해 투영렌즈에서는 색지움의 필요가 없어져 단색 투영렌즈가 주류가 되었다.

현재 요구되고 있는 협대역 엑시머 레이저의 성능은 레이저의 발진 출력 6 W, 스펙트럼 밴드 폭 1 pm(10^{-6} ㎛) 이하이다. 더욱이 중심 파장의 안정성으로서는 0.1 pm(25 ~ 50 펄스의 단시간 안정성), 장시간 안정성에 대해서는 ± 0.25 pm이라는 엄격한 사양이 요구되고 있다.

7.3 박막 형성(레이저 CVD)

CVD라는 것은 Chemical Vapor Deposition의 머리글자를 딴 약어 이다. 보통의 열 CVD에서는 SiH_4 등의 반응성 분위기에서 저항 가열이나 유도 가열로 기판을 가열하고 기판 표면에서 열 반응을 일으켜 기판 전체에 실리콘 박막을 형성한다. 레이저 CVD에서는 기판가열을 하지 않고 기판에서 1 mm떨어진 부분에 엑시머 레이저를 조사하여 광분해 생성물을 가장 가까이 있는 기판위에 퇴적시킨다[7)].

7.3.1 레이저 CVD장치

그림 7.3은 엑시머 레이저를 이용한 레이저 CVD 장치이다. ArF 엑시머 레이저 광선을 렌즈로 집광하여 반응 용기의 한쪽 끝에서부터 입사시킨다. 원료 가스로서는 He 희석 10 % SiH_4가 사용되었다. ArF 엑시

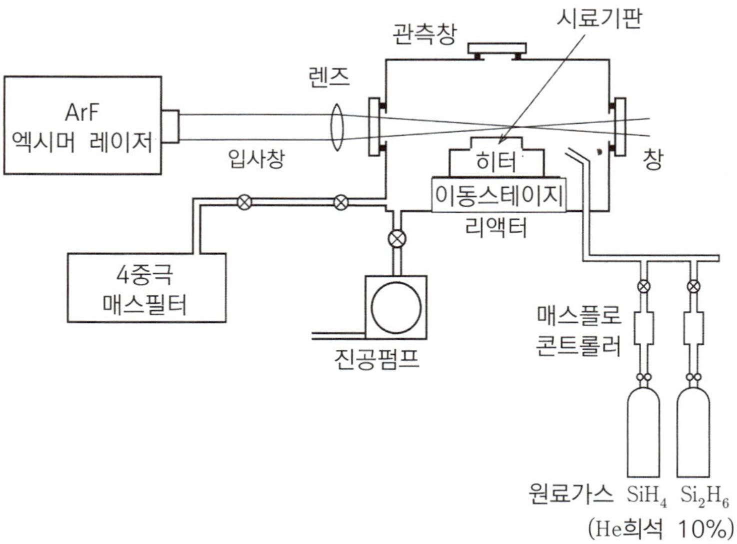

그림 7.3 평행입사에 의한 엑시머 레이저 CVD장치

머 레이저 광을 이용하기 위해서 입사 렌즈는 투과율이 높은 인조 석영유리를 사용하였다. 또한 4중극 매스 필터(quadrupole mass filter)는 용기 중의 반응 생성물을 모니터링하기 위해서 사용되었다.

7.3.2 박막 퇴적 속도

(1) 레이저 파워와 막 두께의 관계[7)]

만약 광분해가 단순한 1광자 과정이면 막의 압력은 파워에 대해서 직선적으로 증가할 것이지만, 실레인(silane) 가스의 경우는 그렇지는 않다. 그림 7.4는 레이저 파워와 박막의 관계이다. 막 두께는 첫회, 2회째, 3회째 등 회를 거듭할수록 증가한다. 이 원인은 중간체로서 생성되는 다이실레인(disilane)효과 때문이다.

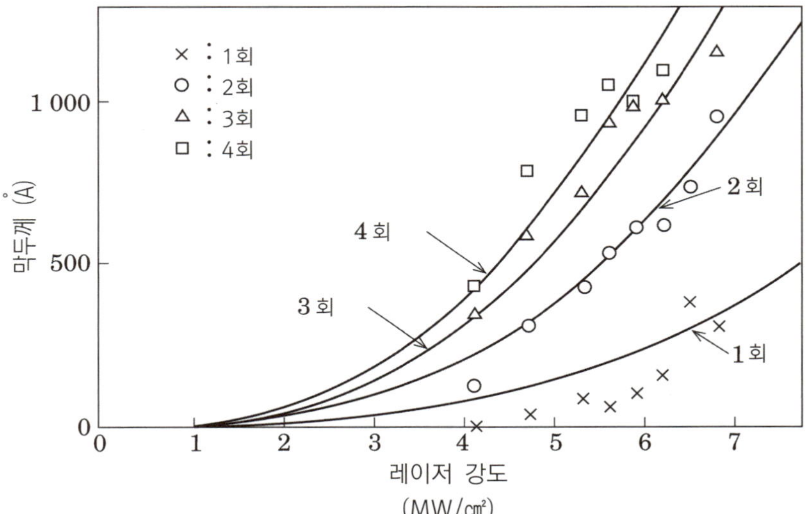

그림 7.4 SiH_4를 원료 가스로 사용한 레이저 CVD의 레이저 강도와 막 두께와의 관계
(동일한 가스를 넣어 4회에 걸쳐 광조사를 실시)

(2) 다이실레인(disilane) 첨가효과[7)]

그림 7.5는 실레인 가스의 효과를 실증하기 위해 미리 실레인 가스를 혼입해 두고 20분간 조사 후 막 두께를 측정한 결과이다. 그림 중에 점선으로 표시한 것은 이론적 관계이며, 이와 같은 실험으로부터 이론적으로 예상되는 실레인 가스의 효과와 실험치는 잘 일치하고 있음을 알 수 있다.

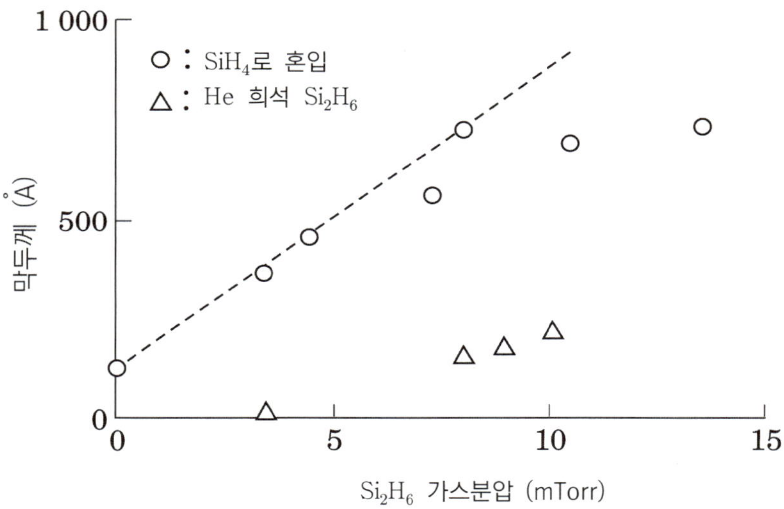

그림 7.5 Si_2H_6 첨가에 따른 막 두께 증가 효과

7.4 레이저 도핑

레이저 도핑은 자외선 영역에서의 단 펄스 고출력 엑시머 레이저의 발달에 따라 실용성이 있는 불순물 첨가법이 되었다. 레이저 도핑에서는 한 번의 레이저 펄스 조사로 원료 가스를 분해하여 도판트(dopant)를 공급함과 동시에 기판 표면을 레이저로 가열하여 순간적으로 용융상태로 만들어 도판트의 기판 확산을 용이하게 한다. 그에 의해 기판의 아주 얇은 영역으로 기판의 고용한계를 초과하는 높은 농도를 가진 불순물 원자를 얻을 수 있다. 엑시머 레이저를 이용한 레이저 도핑의 특징은 저손상이다. 이온 주입에서는 기판 손상 때문에 어닐링 프로세스가 불가결하다. 그러나 레이저 도핑에서는 어닐링 없이 높은 캐리어 발생효과를 얻을 수있다.

7.4.1 레이저 도핑 장치

그림 7.6은 축소투영방식을 이용한 직접 레이저 도핑장치의 개략도이다. 엑시머 레이저 광선은 투영장치로 입사하여 레티클(reticle)을 투과한 후, 축소 렌즈를 통하여 반응 용기 내에 설치된 반도체 기판을 조사한다. GaAs 기판에 Si를 도핑하기 위해서 반응 용기 내에는 Si 도판트로서 He 희석 10% SiH_4 가스가 원료가스로 사용된다. 불순물 첨가는 다음과 같은 과정으로 이루어진다. 엑시머 레이저 펄스로 기판 용융을 일으키고 동시에 기판에 흡착한 SiH_4 가스 분자가 열적으로 분해되어 이것에 의해 방출된 Si 원자가 순간적으로 용융상태로 GaAs 기판에 확산되어 간다.

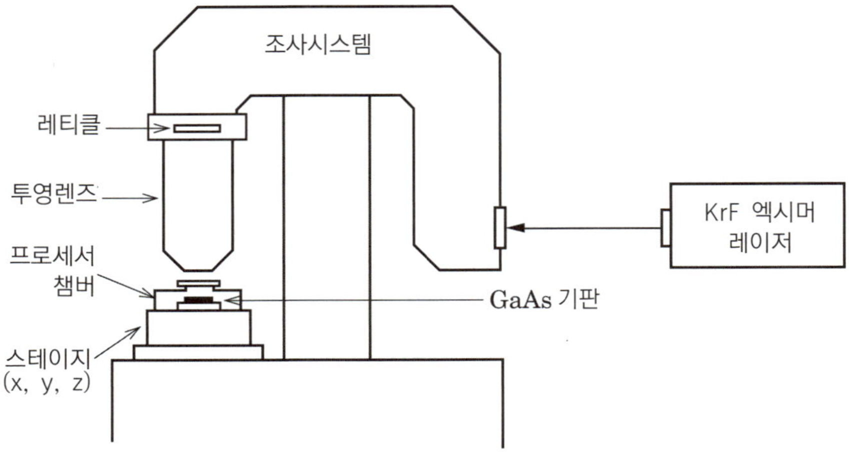

그림 7.6 축소 투영노광에 의한 레이저 도핑 장치

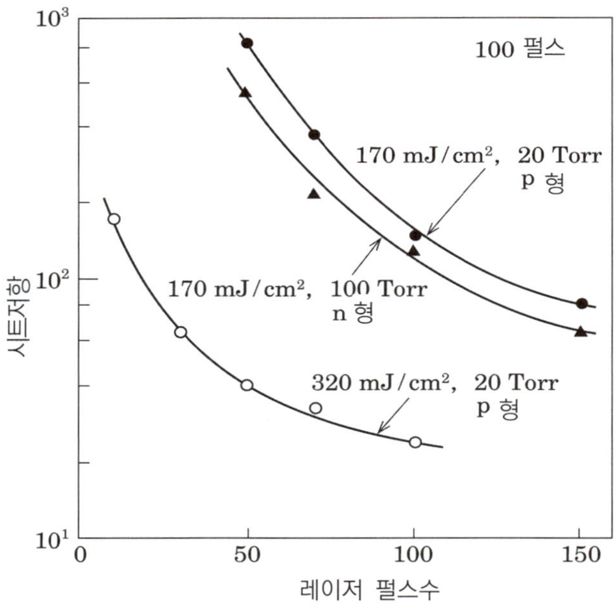

그림 7.7 레이저 도핑된 GaAs의 시트 저항과 펄스수의 관계
(가스압력이 높을 때 n 형 반도체가 된다.)

7.4.2 시트 저항(sheet resistance)과 전도형[8)]

GaAs의 Si 원자는 양극성 불순물(bipolar dopant)이다. GaAs 중에서도 Si가 치환되는 위치에 따라 n형과 p형으로 나눈다. 그림 7.7은 여러 가지 조건하에서 레이저 도핑이 이루어진 GaAs 기판의 시트 저항을 펄스 수 함수로 변화 시킨 것을 나타낸 것이다. 분위기 가스 압력이 20 Torr보다 낮은 경우에는 p형 반도체가 되고 가스 압력이 100 Torr보다 높으면 n형이 된다.

7.4.3 서브 마이크로(sub micron) 직접 도핑

(1) 고상(solid phase) 도핑재(doping material)

그림 7.8에 고상 도핑재를 이용한 직접 도핑 프로세스를 개념적으로 나타낸다. 직접 도핑이라는 것은 미리 설정한 마스크를 통하여 레이저 광을 조사하고 그 패턴 그대로의 도핑 패턴을 얻는 것이다.

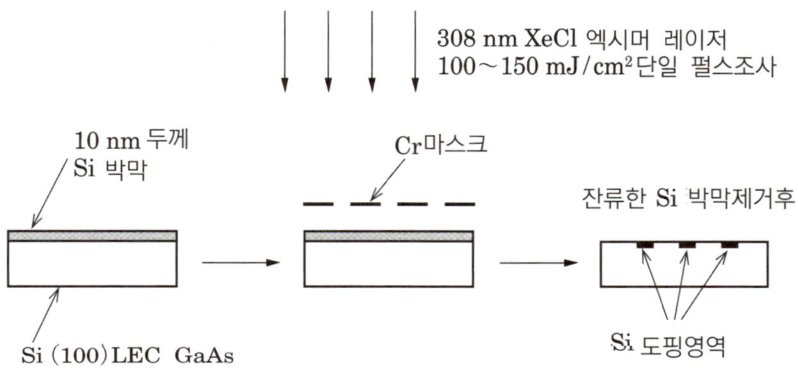

그림 7.8 고상 도핑재(Si)를 이용한 직접 도핑 프로세스의 개념도

우선 기판위에 도판트 박막을 형성해 두고 이어서 슬릿 선폭 1 ㎛의 크롬 마스크를 통해 XeCl 엑시머 레이저 광(파장 308 nm)을 조사한다. 이와 같이 고상 도핑재를 사용하여 직접 도핑을 할 수 있는데 이로 인하여 마이크론 이하의 선폭을 얻을 수 있다는 것이 알려졌다.

(2) 도핑선폭과 레이저 플루언스(fluence)의 관계[9)]

그림 7.9는 기판 표면에서의 레이저 플루언스의 함수로서 도핑 선폭을 측정한 결과이다. 이것에 의하면 도핑 선폭은 레이저 플루언스가 150 mJ/㎠ 일 때 약 0.75 ㎛이고 또 레이저 플루언스를 100 mJ/㎠ 로 작게 했을 때 약 0.3 ㎛가 된다. 도핑 선폭은 실질적으로 매스크 폭의 30%까지 감소한다.

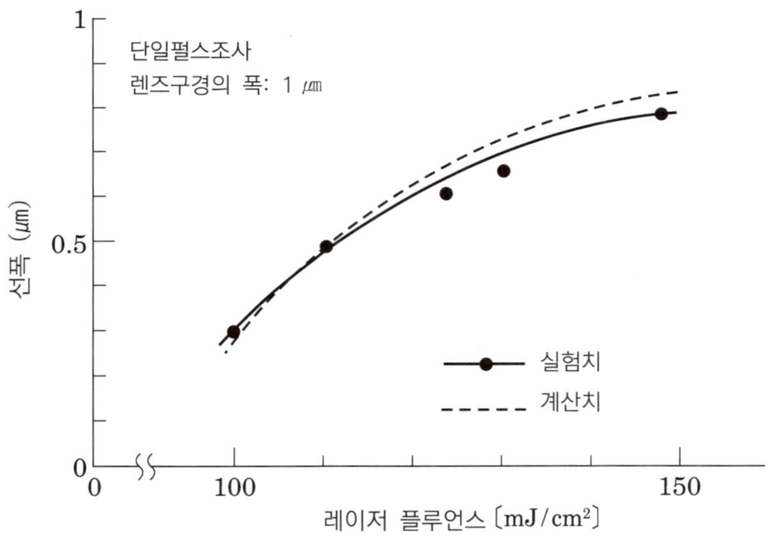

그림 7.9 도핑 선폭과 레이저 플루언스의 관계

(3) 표면 온도 분포[9)]

도핑 선폭은 레이저로 가열 할때 순간적인 온도분포에 의해 결정되는 것으로 밝혀졌다. 그림 7.10은 여러 가지 레이저 플루언스에 대하여 계산으로 구한 2차원 온도 분포이다. 레이저 도핑에 따른 선폭은 표면 온도가 GaAs의 융점 1,507 K를 초과하는 점의 X 좌표이다. 그림 7.9의 점선은 이와 같이 하여 구한 선폭의 계산 값이다. 실험값의 선폭과 잘 일치하고 있는 것을 알 수 있다.

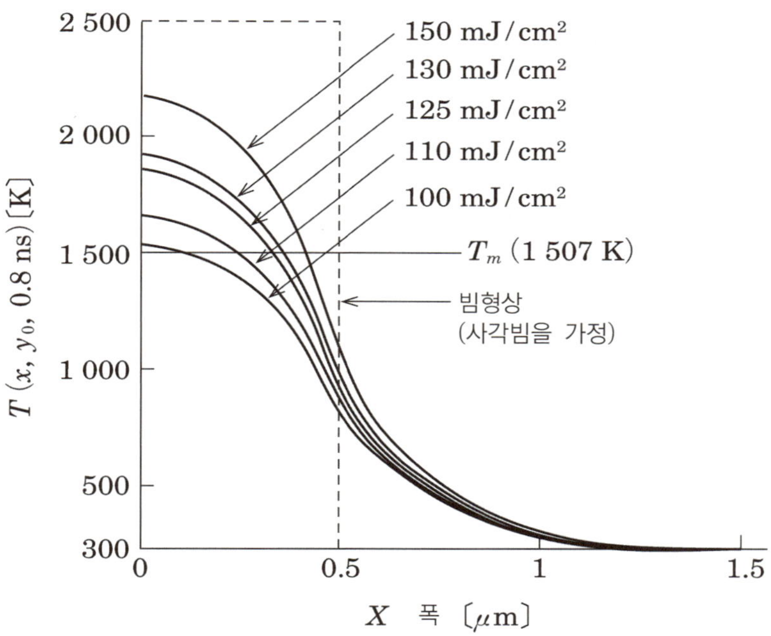

그림 7.10 렌즈 구경(aperture)의 폭 1 ㎛, 펄스 폭 8 ns 조사했을 때의 2차원 온도분포의 계산값 (기판 GaAs 사율은 Si의 59.7%를 적용함)

7.4.4 불순물의 깊이 방향 분포

그림 7.11은 투영 노광을 이용하여 직접 도핑으로 얻은 Si 원자의 깊이 방향 분포를 나타낸다. 최대 불순물 농도는 3×10^{20} 원자/㎤로 상당히 고농도이다. 또한 깊이방향은 극히 얕아 50 ~ 60㎚인 것을 알 수 있다. 표면 불순물 농도가 2.80×10^{14} 원자/㎠인데 비해 n형 캐리어(carrier) 농도는 2.27×10^{14} 원자/㎠ 여서 캐리어 발생효율이 97%를 초과하여 상당히 높은 것으로 이해된다[10].

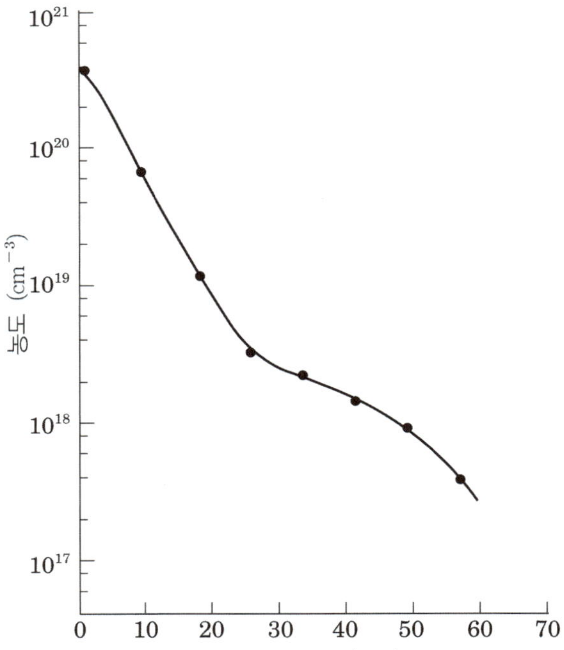

그림 7.11 GaAs에 대한 KrF 엑시머 레이저 플루언스 380 mJ/㎠ 에서의 Si불순물의 깊이 분포

7.5 자기정합적 금속박막 형성

반도체 프로세스에서는 복잡한 포토 레지스트(photo resist)공정을 반복 수행하여 패턴을 형성한다. 이와 같은 방법에서 중첩오차는 0이 될 수 없다. 2회, 3회로 패턴 전사를 지속하면 오차는 누적된다. 자기정합(Self Alignment)이라고 하는 것은 도핑을 기반으로 하여 한 단번에 금속박막을 형성하는 것이다. 중첩오차를 궁극적으로 작게 할 수 있다.

7.5.1 중첩오차의 저감

반도체 제조공정에서는 여러 단계가 있는 마스크 프로세스의 중첩오차를 얼마나 저감할 수 있는지가 큰 과제이다. 자기정합 프로세스는 이런 문제를 해결한다. 그림 7.12는 자기정합 전기도금의 공정 순서를 나타내고 있으며, ①은 마스크패턴을 통과한 직접 도핑, ②는 선택적 구리도금을 수행, ③은 선택적 구리박막의 단면 형상이다. 이와 같은 선택성을 발견하기 위해서는 도핑에 따른 주위와의 물리화학적 성질이 크게 변화하여야 한다.

7.5.2 자기정합(Self alignment)에 의한 구리박막 형성

(1) 선택적 구리도금

레이저 도핑을 한 GaAs 기판에 구리박막 형성 사례를 소개한다. 기판으로서 Si 도프(dope) n형 GaAs (HB)(100) 기판 (캐리어밀도 $2.5\times10^{17}/cm^3$)이 사용된다. Si를 불순물으로서 첨가하기 위해 He 희석 SiH_4 가스가

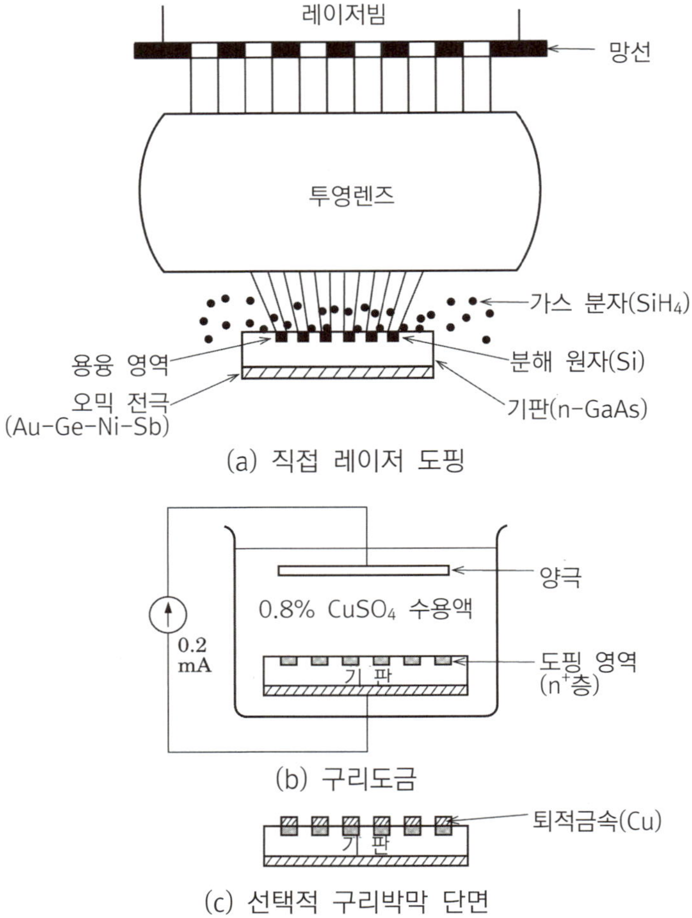

그림 7.12 레이저 도핑을 기반으로 한 자기정합형 전기도금

사용된다. 가스 압력은 100 Torr이다. 시료 이면에는 전기도금하여 전극으로서 사용하기 위해 사전에 옴(Ohmic) 전극이 형성되어 있다. 실험 순서는 그림 7.12(a)와 같이 축소 투영렌즈를 통과한 패턴 위에 레이저 도핑을 수행하면 다음으로 그림 7.12(b)와 같이 전기도금이 이루어진다. 이것은 시료 기판 이면의 옴 접촉(Ohmic contact)과 대향하는 백금 전극 사이에 직류전류를 통하여 이루어졌다.

이 때 구리박막이 레이저 도핑 영역에만 선택적으로 퇴적한다. 이 프로세스는 2단계 프로세스이지만 불가항력이며 동시에 명암비가 매우 높다. 그 상태는 그림 7.12(c)에 개념적으로 보여준다.

(2) 구리박막의 저항률

전기도금으로 형성된 구리박막 저항률은 도금시 전류밀도에 의해 좌우된다. 그림 7.13은 도금시간이 30초 이었을 때의 저항률을 전류밀도의 관계로서 나타낸 것이다. 전류밀도가 2 mA/cm^2 일 때 비저항은 벌크값과 비슷한 값이 되지만, 전류밀도가 증가함에 따라 비저항은 단조롭게 증대한다. SEM(주사형전자현미경)을 이용하여 관찰하면 구리박막을 구성하는 미세결정립의 크기는 전류밀도의 증가와 함께 증대한다. 입계에서의 전기현상 때문에 전기저항이 증가한 것으로 사료된다.

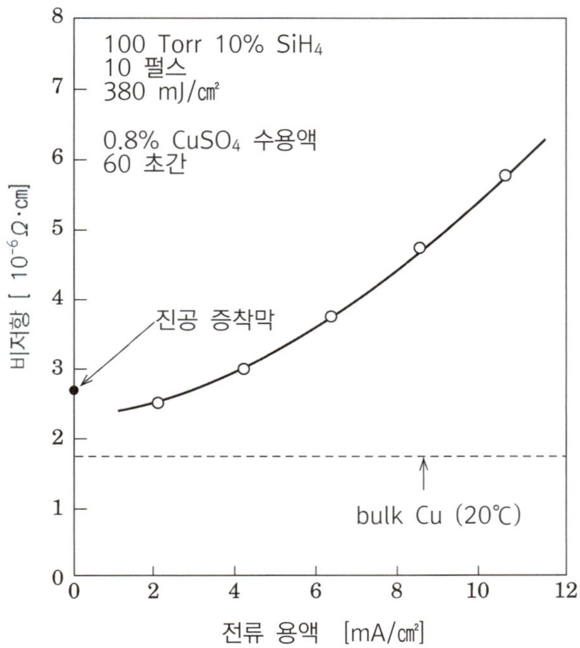

그림 7.13 구리박막의 비저항 변화

(3) 비합금법에 의한 옴 접촉 형성

자기정합에 따라 GaAs 기판 위에 형성된 금속 박막은 반도체에 대하여 접촉저항이 매우 낮다. 그림 7.14는 자기정합에 의해 전극을 형성하였고 2개의 전극간 저항을 전극간 거리의 함수로서 나타낸 것이다.

이것에 의해 단위면적으로 계산한 비접촉 저항을 산출하면 $Rc=2.32\times10^{-5}\,\Omega\cdot cm^2$을 얻는다. 이 값은 통상 합금화에 의해 형성된 옴 접촉 전극의 접촉저항과 비교하여 1/30 이라는 낮은 값이 된다[12).

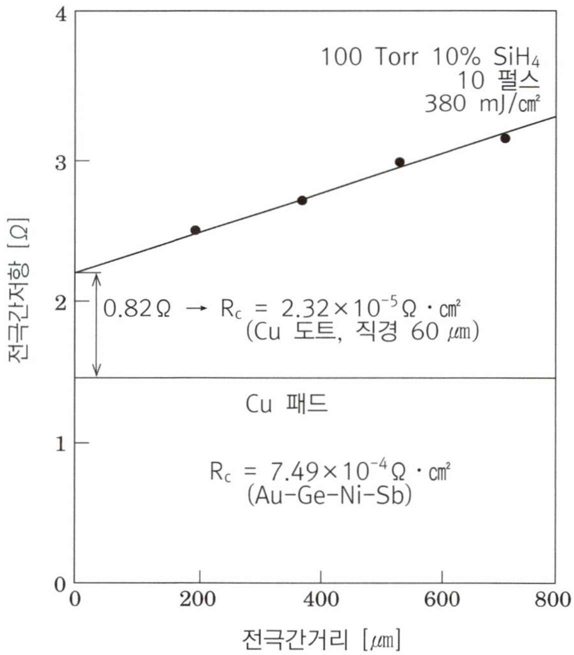

그림 7.14 2개 구리패드 사이의 전기저항

7.5.3 자기정합 Au박막의 무전해 도금

레이저 도핑을 이용한 자기정합성은 무전해 도금의 경우에 있어서도 높은 명암비(Contrast)를 가진다는 것이 확인되었다[13). 그림 7.15는 Au-24s 라는 금의 무전해 도금액을 이용한 프로세스를 나타내고 있다. 국소적으로 도핑한 GaAs 기판을 70℃로 가열한 무전해 도금액에 담그면 도핑부분에만 Au 박막이 퇴적된다.

그림 7.16은 상기처럼 수행하여 퇴적한 Au 박막의 단면 형상을 표면 조도기를 이용하여 계측한 것이다. 두께 약 60 nm의 매끈한 단면을 가진다는 것을 알았다. 그림 7.17은 이 박막에 의한 옴 접촉의 접촉저항을 나타낸다. 이 경우 구리의 경우보다 더욱더 낮은 $Rc=4.95\times10^{-6}\Omega\cdot cm^2$ 이라는 값을 얻는다. 이 값을 합금화 옴 접촉과 비교하면 실제로 1/150 이라는 낮은 값이 된다[14).

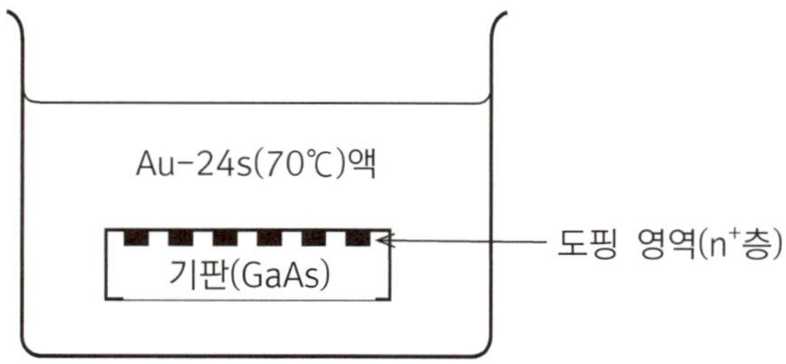

그림 7.15 레이저 도핑을 기반으로 한 금 무전해 도금 프로세스

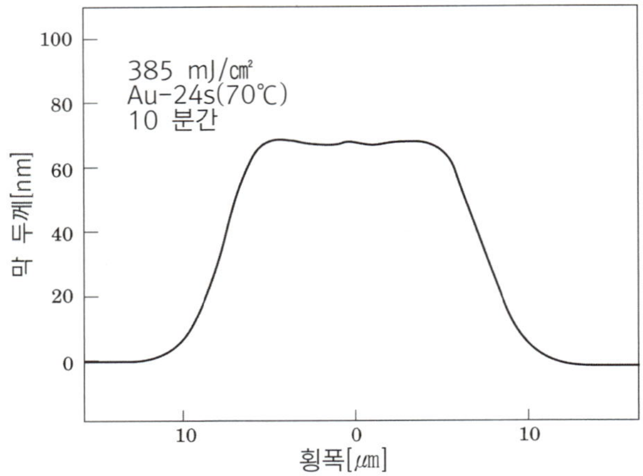

그림 7.16 표면조도계에 의해 계측된 금세선 단면 형상

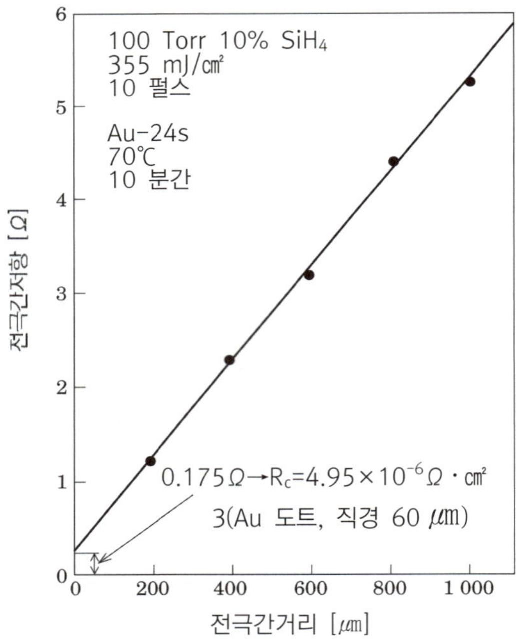

그림 7.17 2개 금패드 사이의 전기저항

7.6 레이저 에칭

레이저 에칭에 의한 직접적인 미세구조를 형성하기 위해 홀로그래피 노광법에 대하여 기술하였다. 통상 홀로그래픽 격자(holographic grating) 제작은 s편광이 이용된다. GaAs 나 InP 등 Ⅲ－Ⅴ족 화합물 반도체에서는 이러한 간섭무늬(간섭에 의해 생기는 명암 줄무늬)라는 것은 따로 편광에 대응하여 여기된 표면 전자파의 에칭효과가 부가하게 된다. s편광으로 여기된 표면전자파의 격자무늬는 홀로그래픽 격자에 의해 격자무늬와 직각으로 교차하고, 원형의 도트(dot)와 대칭하는 미세한 점이 형성된다. 도트 직경이 광파장보다 작았으며 포토루미네선스(광발광) 양자크기 효과가 관측되었다.

7.6.1 홀로그래피 노광장치

Nd:YAG 레이저 고주파에 의한 자외광 (파장 266 nm 및 355 nm)을 이용한 홀로그래피 노광에 대한 가공장치를 그림 7.18에 나타낸다. 시료가 되는 반도체기판은 He 희석 1%의 CH_3Br 가스 중에 놓여져 있다. CH_3Br 가스는 자외광이 조사되면 활성화되어 광 강도가 높은 부분의 반도체가 에칭이 되는 것이다.

7.6.2 표면전자파 에칭의 편광 의존성

직접 에칭의 편광에 의존한 차이점을 개념적으로 나타내면 그림 7.19와 같이 된다. p편광의 경우 홀로그래피 회절격자와 그것에 평행으로 주기 피치가 다른 격자가 형성된다. 그것에 대하여 s편광의 경우 홀로그래픽 격자와 직교한 표면전자파 에칭이 수행되며 미세하게 고립된 도트가 형성된다.

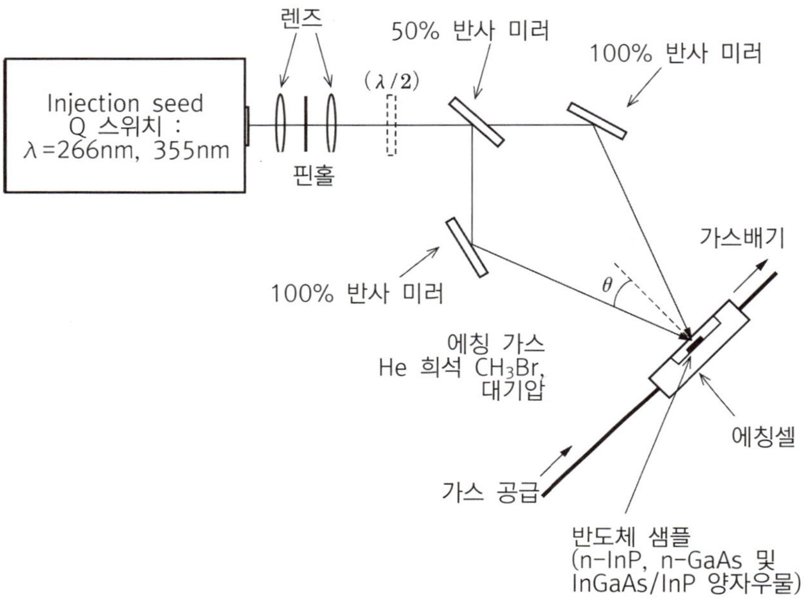

그림 7.18 홀로그래피 노광에 의한 에칭가공 장치

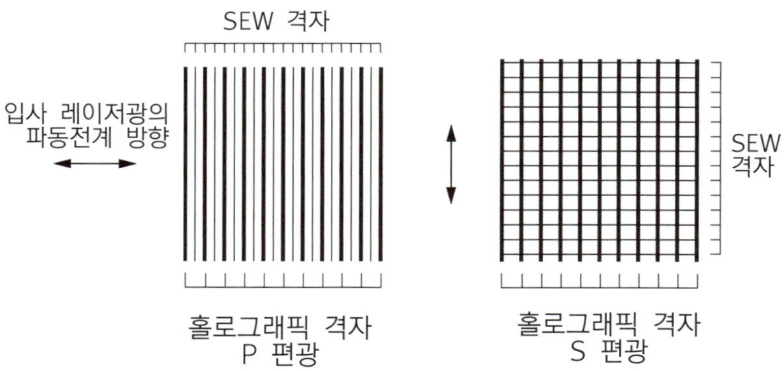

그림 7.19 표면전자파 에칭의 편광의존성 개념도

7.6.3 에칭 속도의 특이성

통상의 광에칭에서 에칭 깊이는 광 조사시간에 비례하여 증가한다. 그러나 표면전자파는 산란중심이 있으면 여기효율이 크게 되기 때문에 에칭 속도는 에칭이 진행됨에 따라 더욱더 증가하게 된다. 따라서 에칭 깊이를 레이저 조사시간에 대하여 도시(plot)하면 그림 7.20(b)와 같이 지수 함수적으로 증가한다. 표면전자파 에칭은 이와 같은 특이성이 있다[15]. 또한 에칭으로 형성된 피치는 광파장으로 대부분 결정되기 때문에 마스크 등 치수를 규정하지 않아도 자율적으로 치수가 정해지는 특징이 있다.

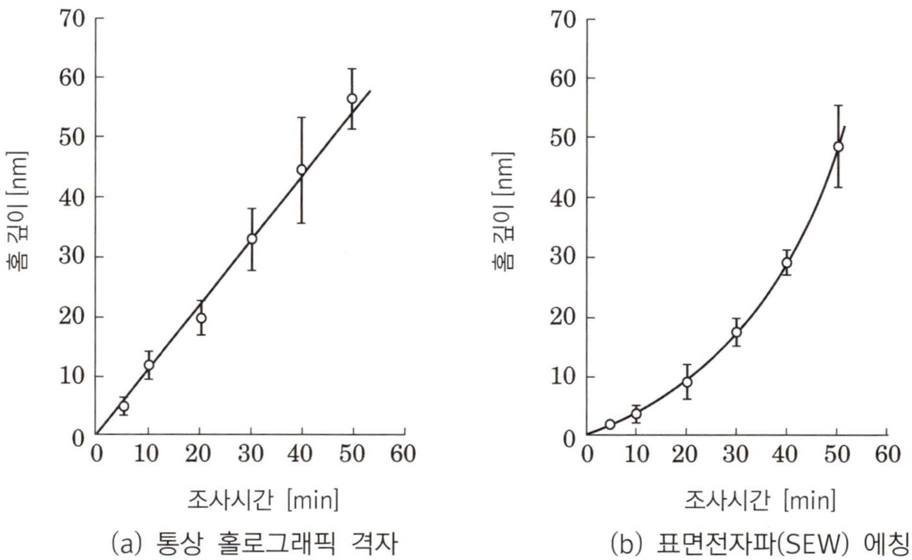

그림 7.20 에칭 홈 깊이와 조사시간과의 관계

7.6.4 양자우물 광발광

반도체의 치수가 극한적으로 작게 되면 에너지 상태가 양자화 된다. 표면전자파로 형성된 도트에 있어 이와 같은 에너지의 이동이 관측되었다. InP 기판 위에 두께 100 Å InGaAs 2차원 양자우물을 형성한 도트를 형성하여 15 K의 극저온에서 그 광발광이 측정되었다. 그림 7.21은 양자우물과 도트를 비교한 결과이다. 도트의 경우 광발광 피크는 단순한 양자우물에 비해 약 5.36 meV의 이동이 관측되었다. 레이저에칭은 이와 같이 양자도트 형성에 있어서도 이용할 수 있다는 것을 알았다[16).

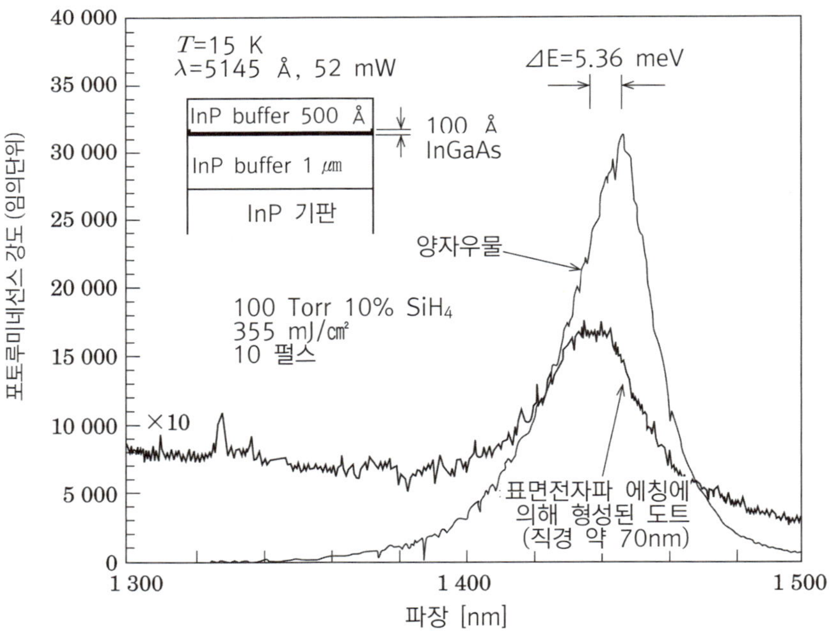

그림 7.21 도트와 양자우물의 포토루미네선스 스펙트럼

7.7 레이저 어블레이션과 다중파장 효과

진공 자외선 레이저의 발달에 의해 레이저 어블레이션에 새로운 진전이 보여졌다. 다수의 폴리머에서는 엑시머 레이저 파장으로 광 흡수를 하기 때문에 엑시머 레이저광을 임계(threshold) 값 이상의 레이저 강도로 조사하면 순간적으로 폴리머의 분자결합이 절단되어 고체표면에서 증발한다. 이것에 의해 제거가공이 이루어진다.

그러나 엑시머 레이저 어블레이션이 어떠한 물질에서도 가능하다는 것은 아니다. 석영 및 금속산화물 등 단파장 영역의 투명한 물질 및 융점이 높은 물질은 일반적으로 어블레이션 가공이 곤란하다. 그러나 이와 같은 물질도 진공 자외선 레이저를 사전에 조사해 놓으면 자외선 레이저의 어블레이션 효율이 비약적으로 향상된다. 이것을 다중파장 효과라고 한다.

7.7.1 진공 자외선 레이저

Nd:YAG 레이저 4차고조파 (4 ω, 파장 266 nm)에 의한 수소 안티스톡스 라만변환에 의한 진공 자외선 가공 장치의 개략도를 그림 7.22에 나타낸다. 진공 자외선 레이저는 광자에너지, 빔 균일성, 출력 등 어느 점으로 보아도 기존의 가공광원으로서 최적이라고 말할 수 있다. 그림 7.23에서는 100 mJ의 Nd:YAG 레이저 4차고조파가 장파장의 스톡스광과 단파장의 안티 스톡스광으로 변환될 때 각각의 에너지 분포를 나타낸다.

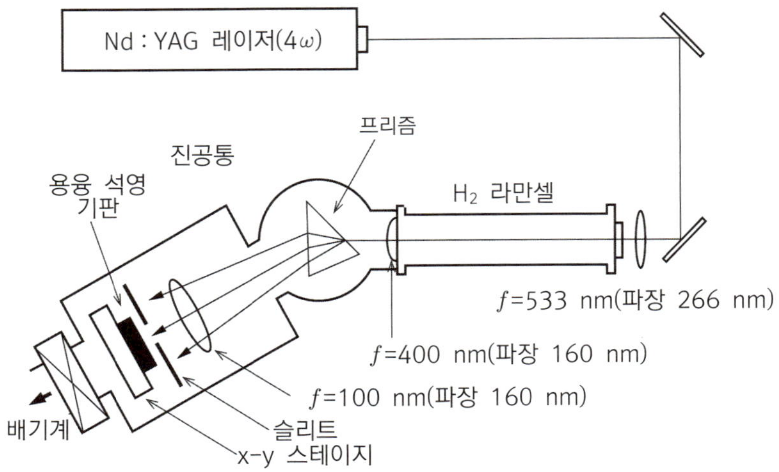

그림 7.22 진공 자외선 수소 라만레이저를 이용한 석영 가공장치의 개략

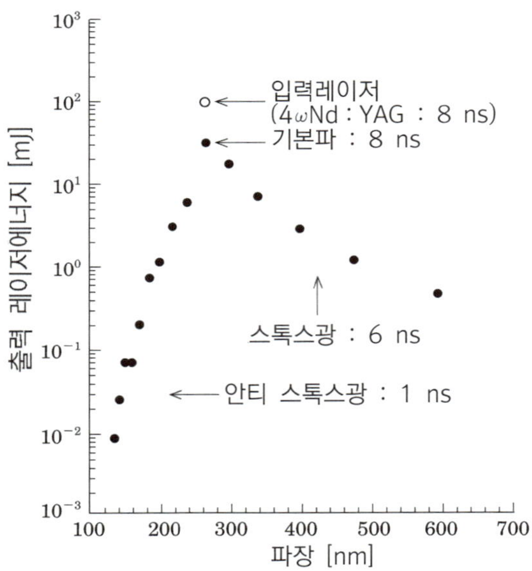

그림 7.23 스톡스광 및 안티 스톡스광의 출력에너지 분포

7.7.2 진공 자외광에 의한 석영의 과도한 광흡수

진공 자외광[18] (AS 6, 6차 안티 스톡스광을 의미한다: 파장 160 nm)과 자외광 (4 ω: 파장 266 nm)을 석영유리에 동시 조사했을 때, 자외광 에너지가 효율적으로 석영유리에 흡수되는 것을 그림 7.24에 나타낸다[15]. 이것은 레이저광으로 유기된 여기상태의 광흡수 (ESA: excited state absorption)에 의한 것이다. 석영유리의 광흡수단은 불순물 및 결함에 의한 것으로 생각되며, 이것은 약 170 nm이다. 따라서 AS 6: 파장 160 nm 부근의 파장은 여기에 중요한 역할을 수행한다. 진공 자외광의 펄스광이 조사되고 있는 약 10 ns 동안, 자외광 4 ω는 60%에 달하는 큰 흡수를 받게 된다. 이와 같은 물리적 과정이 다중여기 어블레이션의 기본 원리이다.

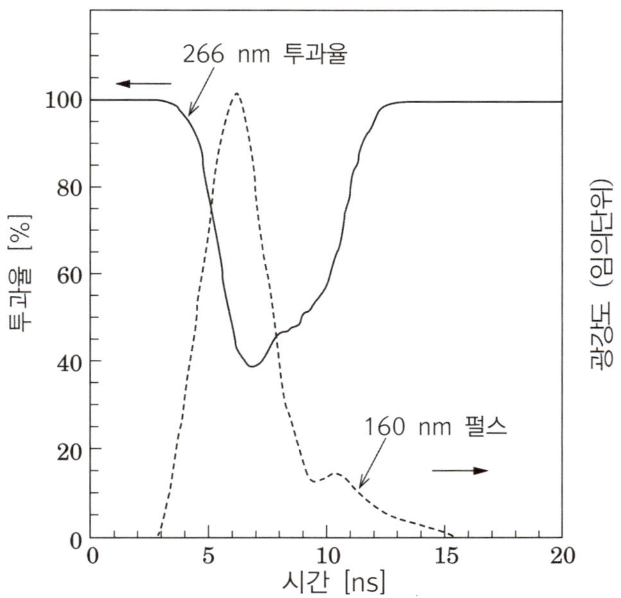

그림 7.24 6차 안티 스톡스광 (파장 160 nm) 조사시의 266 nm 광의 감쇠

7.7.3 다중파장 효과

석영유리에 미리 진공 자외광을 조사해 놓으면, 이 효과가 바로 잔존하여 그 후 4ω광을 조사했을 때 높은 효율의 어블레이션을 일으킨다. 석영유리에 대한 이 실험으로 여기상태의 완화 수명은 약 1.7 ns로 추측되어 진다[19]. 그림 7.25는 어블레이션의 흔적을 α스텝으로 측정한 단면 형상 사례이다. 이 사례를 보면 자외광 1펄스당 어블레이션은 약 4 ㎛로 크다. 이것을 다중파장 효과라고 한다. 자외광만에서 모두 어블레이션되지 않는 경우에서도 AS 5(파장 171 nm), 또는 AS 6(파장 160 nm)를 예비 조사한 시료에서 다중파장 효과에 의해 어블레이션이 일어난다.

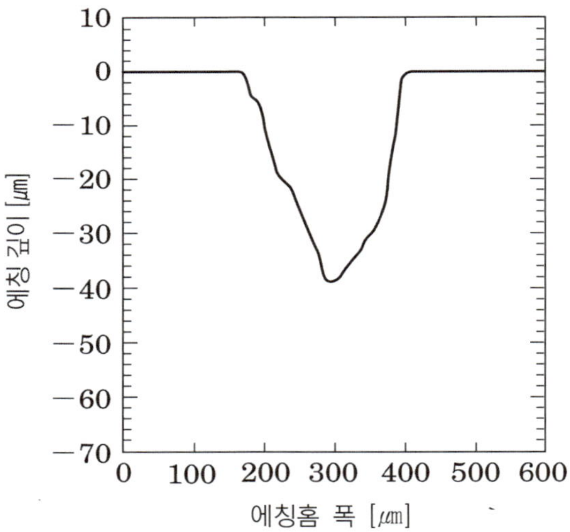

그림 7.25 다중파장 효과에 의한 석영의 고속 에칭단면
(파장 266 nm 광 10펄스의 조사에 의해 깊이 40 ㎛의 어블레이션이 된다.)

7.7.4 분자결합의 절단

그림 7.26은 예비조사 시료의 Si-2p 및 O-1s의 XPS (X선광전자분광) 스펙트럼이다. Si-2p에서는 조사전과 조사후에서 유의차는 확인되지 않았지만, O-1s의 경우에서는 AS 6 조사후에 531eV 부근에 새로운 피크가 발생하고 있는 것이 확인되었다. 이 상태는 석영 분자결합이 일부 절단되어진 SiO_x가 형성되었다는 것을 나타낸다. 이것에 의한 광흡수가 증가함에 따라 자외광 어블레이션 효율 향상이 생기는 것이다.

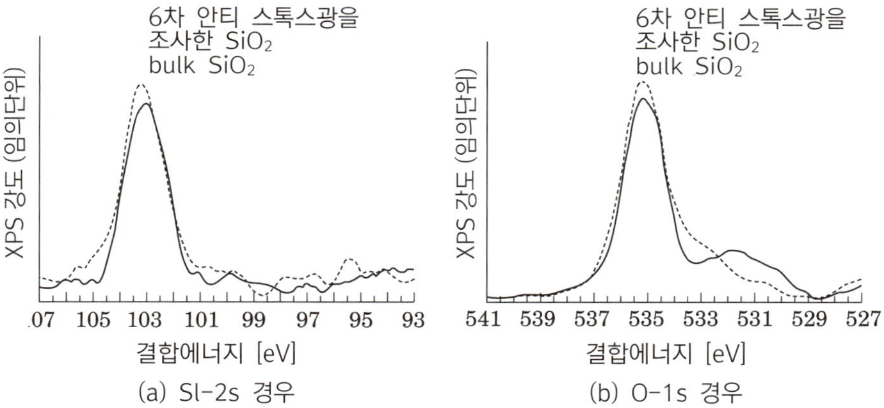

그림 7.26 파장 160 nm의 진공 자외선 펄스에 의한 석영의 본드절단 효과 (X선 광전자 분광, XPS에 의한 계측)

7.8 레이저가공 최근 동향

레이저 기술의 최근 토픽은 1990년대 들어 급속히 발달한 펨토초 레이저이다. 이는 기존의 Q스위치 레이저, 모드동기 레이저보다 더욱더 단시간 펄스를 발생시키는 기술이다. 펨토초 레이저는 순간적으로 어블레이션을 일으키기 때문에 반도체 프로세스의 응용으로서도 유용하다. 단펄스레이저에 의한 레이저 어블레이션은 다양한 반도체 타겟에 대하여 연구가 이루어지고 있다. 펨토초 레이저에 의한 반도체 타겟의 어블레이션은 새로운 지견을 줄 것으로 기대된다[20). 또한 반도체 프로세스의 레이저 응용에 관한 Bäuerle의 해설논문이 있다[21). Bäuerle는 레이저 CVD 연구의 선구자 중 한 사람이며, 어블레이션에 의한 반도체의 깊은 패턴 제작 기술 및 3D 미세구조 형성의 중요성에 관한 최근 동향을 기술하였다.

7.9 결론

반도체 산업기술로서는 미세가공, 저온 프로세스 기술, 저손상 기술의 발전이 강하게 요구되고 있다. 이와 같은 요청에 대하여 고출력 레이저 응용이 마이크로 리소그래피, 레이저 CVD, 도핑, 에칭 등 기본적인 것에 새로운 기법을 만들어 냈다. 본 장에서는 이와 같은 사항에 관련된 것을 몇 개 채택하여 소개하였다. 소개한 사례 중에서 자기정합적으로 금속박막을 퇴적시키는 것 및 레이저 에칭에 의해 만들어진 레이저 파장보다 작은 도트가 자율적으로 치수 결정을 한다라는 두 가지 사항은 반도체 프로세스 기술이 안고 있는 어려움을 극복해야 나가야하는 아이디어로서 향후 중요성을 더한다. 또한 다중파장 효과는 가공이 곤란한 산화물의 제거에 위력이 있다. 반도체 산업의 혁신적인 기술 개발에는 기존의 개념에 사로잡히지 않는 새로운 발상이 요구된다. 레이저 프로세스의 응용이 그 중요한 역할을 한다.

참고문헌

[1] S. M. Sze (著)、南日、川辺、長谷川 (訳) : 半導体デバイス、産業図書 (1998)

[2] 右高 (編著) : LSIプロセス工学、オーム社 (1998)

[3] 平尾、吉田、早川 : 薄膜技術の新潮流、工業調査会 (1997)

[4] 野々垣 : マイクロリソグラフィ、丸善 (1987)

[5] Kawamura, Y., Toyoda, K. and Namba, S. : "Deep ultraviolet submicron lithography by using a pulse high-power excimer laser", J. Appl. Phys., 53, 9, pp. 6489-6490 (1982)

[6] Kawamura, Y., Toyoda, K. and Namba, S. : "Effective deep ultraviolet photoetching of plymethylmethacrylate by an excimer laser", J. Appl. Phys., 40, 5, pp. 374-375 (1982)

[7] Taguchi, T., Morikawa, M., Hiratsuka, M. and Toyoda, K. : "Enhancement of film deposition rate due to the production of Si_2H_6 as an intermediate in the photodecomposition of SiH_4 using an ArF excimer laser", Appl. Phys. Lett., 49, 15, pp. 971-973 (1986)

[8] Sugioka, K. and Toyosa, K. : "Influence of laser fluence and dopant gas pressure on properties of photochemical doping of Si into GaAs using XeCl excimer laser", Appl. Phys. A 45, pp. 189-192 (1988)

[9] Sugioka, K. and Toyoda, K. : "Submicron patterned doping of GaAs using solid Si dopant source by transient excimer laser melting", J. Vac. Sci. Technol., B 6, 3, pp. 850-852 (1988)

[10] Sugioka, K. and Toyoda, K. : "Projection patterned doping of GaAs in ambient SiH_4 gas by a KrF excimer laser", J. Vac. Sci. Tehcnol., B 6, 6, pp. 1694-1697 (1988)

[11] Sugioka, K. and Toyoda, K., Gomi, Y. and Tanaka, S. : "Selective metallization of n-type GaAs formed by projection patterned excimer laser doping of Si", Appl. Phys. Lett., 55, 7, pp. 619-621 (1989)

[12] Sugioka, K. and Toyoda, K. : "Properties of Cu thin films formed selcectively on n-GaAs by projection patterned laser doping", Vaccum (pergamon Press), 41, 4-6, pp. 1258-1260 (1990)

[13] Sugioka, K. and Toyoda, K. : "Selective deposition of Au films on GaAs by projection patterned excimer laser doping combined with electroless plating", Appl. Phys., A 54, pp. 380-383 (1992)

[14] Sugioka, K. and Toyoda, K. : "Self-aligned microfabrication of metal-semiconductor contacts by projection-patterned excimer laser doping", Jpn. J. Appl. Phys. 29, 10, pp. 2255-2259 (1990)

[15] Kumagai, H., Toyoda, K., Machida, H. and Tanaka, S. : "Exponential growth of periodic ripple generated in laser-induced etching of GaAs", Apply. Phys. Lett., 59, 23, pp. 2974-2976 (1991)

[16] Ezaki, M., Kumagai, H., Toyoda, K. and Obara, M. : "Surface modification of III-V compound semiconductors using surface electromagnetic wave etching induced by ultraviolet lasers", IEEE J. Selected Topics in Quantum Electronics, 1, 3, pp. 841-847 (1995)

[17] Sugioka, K., Wada, S., Tashiro, H. and Toyada, K. : "Novel ablation of fused quartz by preirradiation of vaccum ultraviolet beams followed by fourth harmonics irradiation of Nd:YAG laser", Apply. Phys. Lett., 65, 12, pp. 1510-1512 (1994)

[18] Sugioka, K., Wada, S., Tsunemi, A., Sakai, T., Moriwaki, H., Nakamura, A., Tashiro, H. and Toyada, K. : "Micropatterning of quartz substrate by multi-wavelength vaccum ultraviolet laser ablation", Jpn. J. Appl. Phys. Lett., 32, 12 B, pp. 6185-6189 (1993)

[19] Sugioka, K., Wada, S., Tashiro, H., Toyoda, K., Ohmuma, Y. and Nakamura, A. : "Multiwavelength excitation by vaccum ultraviolet beams coupled with fourth harmonics of a Q-switched Nd:YAG laser for high quality ablation of fused quartz ", Apply. Phys. Lett., 67, 19, pp. 2789-2791 (1995)

[20] A. Cavalleri, K. Sokolowski-Tinten, J. Bialkowski, D. von der Linde : "Femtosecond laser ablation of gallium arsenide investigated with time-of-flight mass spectroscopy", Apply. Phys. Lett., 72, 19, pp. 2385-2387 (1998)

[21] D. Bauerle : "Laser-induced fabrication and processing of semiconductors: Recent Developments", Phys. Stat. Sol., a, 166, pp. 543-554 (1998)

[22] D. J. Ehrlich and J. Y. Tsao : "Nonreciprocal laser-microchemical processing: Spatial resolution limits and demonstration of 0.2-㎛ linewidths", Apply. Phys. Lett., 44, 2, pp. 267-269 (1984)

8

CHAPTER

전력산업의 레이저 응용기술

레이저의 전력분야 응용은 레이저가 고도화됨에 따라 다양한 가능성이 나타나고 있다. 현재 동위원소 분리(isotope separation)나 군분리 연구가 이루어지고 있으며, 원자로 냉각수 소형배관의 보수 등에는 레이저 가공이 이미 적용되어 있다. 이 연장선으로 폐로처리나 제염이 있다. 이러한 기술은 향후 원자력, 전력분야에서 필수적인 기술이 될 것으로 예상된다.

레이저 트리거드 라이트닝(laser triggered lightning)은 현재 연구 중인 미래의 유망한 테마이다. 이 기술을 반도체 레이저 여기 고체화 레이저로 대체하는 것이 가능하다면 자동차 탑재형 시스템을 고려할 수 있어, 기동성도 증가하여 이용가치가 높아질 것으로 생각된다.

장래에는 레이저에 의한 에너지 수송, 레이저광 컴프턴 산란(Compton scattering)에 의한 γ선을 이용한 핵변환 등이 생각되고 있다. 이와 같은 기술의 기초가 확립되고 있으며 실증을 위한 연구가 진행 중이다.

8.1 동위원소 분리, 군분리

원소나 그 동위원소를 레이저의 고순도 단색성을 이용하여 분리, 정제하는 연구는 1970년대부터 수행되어 왔다[1]. 특히 우라늄 동위원소를 분리하는 것은 처음부터 중요한 연구 주제로 생각되어져 미국, 구소련, 일본, 프랑스 등에서 진행되어 왔다[2]. 또한 레이저 유기 화학을 이용한 원소분리, 정제기술에 의한 고농도 방사성 폐기물의 레이저에 의한 군분리가 고려되고 있다. 특히 극초단 펄스 레이저의 발전으로 수율이 매우 높은 광환원 반응이 일어나는 것이 발견되어 주목을 끌고 있다[3]. 모두 원자력 연료와 관련되어 있으며, 전력산업에 있어서 중요한 연구개발이 될 것으로 생각된다.

8.1.1 레이저 동위원소 분리

(1) 원자-분자의 동위원소 이동(isotope shift)

동위원소 원자핵은 서로 원자번호가 동일하지만, 중성자 수가 다르기 때문에 원자핵의 질량에 차이가 있다. 이 때문에 원자나 분자의 흡수 스펙트럼은 각각의 동위원소에 따라서 약간 다르다. 이 차이를 동위원소 이동이라고 한다. 이것을 이용하여 동위원소를 분리, 정제하는 연구가 진행되고 있다.

원자의 흡수 스펙트럼에 있어서 동위원소 이동은 원자핵의 질량 차이에 의한 질량효과, 원자핵의 전하분포 차이에 의한 체적효과, 핵스핀 효과 등이 있다. 질량효과에 의한 동위원소 이동 $\Delta\nu$를 생각해보면 원자핵의 질량 M, 원자의 질량 m이라고 하면, 수소 근사 원자에 있어 주양자수 n_1, n_2 간의 천이에 의한 진동수는

$$\nu = \frac{2\pi^2 e^4 mMZ^2}{ch^3}\left(\frac{1}{n_1^2} - \frac{1}{n_2^2}\right) \tag{8.1}$$

로 표시된다. 동위원소 이동 $\Delta\nu$는 동위원소 원자핵의 질량 차이를 ΔM이라고 하면 식 8.1으로부터

$$\Delta\nu = m \cdot \nu \cdot \Delta M/M^2 \tag{8.2}$$

로 표시된다. 이 이동량은 식 8.2에서도 알 수 있듯이 수소에서 가장 크며 약 4×10^{-4} 정도이고, 원자핵 질량의 증가와 함께 감소한다. 일반적으로 중성자 수가 50을 초과하면 체적효과가 주가 된다. 이러한 원자의 동위원소 이동은 다수 핵자(nucleon)의 핵 내에서의 영향을 이론적으로 정확하게 계산하는 것은 어렵기 때문에 실험적으로 구하는 편이 현실적이라고 생각된다.

이것 이외에도 사중극 모멘텀 효과, 핵자 스핀 효과 등이 있다. 그림 8.1에 원자핵의 중성자 수와 동위원소 이동량의 관계를 나타낸다. 가벼운 원자에서는 질량이동이 효과가 있고 그것이 원자핵 질량의 증가와 함께 감소한다. 한편 체적효과에 의한 이동은 핵이 무거워짐에 따라 현저하게 된다.

당연히 분자의 흡수 스펙트럼에도 동위원소 효과는 나타난다. 동위원소 분자의 흡수 스펙트럼에 있어 이동은 일반적으로 원자핵 질량 차이에 따라 진동준위로 나타난다. 기준 진동모드 주파수를 ν'라고 했을 때 동위원소 이동 $\Delta\nu'$는 대략

$$\Delta\nu' = \nu' \cdot \Delta M_m/2M_m \tag{8.3}$$

로 된다. 여기서 M_m은 분자에서의 기준진동의 실효질량, ΔM_m은 동위원소에 의한 질량 차이이다. 분명히 분자 스펙트럼에서의 동위원소 효

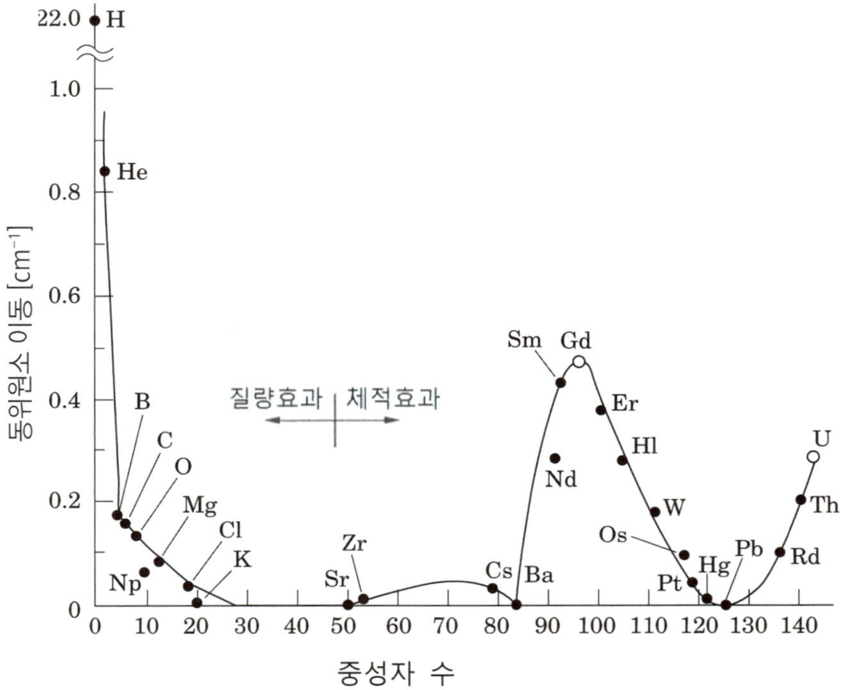

그림 8.1 원자핵의 중성자 수와 동위원소 이동의 관계

과는 원자 스펙트럼보다 크다. 이는 분자진동에 대한 동위원소 이동의 크기가 원자핵 자체의 질량에 직접적인 영향 미치기 때문이다. 식 8.3에 따르면 분자 동위원소 이동은 $10^{-2} \sim 10^{-3}$ 정도이며, 일반적으로 원자의 경우에 비해 M/m 정도로 즉 2 ~ 3 자릿수가 크다.

동위원소 이동에 대하여 도플러 효과에 의한 스펙트럼 확산이 영향을 미치는 경우가 있다. 특히 분자의 경우에는 여기된 핫 밴드(hot band)의 확산이 문제가 되어 단열팽창에 의한 냉각 등의 조치를 취한다. 또한 여기 된 상태에서의 원자나 분자의 충돌열 완화나 여기상태의 공명적인 이동 등도 있어 충분히 빠른 분리과정을 이용하는 것이 중요하다.

(2) 분리기술

방식별로 구분하면 원자의 동위원소 이동 및 분자의 이동을 이용하는 것으로 구별 할 수 있다. 또한 다양한 대상물질에 대하여 각각의 특징을 살린 방식이 고려되고 있다. 이러한 원자나 분자의 동위원소 흡수 스펙트럼 차이를 이용하여 고순도 스펙트럼 레이저에 의해 동위원소를 선택여기하고 분리·정제하는 기술을 레이저 동위원소 분리라고 부르고 있다. 상술한 원자 이동, 분자 이동에 대응하는 레이저 동위원소 분리방식을 각각 원자법, 분자법이라고 부르고 있다.

레이저 동위원소 분리의 특징을 우라늄에 적용시켜 생각하면 가스확산법, 원심분리법 등의 기존방식에 비해 한 과정에서의 분리계수를 크게 유지할 수 있다. 그 때문에 짧은 단계로 필요한 순도의 동위원소를 정제할 수 있어 가스확산법이나 원심분리법과 같은 거대한 시스템이 불필요하며 분리 플랜트도 비교적 컴팩트하게 할 수 있다. 이를 위해 광자 코스트를 저감할 수 있다면 시스템의 경제성이 기존의 방식보다 우수하다고 생각된다. 또한 이와 같은 분리, 정제 방법은 한 과정에서의 분리계수를 크게 취하기 때문에 희토류 및 희소금속(레어메탈) 등의 고순도 정제에도 이용을 고려하고 있다. 특히 초LSI 등에 대해서는 극히 고순도의 재료가 필요하다. 또한 금속 자체를 고순도화함으로써 특이한 물성이 나타날 수 있어, 앞으로 이 방식의 적용이 기대되고 있다.

① 원자법

원자법에 있어서는 대상 동위원소를 선택여기하기 위해 대상이 되는 원자의 증기를 발생시켜, 이 가운데로 레이저를 입사하여 레이저 여기를 하는 방법이 동원된다. 이 여기된 동위원소 원자를 효율적으로 골라내기 위해서는 또 하나의 다른 레이저를 조사하여 여기된 원자를 선택적으로 광전리한다. 이로 인해 발생한 이온을 전계에 의해 회수하여 동위원소를 분리한다.

일반적으로 여기 단면적에 비해 전리 단면적은 작다. 이 때문에 높은 효율로 전리하려면 선택 여기단의 레이저광보다 전리단의 레이저광 강도를 그 단면적의 비율 정도로 크게 해야 한다. 또한 원자증기 중에서 여기이동이나 전하교환 등의 충돌이 있으면 농축계수의 저하를 초래하기 때문에 작업물질의 압력을 너무 크게 할 수 없다. 이러한 2단계 광전리 과정에서는 전리단에 고에너지 광자 즉, 자외선 영역의 레이저광이 필요하다. 가시 영역의 레이저광을 이용하는 경우에는 3개의 레이저광을 조사하여 광전리로 유도하는 3단계 광전리법이 적용되기도 한다.

우라늄과 같은 무거운 금속은 융점이 높아 충분한 증기밀도를 얻으려면 고온으로 가열해야만 한다. 이 때 이러한 원자에서는 기저준위에 가까운 저에너지의 준안정 준위가 있어 고온상태에서는 이 준위에도 열여기가 이루어진다. 원자법 레이저 우라늄 농축에서는 준안정 준위에 있는 원자를 이용하기 때문에 4파장 3단계 전리법이 이용된다.

현재까지 U, Ca, Li, Sm, Eu, Gd, Ce, Dy, Sr 등을 대상으로 해서 이 방식에 의한 동위원소 분리실험이 보고되고 있다. 특히 우라늄 동위원소 분리는 그 경제성이 높음으로 실용화를 목표로 미국, 일본 등에서 기술개발이 적극적으로 진행되고 있다. 그림 8.2에 우라늄 레이저 동위원소 분리 시스템의 개략도을 나타낸다. 분리용 4파장 레이저광은 현재 동(Cu)증기 레이저 여기 색소 레이저를 이용하여 발진하고 있다. 현재 실증연구 단계에 있으며 실용화를 위한 노력이 이루어지고 있다. 또한 향후 레이저 장치를 고신뢰화하고 수명을 늘리기 위해 전체를 고체화하는 것도 고려되고 있다.

② 핵스핀의 차이를 이용한 다단계 광전리법

동위원소 이동이 비교적 크고 실질적인 동위원소 수가 적은 경우에는 동위원소 이동을 활용한 선택여기가 효과적이다. 이에 대해 동위원소 수가 많고 동위원소 이동이 작은 경우나 표적 동위원소 원자가 초미세 구조를 가지는 경우에는 선택여기는 그다지 용이하지 않다. 원자력 분야에서 기대되고 있는 ^{91}Zr 분리, ^{157}Gd 농축 등이 이에 해당된다. Balling과 Wright는 동위원소에서 핵스핀의 차이를 이용한 분리법을 제안했다[4]. 그들은 원형편광에 대한 천이의 선택법칙을 이용하여 핵스핀의 유무에 따라 동위원소를 분리한 경우의 선택성을 레이저 편광도와 전파벡터의 평행성 측면에서 평가하였다.

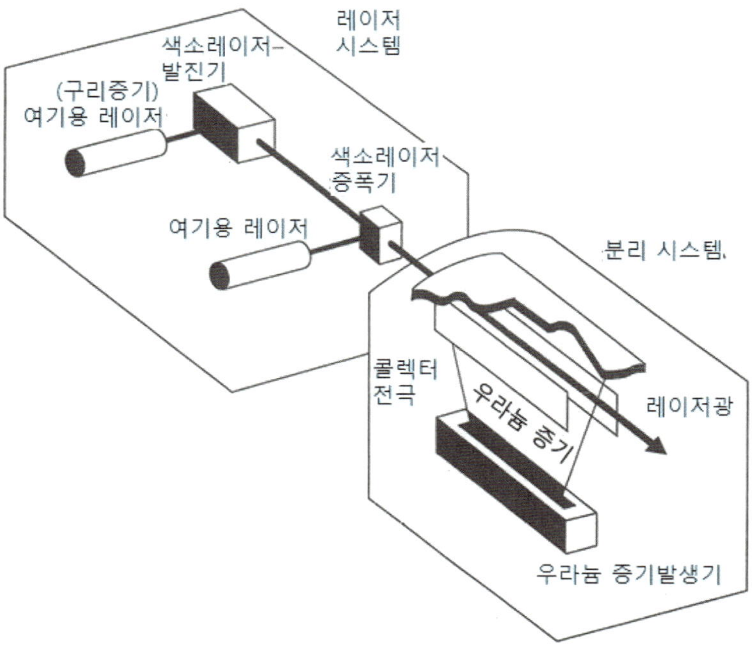

그림 8.2 우라늄의 레이저 동위원소 분리 시스템의 계략도

이 방법을 이용하면 동위원소 이동보다 선폭이 좁은 레이저광은 필요가 없게 된다. 이 방식에 따라 ^{157}Gd의 농축 등이 달성되고 있다[5]. 원리적으로는 Mg, Ca, Zn, Sr, Cd, Ba, Hg, Yb, C, Si, Ge, Pd, Sn, Sm, Pb, Pu 등의 $I \neq 0$의 동위원소 분리에 적용 할 수 있다고 생각된다.

③ 분자법

분자법에 있어서는 분자의 진동레벨을 이용하기 때문에 주로 적외선 영역의 레이저광을 이용한다. 이 방식에서는 2단계의 광여기-해리법 및 적외선 영역의 다광자 흡수를 이용한 여기-해리법의 2가지 방식이 있다. 그림 8.3에 2단계 광전리법의 동위원소 분리 개요를 나타낸다. 동일 그림 8.3(a)에서는 선택여기단에 진동여기를, 그림 8.3(b)에서는 비해리의 결합전자 상태로의 여기를 이용하고 있다.

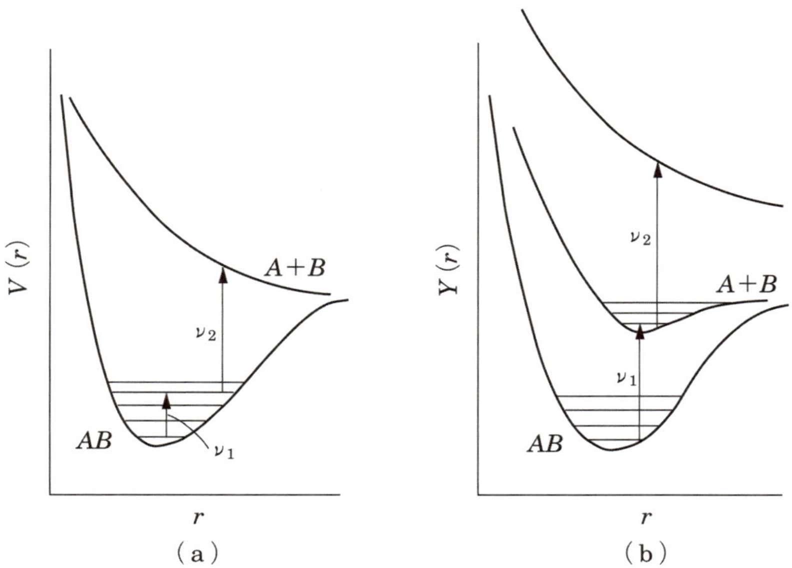

그림 8.3 분자법 동위원소 분리의 2단계 광해리법의 개요

동일 그림 8.3(b)의 경우 해리 에너지 E_{vib} 보다도 높은 에너지를 가지는 전자상태로 여기하면 앞선(前期) 해리에 의해 제2의 레이저광이 없이 분자는 해리한다.

이들 과정에서 동위원소 선택성은 제1단의 선택여기로 결정된다. 이때 두개의 레이저광 주파수는

$$h\nu_1 < E_{v1b} < h(\nu_{[1} + \nu_2) \tag{8.4}$$

로 되도록 선택해야 한다. 또 열여기에 의한 선택성 저하를 피하기 위해서는

$$\exp(h\nu_1/kT) \gg 1 \tag{8.5}$$

로 되도록 선택여기단을 선택할 필요가 있다. 여기용 레이저 펄스폭 τ_P 를

$$\tau_{rot} > \ > \tau_p > \tau_{vib} \tag{8.6}$$

처럼 하면 회전상태의 완화시간보다도 펄스폭이 길기 때문에 대부분 회전상태로 분포하고 있는 분자를 여기할 수 있으며 반응효율이 높게 된다. 현재까지 이 방식에 의해 NH_3, HCl, BCl_3 등을 이용하여 ^{14}N과 ^{15}N, ^{35}Cl과 ^{37}Cl, ^{10}B와 ^{11}B의 동위원소 분리실험과 H_2CO(포름 알데히드)를 이용한 H와 D, ^{12}C와 ^{13}C의 분리실험이 앞선(前期) 해리법에 의해 수행되고 있다.

다원자 분자의 기준 진동모드에 공명하는 강력한 적외선 레이저광을 조사하면 분자는 10 ~ 100개의 적외선 광자를 동시에 흡수하여 순식간에 해리한다. 이 과정을 적외다광자 해리과정이라고 부른다. 진동완화 등의 충돌시간에 비해 레이저 펄스폭이 짧은 경우

다광자 해리과정에는 동위원소 선택성이 있다. 지금까지 SF_6를 이용한 많은 연구가 이루어졌고 해리 프로세스가 밝혀졌다.

그림 8.4에 다광자 해리과정을 모식적으로 나타낸다. 분자의 진동준위는 이산적이지만 $\upsilon = 3 \sim 5$ 에너지로 하여 $E = 3{,}000 \sim 5{,}000\ \mathrm{cm^{-1}}$ 이상에서는 다양한 기준 진동모드나 그 결합모드가 많이 혼재하며 그 때문에 진동준위의 밀도가 $1\ \mathrm{cm^{-1}}$당 10^2 이상,

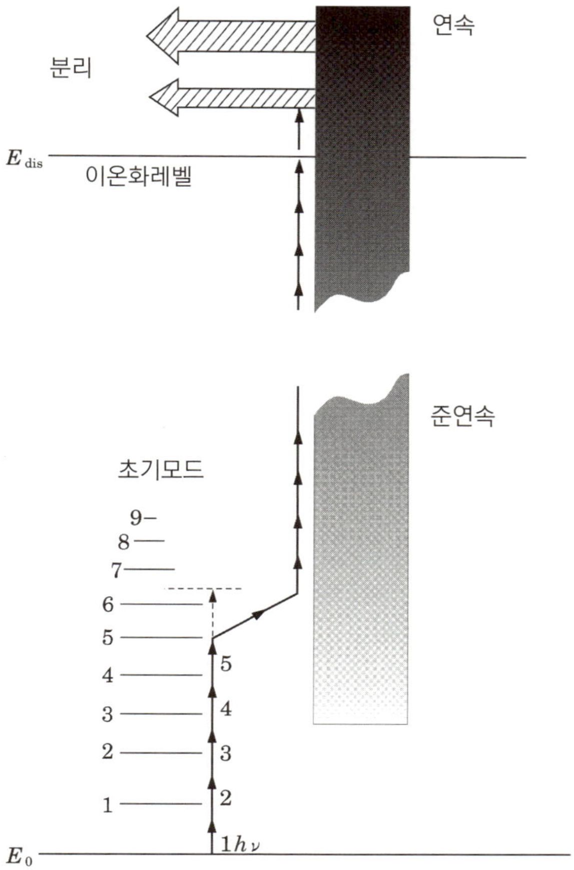

그림 8.4 분자법 동위원소 분리의 다광자 해리법의 개요

회전준위를 포함하면 10^2 이상의 상태 밀도가 된다. 이 때의 준위는 준연속으로 되어 있다고 볼 수가 있다. 강력한 적외 레이저광을 조사하면 분자는 $\upsilon = 0$에서 $\upsilon = 3 \sim 5$ 정도까지는 이산적인 진동 에너지 준위를 거쳐 여기되지만 그 이상의 준위에서는 준연속 상태 중 어느 준위를 경유하여 높은 준위까지 여기되고 결국에는 해리한다. 2원자 분자나 3원자 분자에서는 진동준위의 밀도가 낮기 때문에 다광자 해리는 일어나기 어렵지만, 4원자 분자 이상에서는 일반적인 것으로 고려되고 있다.

다광자 해리를 이용한 동위원소 분리실험은 최초 BCL과 SF_6를 이용하여 수행되었다. 그 후 H, C, N, O, Si, Cl, Se, Br, Os, Mo, U 등을 대상으로 해서 TEA CO_2 레이저광을 조사하여 해리할 수 있는 작업물질의 검토와 동위원소 분리실험 결과가 많이 보고되고 있다[1)]. 그 중에서도 H와 C의 레이저 동위원소 분리에 관련해서는 그 실용화를 목표로 연구개발이 이루어져 분리플랜트의 개념설계까지 실시되었다. 적외영역에서 파장가변 자유전자 레이저의 적용성이 현재 연구 중이다.

(3) 레이저 동위원소 분리의 미래

레이저 동위원소 분리의 특징은 선택성이 높은 것이며, 다른 방법과 비교하여 현격하게 높은 분리계수를 얻을 수 있다. 이 때문에 향후 우라늄뿐만 아니라 다양한 동위원소 분리에 적용하는 것이 고려되고 있다. 동위원소로서는 의학, 약학, 농학분야에서는 D나 ^{13}C, ^{15}N, ^{17}O, ^{18}O 등이 트레이서 물질로서 기대되고 있다. 원자력 분야에서는 우라늄 이외에도 ^{58}Ni, ^{64}Zn, ^{91}Zr, ^{157}Gd 등의 분리, 농축뿐만 아니라 미래의 핵융합로에서는 중성자에 의한 구조재의 방사화를 저감하기 위해 Cr, Fe, Ni, Zr, Mo, W 등에서 특정한 동위원소의 분리가 요망되고 있다.

이들 동위원소 분리에서는 레이저법을 적용 할 수 있다. 레이저 동위원소 분리법에서는 레이저 장비비용, 운전비용이 코스트의 중요한 부분을 차지한다. 지금까지는 주로 파장가변 색소 레이저나 TEA CO_2가 고려되어져 왔지만 최근 반도체 레이저 여기 고체 레이저를 기반으로 한 파라메트릭 발진기 등 전체 고체화 레이저는 소형, 고효율, 장수명으로 유지보수가 거의 필요하지 않기 때문에 설비비, 운전비의 대폭적인 저감이 예상되어 이를 이용한 레이저법은 향후 중요성이 증가할 것으로 예측된다. 또한 분자법에 대하여 자유전자 레이저 적용 연구가 진행되고 있다.

8.1.2 군분리의 가능성

원자력 발전에 있어서 사용후 연료에는 초우라늄 원소나 핵분열 생성물 등의 다양한 물질이 혼재하고 있다. 이 사용 후 연료는 재처리되어 리사이클된다. 이른바 핵연료 사이클이다. 에너지 자원이 부족한 국가에서는 필수기술이다. 이 때 발생하는 고준위 방사성 폐기물 용액에는 다수의 유용한 금속이온이 포함되어 있어 이를 원소군으로 분리하면 효과적이며, 동시에 관리가 보다 안전하게 이루어진다. 이 분야에 레이저에 의한 산화 환원반응을 이용하여 효율 좋은 원소군을 분리하려고 하는 아이디어가 있다. 이 기술이 실현되면 화학적 산화 환원법에 비해 폐액의 양이 증가하지 않는 등의 이점을 기대할 수 있다.

레이저에 의한 광반응을 이용하여 고준위 방사성폐기물 중 금속이온 분리를 검토한 예로는 미국의 경우 1977년쯤부터 1980년대 중반까지 Eu, Ce, Sm 등의 원소이온의 산화환원반응을 이용한 연구가 있었다. 한편, 일본에서도 Eu, Np 등에 대한 기초적인 실험이 수행되었다.

고준위 방사성 폐기물의 용액에 포함된 금속이온과 광반응에 대한 요약을 표 8.1에 나타낸다[7]. 핵분열 생성물 중 Cs, Sr 등의 알칼리, 알칼리 토류금속은 용액 중의 광반응은 알려져 있지 않지만 란탄족 이온, 악티늄 이온, 백금족 원소 이온은 광반응하는 것으로 알려져있다. 초우라늄 원소(TRU) 이온도 광반응한다.

용액 중의 금속이온의 광반응에는 산화 환원반응, 리간드의 치환반응 등이 있지만 중요한 반응은 산화 환원반응이다. 이러한 광반응에 대해

표 8.1 고준위 방사성 배기물 중의 금속이온과 광반응

원소	생성량	광화학	원소	생성량	광화학
Ge	6.6×10^{-4}		I	0.25	○
As	2.1×10^{-4}		Xe	5.3	
Se	5.6×10^{-2}		Cs	2.8	
Br	2.2×10^{-2}	○	Ba	1.4	
Kr	0.37		La	1.3	○
Rb	0.35		Ce	2.7	
Sr	0.91		Pr	1.1	
Y	0.48		Nd	3.8	
Zr	0.35		Pm	0.13	○
Nb	3.3×10^{-2}	○	Sm	0.75	○
Mo	3.3	○	Eu	0.17	○
Tc	0.78	○	Gd	8.7×10^{-2}	
Ru	2.4	○	Tb	2.8×10^{-3}	
Rh	0.43	○	Dy	1.4×10^{-3}	
Pd	1.3	○	Ho	1.5×10^{-4}	
Ag	7.9×10^{-2}	○	Er	5.9×10^{-5}	
Cd	0.11	○	U	955.0	○
In	2.3×10^{-3}		Np	0.56	○
Sn	9.1×10^{-2}		Pu	9.94	○
Sb	3.2×10^{-2}		Am	0.15	
Te	0.49		Cm	4.5×10^{-3}	

레이저를 활용한 경우의 특징으로서 그 제1은 금속 이온에 맞춘 여기 파장을 이용하는 것에 의해 선택적 반응을 기대할 수 있는 것이며 제2는 2광자 반응 등의 다광자 과정을 활용할 수 있는 것이다. 더욱이 Eu^{3+}이온의 예에서는 초단 펄스의 특징도 효과가 있다[3)].

핵연료 사이클의 재처리 공장에서 나오는 고준위 방사성 폐기물의 용액을 보다 더 분리, 농축하려면 고체화하여 지중 관리하는 경우에 관리 기간을 단축 할 수 있고 보관밀도를 올리는 등의 이점이 있다. 따라서 레이저를 활용한 금속이온의 산화 환원반응이 가능한 원소이온인 란탄, 악티늄의 분리공정을 간략화 하는 것을 검토하고 있다.

8.2 레이저에 의한 에너지 수송

8.2.1 레이저 에너지 수송의 가능성

레이저로 에너지를 수송하는 것은 유도방출에 의한 단색성, 코히런트성 및 시, 공간에서의 에너지 집중성에 의해 가능하다. 공간에 있어서는 특히 가공선을 펼칠 수 없는 상황 하에서는 충분히 매력적인 방식이다. 또한 근래 개발이 진행되고 있는 광파이버로는 10 MW/cm^2 수준의 출력밀도의 전송이 가능하다. 또한 고전압으로 할 필요성이 없음으로 절연도 불필요하여 취급이 용이하다는 이점도 있다. 특히 레이저의 효율이 50%, 광-전력 변환소자의 효율이 90%에 이르고 있는 것도 있어 미래에서는 실용성이 충분하다고 생각된다. 이때 이들 방식은 상보적으로, 또한 연관되어 발전해 나갈 것으로 생각된다. 여기에서는 전자를 중심으로 우주 태양광 발전의 실례와 관련하여 서술한다.

지구환경 문제가 중요시되는 가운데 태양광 발전은 청정 에너지원으로서 주목을 받고 있어 미래의 전력 공급원으로서 가능성이 검토되고 있다. 그러나 이 방식은 날씨의 영향을 받기 쉽고 또한 야간에는 전력 공급을 할 수 없기 때문에 가동률은 실질적으로 일본의 경우에는 10% 정도(피크 전력 시 상당)가 된다. 이 때문에 큰 면적이 필요하며 에너지 집중성도 나쁘다는 단점도 있기 때문에 비록 태양전지 비용이 목표대로 하락했다 해도 주요 에너지원이 되기는 어렵다.

한편 우주에서 태양에너지를 활용하면, 이때의 가동률은 지상의 130%로 큰 폭으로 상승한다. 이 때문에 우주궤도로 장치를 쏘아 올리는 비용을 충분히 보상 할 수 있다면, 날씨 등에 영향을 받지 않고 안정적으로 공급할 수 있는 청정 에너지원이 된다.

이 아이디어는 미국의 글레이저에 의해 1968년에 제안되었고 미국과 일본에서 검토가 이루어져 왔다[8]. 지금까지는 우주-지상 간의 에너지 수송수단은 마이크로파가 고려되고 있지만, 이 방식으로는 지상에서 수백만 kW의 파워 수신시설의 직경이 10 km 이상으로 극히 대규모가 되어 일본과 같은 상황에서는 비용면에서도 또한 지리적인 면에서도 어려움이 있다. 그러나 레이저를 이용하면 마이크로파 방식에 비해 훨씬 에너지를 집중하여 소면적으로 고밀도 에너지를 필요한 지점으로 보낼 수 있다. 보내는 장소는 지상뿐만 아니라 공중으로도 가능하다. 이 때문에 마이크로파에 비해 실용상 유리한 점이 많다. 특히 지표면 근처에 공중 고정 터미널 등을 설치하면 구름 등에 좌우되지 않는 에너지원이 된다. 또한 이때 이 터미널과 지상을 파이버로 연결하면 좋다. 현재 효율이 높은 레이저의 개발이 진행되고 있어, 이와 같은 레이저를 채용함으로써 수송효율도 높아지고 지금까지 레이저 방식의 결점이었던 저효율도 극복될 수 있다. 우주 태양에너지 수송의 실현 가능성이 이러한 고효율 레이저를 이용함으로써 재검토가 시작되고 있다[9].

8.2.2 시스템의 개념

레이저 에너지 수송에 의한 우주 태양에너지 시스템을 고려하면 이때 전력 흐름은 그림 8.5와 같이 된다. 최종적으로 얻어지는 전력 P는

$$P = I_S A \eta_C \eta_L \eta_T \eta_R = I_S A \eta \tag{8.7}$$

로 표현된다. 여기서 I_S는 지구 근방에서의 태양 출력밀도로, A는 태양 수광면적, η_C 는 태양에너지에서 레이저 여기를 위한 전력 변환효율, η_L 는 레이저의 효율, η_T는 전송효율, η_R는 수신효율이다. η는 $\eta = \eta_C \eta_L \eta_T \eta_R$로 전체 시스템 효율을 나타낸다. 에너지 변환에는 태양전지, 열전자 발전, MHD 발전 등이 고려되고 있지만, 여기에서는 태양전지를 주로 고려한다. 이 때 우주 태양 발전 시스템의 비용 C_S는 대략적으로

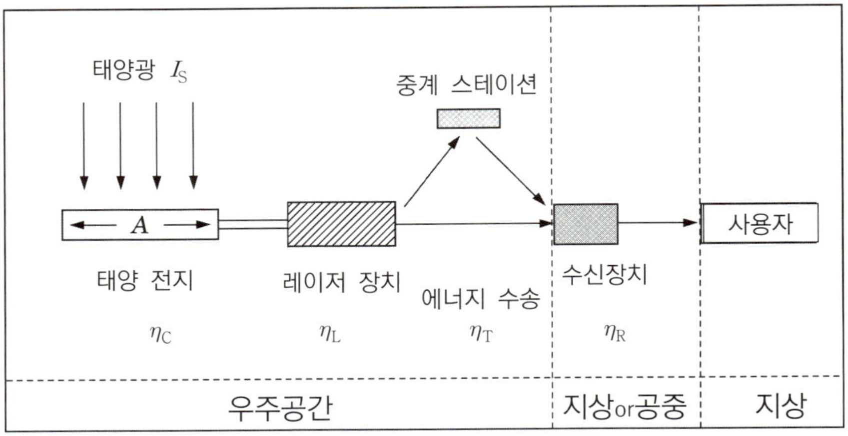

그림 8.5 우주 태양에너지 발전 시스템과 에너지 흐름

$$C_S = AMC_P + AC_m \tag{8.8}$$

로 생각되어진다. 여기서 M은 태양전지 시스템의 단위 면적당 평균중량이며 C_p는 단위 중량당 우주궤도 진입을 위한 페이로드를 나타낸다. 또한 C_m은 태양전지의 실질적인 단위 면적당 제작비이다. 여기에는 태양전지 자체와 그 주변기기, 전송용 레이저, 수신 시스템의 제작비가 포함되어 있다. 이들은 출력 즉 수광면적 A에 일차적으로 의존하는 것으로 고려하고 있다. 그 때문에 A로 묶여진 형태로 여기에 표시하고 있다. 식 8.8로부터 최종적인 전력비용 (엔/kW · h)은

$$C = \frac{(MC_p + C_m)}{8.76 \times 10^3 \tau R I_s \eta} f \tag{8.9}$$

로 표현된다. 여기서 f는 단순화된 장치의 초기자본 비용인자이며 내용년 수 τ에 따라 다르지만 $f = 4 \sim 5$ 정도이다. R은 가동률을 나타낸다. f, R, τ는 각각 상관관계가 있지만 여기서는 자세히 논의하지 않고 독립적인 것으로 생각한다.

사용할 수 있는 최종적인 전력을 $P = 100$만 kW·e으로 생각하면, 태양전지를 $\eta_C = 0.2$로 $\eta_L = 0.5$, $\eta_T = 0.9$, $\eta_R = 0.6$로 두면 필요한 태양전지의 면적 A는 $A = 1.8 \times 10^7\ \mathrm{m}^2$이 되고, 약 4 km 사방이 된다. 또한 이 때의 비용은 $C_p = 10^4$ 엔/kg로 고려하여 m = 0.03 kg/m², $C_m = 600$ 엔/m², $\eta = \eta_C \eta_L \eta_T \eta_R = 0.2 \times 0.5 \times 0.9 \times 0.6 = 0.027$로 하고, $f = 5$, $\tau = 5$, R = 0.9로 두면 $C = 5$엔/kW·h가 된다.

1 kg당 페이로드 비용은 우주 왕복선으로 100 만 엔, 아리안 로켓으로 60 만엔, 또한 가까운 장래 개발되는 ALS에서 8 만 엔에 이르고 있다. 페이로드 비용이 코스트 상에서는 최대 과제이다. 현재에서는 아리안으로 발사하여 $C_m = 2{,}000$ 엔/m²으로 하면 120 엔/kW·h가 된다. 그 중 90%가 발사비용이 된다. 태양전지 자체는 700 엔/kW·p가 현재상황이지만 조만간 200 엔/kW·p로 될 가능성이 있다. 이를 바탕으로 전체 시스템을 2배로 하여 계산하고 있다. 이들의 파라미터를 표 8.2에 나타낸다. C_m, m, C_p 등을 파라미터로 잡은 경우의 관계를 그림 8.6에 나타낸다.

표 8.2 우주 태양에너지 시스템의 파리미터

		설정값	현상
태양에너지 변환효율	(η_C)	20%	~15%
레이저 효율	(η_L)	50%	~40% (LD)
전송효율	(η_T)	90%	–
수신효율	(η_R)	60%	–
페이로드 비용	(C_P)	8×10^4 엔/kg	5×10^5 엔/kg
제작 비용	(C_m)	600 엔/m²	– (700 엔/m²태양전지만)
단위중량	(M)	0.03 kg/m²	–
순면적	(A)	1.8×10^7 m²	–
최종출력 $P = 10^9$ W 전력단가 = 10 엔/kW·h			
$\tau = 5$ $f = 5 \sim 10$ $R = 0.9$ $I_S = 1.35$ kW/m³			

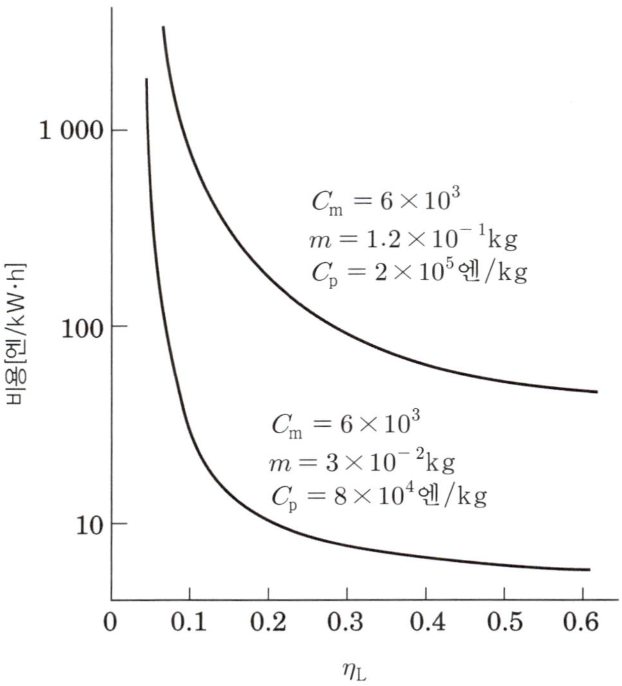

그림 8.6 우주 태양에너지 비용의 개산

8.2.3 레이저 시스템

전송용 레이저는 고효율, 파장의 최적성, 작은 빔 확산각이 필요하다. 효율은 전술한 바와 같이 50% 정도가 요구된다.

표 8.2의 파라미터에 따라 2×10^9 W의 출력을 수송한다면 이때 레이저빔 수를 어느 정도로 잡을 지로 단일 빔 당 출력은 변화하지만 최소한 10 MW 이상으로 생각된다. 레이저에 대한 요구 사양을 표 8.3에 나타내었다. 이를 만족하는 레이저로서 반도체 레이저 및 자유전자 레이저 등이 고려된다.

표 8.3 우주 태양에너지 수송 레이저의 파라미터

	요 구 사 양
효율	50% 정도
파장	근적외선 ~ 중적외선
퍼짐각	$10^{-3} \sim 10^{-5}$ rad
출력	MW급 이상의 평균출력

(1) 반도체 레이저

반도체 레이저의 효율은 30 ~ 66%로 매우 높으며 기술적으로도 개발이 진행되고 있어 실용화가 진행되고 있다. 또한 태양광을 태양전지에 의해 전력으로 변환하여 여기하는 것이 아니라 태양광에서 직접적으로 반도체 레이저를 여기 할 수 있는 가능성도 있어서 이는 장점이 된다. 그러나 반도체 레이저는 빔 자체의 확산각이 크기 때문에 에너지 수송을 위해 미러나 렌즈 등으로 보정할 필요가 있다. 또한 우주에서의 반도체 레이저 소자에 대한 방사선 손상평가도 필요하고, 이것이 시스템의 내용 년 수를 결정할 가능성이 있다. 현재는 kW급의 평균출력이 나오는 레이저도 제작 되고 있다. 10 MW급을 목표로 한 보다 높은 평균출력의 가능성과 그 때의 제작비용 및 효율성 등이 판단기준이 된다. 또한 우주공간에서의 열 냉각 및 제거도 실용상의 중요한 과제이다.

(2) 자유전자 레이저

자유전자 레이저는 자유전자 에너지를 레이저로 변환하는 것으로 레이저로 변환 후 전자 에너지를 회수함으로써 효율을 매우 높게 취할 수 있어 발열문제도 없다. 또한 근적외 영역은 기술적으로 충분히 발달하여 동시에 파장도 가변 할 수 있어서 전송을 위한 최적파장을 선택할 수 있다. 현재 단일기기로 10 ~ 100 kW급의 장치가 계획되어

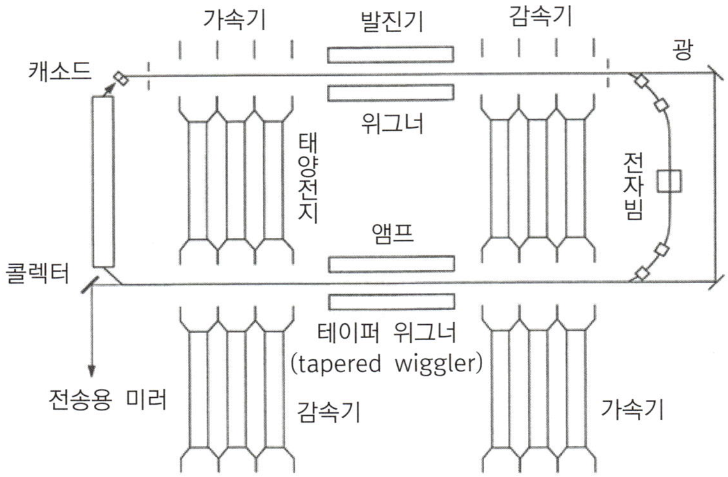

그림 8.7 에너지 수송 자유전자 레이저의 개략도(정전가속형. 에너지 회수가 필요.)

있으며 1 ~ 10 MW급도 충분히 가능하게 되어 고출력화가 유망하다. 사용 가능한 전자빔 가속기로서의 조건은 높은 평균출력으로 연속 발진이 이루어져 동시에 근적외 발진이 가능해야 한다. 이 때문에 가속기로서 정전 가속기가 고려된다. 시스템의 개략도를 그림 8.7에 나타낸다.

정전 가속기에서는 태양전지의 전력을 직접적으로 가속에 이용할 수 있는 가능성이 있다. 또한 가속기와 감속기를 그림과 같이 결합시켜 에너지 회수를 도모할 수 있다. RF가속기 방식에서는 전자빔을 되반사시켜 RF가속공동으로 빔을 넣어 감속하고 RF파 자체로 변환하여 가속에 다시 사용 할 수 있을 것으로 생각된다. 이 방식이라면 클라이스트론의 효율에 거의 근접한 시스템 효율을 얻을 수 있다.

자유전자 레이저 장치 자체는 가속기와 영구자석만이기 때문에 수명도 길게 잡히고, 방사선에 의한 열화 등도 다른 레이저에 비해서 적다라고 생각된다. 앞으로 어디까지 고효율화, 고출력화를 할 수 있을지가 과제이다.

8.2.4 공간 레이저 전송

레이저에 의한 광력의 수송을 생각했을 때 대표적으로 다음과 같은 경우들을 들 수 있다.

① 지표 대 지표 (부근) ~ 10 km
② 지상 대 공간 (우주) ~ 10,000 km
③ 공간 대 공간 ~ 100,000 km

10 km 정도의 스케일 길이의 수송에 있어서 또는 지표 근처에서는 광파이버 전송이 충분히 가능하지만, 보다 원거리 혹은 높은 고도에서의 수송에 있어서는 공간에서의 수송이 된다. 상기 ② ~ ③의 항목이 이에 해당한다.

②에 해당하는 것으로서 인공위성과 지상 또는 인공위성을 경유한 대륙간의 에너지 수송을 생각할 수 있다. 이는 수송거리로서는 1,000 ~ 10,000 km이다. ③에 해당하는 것으로는 달과 인공위성, 스페이스 콜로니 등 간의 에너지 수송이 있다. 달에서 헬륨3^+ 중수소에 의한 핵융합 발전을 수행하고 이 전력을 광으로 변환하여 지구나 스페이스 콜로니로 수송하는 미래의 구상이 있다.

(1) 레이저 전송을 위한 조건

레이저 에너지를 전송 할 경우, 수신계의 크기는 단지 10 m 정도라면, 지금 이 수신계 부근에서의 레일리 레인지를 R로 하고 회절한계에서의 빔을 고려하여 그 때의 파장을 λ로 두면 레이저 단면적은

$$A = \frac{\pi R^2 \lambda^2}{D^2} \tag{8.10}$$

이 된다. 여기서 D는 레이저 어퍼처의 직경이다. 이로부터 알 수 있듯이 파장은 짧을수록 좋다. 그러나 광학계의 특성에 따라 이는 제한을 받는다. 현재 고출력 레이저용 광학소자가 실사용에서 견딜 수 있는 것은 가시광선에서 근적외선에 걸쳐있다.

마이크로파를 이용한 방식은 전리층의 문제도 있지만 장거리 에너지 수송에 어려움이 있다는 것을 알 수 있다. 이 때문에 지상에서의 에너지 수신 안테나는 10 km의 직경을 초과하게 된다.

한편 단파장에서 문제가 되는 것이 대기 중의 투과율 T이다. 파장이 짧을수록 산란이 증가하게 된다. 이 때문에 1 ~ 10 ㎛로 H_2O나 CO_2 분자의 흡수레벨이 없는 영역이 바람직하다. 또한 안개(구름)나 미스트가 있는 경우, 마이크로파로는 충분히 투과 할 수 있지만 빛이라면 미산란이 커져 단순한 흡수 이외의 사항도 고려할 필요가 있다.

(2) 대기 중 전송의 문제점

대기 중에는 난기류가 존재한다. 수십 km나 떨어진 지점간이나 30,000 km ~ 40,000 km나 떨어진 우주에서 지상의 10 m 직경급의 수신부로 레이저 광을 정확하게 유도 할 수 있는지가 큰 문제이다. 이 때문에 지상 혹은 우주에서 비컨(beacon)으로 순간적으로 위치검출을 수행하고 미러 형상이나 각도를 변화시킴으로써 정확하게 수송을 행하는 기술이 개발되고 있다[10). 또한 대기 중에서는 대출력 레이저 빔을 전파하기 위해 비선형 상호작용이나 빔의 열에 의한 블루밍(blooming) 현상이 야기된다.

① 보상

레이저 광의 장거리 전송을 위해서는 그림 8.8과 같은 대기 중의 난류에 의한 파면 비틀림이나 각도의 고속보정이 필요하다. 이 경우 이른바 어댑티브 옵틱스(적응광학, adaptive optics)를 이용한 능동적인 시스템이나 비선형 광학소자를 이용한 수동적 보상이 고려된다.

전형적인 어댑티브 옵틱스는 반사면을 곡률제어 가능한 박판 위에 형성하고 이 박판의 바닥에 다수의 피에조 소자 등에 의한 액츄에이터 어레이를 설치하여, 이에 의해 미러를 비틀어서 파면 보정을 행하는 것 이다. 히스테리시스가 적고 저전압에서 액추에이터를 구동할 목적으로 스택 타입의 압전소자가 사용된다.

이와 같은 디포머블 미러는 전압구동이 가능하기 때문에 포커싱 및 디포커싱의 쌍방제어가 가능하게 된다. 수동적 보상에는 위상공액을 일으키는 이른바 비선형 광학 소자가 사용된다. 그 대표적인

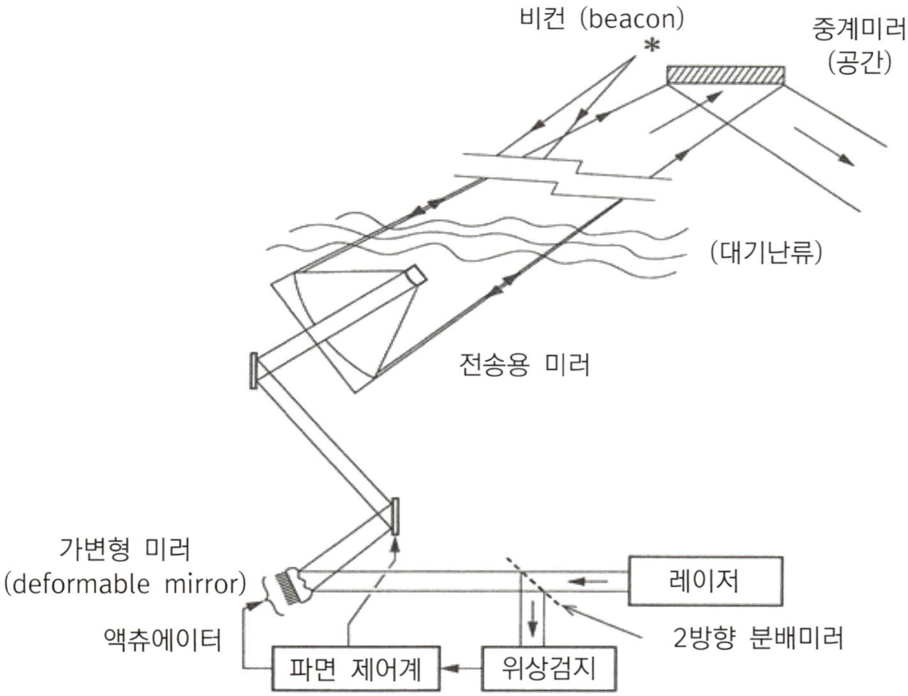

그림 8.8 디포머블 미러 시스템을 이용한 레이저 에너지 수송 광학 시스템

예가 유도 브릴루앙 산란(Brillouin scattering)과 축퇴4파 혼합이다. 이와 같은 매질 중에서는 입사광 $E_i = E_{exp}\{i(\omega t - kz)\}$ 이 물질을 통과하는 것에 의해 원래의 광파와 위상공액 $E_0 = E*(r)\exp\{i(\omega t - kz)\}$의 파형이 되므로 이것을 교란 중에 다시 전송시키면 원래의 파형으로 돌아오게 된다. 통상의 경면반사에서는 이러한 위상공액파를 만들 수 없다.

이러한 소자와 시스템을 이용하면 대기 중을 장거리 전송할 수 있고 정확하게 수신부에 수속할 수 있다. 또한 이들 기술은 에너지의 전송뿐만 아니라 가공, 원격탐사 등 응용범위가 넓어지고 있어서 미래의 중요한 기반기술로 고려되고 있다.

② 밀도제한

강력한 레이저 광이 대기 중을 전파할 때 그 매체를 가열한다. 이 때문에 대기의 압력이 감소하여 부열렌즈효과를 나타내게 된다. 이 렌즈 형상은 빔의 형상에 의존한다. 이 때문에 레이저 광은 발산하게 되고 이를 열 블루밍(thermal blooming)이라고 부른다. 가까운 광축 근처에서 이 효과에 의해 레이저 광이 완전히 광축을 빗나가는 임계강도는

$$It = \frac{\rho_0 C_p \lambda}{\left|\frac{dn}{dT}\right| \alpha La} \tag{8.11}$$

로 표현된다. 여기서 해수면 수준에서의 대기 밀도 $\rho_o = 1.2 \times 10^{-3}\ \mathrm{g/cm^2}$, 비열 $C_P = 1.0\ \mathrm{J/g \cdot K}$, 굴절률의 온도 변화 $dn/dT = -9.5 \times 10{-}7\ \mathrm{K^{-1}}$로 둔다. d는 흡수율, La는 대기 중에서의 전파 거리이다. t는 시간을 나타낸다. 대기의 스케일 높이는 약 $La = 10^6$ cm로 둘 수 있다. 또한 α는 1 ㎛ 부근에서는 10^{-7}로 둔다.

이들 값에 따라 대략 $It < 2.3 \times 10^2$ J/cm^{2}가 레이저광 에너지밀도 전송임계점이 된다. 열대류 등 여러 가지 세세한 작용이 열블루밍에 있지만, 대략 이것이 기본적인 전송 가능 에너지밀도라고 생각해도 좋다[11).]

대기 중에서의 라만산란(자연)의 단면적은 매우 작지만 이것이 집적함으로써 유도라만산란이 일어나게 된다. 그때의 스톡스 강도 I_S 및 레이저광 I_L은 다음 식으로 표시된다.

$$\left.\begin{aligned} \frac{dIs}{dz} &= \gamma I_{\mathrm{L}} I_{\mathrm{S}} \\ \frac{dI_{\mathrm{L}}}{dz} &= -\frac{\lambda_{\mathrm{S}}}{\lambda_{\mathrm{L}}} \end{aligned}\right\} \tag{8.12}$$

γ 는 라만이득계수에서

$$\gamma(\nu) = \frac{\lambda_{\mathrm{s}}^3 N}{hc}\frac{d\sigma}{d\Omega}f(\nu) \tag{8.13}$$

로 표시되며, N은 분자 초기에서 최종상태 사이의 밀도차, $f(\nu)$는 분자의 라인형상 함수이다. 이 값이 대기 중의 장거리 전송에 어떠한 영향이 있는지는 정밀한 검토가 필요하지만 레이저광 강도의 감쇠에 영향을 미칠 가능성이 있다. 질소분자 회전-진동천이수준에 대응한 유도라만산란이 고려되고 있다. 실제로 질소의 회전준위 $\mathrm{S}_{00}(8)$ 및 $\mathrm{S}_{60}(10)$에 대응한 유도라만산란이 관측되고 있으며 그 이득계수는 γ = 2.5 cm/TW (1.05 ㎛)이였다. 이들 결과로부터 1 ㎛ 근방에서는 MW/cm^{2}의 피크출력 이하이면 큰 성장이 없다고 생각되고 있다[12)].

고효율 레이저를 이용하면 우주에서의 태양에너지 발전이 비용적으로 현재의 전력비용에 가깝다는 가능성을 보여주었다. 또한 이 때 반도체 레이저, 자유전자 레이저는 에너지 수송 드라이버로 충분히 사용할 수 있는 가능성이 있다. 페이로드 비용, 태양전지 비용은 현재 기술개발의 연장선상에서 감소해 갈 것으로 예상하고 있다. 자세한 레이저 장치, 전송효율, 수신 시스템의 에너지 변환기술에 대해서 개념설계가 진행되고 있다.

8.3 레이저 트리거드 라이트닝

8.3.1 레이저 트리거드 라이트닝이란

트리거드 라이트닝이란 뇌운에서 낙뢰가 일어나기 전에 인위적으로 트리거를 걸어 번개의 에너지를 안전한 장소로 유도하는 기술이다. 특히 원자력 발전소가 다수 건설되고 있는 일본해 측에서 발생하는 겨울번개는 그 에너지가 커서 전력설비에 낙뢰하면 피해는 2차(2回線) 사고로 이어져 막대한 영향을 미칠 가능성이 있다. 번개 피해로부터 전력계통을 방어하는 수단으로서 여러 가지 방법이 취해지고 있지만 정전사고는 불가피하며 최근 현저히 보급되고 있는 IT 기기 등에 치명적인 타격을 줄 가능성이 있다. 이 때문에 레이저 트리거드 라이트닝과 같은 능동적인 피뢰기술의 개발은 중요하다고 생각된다. 이와 같은 이유로 번개 다발지역에 발전소를 가진 전력회사는 트리거드 라이트닝 기술의 연구에 전념하고 있다.

레이저 트리거드 라이트닝은 1974년에 미국에서 제안되어 공군의 연구그룹에 의해 자연번개를 대상으로 한 야외실험이 이루어졌다. 100 J의 탄산가스 레이저를 집광하여 플라즈마를 대기 중에 생성함으로써 번개를 유도한다는 것인데, 트리거드 라이트닝을 대상으로 한 것은 미국 남부에서 발생하는 고도가 높은 번개여서, 전계가 충분하지 않아 트리거드 라이트닝의 실현에는 도달하지 못했다[13)].

미국 그룹의 시도 후 잠시 동안 레이저 트리거드 라이트닝의 연구는 이루어지지 않았지만, 1980년대 후반에 들어와 일본의 번개 연구자들 사이에서는 일본해 측에서 발생하는 겨울번개의 특이성에 주목하였는데 그 중에서 발생하는 「유발 낙뢰 (triggered lightning)」 현상이 트리거드 라이트닝에 활용 가능하다는 제안이 이루어져 왔다. 레이저 트리거드 라이트닝에 앞서 수행되고 있는 로켓 트리거드 라이트닝 실험은 이

「유발 낙뢰」를 인공적으로 일으킴으로서 트리거드 라이트닝을 실시하고 있다.

현재 대학, 전력회사, 레이저 관련 연구기관 등 많은 그룹에서 대기 중에 생성되는 플라즈마의 특성을 규명하는 실험이나 방전유도 특성을 조사하는 연구가 수행되고 있다. 최근 들어 kJ급 출력의 대형 레이저가 사용됨에 따라 자연번개를 대상으로 한 실험도 이루어지게 되었다. 그림 8.9에 트리거드 라이트닝 시스템의 개략도를 나타낸다.

다른 트리거드 라이트닝 기술로서는 로켓 트리거드 라이트닝이 수십 년간 연구되어져 오고 있으며, 수많은 성공을 거두고 있다. 이 방법은 선박의 조난신호용 소형로켓을 이용해 피아노선을 뇌운으로 향하여 발사하고, 이것에 번개를 유도하는 것이다. 그러나 이 방법에서는 로켓이나 피아노선이 낙하해서 올 가능성이 있어 전력설비나 인가 근처에서는 사용할 수 없다는 제한이 있다. 이 때문에 번개 피해대책으로서의 실용

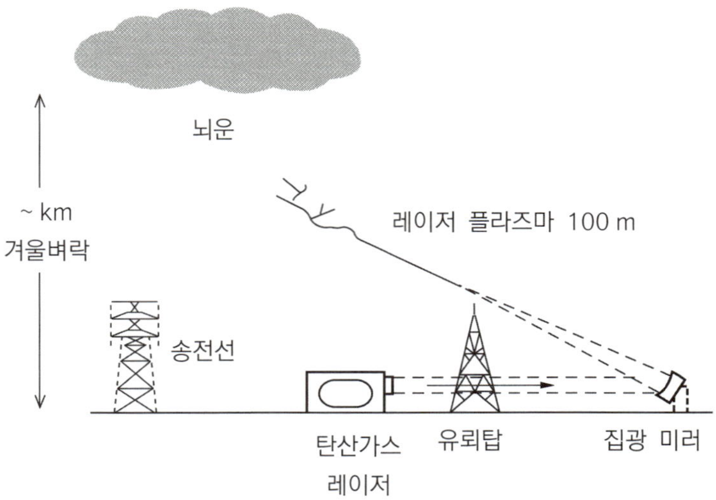

그림 8.9 레이저에 의한 트리거드 라이트닝 시스템의 개요

화는 아직 이루어지고 있지 않다. 이들 방식과 비교하여 레이저 트리거드 라이트닝은 낙하물 등의 위험성도 없고 환경오염도 없음으로 실용성이 높을 것으로 기대할 수 있다.

8.3.2 레이저 트리거드 라이트닝의 메카니즘

레이저 트리거드 라이트닝에 있어서 방전을 유도하는 경우 채널의 전리상태에 따라 다음의 2가지 방법이 연구되고 있다. 약전리 방식과 강전리 방식이다. 약전리 방식에서는 엑시머 레이저 등의 단파장 레이저를 사용하고 다광자 흡수과정을 이용하여 대기를 약전리 상태로 놓고 방전을 유도하자라는 것이다. 이 방식은 소규모적인 방전, 짧은 간격 방전유도 등에 효과적이지만 실제 트리거드 라이트닝에 있어서는 단파장 레이저광의 대기 중의 전파특성에 문제가 있다. 즉 대기 중으로 흡수가 너무 잘 되어 장거리 트리거드 라이트닝 경로형성이 가능하지 않다는 것이다.

한편 강전리 방식에 의한 트리거드 라이트닝은 CO_2 레이저 등의 장파장 레이저를 대기 중에 집광하여 대기 중의 부유입자를 플라즈마화하여 강전리 상태를 만들고 전도성 플라즈마 채널로 번개방전을 유도하는 것이다. 이 방법에서는 대기 중으로 장거리 전파가 가능한 적외선 영역의 강력한 레이저를 이용하면 비교적 긴 플라즈마 채널 형성이 가능하다. 실제에서는 100 m 근처의 방전로 형성도 이루어지고 있어 실용화에 대해 효과적이다. 야외 트리거드 라이트닝 실험도 이 방법으로 주로 수행되고 있다.

대기 중의 부유입자를 전리시켜 장편의 플라즈마 채널을 생성하려면 가능한 한 적은 에너지로 전리를 일으키는 레이저 파장이 유리하며 고주파가열 기구로 전리를 일으키는 장파장 레이저(수 ㎛ 이상)가 효과적이다. 특히 장파장 레이저에는 CO_2와 같은 고출력 레이저 장치가 개발되었으며, 10 ㎛ 부근의 빛은 대기 중을 높은 투과율로 전파할 수 있기 때문에 레이저 트리거드 라이트닝의 응용에는 유리하다.

CO_2 레이저광을 사용한 경우, 플라즈마화를 위한 광강도 임계값은 대기분자와 부유 미립자(에어로졸 직경 1 ㎛ 정도)에 있어서 각각 10^{10} W/cm^{2}과 10^8 ~ 10^9 W/cm^{2}이다. 에어로졸 플라즈마화의 임계값이 낮아 통상의 에어로졸이 먼저 플라즈마화하기 때문에 플라즈마 채널은 고립된 입상의 플라즈마(플라즈마 비즈(구슬))가 줄지어 형성된다. 그림 8.10에 CO_2 레이저에 의한 플라즈마 생성의 상황을 나타낸다.

일반적인 레이저 트리거드 라이트닝의 방법은 자연적으로 발생하고 있는 유발 낙뢰를 레이저 에너지를 이용하여 유발시키려는 것이다. 그 때문에 그림 8.9에 나타낸 것과 같이 레이저 트리거드 라이트닝 시스템을 고안하고 있다. 레이저 장치는 높은 집광강도를 얻기 위해 게인 Q스위치형 단펄스 CO_2 레이저를 이용하고 있다. 또한 플라즈마 중에 리더를 발생시키기 위한 고전계를 만들어내는 철탑(유뢰탑) 또는 트

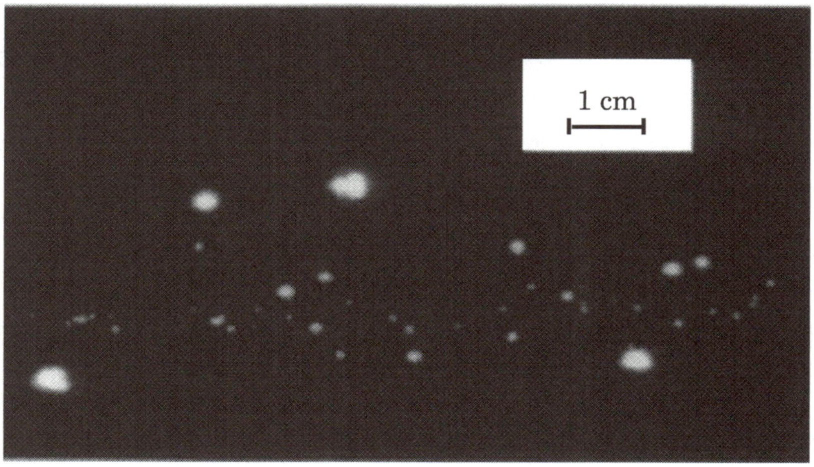

그림 8.10 탄산가스 레이저에 의한 에어로졸 비즈 플라즈마 발생

리거드 라이트닝탑의 선단(끝)에 레이저를 집광하여 플라즈마를 생성하기위한 대형 집광미러를 갖추고 있다.

트리거드 라이트닝탑 선단에 생성된 플라즈마는 뇌운의 전계가 철탑에 의해 강조되어 생기고 있는 수백 kV/m의 직류전계를 이용하여 리더를 발생시킨다. 이와 같은 전계 중에 플라즈마를 생성하면 플라즈마 중의 하전입자가 가속되어 전계의 에너지를 흡수하면서 스트리머(streamer)를 생성하여 리더로 성장한다. 이윽고 플라즈마 비즈간의 절연공간이 리더에 의해 연결되고 채널 전체가 도체와 같은 성질을 가지게 된다. 플라즈마 중에 발생하는 리더는 아래쪽으로 향하는 방향의 철탑 선단에 도달 한 후에 대지와 동전위되고 상공으로 향하는 방향의 선단은 뇌운에서 발생하는 균일한 전계를 왜곡하면서 그 선단에 집중한 전계에서 자기 진전 에너지를 얻는다. 리더는 뇌운의 전위 에너지를 소비하면서 플라즈마 가이드 효과에 의해 상공을 향해 간다. 플라즈마 채널은 반드시 뇌운에 도달하고 있을 필요는 없고, 플라즈마가 중단된 곳에서부터 앞선 리더가 충분히 지상의 전위를 끌어올려 리더가 자발적으로 진전할 만한 에너지를 축적하고 있음으로 그대로 뇌운까지 도달하여 번개기둥(雷主) 방전으로 이어진다고 생각되고 있다.

8.3.3 레이저 트리거드 라이트닝 연구의 현황

일본에서는 오사카대학, (재)레이저 기술 종합 연구소, 간사이전력 그룹이 강력한 CO_2 레이저를 이용하여 실험실내에서 10 m급의 플라즈마 채널의 형성에 성공하고 있다[14). 이에 이어서 야외에서 레이저 트리거드 라이트닝 실험이 진행되어 세계에서 최초로 레이저 트리거드 라이트닝에 성공하였다[15). 또한 전력 중앙 연구소[16), 규슈대학·큐슈전력[17)들의 그룹이 활발하게 연구를 진행하고 있다.

8.4 고강도 레이저 γ선에 의한 핵변환

8.4.1 레이저에 의한 핵변환이란

원자로는 핵분열에 의해서 에너지를 생성하면 동시에 핵분열 생성물(fission product : FP) 및 초우라늄 원소(transuranium : TRU)를 생성한다. 이들의 생성 핵종 중에는 장수명의 방사성 핵종이 포함되어 있으며, 이들 방사성 핵종은 유효하게 활용하는 것이 아니라면 어떤 형태로든 처분할 필요가 있다. 처분방법의 하나로는 인간환경으로부터 격리해 버리는 것이 고려된다. 그 예로서는 지층처분을 들 수 있다. 현재로는 이것이 가장 현실적인 수단으로 연구되고 있다. 이 밖에 장수명 방사성 핵종을 핵변환에 의해서 단수명 핵종 또는 안정 핵종으로 바꾸어 버리는 이른바 「소멸 처리」라고 하는 아이디어가 있다.

U 또는 Pu의 핵분열에 의해서 발생하는 장수명의 FP의 주요 핵종을 표 8.4에 나타낸다. 이 표에서 나타낸 생성률은 누적수율이며, 핵분열에 의해서 직접 발생하는 독립수율에서 β붕괴에 의한 붕괴사슬(decay chain)로 누적 된 것이다. 소멸처리의 대상이 되는 핵종은 이 생성률이 크고, 반감기가 길며 또한 (n, γ)반응 단면적이 작기 때문에 원자로에서는 소멸하지 않고 살아남는 것이다. 또한 표 8.4에는 1 ton의 연료(3.3% 농축 우라늄)을 원자로(출력밀도 30 MW/tU. 중성자 선속 2.92 $\times 10^{13}$개$cm^{-2} \cdot s^{-1}$ 연소도 33,000 MWd/tU)에서 사용한 후에 축적되는 소멸처리 대상의 각종 중량을 나타내고 있다.

그림 8.11에 이 발생량의 그래프를 나타낸다. 원자로에서 나오는 방사성 폐기물은 여러 종류로 다양하며, 또한 유용한 원소가 포함되어 있기 때문에 이것을 모두 소멸시키는 것은 유리한 대책이 아니다. 그래서 어떤 핵종을 우선적으로 소멸할지가 문제가 된다. 이에 대해서는 몇 가지 아이디어가 있다. 하나는 장수명 핵종 중에서 원자로 운전 중 및 정

표 8.4 장수명 FP 일람

핵종	반감기 [년]	%-g-at.
	(1 ~ 10)	
Ru-106(Rh-106)	1.0	0.51
Sb-125	2.7	0.022
Cs-134	2.1	0.47
Pm-147	2.6	0.25
Eu-154	8.6	0.10
Eu-155	4.8	0.013
	(10 ~ 100)	
Kr-85	10.8	0.11
Sr-90	29	2.0
Cd-113*m*	14	0.0001
Sn-121*m*	25	10^{-7}
Cs-137	30	3.0
Sm-151	90	0.10
Eu-152	12	0.0001
Eu-154	16	0.10
	(100 ~ 4×10^{10})	
Se-79	7 $\times10^4$	0.01
Zn-93	9 $\times10^5$	2.7
Tc-99	2 $\times10^5$	2.9
Pd-107	7 $\times10^6$	0.74
Sn-126	1 $\times10^5$	0.05
I-129	1.6 $\times10^7$	0.61
Cs-135	2 $\times10^6$	0.81
Ho-166m	1.2 $\times10^3$	10^{-6}

지 후 수백 년간 방사능의 대부분을 차지하는 ^{90}SR, ^{137}Cs을 소멸시킨다는 것이다. 이들 핵종은 유리 고체화의 발열원이기 때문에 소멸하면 효과가 크다.

또 다른 하나는 1,000년 정도는 유리 고체화하여 보관하는 것이 가능하다고 생각하며, 1,000년을 넘어서 존재하는 장수명 핵종의 소멸이 중요하다는 생각이다. 이것은 더욱이 두 종류가 있는데 하나는 독성 강한 ^{237}Np를 소멸대상으로 하는 아이디어와 또 하나는 지층처리에서 누

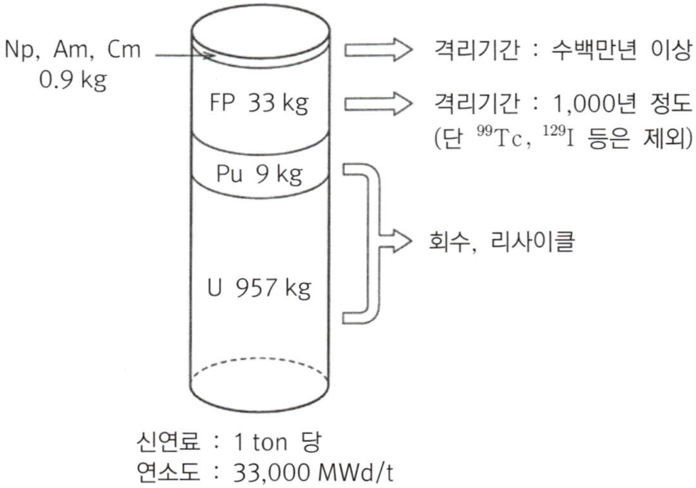

그림 8.11 핵종별 방사성 폐기물의 발생량

설하여 인간환경으로 나올 가능성이 높은 ^{135}CS, ^{129}I, ^{99}Tc를 소멸 대상으로 하는 것이다.

이들을 소멸하기 위해서는 고에너지의 광자(~ 15 MeV)을 조사하여 핵변환을 유도하는 방식이 하나의 후보로서 고려되고 있다. 이 방식이 에너지 균형을 잡기 위해서는 고효율로 고에너지의 광자를 발생시켜야 한다.

레이저 광을 축적하는 기술이 발전됨에 따라서 매우 높은 반사율 미러로 이루어진 고안정화 캐비티에서 10^6을 넘는 피네스(finesse)가 달성되고 있다. 이와 같은 레이저 기술을 이용한 컴프턴 산란에 의해 고휘도 방사광의 발생이 고려된다. 실제로 레이저 광이 언듀레이터(undelator)로서 작용할 수 있어 고강도의 X선이 발생 할 수 있는 가능성이 있는 것은 이전부터 생각되어져 왔지만 지금까지의 레이저 출력 수준에서는 상호작용은 매우 약했다. 그러나 레이저가 고도화되고 그 에너지를 시공간으로 압축할 수 있는 기술과 레이저 광의 축적기술이 향상된 결과 강력한 상호작용을 유도할 수 있는 가능성이 생기기 시작했다. 또한 마찬가지로 전자빔 축적 링이나 레이저 음극 RF 전자총탑의 전자빔 고휘도화 기술의 진전이 있어, 이들을 조합시키면 초고휘도에서 고효율의 고에너지 광자원을 실현할 수 있는 것을 기대할 수 있다[18).

특히 슈퍼 캐비티에 의한 광축적과 고휘도 전자빔을 결합시킴으로써 고효율로 높은 평균출력의 고휘도 단색 γ 선원이 생길 가능성이 있다. 이를 핵변환에 사용하면 효과적인 방식이 될 가능성이 있다.

8.4.2 컴프턴 산란

그림 8.12에 컴프턴 산란의 개요를 나타낸다. 고속의 전자빔이 레이저 광과 충돌하는 것으로 원래의 레이저 광보다도 단파장, 즉 고에너지의 광이 산란된다. 산란광 강도는 전자빔의 진행방향에 대해 $1/\gamma$ 의 각도 내에 집중된다.

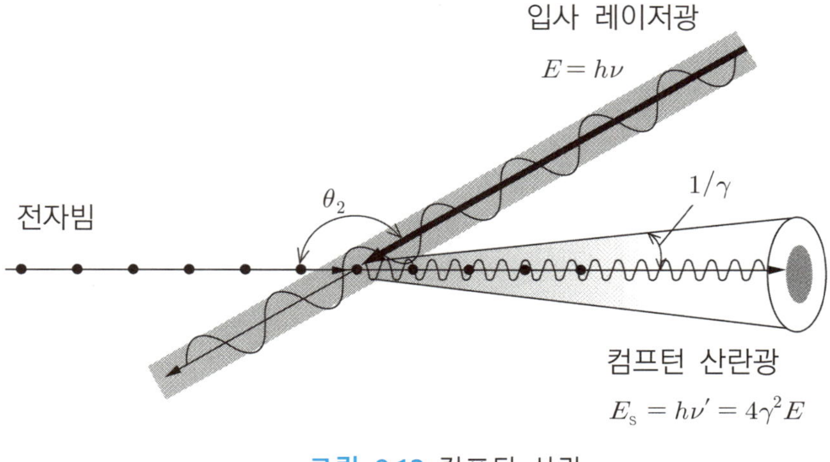

그림 8.12 컴프턴 산란

컴프턴 산란에 있어서 충돌 단면적은 다음의 클라인-니시나 식(Klein-Nishina's formula)과 잘 일치한다. 일반적으로 컴프턴 산란의 전체 단면적은 거의 전자의 고전 반경의 2승 정도가 된다. 이것은 매우 작은 값이다. 이 때문에 이전까지는 계측 등에 이용되었을 뿐 방사광원으로는 고려되지 않았다. 그러나 상기와 같이 레이저 기술의 진전에 의해 고휘도 광원이 될 가능성이 나타났다.

이 X선원은 단순한 컴프턴 산란은 아니고 레이저의 고도화, 전자빔의 고휘도화에 의해 보다 고도화 할 수 있을 것으로 생각된다.

① 레이저 언듈레이터 광

코히런스성에 의해 레이저광은 언듈레이터로서 전자빔에 작용한다. 이때

$$\left\{\begin{aligned} &\theta_2 < \frac{\lambda_S}{N\lambda_0} \\ &\frac{\Delta\gamma}{\gamma}(\gamma)^{-2} = -\frac{\lambda_S}{N\lambda_0} \end{aligned}\right\} \qquad (8.14)$$

의 조건을 만족하는 것이 필요하다. 여기에서 λ_S는 산란파의 파장, λ_0는 레이저 파장, θ는 전자빔의 확산각, $\Delta\gamma/\gamma$는 전자빔의 에너지 확산을 나타낸다. 또한 N은 상호작용 피치수를 나타낸다.

여기서 흥미로운 것은 통상의 언듈레이터 파장(10 cm)에 비해서 레이저 파장(1 ㎛)은 5자리도 작기 때문에 동일 파장을 얻기 위한 전자빔에 대한 요구는 훨씬 완화되는 것이 특징이다. 또한 어느 정도의 고성능 전자빔을 이용하면 상호작용 피치수를 크게 잡아 $N = 1,000$도 가능하다.

② 비선형 컴프턴 산란

레이저 상호작용 영역에서의 강도는 $10^{15} \sim 10^{19}$ W/cm^{2}에 달한다. 이때 언듈레이터로서의 K값은 0.7 정도가 되어 산란 광자수의 증대에 기여함과 동시에 고차 고주파 성분이 유도된다. 컴프턴 산란쪽에서 생각하면 이것은 비선형 효과이다. 특히 빔과 레이저의 입사각을 변화시킴으로써 고차 성분을 강조하거나 선택할 수 있다[19).

8.4.3 X선 · γ선원과 그 활용

슈퍼 캐비티와 가속기의 조합에 의해 다양한 종류의 시스템이 고려된다. 그림 8.13에 이들에 대응하는 컴프턴 산란 방사광 순도를 나타낸다. Ⅰ영역은 에너지 회수형 정가속기, Ⅱ영역은 대전류 RF 가속기, Ⅲ영역은 전자 축적 링을 나타내고 있다. 그림 중 $P_0(1-R)^{-1}Fdn_\mathrm{p}n_\mathrm{c}$는 축적 출력 파라미터로 각각 P_0는 입사 레이저 평균출력, R은 실효 반사율, $n_\mathrm{p}n_\mathrm{c}$는 가속기에서의 상호작용 횟수 및 축적 케비티 수를 나타낸다. 이 Ⅲ영역에 있어서 전술한 바와 같이 γ선에 핵변환 가능성이 있다. 스펙트럼폭은 자연폭에서도 충분히 좁아 변환을 일으킬 수가 있다.

앞서 기술한 바와 같이 Cs, Sr 등을 포함한 고준위 폐기물은 지층처분 등의 폐기수단에 부담요인이 되고 있다. 이들 중성자 반응 단면적이 작은 핵종은 γ선을 사용하여 단수명 또는 안정한 핵종으로 변환할 수 있다. γ선을 핵으로 입사시키면 (γ, n) 등의 반응이 일어나기 시작하고 점차 γ선 에너지를 증가시키면 반응 단면적은 하나의 극대값 10수 MeV를 갖는다. 전기적 이중극에 상당하는 γ선을 핵이 흡수하여 핵의 하전분포의 중심이 핵 전체의 중심에서 벗어나 쌍극자 진동이 여기된다고 생각된다. 이와 같은 폭이 넓은 공명을 거대공명이라고 부른다.

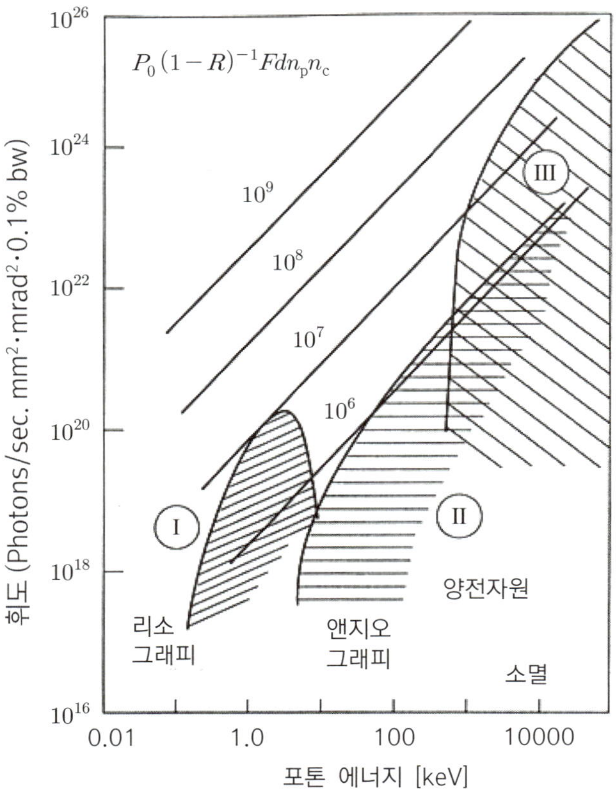

그림 8.13 광축적에 의한 컴프턴 산란 조사광 휘도

지금까지 γ선을 발생시키는 방법으로는 하전입자를 대상으로 지향제동복사로서 얻는 방법이 검토되고 있었지만 변환효율이 낮고 또한 발생하는 γ선 스펙트럼이 단일하지 않아 각도상관이 없기 때문에 에너지의 선별도 이루어지지 않는 등의 문제가 있었다. 이 방법에서는 에너지 스펙트럼의 폭이 넓은 γ선이 발생됨으로 발생된 γ선의 일부밖에는 반응에 사용할 수 없다. 그러나 γ선 발생효율을 높게 할 수 있는 본 방식이 고안되어 거대 핵 공명을 이용한 광 핵반응이 가능하다고 생각할 수 있게 되었다. 컴프턴 산란을 이용한 γ선 발생방법에서는 반응에 필요

한 에너지의 단색 γ선을 높은 효율로 발생시킬 수 있기 때문에 소멸처리의 효율이 큰 폭으로 개선될 수 있는 가능성이 있다. 이 기초연구가 현재 진행 중이며 슈퍼 캐비티 내에서의 컴프턴 산란으로 축적된 레이저와 전자가 이론대로 상호작용을 일으키고 있다는 것이 확인되고 있다.

8.5 결론

고출력 레이저의 전력응용으로서 가까운 미래에 있어서의 가능성에 대해서 서술했다. 현재 고출력 레이저의 성능은 급격히 진전되고 있으며 이 장에서 다루었던 사항은 가까운 장래에 실용화가 시작된다고 생각된다. 그것은 레이저의 출력 비용이 얼마만큼 감소하는가와 장치가 안정화되고 컴팩트한 것이 언제 가능한가에 달려있다. 향후 레이저 기술의 진전이 커지고 있어 그 기대는 크다.

참고문헌

[1] レーザー学会(編)：レーザーハンドブック，オーム社(1982)
[2] 井澤靖和：電気学会誌，107，p.1253 (1987)
[3] 中島信昭，他：レーザー研究，18，p.261 (1990)
[4] L. C. Balling and J. J. Wright : Appl. Phys. B28, p.73 (1982)
[5] H. Niki, et al. : Proc. 6th lnt. Symp. Adv. Nucl. Energy. Res., p.970 (1994)
[6] T. Donohue : "Chemical and Biochemical Applications of Lasers", Academic, 5, p.239 (1980)
[7] 大野新一，他：原子力学会誌，28，p.933 (1986)
[8] R. Glaster : Science, 162, p.856 (1968)
[9] 今崎一夫：電気学会，OQD-93-5，p.41 (1993)
[10] Report of Science and Technology of DEW, American Phys. Soc. (1987)
[11] L. C. Bradley, et al. : Appl. Opt. 13, p.990 (1974)
[12] N. Kumit, et al. : LAUR 84-3749, Los Almas National Lab. (1984)
[13] L. M. Bal l : Appl. Opt.13, p.2292 (1974)
[14] 藤原閲夫，他：生産技術，45，p.43 (1993)
[15] 内田成明，他：レーザー研究，24，p.547 (1996)
[16] 三木　恵，他：電気学会年会 (1992)
[17] 江藤英雄，他：九州大学電離気体実験施設報告 (1991)
[18] J. Chen, et al. : Nucl. lnstr.& Meth. A341, p.346 (1994)
[19] J. Chen, et al. : Jpn. J. Appl. Phys. 33, p.3459 (1994)
[20] J. Chen, et al. : Opt. Comm. 119, p.563 (1995)

9
CHAPTER

레이저핵융합에 의한 신에너지

핵융합 에너지는 지구의 환경문제를 해결하고 인류가 21세기에 문화적인 존재로서 생존을 이어가기 위한 필수적인 클린에너지로 풍부한 신에너지원이다. 레이저를 이용한 폭축 핵융합의 최신 진보는 눈부신 업적을 이루었고, 레이저 기술의 진보와 함께 레이저 핵융합 방식은 동력로를 구상하고 구체적인 개발 과제를 분석하며 전략을 구축하는 것이 가능한 단계가 되었다.

본 장에서는 레이저 핵융합 연구의 현황과 동향을 소개함과 함께 실용핵융합로의 물리적, 기술적 성립성을 평가하고 그 경제성에 대해서 살펴본다. 그리고 레이저 핵융합 에너지 개발을 추진력으로 하는 고출력 고기능 레이저의 개발과 그것이 개척하는 새로운 산업기술 및 과학기술에 대하여 기술한다.

9.1 핵융합 에너지의 필요성

일본에서는 소요 에너지의 80%를 수입에 의존하고 있다. 석유화학제품은 물론 자동차, 선박, 전력 공급 등 현대사회를 지배하고 있는 석유에 있어서는 99.7%가 수입(1995년) 이다[1]. 에너지뿐만 아니라 식량에서도 그 자급률은 매년 저하되고 있다. 게다가 그 자급식량 생산도 비료, 경운기, 농약 등 석유 없이는 성립이 되지 않는다. 태양광, 토지, 물은 하늘이 준 것이며 국토 그 자체는 보유하고 있지만, 그곳에서 만들어지는 사회, 문명, 개인 생활은 그 토대에 있어서 에너지에 의존하고 있다. 그 실체는 바로 나의 일을 타인에게 맡기는 격이 되는 것이다.

9.1.1 지구환경과 에너지

화석연료의 대량소비에 따른 지구환경의 악화가 현실 문제로서 우려되고 있으며 그 징후가 출현하고 있다. 대기 중 탄산가스의 농도가 산업혁명 이전의 270 ppm에서 1995년에는 360 ppm까지 매년 증가해 오고 있다[2]. 그 사이 화석연료 소비량의 증가와 비교할 때, 양쪽의 인과 관계는 부정할 수 없다[3]. 대기 중 CO_2 농도의 증가가 지구환경에 어떠한 영향을 미치는지에 대한 것은 확실한 정설은 없는 것 같다. 그러나 온실효과에 의한 지구온난화와 그것에 의한 기상 악화, 남북극의 해빙에 의한 해수면 상승과 연안도시 지역의 수몰, 사막화 진행, 영구동토 융해에 따른 지형, 지세의 변화 등 현대 문명사회가 그 존재의 전제조건으로서 있는 것이 크게 변화할 것으로 예측된다. 게다가 이것이 고립된 체계인 지구전체에 일어나기 때문에 명확한 변화로서 나타날 때에는 대책을 강구할 방법이 없게 된다.

9.1.2 에너지 자원과 신에너지 필요성

지구의 인구 증가는 엄청나다. 1960년대에는 30억 명이었던 것이 1990년에는 53억 명이 되었고, 2025년에는 85억 명이 된다는 것은 거의 확실시 되어 보인다. 게다가 그 증가의 대부분은 개발도상국에 의한 것이다. 그 지역의 1인당 에너지 소비는 선진국의 1/10 정도이지만 생활수준의 향상과 함께 점점 증대하고 있다. 식량문제와 함께 에너지 문제가 심각하게 될 것이라는 것은 명백하다.

인구수 활동을 지배하는 1차 에너지원은 나무와 수력에 의존하던 고대에서부터 근대 산업혁명 이후 석탄, 석유, 천연가스 등 화석연료로 이행하였으며, 제2차 세계대전 이후에 원자력이 새롭게 출현하여 성장해 왔다. 이후 자원의 고갈, 지구환경 보전, 에너지소비의 증대를 고려하면 청정하면서도 안전하고 사회 기반을 떠받치는 대규모 에너지원의 개발이 문화적 존재로서의 인류 존속의 필수조건이다.

9.2 핵융합 에너지란

기간에너지로서 사회에 수용되는 조건은 ①자원량, ②환경보전성, ③안정성이다. 그 위에 ④경제성, ⑤에너지화 (플랜트 수명 기간에 생산하는 전출력 에너지와 플랜트 건설 및 사용연료를 위한 전투입 에너지의 비)가 중요한 성립조건으로서 검토되어야 한다. 이것들의 요건에 비추어 핵융합 에너지는 어떠한가?

9.2.1 핵융합에 의한 에너지 발생

에너지원으로서 현재 연구 대상이 되고 있는 핵융합은 천연 수중 안에 있는 중수소 (D)를 태우는 DD 반응, 또는 삼중수소 (트리튬: T)와 중수소를 태우는 DT 반응이 있다. 어느 쪽이든 이것이 완성되었을 때에는 풍부하면서 안전하고 깨끗한 궁극의 에너지를 인류는 손에 넣을 수 있게 된다.

다만 DT 반응으로 1억℃, DD 반응으로 2억℃의 고온이 필요하게 되는 미답의 물리영역이며[5)] 핵융합 반응으로 발생한 에너지에 의해 발전하는 플랜트 시스템에 대해서도 미답의 기술영역이기에 신기술개발이 필요하다. 앞서 기술한 ①~⑤를 모두 만족하여 얻는 가능성이 높은 핵융합에너지를 실용화하기 위해서는 먼저 물리적 성립성, 기술적 성립성을 실증할 필요가 있으며 이를 위한 개발 연구가 세계 각국에서 국가프로젝트로서 예의주시하며 추진되고 있다.

9.2.2 핵융합 방식

그 접근방법으로서 물리적, 기술적으로도 모두 다른 2가지 방법, 즉 「자계밀폐방식」과 「관성밀폐방식」이 있다[7,8]. 전자는 1억℃의 고온 플라즈마를 자계의 힘에 의해 진공 중에 정상적으로 가두고 여기에 핵융합반응을 연속적으로 일으키게 하는 것이다. 후자는 고출력 펄스 레이저에 의해 고체 핵융합 연료를 단숨에 고온, 고밀도로 압축가열하여 관성에 의해 정지하고 있는 사이에 반응을 일으킨다. 이것을 반복적으로 일으킴으로써 에너지를 연속적으로 발생시키는 것이다. 물리적, 기술적으로도 미답의 영역을 연구개발 함에 있어서는 원리적으로 다른 방법을 병행해서 나아가야 한다는 것은 과학 기술의 개발 방법으로서는 대단히 중요한 것이다.

9.3 레이저 핵융합이란

9.3.1 레이저 핵융합의 구조

레이저 핵융합의 원리를 그림 9.1에 나타낸다. 강력한 레이저, 양자빔 등의 지향성이 강한 에너지 (핵융합을 드라이브하는 것이라는 의미로 드라이버라고 함)를 집속하여 핵융합 연료 펠릿(pellet)에 투사한다. 표면에 발생한 고온 플라즈마의 바깥쪽으로 팽창의 반작용에 의해 연료 펠릿이 압축하게 되고 그 결과 중심부에 초고밀도, 고온 플라즈마가 생성된다. 이것을 "폭축" 이라고 한다[9). 고온, 고밀도하에서의 급속한 핵융합반응에 의해 유한의 팽창시간 (관성에 의해) 보다도 빨리 타 버린다. 그러므로 이 방식을 관성 극한핵융합 또는 관성 핵융합이라고 한다. 폭축을 구동하는 드라이버로서 레이저를 이용하기 때문에 일반적으로는 레이저 핵융합이라고도 한다.

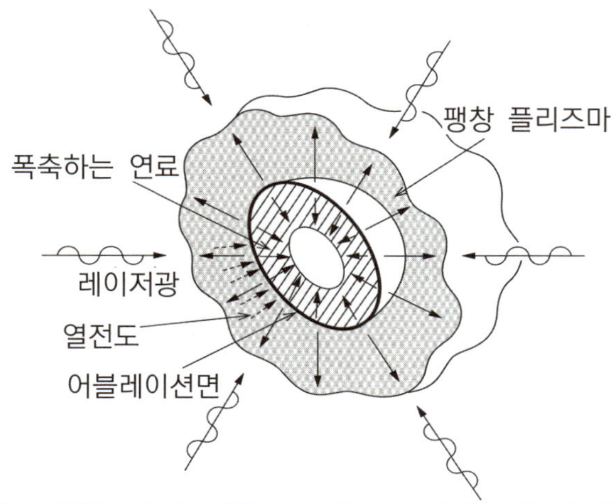

구형 타겟에 레이저광을 조사하면 표면에 고온 플라즈마가 형성된다. 팽창 반작용(어블레이션 압력)에 의해 연료는 내부 방향으로 폭축된다.

그림 9.1 레이저 핵융합의 원리

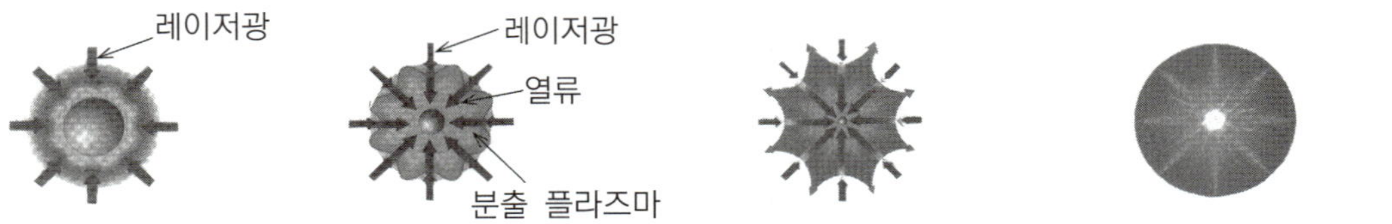

연료 펠릿 표면이 급속히 가열되고 플라즈마가 발생한다.

(a) 레이저 투사

플라즈마 분출 반작용으로 연료 펠릿이 구대형으로 압축된다.

(b) 압축

연료 중심이 밀도 1,000배, 온도 1억℃로 가열되고, 핵융합반응이 시작된다.

(c) 점화

핵융합 반응은 연료 전체로 타는 면적이 넓어져 순식간에 에너지를 방출한다.

(d) 연소

그림 9.2 레이저에 의한 폭축 핵융합의 프로세스

이 원리에서 레이저 핵융합은 그림 9.2에 나타낸 것처럼 펄스 레이저 투사에 의해 가열, 압축, 점화, 발열이라는 일련의 사이클에 의해 에너지를 발생한다. 이것을 되풀이하여 연속적으로 에너지를 발생하여 발전 시설에 공급하는 것이다[10].

9.3.2 연구 현황

초고속 X선 정지모션 카메라에 의해 촬영한 레이저 폭축의 모양을 그림 9.3에 나타낸다. 진원으로 균일한 연료 펠릿 위에 레이저광을 균일한 강도로 투사한 것보다 구대칭성이 좋고 진원의 폭축이 실현되고 최대 압축시에는 중심부에 고온, 고밀도의 코어 플라즈마가 형성되고 있음을 알 수 있다. 이와 같은 실험 결과를 계산기 시뮬레이션의 결과와 정량적으로 비교한 결과가 그림 9.4이다. 폭축의 동적 거동이 잘 재현되고 있다. 2.4 ns당 최대 압축시에 실현되는 고온, 고밀도 상태에 의해 핵융합반응이 단숨에 일어나 에너지가 발생한다.

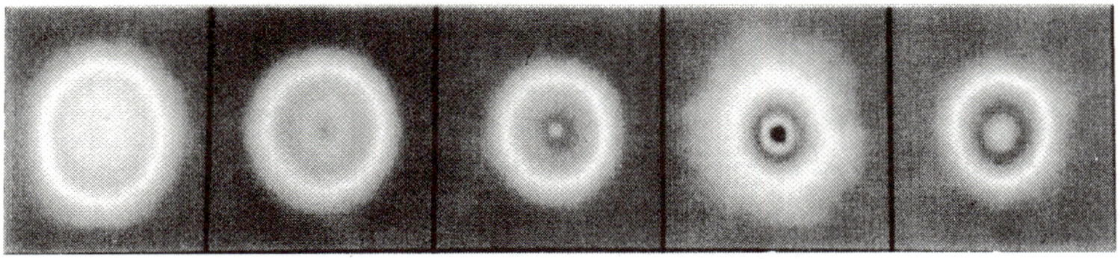

그림 9.3 연료 펠릿 폭축의 X선 정지 모션 사진

(펠릿 초기직경 494 ㎛, 셀벽 압력 8.7 ㎛, 레이저에너지 8.1 kJ
펄스 폭 1.9 ns, 노출시간 80 ps, 사진간격 170 ps)

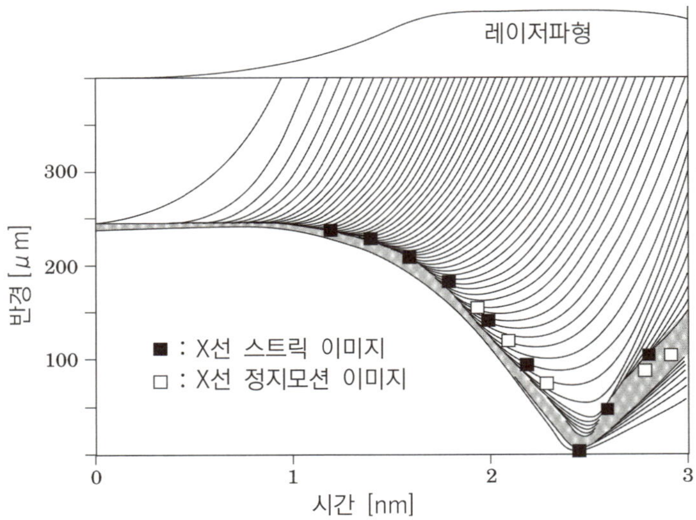

그림 9.4 폭축 시뮬레이션 결과와 X선 정지 모션 사진 및 스트릭 사진상과의 비교

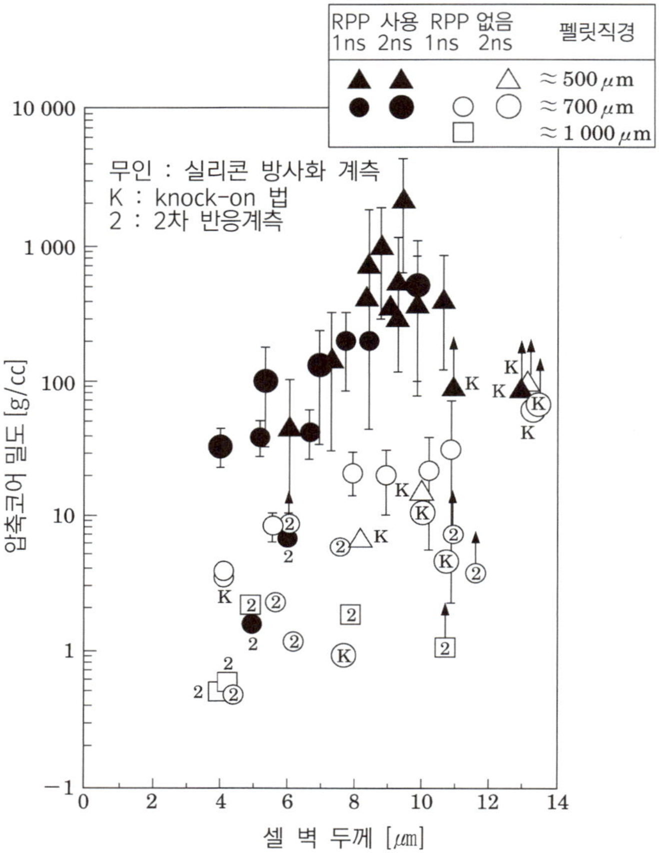

그림 9.5 레이저 폭축에 의해 달성된 압축코어의 최고밀도
(연료 펠릿의 구조(직경과 셀 벽 두께)를 변화시켜 최적구조의 조건을 밝혔다.
여러 가지 마크는 다른 계측법의 결과를 나타낸 것들. RPP는 랜덤 위상판.)

지금까지의 실험으로 얻은 최대 압축시의 중심밀도를 그림 9.5에 나타낸다. 1,000 g/cc의 초고밀도가 얻어지고 있다[11,12)]. 덧붙여서 설명하면 태양 중심 밀도는 150 g/cc이며 폭축에 의에 얻어진 1,000 g/cc라는 값은 지금까지 지구상에서 실현된 최고 밀도이다.

지금까지 달성된 폭축 플라즈마 변수를 플라즈마 밀도 n, 관성 밀폐 시간 τ, 온도 T를 이용한 nτ−T 그림을 그림 9.6에 나타낸다. 1978년 Gekko Ⅳ(激光Ⅳ号) 데이터로부터 착실하게 진전되어 왔다. Gekko Ⅻ

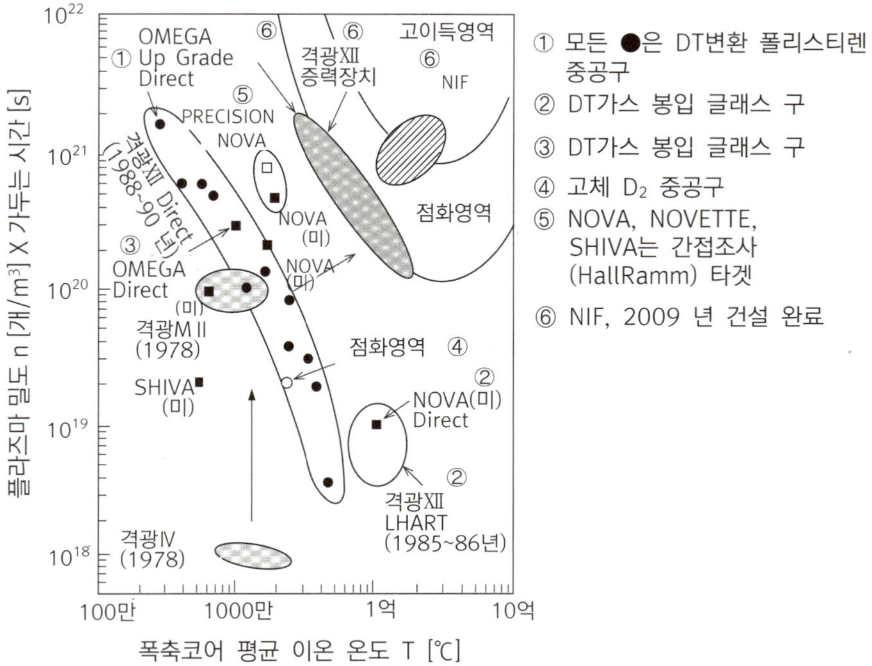

그림 9.6 폭축 플라즈마의 진보 (온도 T, 밀도 n, 밀폐시간 τ 차트 ($n\tau$-T그림) 위에 우상 점화영역, 고이득 영역으로 좁아지고 있다.)

(激光XII号)에 의한 고온모드에서 고$n\tau$ 모드의 폭축까지 광범위한 변수 영역에서 데이터가 얻어졌다. 이것은 폭축 물리의 이해가 진전되어 타겟 설계, 레이저 제어에 의해 폭축 모드가 자유자재로 제어된다는 것을 나타내고 있다.

9.3.3 에너지 이득의 비례측

연료 펠릿 설계 및 폭축 성능의 정량적 평가에는 계산기 시뮬레이션을 이용한다. 이 시뮬레이션 코드는 최신 물리모델을 도입함과 함께 현재 수행하고 있는 폭축 실험보다 정확도, 정량성 등을 확인하여 신뢰

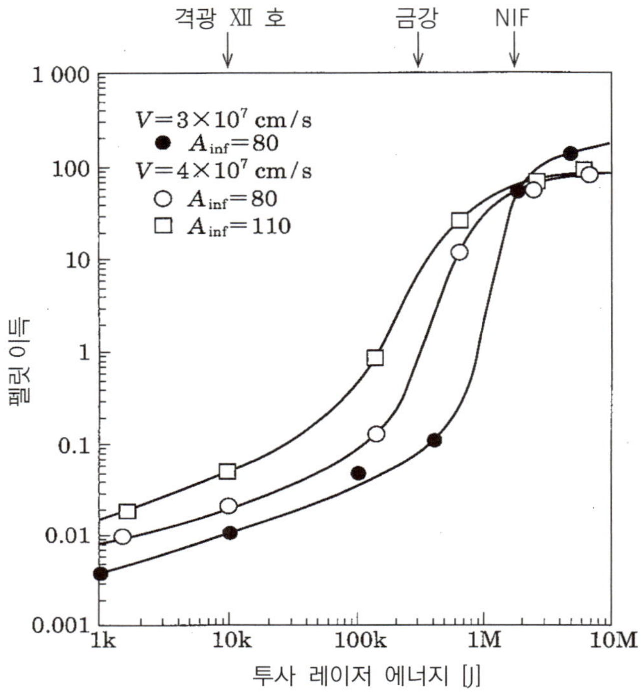

그림 9.7 핵융합 펠릿이득과 투사 레이저 에너지

성을 향상시킨 것이다[13]. 그림 9.7은 투사 레이저 에너지에 대한 핵융합에너지 이득의 의존성을 나타낸다. 수백 kJ로 펠릿이득이 급격하게 올라가는 것은 핵융합반응에 의해 발생한 α입자에 의해 주변 연료가 더욱더 가열되었기 때문으로 핵융합 점화·연소의 개시를 나타내고 있다. 수 MJ의 레이저 에너지로 펠릿이득 100이 얻어졌다. 이와 같은 고이득 폭축을 행하기 위해서는 구대칭이 균일한 연료 펠릿에 똑같은 강도로 레이저광을 투사하여 구대칭 폭축을 행할 필요가 있다. 이것에 의해 중심부에 1억℃ 이상의 핫 스파크가 형성되고 여기서부터 핵융합 점화, 연소가 개시되는 것이다. 조사의 균일성이 열화하면 에너지 이득이 어떻게 저하하는지가 최대 관심사이다. 지금까지의 연구 결과로는 조사

균일성 1% 정도가 필요하다고 알려졌다. 이와 같은 균일 조사를 실현하기 위해 여러 가지 레이저 기술이 개발되고 있다.

게다가 최근 피코초(ps) 이하의 극단펄스로 페타와트(Petawatt)라고 하는 초고강도 레이저광을 발생해 얻은 신기술 개발에 의해 고속점화라고 하는 새로운 핵융합방식이 제안되었다[14]. 이것은 구대칭이 균일한 폭축에 의해 핫 스파크를 중심으로 형성하는 대신에 초고밀도로 압축된 코어 플라즈마에 단시간에 추가 열을 주어 점화에 필요한 핫 스파크를 강제적으로 형성하려는 것이다. 물리적인 가능성 검증의 기초 연구 단계에 있지만 새로운 레이저 기술에 의한 새로운 핵융합방식이 가능하다는 것을 나타내고 있으며 레이저 핵융합의 다채로운 전개가 기대된다.

9.4 레이저 핵융합 동력로

실용 핵융합 동력로의 개념설계는 로심 플라즈마 생성에 관한 연구의 진보와 함께 세계적으로도 많이 실시되어 왔다. 일본에서도 1977~1979년에 설계된 「Senri-1(千里1号)」 이래로 공학 및 레이저 관련 연구자의 협력 아래 설계 및 평가가 행해져 왔다. 실용 레이저 핵융합 동력로의 구축을 위한 기술적 실현성은 높을 것으로 평가되었으며 그 현실은 세계 로공학 전문가 사이에서는 폭넓게 인정하고 있다.

9.4.1 동력로 구성과 에너지균형

레이저 핵융합 동력로의 구성을 그림 9.8에 나타낸다. 주요 구성 요소는 다음과 같이 4개이다.

① 연료 사이클 (고효율 펠릿 설계 및 제조)
② 폭축 드라이버 (레이저 또는 입자 빔)
③ 로챔버 (로용기 및 브라켓트)
④ 열, 발전 사이클 및 제어, 안전관리시스템

레이저 핵융합 동력로의 큰 특징 중 하나는 상기 4요소가 각각 독립적으로 개발이 진행되어 발전 플랜트에 있어서도 독립 건물로 받아들여지고 있다. 이것에 의해 개발 전략 효율화를 이루면서 플랜트 시스템 설계의 최적화가 가능하게 된다.

동력로가 에너지 시스템으로서 성립하기 위해서는 레이저 효율 η_d, 핵융합 에너지 이득 Q, 발전 효율 η_g, 발전 동력측 드라이버 운전 등 소내 전력으로 사용하는 재순환율 ε로서

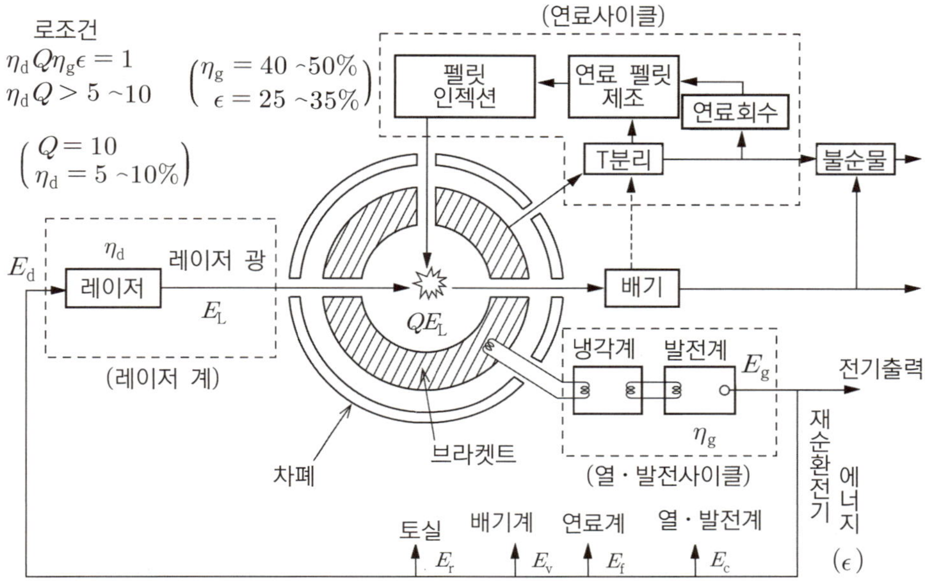

그림 9.8 레이저 핵융합 동력로의 주요 구성요소와 에너지 흐름

$$\eta_d Q \eta_g \epsilon = 1$$

가 충족되어야 한다. 이보다 실용적인 값으로서 η_g=40~50%, ϵ=25~30%로 하면 $\eta_d Q > 5 \sim 10$이 된다. 그림 9.7보다 수 MJ의 레이저 에너지로 Q=100을 실현하면 레이저 효율 $\eta_d > 5 \sim 10\%$가 필요조건이 된다.

9.4.2 레이저 핵융합 동력로「Koro(光陽)」

로공학 전문가 및 에너지 관련 기업의 협력을 얻어 설계 작업이 진행되었던 레이저 핵융합 동력로「Koro」[16]의 플랜트 시스템 및 로챔버를 그림 9.9에 나타낸다. 이와 같은 개념 설계 작업에 의해 각 구성요소의 개발 목표, 기술적, 물리적 과제가 명백해졌다.

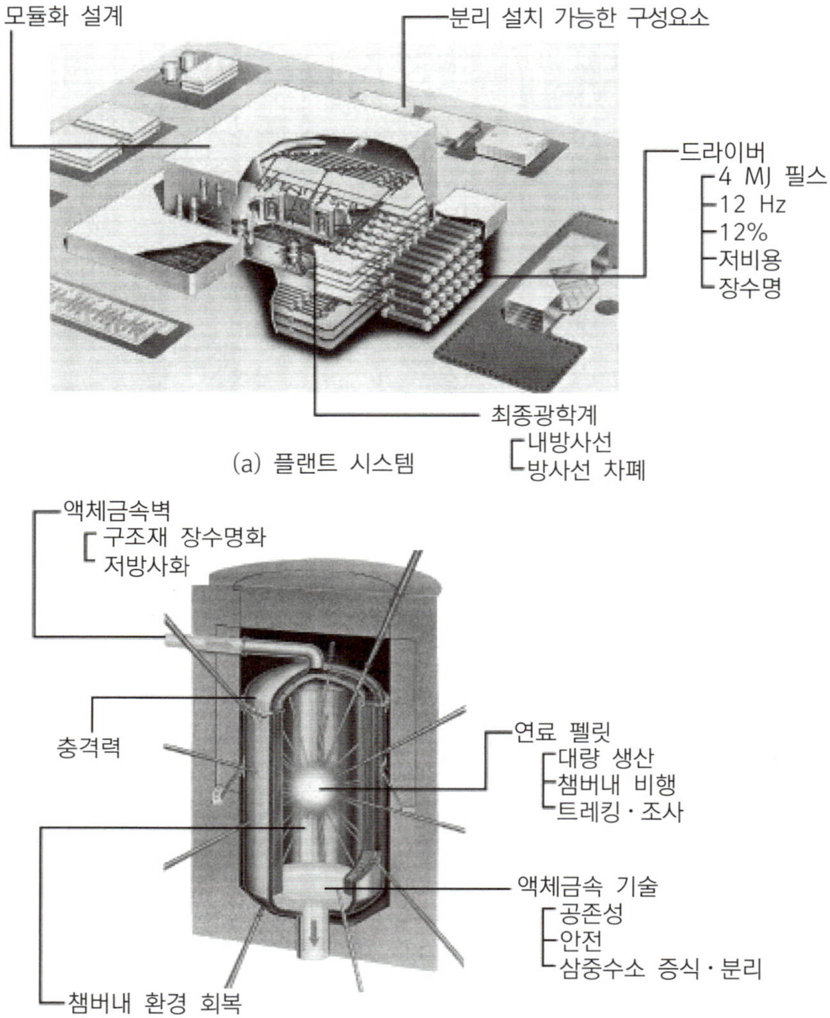

(a) 플랜트 시스템

(b) 로챔버

그림 9.9 레이저 핵융합 동력로「Koro」

(1) 연료 펠릿

지금까지 폭축 실험에 사용되어졌던 펠릿, 이후 점화, 연소 실험, 고이득 실험에 이용되어진 펠릿의 전형적인 구조, 사이즈를 그림 9.10에 나타낸다. 고이득 폭축을 위해서는 구조와 함께 99% 이상의 진구도, 300 Å 정도의 표면 정도가 필요하게 되지만 기술적으로는 이미 달성되어져 있다.

발전 플랜트를 위해서는 연료 펠릿의 대량 생산, 로챔버로의 입사, 레이저광을 보다 정밀하게 명중시키기 위한 트랙킹 기술 개발이 필요하다.

(2) 폭축 드라이버

폭축 실험용 글래스 레이저의 발전을 그림 9.11에 나타낸다. 점화, 연소 실험용의 수백 kJ에서 수 MJ의 레이저 건설 기술은 현재 기술의 연장선 상에 있으며 미국에서는 2009년에 1.8 MJ 192 빔의 NIF 건설이 완료되었다.

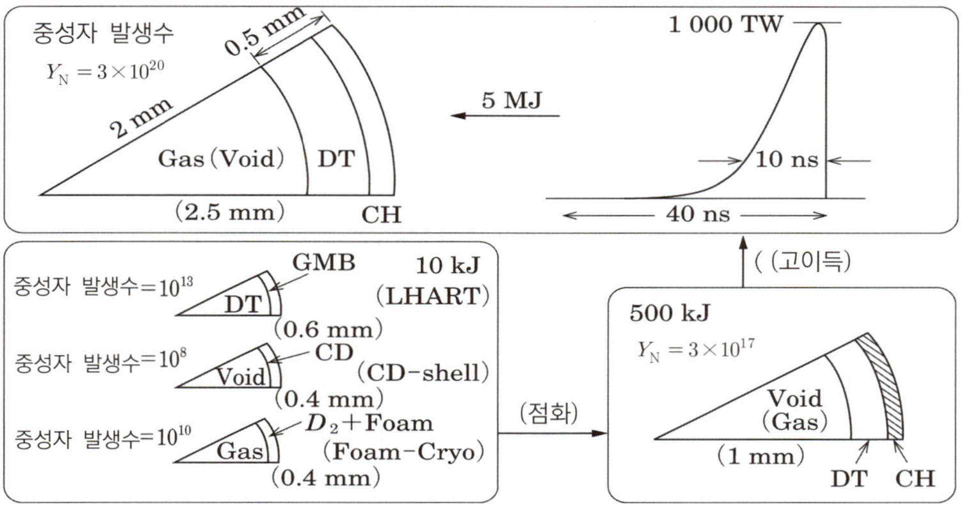

그림 9.10 레이저 핵융합에 이용한 연료 펠릿 (지금까지의 실험에 이용했던 것은 직경이 0.5~1 mm 정도. 동력로용 펠릿에서도 직경 5 mm 정도이다.)

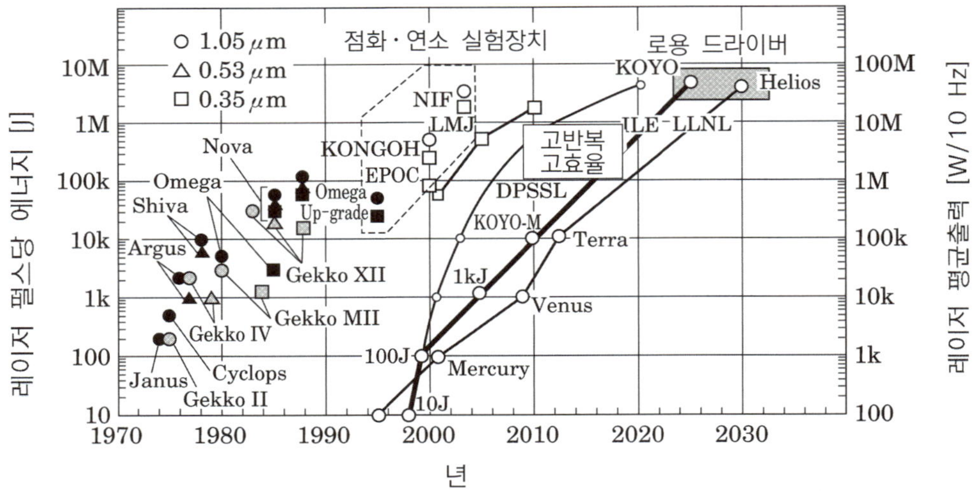

그림 9.11 핵융합용 고출력 레이저의 진보(좌반쪽의 각종 마크는 실험용 싱글 셔터 장치로 좌측의 눈금(펄스당 에너지)에서 보인다. 우측 라인은 로용 반복동작 레이저로 우측 눈금(10 Hz 평균출력)에서 보인다.)

이에 따라 그림 9.6에 나타낸 것과 같이 점화에서부터 고이득 영역을 실현하려고 하고 있다. 그림 9.12에 1983년 당시 세계 최대의 레이저로서 완성되었으며 지금까지 다수의 성과를 올린 Gekko XII 글래스 레이저 장치를 나타낸다.

관성 핵융합로가 에너지 시스템으로서 경제성을 얻기 위한 최대 과제는 로용 드라이버이다. 고효율 (5～10%), 고반복 (～Hz), 단펄스 (～10 ns), 고펄스 에너지 (～10 MJ/pulse)로 높은 평균출력 (～10 MW)을 전부 만족하는 저비용 장수명 드라이버가 필요하다. 이와 같은 사양을 만족하는 레이저 또는 입자 빔 드라이버가 개발되지 않는 한 관성 핵융합의 실용화는 있을 수 없다. KrF 엑시머 레이저, 중이온 빔 가속기 등에 더하여 최근 급속한 진전을 보여주고 있는 다이오드 여기 고체 레이저 (diode-pumped solid-state laser: DPSSL)가 비용을 포함 로용 드라이버로서 큰 가능성을 가지는 것으로 주목되고 있다.

그림 9.12 핵융합 실험에 이용하고 있는 12빔 글래스 레이저「Gekko XII」

반도체 레이저 및 이것을 여기원으로 한 고체레이저의 고효율, 고출력화, 장수명화 등이 진행되었으며 지금까지 과학기술, 산업기술로서의 레이저 이용 유효성이 실증되면서 실용화가 진행되지 못한 최대 난관에 있던 레이저 장치 그 자체의 사용상의 어려움을 일거에 해결하고 있다. 반도체 레이저에는 그 자신에 에너지 축적기능이 없기 때문에 고첨두출력을 필요로 하는 레이저 핵융합과 같은 용도에서는 직접 사용할 수 없다. 이 때문에 플래쉬 램프로 대신하여 반도체 레이저를 고체 레이저 여기광원으로서 사용한다. 다이오드 여기 고체 레이저는 핵융합 뿐만 아니라 다수의 특징에 의해 광범위한 과학 및 산업의 레이저 실용화 기술을 크게 변화시키고 있다.

레이저 핵융합 동력로「Koro」에서는 드라이버로서 DPSSL을 채용하여 그 기술적, 경제적 성립성을 평가하였다. 요구사양으로 파장 350 nm, 출력 4 MJ, 효율 12%, 반복률 12 Hz의 로용 레이저를 설정하여 기술 현황과 개발 전망에 의거하여 구체적인 시스템 설계를 수행하였다. 그림 9.13에 1(하나) 빔 라인의 구성을 나타낸다. 이와 같은 빔 라인 32대로 4 MJ 시스템이 구성된다. 현재 고체 레이저 기술, 레이저 다이오드(LD) 어레이기술에 관한 달성치 및 기술 예측에 의해 기술적인 성립성은 높다고 하는 것이 명백해졌다.

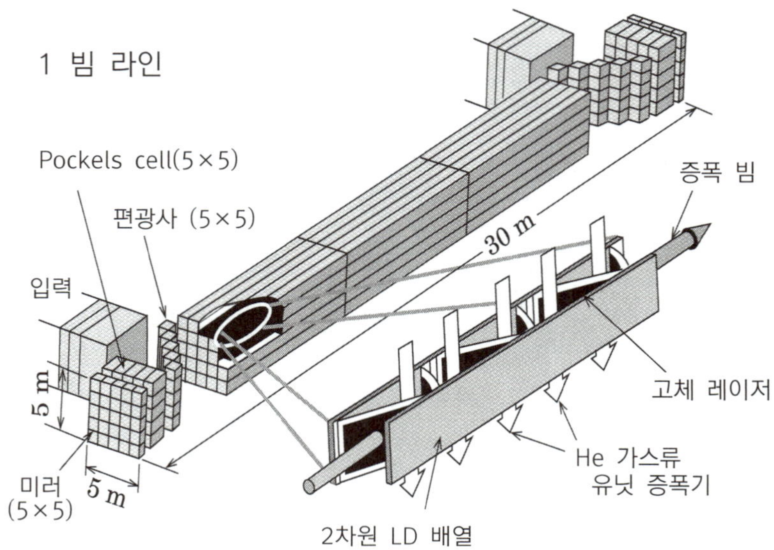

그림 9.13 동력로용 레이저의 설계 사례
(LD여기 고체 레이저를 채용하고 있다. 「Koro」에서는 이러한 장치 32대로 4MJ 레이저광을 발생하고 에너지이득 100을 실현한다.)

경제적 성립성에 관해서는 LD어레이의 비용 저감과 형광수명이 긴 레이저 매질의 개발에 따라 여기에 필요한 LD어레이의 첨두출력, 즉 필요 LD 개수를 감소시키는 것이 필요하다. 그림 9.14에 레이저 매질의 형광수명과 LD 비용에 의해 구해진 출력 에너지당 비용을 나타낸다. 덧붙여서 말하면 「Koro」에서는 상기 4 MJ 레이저의 총 건설비용은 1,400억엔으로 평가되고 있다.

(3) 로챔버 및 시스템 설계

레이저 핵융합로 챔버의 최대 특징은 챔버 내 진공도가 레이저빔 전반에 지장이 없는 정도의 저진공이면 된다. 이에 따라 로챔버 설계에 큰 자유도를 가지게 할 수 있다. 특히 액체금속을 제1층으로서 이용함으로써 구조벽에 대한 중성자, 플라즈마, X선 등 부하를 대폭으로 저감할 수 있다.

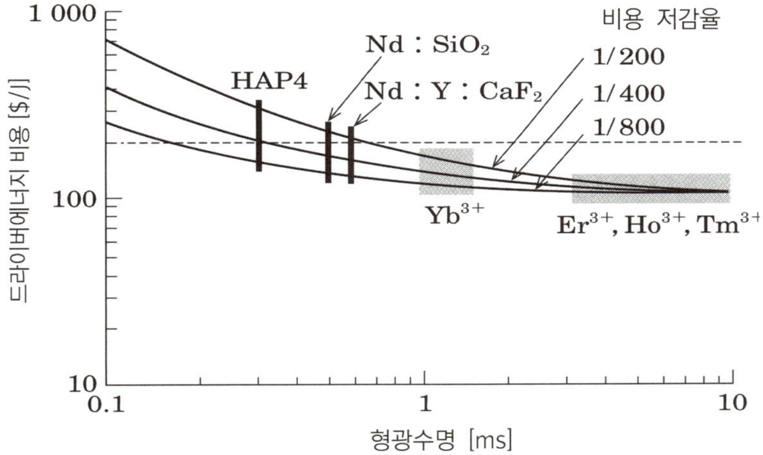

그림 9.14 고체 레이저 매질의 형광 수명과 드라이버 에너지 비용
(형광 수명이 길수록 시간을 들여서 펌핑되는 반도체 레이저의 출력이 작아도 되기 때문에 저비용이 된다.)

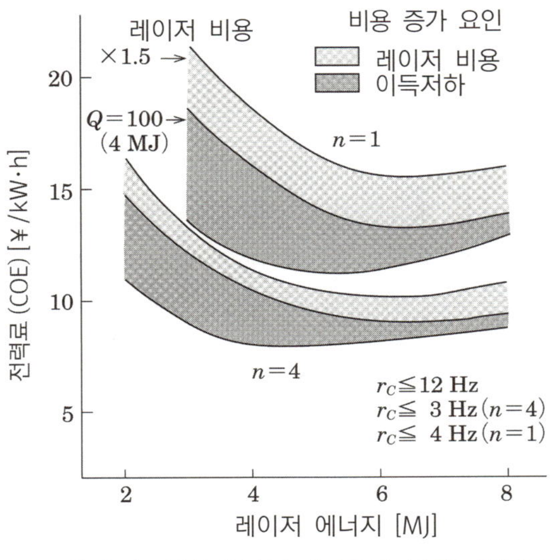

그림 9.15 레이저 출력에너지에 대한 발전 전력료 (COE)

시스템 설계에 있어서는 각 구성요소의 특성을 독자적으로 결정짓는 것에 따라 시스템 종합 성능의 최적화가 용이하다. 「Koro」에서는 12 Hz로 동작하는 레이저에 대하여 3 Hz로 폭축 핵융합을 행하는 챔버를 4기 배치하여 레이저광을 순차적으로 나누어서 설계되었다. 그림 9.15에 레이저 에너지, 핵융합 에너지 이득 Q, 챔버수 n, 반복 등에 관한 감도해석을 입력한 발전 비용(cost of electricity : COE) 평가 결과를 나타낸다. 최적 설계에 의한 COE로서 7.8엔/kW·h가 가능하다는 것이 나타났다. 장래 기술 개발의 달성 예측식은 기대치가 들어 있다고 해도 현재 기술 수준에서의 합리적인 추정이며, 레이저 핵융합 발전의 경제성을 보여주는 것이다. 이 설계 작업으로 명백하게 된 기술 개발 과제로의 종합 시스템적인 대처가 필요하다.

(4) 열·발전 사이클 및 제어·안전 관리시스템

「Koro」에서는 핵융합 발생 에너지를 브라켓트 내 액체 금속 중에서 열로 변환하여 통상의 증기터빈에 의한 발전 방식을 이용하고 있다. 수소와 같은 성질을 가지는 중성자의 14 MeV라고 하는 동적 에너지를 활용하여 수소연료를 발생시키는 방법, 플라즈마의 팽창 에너지를 이용한 전자유도에 의한 직접 발전 등도 에너지 변환 전체의 종합에너지 효율 향상에 유용한 것으로서, 열발전과 병용하는 것이 검토되고 있다. 레이저 핵융합로에서는 레이저의 동작 또는 연료 펠릿 공급을 정지하면 즉시 핵융합 반응은 정지하기 때문에 폭주사고와 같은 것은 일어나지 않는다. 액체금속의 안전 취급 및 토륨의 안전관리가 과제이다. 특히, 토륨 취급 기술은 생물 영향을 포함한 핵융합 에너지를 실용화하려고 하는 중요한 과제이다.

9.5 레이저 핵융합의 응용과 기반 기술의 파급 효과

레이저 핵융합 연구에서는 고출력 레이저 기술, 컴퓨터 시뮬레이션 기술, 연료 펠릿 제조기술, 폭축 계측기술이 불가결한 요소 기반 기술이다. 이것들의 레이저 핵융합 기반 기술 개발은 과학기술 및 산업기술의 광범위한 분야와 밀접한 관계에 있으며 첨단과학 기술 개발에 큰 파급 효과를 끼치는 것이다. 더욱이 레이저와 매질과의 상호작용, 레이저 어블레이션과 그에 따른 고압 발생, 폭축에 의한 초고밀도 발생과 관련한 유체 물리, 핵융합 점화, 연소 등 레이저 핵융합 연구 성과가 물성물리, 우주과학, 원자물리, 광 및 양자 과학 등의 기초학술에 큰 영향을 주고 있다. 표 9.1에 레이저 핵융합연구에 의해 얻어진 성과와 그것들이 활용되어진 선진 과학기술 분야의 관계를 나타낸다.

표 9.1 선진과학 기술과 레이저 핵융합 기반과학 기술의 관계

<table>
<tr><th colspan="2">선진과학 기술</th><th colspan="2">레이저 핵융합 기반과학 기술</th></tr>
<tr><td rowspan="3">에너지</td><td rowspan="3">레이저 동위체 분리
(레이저 우라늄 농축)</td><td>레이저 기술</td><td>고안정 고신뢰 레이저 기술
레이저 제어 기술
레이저 시스템 기술</td></tr>
<tr><td>폭축 계측기술</td><td>분광 계측, 입자 계측 등</td></tr>
<tr><td>시뮬레이션 기술</td><td>비선형 레이저 상호작용
비선형 레이저빔 전파 등</td></tr>
<tr><td rowspan="4">물질과학</td><td rowspan="2">레이저 화학</td><td>레이저 기술</td><td>고안정 고신뢰 레이저 기술</td></tr>
<tr><td>연료 펠릿 기술</td><td>레이저 유기과학 반응에 의한
코팅, 가공</td></tr>
<tr><td rowspan="2">신소재개발 · 극한재료</td><td>레이저 기술</td><td>고안정 고신뢰 레이저
고출력 레이저</td></tr>
<tr><td>레이저플라즈마 상호작용
물리</td><td>고온고압하에서의 선택적 레이저
유기반응</td></tr>
<tr><td rowspan="2">가공 ·
프로세스
기술</td><td rowspan="2">레이저가공 · 미세가공 · 에칭</td><td>연료펠릿 기술</td><td>레이저가공
미세기계가공</td></tr>
<tr><td>폭축 플라즈마 계측기술</td><td>고공간 분해 계측</td></tr>
</table>

가공·프로세스 기술	레이저프로세스·표면처리·박막기술	연료 펠릿 기술	레이저 CVD 플라즈마 중합 레이저 유기화학 반응
	레이저패턴닝	폭축 플라즈마 물리	레이저조사에 의한 고압발생
	레이저X선 리소그래피	폭축 플라즈마 물리	레이저 X선 변환물리점 X선원
이화학	원자핵물리	레이저 기술	초고광자장
		폭축 플라즈마 계측기술	고에너지입자 (중성자, 프로톤, α입자) Γ선계측
	레이저가속, X선레이저	레이저 기술	고출력 레이저
		폭축 플라즈마 물리	레이저 플라즈마 상호작용
	과학계측	레이저 기술	고신뢰 레이저 레이저 계측
		폭축 플라즈마 계측기술	초고시간, 공간 분해 계측 Xtjs, 핵반응 입자계측

9.5.1 레이저 핵융합 기반기술의 파급 효과

(1) 고출력 레이저 기술

핵융합 연구용 레이저로는 지금까지 글래스 레이저, CO_2 레이저, 엑시머 레이저가 개발되어져 왔다. 이들 레이저의 고출력, 고성능화 과정에서 얻어진 성과는 산업용 레이저 기술로서 활용되고 있다.

오사카대학의 경우 글래스 레이저 Gekko XII가 1983년 12월에 세계 최고 성능을 가지며 완성되어 타겟 조사 실험을 개시하였다. 발진기에서 타겟까지의 레이저광의 전체 전파거리는 270 m에 달하며 빔 최종 구경은 350 mm 이다. 이것을 집광하여 직경 100~1,000 ㎛ 연료 펠릿에 수 ㎛의 얼라인먼트(alignment) 정도로 투사한다. 따라서 레이저소자를 정밀하게 배열함과 동시에 레이저광을 소정의 경로로 유도하기 위한 고정도의 위치, 각도 검사장치 및 자동유도장치가 개발되었다.

대형 광학소자의 연마, 표면처리, 코팅기술에 관해서는 광학적인 균일성의 확보와 레이저 내력의 향상을 도모하였다. 레이저 내력은 소정의 구경으로 통과할 수 있는 출력 및 에너지 상한을 부여하여 시스템 비용에 직접 영향을 주는 인자이며 이 향상은 실용상 매우 중요하다. 새로운 연마기술, 유전체 다층막 증착경, 무반사 표면처리, 레이저 내력 향상을 위한 표면처리 및 다층막 설계기법 등 개발되어진 광학기술은 다방면에 걸쳐 있으며 그 파급효과는 크다.

파장 1 ㎛의 적외 기본파에서부터, 제2(그린), 제3(블루), 제4(자외) 고조파까지 자유롭게 파장변환이 가능한 것이 글래스 레이저를 폭축 실험으로 이용하는 큰 이점 중의 하나이다. 이를 위해 대구경 비선형 광학결정이 필요하게 된다. 대형결정 육성에 적합한 KDP(제2 인산칼리)의 육성기술이 개발되어 높은 광학적 균일성과 변환 효율, 레이저 내력의 향상이 달성되었다. 더욱이 새로운 비선형 광학재료(세슘, 리튬, 보론 : CLBO)가 개발되어 5배 고조파까지 고효율 파장변환이 실증되었고 전고체 자외선 레이저의 전망을 밝게 해주고 있다.

고효율, 고평균 출력의 로용 레이저 개발은 바로 산업용 레이저 개발 그 자체이며 그 진보와 함께 레이저가 활용되는 산업기술 분야가 넓어지고 있다.

(2) 연료 펠릿 기술

직경 100~1,000 ㎛, 벽두께 1~50 ㎛에서 진구도 및 벽두께 균일성이 1% 정도의 글래스 소경(glass micro-balloon, GMB) 또는 플라스틱 소경 (PMB)이 연료용기로서 사용되어진다. 100기압에 달하는 고압 DT연료를 봉입하기 위해 기하학적 형상의 균일성뿐만 아니라 재료의 균일성 및 강도가 요구된다. 이와 같은 고성능 미소경의 조립기술이 개발되어 실용에서 견딜 만한 성능이 얻어지게 되었다.

고효율 고밀도 폭축을 행하기 위하여 펠릿 표면에 각종 물질의 코팅을 입힌다. 게다가 미소구의 전면에 걸쳐 균일한 코트를 입힐 필요가 있다. 스패터 및 증착에 의한 성막 기술 및 레이저 CVD, 플라즈마 중합에 의한 성막 기술이 광범위하게 이용되고 있다.

이러한 펠릿의 실험 목적에 맞게 미세가공을 수행할 필요가 있다. 폭축 안정성을 정략적으로 해명하기 위해서는 수 ㎛에서 수십 ㎛의 피치로 요철 또는 진폭이 수 ㎛ 이하인 구조가 기존의 흐트러짐을 펠릿 표면에 붙인다. 구표면과 같은 입체구조의 패턴닝에서는 반도체기술로서도 개발 중인 X선 리소그래피 등이 모두 이용되어지고 있다. 복잡한 구조 타겟 제작에는 마이크론 주문의 미소한 홀가공, 절단, 에칭 등의 기술이 구사된다. 레이저가공, 전자빔 및 이온빔 가공, 레이저 직접 에칭 등 각종 미세가공 기술이 여러 가지 재료, 구조를 대상으로 활용되어진다.

이와 같은 연료 펠릿에 10~100기압의 고압 DT 연료를 봉입하기 위해 독특한 토륨 취급기술, 이것을 냉각 고체화하는 고체 연료기술이 필요하다. 더욱이 복잡한 다층 입체구조의 검사에는 광학검사 뿐만 아니라 X선 검사, 방사화 검사, 입체형상 검사 등 정밀도 높은 정량 검사가 실험의 정밀도 향상에 필수 요건이다.

(3) 폭축 계측기술

레이저 핵융합에서는 100~1,000 ㎛의 펠릿에 레이저광을 집광 투사하여 10^{14}~10^{15}W/cm^{2}의 레이저강도로 펠릿 표면에 수십 Mbar에 상당하는 어블레이션 압력이 발생한다. 이 압력에 의해 1~2 ns으로 펠릿을 폭축하고 중심부에 1~10 keV로 수 g/cc~수백 g/cc의 고온·고밀도 플라즈마를 생성하여 핵융합 반응을 일으킨다. 이와 같은 폭축 과정을 추적해서 플라즈마 변수의 시간적인 변화를 측정하여 시뮬레이션과의 비교에 의해 현상을 해명한다. 이를 위해 시간적에서는 ps, 공간적에서는 ㎛의 고분해 계측법의 개발이 필요하다. 게다가 플라즈마 입자의 계측, 광의 산란과 간섭을 이용한 광학계측, 수백 eV에서 수천 keV에 걸친 X선계측, 중성자, α입자 등의 핵반응 생성입자 계측 등 여러 갈래에 걸쳐 계측데이터를 종합하여 현상을 해명한다. 극한계측 기술과 할 수 있는 것으로서 전자기기, 공업계측, 물리학, 우주, 화학, 바이오 등의 분야에 걸쳐 과학 계측에 큰 효과를 주고 있다.

(4) 슈퍼컴퓨터 시뮬레이션 기술

레이저 핵융합 타겟의 폭축 과정은 시간적, 공간적으로 매우 짧은 단위에서 일어나는 현상이며, 실험결과 예측과 계측데이터의 해석에는 시뮬레이션이 결정적인 역할을 행한다. 또한 그 대상으로 하는 현상이나 변수 영역이 광범위하면서 다양한 물리과정이 포함된다. 플라즈마 밀도 10^{21}/cc 이하의 저밀도 코로나플라즈마에서의 레이저광과 플라즈마의 상호작용, X선방사, 고에너지전자에 의한 에너지 전송, 어블레이션에 의한 압축력 발생, 충격파 발생, 압축코어의 10^{27}/cc에 달하는 고밀도 플라즈마 물리 모델, 상태방정식, 핵융합반응 생성 입자의 전송과 핵연소 등 풍부한 물리를 대상으로 하고 있다. 이 때문에 유체 코드, 입자 코드, 1차원, 2차원, 3차원 코드가 개발되고 있다. 최신예 슈퍼컴퓨터 이용 기술, 벡터 계산기에 의한 다중병렬 처리법 등의 개발을 통하여 차세대 컴퓨터 개발에 큰 인팩트를 주고 있다.

9.5.2 레이저 핵융합의 응용

(1) 레이저와 매질과의 상호작용 물리 응용

레이저에 의한 물질 가열, 용융, 증발, 어블레이션, 해리, 전리, 플라즈마 생성 등은 레이저 폭축의 기초 과정이다. 이 물리에 관한 지식은 가공, 프로세스, 동입체 분리, 군 분리 등의 분야에 활용되고 있다. 레이저에 의한 고밀도 플라즈마의 발생, 이것에 의한 X선의 고효율 발생 및 X

선 레이저의 연구는 레이저핵융합 연구 그 자체이지만, X선 리소그래피, X선 레이저응용 등 새로운 공학기술을 열 것으로 기대되고 있다.

단펄스 고첨두 강도의 레이저를 집광해서 얻어진 초고강도 전자계는 원자물리, 핵물리, 신형 입자가속기 등의 연구에 새로운 기법을 제공하고 있다.

(2) 레이저 폭축 핵융합의 응용

폭축에 의해 1,000 g/cc의 초고밀도가 실현되었다. 이것은 태양 중심의 최고밀도 150 g/cc와 비교하여도 알 수 있듯이, 별 중심부 물리연구의 단서를 주는 것이다. 펠릿의 구대칭 폭축과 거기서 일어나는 별의별 유체현상은 초신성 폭발 등의 별 진화에 관련된 물리과정과 많은 부분이 연관되어 있으며 지금까지 천체관측만이 유일한 실험적 방법이었던 우주물리학에 새로운 실험방법을 가져올 거라고 기대되고 있다.

대량의 중성자를 발생하는 폭축 핵융합을 중성자원으로서 본 경우, 다른 중성자원이 없는 특징이 있다. 미소점원이며 반복펄스 중성자원이다. 이보다 핵변환, 방사능 소멸처리, 로재료 시험 등에 이용하는 경우, 조사변수를 광범위하게 제어하는 것이 가능하게 된다. 고효율, 고반복 핵융합용 레이저가 실현된다면 폭축을 이용한 강력한 중성자원을 구성할 수가 있다.

미래의 꿈으로서 레이저 폭축 핵융합을 추력으로 이용한 우주선 설계 등도 수행되고 있으며 고기능 고출력 레이저 및 폭축 핵융합으로 밀려오는 과학기술의 꿈은 끝없이 펼쳐지고 있다.

레이저 가공의 특징

독일의 국가프로젝트 「레이저 2000」는 반도체 레이저(laser diode : LD) 및 LD 여기 고체 레이저의 개발을 중심으로 삼으며 레이저 산업응용, 의료용, 과학기술로의 응용을 추진하고 있다. 그 목적으로 21세기의 독일 산업 국가경쟁력을 높이려고 한다. 미국에 있어서도 GM사, 포드사, 보잉사 등 하이테크기업을 중심으로 한 산관 컨소시엄 「레이저 정밀가공 프로젝트」가 있으며, 극한기술의 산업응용을 목표로 하고 있다. 일본도 뒤늦게 기술을 도입하여 시장에서 뒤처지는 그 동안의 전철을 밟게 하지 않도록 주의를 기울이고 있다. 아래 표는 레이저 가공의 특징을 종래 가공기술과 비교하여 나타낸 것이다[17)]. 고수속 고출력 레이저, 펨토초(fs) 단펄스 레이저 기술, 단파장 고출력 레이저 기술 등에 의한 레이저 가공 특징이 더욱더 커지고 있다.

레이저 가공의 특징

(◎: 우수, ○: 양호, △: 가능, X: 불가)

항목 / 가공법	각종재료 적합성					각종가공 적합성				가공정도 (표면조도 포함)	장점	단점
	강재	비철재료	세라믹유리	플라스틱	가죽·직물·목재	절단·홀구멍	용접	열처리	합금화			
레이저빔법	◎	○	◎	◎	◎	◎	◎	◎	◎	○	· 광학계 연구에 따른 광범위한 응용 가능	· 장치 고가
전자빔법	◎	◎	X	X	X	△	◎	○	○	○	· 후판가공 용이 · 고정밀도 가공 가능	· 장치 고가 · 진공챔버 필요
방전가공법	◎	◎	X	X	X	◎	X	X	X	◎	· 고정밀도 가공 가능	· 가공형상 한정, 속도 느림 · 도전재에 한정
워터젯법	◎	◎	X	X	X	◎	X	X	X	◎	· 고정밀도 가공 가능	
플라즈마법	◎	◎	X	X	X	◎	◎	○	○	△	· 비용 저렴, 사용하기 쉬움	· 입열범위 넓고, 넓은 열영향부
Turret punch press	◎	◎	X	△	△	◎	X	X	X	△	· 소품종 다량 가공에 적합	· 형태가 고가, 재질에 한정

레이저의 산업 응용

레이저 출현 당시는 기적의 빛이라고 해서 산업응용에 꿈을 가질 수 있었다. 확실히 매력적인 응용사례가 눈길을 끌었던 한때 급속한 전개를 보여준 적도 있었다. 그러나 그 후 기대한 만큼 확대 또는 중후함을 보이지 않고 레이저가 호색꾼으로 묘사되기도 한 적도 있었다. 그러나 이는 레이저 장치 및 그것을 제어하여 활용하는 광학 기술의 성숙도가 낮았던 것에 의한 것이다. 최신 레이저 및 광학기술의 진보는 눈부시게 발달하였고 아래 표에 나타낸 것과 같이 모든 산업분야에 있어 레이저가 활용되어지고 있다. 특히, 여러 분야에 있어 최첨단을 개척하는 첨병으로서 활용되고 있으며 광통신 및 반도체와 같은 중핵기술로서 확립되고 있는 분야도 있다. 이 책에서는 반도체에서 에너지까지의 분야에 대해서 현황과 동향을 소개하고 있다.

레이저 산업 응용

산업	레이저 응용 사례
예술 · 레저	레이저 디스플레이, 홀로그래피
통신 · 정보처리	광정보 네트워크, 광정보 처리
인쇄	레이저 프린터, 레이저 제판
반도체	CVD, 에칭, 도핑, 리소그래피
공작기계	홀가공 담금질
전기	절단 클래딩
자동차 · 비행기	용접 마킹
중공업 · 조선	표면처리 레이저 형성
토목 · 건축	현장응용, 건재 창성 · 가공, 해체, 제염
화학공업	선택여기, 비평형 화학, 테프론 개질, 광분해
에너지	원자력응용, 동위체 분리, 유뢰, 에너지운송, 핵융합발전
의학 · 바이오	진단, 치료, 유전자 · 세포공학
농업	광성장 촉진, 광농장

9.6 세계의 레이저 핵융합 연구와 에너지 개발 상황

고출력 레이저 기술의 진보, 폭축 성능의 향상을 동반한 폭축 물리의 해명에 의해 레이저 핵융합 연구는 점화, 연소를 목표로 하는 새로운 단계가 되었다. 미국에서는 Lawrence Livermore 연구소의 NOVA레이저의 고정밀도화, Rochester 대학의 오메가 레이저 증력을 실시한 것과 함께 출력 1.8 MJ의 National Ignition Facility(NIF)의 건설 계획을 진행하였다. 핵융합 점화와 함께 펠릿이득 10~20을 실현하여 2009년에 완성되었다. 그림 9.16에 그 완성도를 보여준다. 건설 총예산 10억 달러의 프로젝트 기공식이 1997년 6월 캘리포니아주, Lawrence Livermore 연구소에서 수행되어졌다.

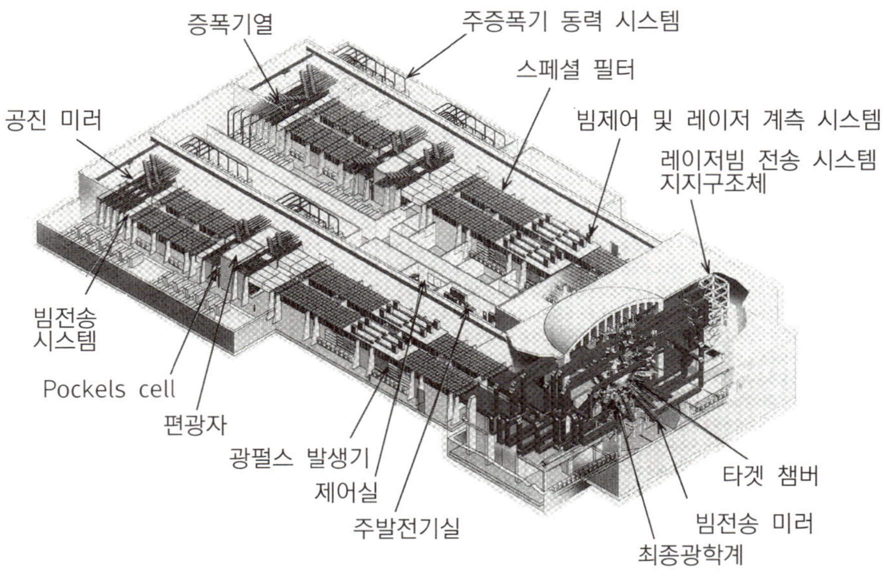

그림 9.16 NIF 완성도

프랑스는 미국의 NIF 계획에 협력하여 필요한 연구개발 경비의 반을 부담하고 공동으로 연구개발과 설계 작업을 진행하고 있다. 미국의 NIF 레이저 건설과 병행해 같은 수준의 장치 건설이 개시되었다. 중국도 현재 일본의 Gekko XII 정도의 레이저를 건설 중이며 그에 앞서 100 kJ 급 레이저 건설 계획을 세우고 있다. 러시아, 영국, 이탈리아 등에서도 각각 대규모 계획을 세우고 추진하고 있다. 국제 원자력 기구 (IAEA) 아래에 80명의 전문가에 의해 관성 핵융합로 기술의 종합 검토 작업이 실시되었으며[15)] 그 검토 작업을 받은 IAEA 뿐만 아니라 국제에너지기구 (IEA)에서도 레이저핵융합 에너지 개발을 위해 구체적인 국제 프로젝트 입안이 고조되어져 왔다.

9.7 결론

레이저 핵융합 동력로 실현까지의 단계와 소요기간의 평가를 그림 9.17에 나타낸다. 다음 세기 초에는 실용화의 전망을 얻을 수 있게 되었다. 지구환경과 에너지 자원 문제는 근본적으로 해결해야하는 기술적인 마지막 수단이다. 실용화의 기술적 열쇠는 1~10 MJ/pulse에서 1~10 Hz의 고반복 동작이 가능한 고효율 단파장 레이저이다. 이와 같은 초고성능 레이저 및 그에 의한 폭축 핵융합은 신에너지원을 개발함과 동시에 그 자체가 선진 과학 기술에 큰 임팩트와 파급 효과가 될 것이다.

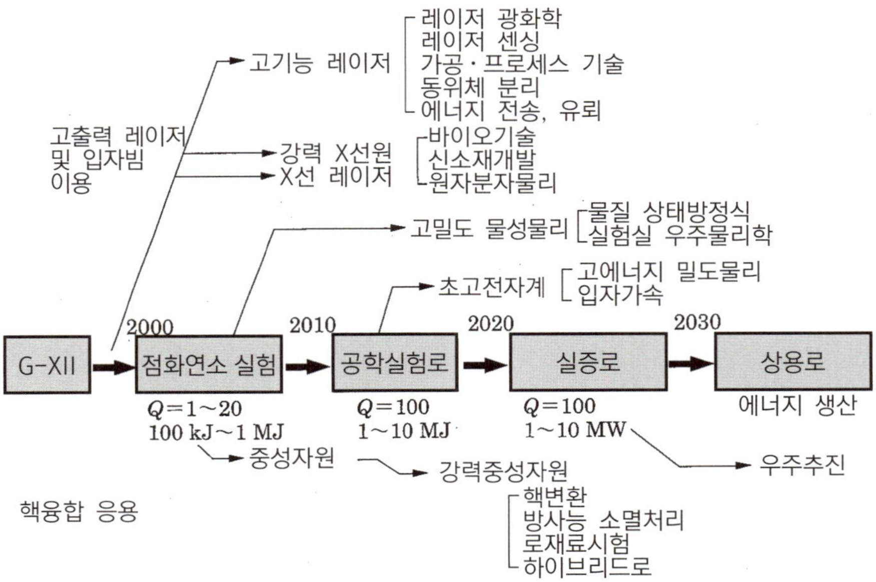

그림 9.17 레이저 핵융합 에너지 개발의 전망과 거기에서 파생하는 선진과학 기술로의 파급 효과

최근 화제가 되고 있는 레이저 고기능화는

① 펨토초에 이르는 초단펄스 발생

② 집광점에서 10^{20} W/cm^{2}에 달하는 양질의 빔에서 고첨두 출력

③ 수백 kW의 안정적인 동작이 가능한 높은 평균출력

④ 매질의 광화학 반응을 유발할 수 있는 높은 광자에너지 영역으로의 단파장화

⑤ 파장 가변성능과 스펙트럼의 협화

등이다. 레이저 에너지 응용은 이와 같은 최신 고출력 레이저 기술의 진보에 힘입어 기초 과학에서 산업 기술에 이르는 광범위한 분야에 새로운 전개를 보여주고 있다. 핵융합 에너지 개발의 추진을 견인하는 광 및 양자 과학기술의 진보는 21세기의 산업, 과학기술의 마지막 수단으로서 큰 기대를 받고 있다.

참고문헌

[1] 通常産業省 (編) : エネルギー'98、電力新報社 (1998)

[2] エネルギー資源学会 (編) : エネルギー資源ハンドブック、 p。556、ホーム社 (1997)

[3] 犬飼英吉 : エネルギーと地球環境、 p。23、丸善 (1997)

[4] 大内日出夫 (編者) : 地球温暖化への挑戦、日刊工業新聞社 (1992)

[5] S. Glasstone and R. H. Loveberg : Controlled Thermonuclear Reaction, D. Van Nostrand Company Inc. (1960)

[6] 山本賢三 : 核融合の４０年ー日本が進めた巨大科学ーERC出版 (1997)

[7] 久保亮五、他 : "特集 : 核融合研究の到達点"、科学、５７、１０、(1987)

[8] C. Yamanaka : "Introduction to Laser Fusion", Laser Science and Technology, An International Handbook, 10, Hardwood Academic publishers (1991)

[9] J. Nuckolls, L. Wood, A. Thiessen and G. Zimmerman : "Laser Compression of Matter of Super-High Density : Thermonuclear Applications", Nature 239, p. 139 (1972)

[10] レーザー学会 (編) 、山中千代衛 (編) : "IX編レーザーによるエネルギー開発"、レーザーhハンドブック、ホーム社 (1982)

[11] S. Nakai, et al. : "Six handred time solid density compression of directly driven hollow shell pellets", IAEA-CN-53/B-3-5, Washington D.C. (1990)

[12] H. Azechi, et al. : "High density compression experiments at ILE, Osaka", Laser and Particle Beams, 9, p. 193 (1991)

[13] S. Nakai and H. Takabe : "Principle of inertial confinement fusion-physics of implosion and concept of inertial fusion energy", Report of Progress of physics, 59, p. 1071 (1996)

[14] M. Tabac et al. : "Ignition and High Gain with Ultra-Powerful Lasers", Phys. Plasmas 1, p. 1626 (1996)

[15] W. J. Hogan, J. Coutant, S. Nakai, V.B. Rozanov, G. Velarde and International Working Group : Energy from Inertial Fusion, International Atomic Energy Agency (March 1995)

[16] 中井貞雄、三間興、北川米喜、阪部周二、およびレーザー核融合炉技術委員会：レーザー核融合炉「光陽」概念設計、大阪大学レーザー核融合研究センター (1994-12)

[17] 難波　進 (編) ：レーザープロセッシング、p。525、日経技術図書(1990)

찾아보기

ㄱ

가간섭성 3
가변형미러 48, 54, 55, 293
가스 레이저 7
가우스 빔 11, 12, 47, 65
강전리 방식 299
고속축류형 64
고준위 방사성폐기물 281
고출력 레이저 기술 334, 341
고출력 반도체 레이저 92, 101
공초점 파라미터 12
관성 핵융합로 328, 342
관성밀폐방식 316
광 파라메트릭 과정 49
광 프로세스 76
광변조기 41
구리증기 레이저 72
글래스 레이저 41, 87, 97, 327, 334, 335
글래스 소경 335
기저상태 23, 26, 63, 74, 75
기체 레이저 24, 61

ㄷ

다광자 해리과정 278, 279
다광자 흡수 52, 277, 299
다단계 광전리법 276
다이실레인 241, 242
다이오드 레이저 180
다이오드 여기 고체 레이저 329
다중여기 어블레이션 261
다중파장 효과 259, 262, 265
다중패스 증폭방식 95
단색 평면파 4, 5
단색성 6, 7, 271, 284
단파장광 76, 235
대칭 공심공진기 31
대칭 공초점공진기 31
대칭 굴신모드 61
더블패스 증폭 95
도파로 90
도파로형 CO_2레이저 64
동위원소 이동 271, 272, 273, 276
드라이 에칭 229, 231
드라이 프로세스 230
디포머블 미러 293

ㄹ

램프여기 85, 95
레이저 공진기 8, 29, 33
레이저 광화학 234
레이저 굴삭 214
레이저 도핑 229, 233, 243, 245, 247, 249, 253
레이저 동위원소 분리 271, 274, 275, 280
레이저 마킹 57, 185
레이저 식물공장 90
레이저 어블레이션 103, 231, 259, 264
레이저 에너지 수송 284
레이저 에칭 255
레이저 제염 206, 211
레이저 클래딩 128, 145
레이저 클리닝 205, 206
레이저 트리거드 라이트닝 269, 297
레이저 폭축 핵융합 338
레이저 표면 개질 128, 194
레이저 표면 용융처리 195
레이저 피닝 147
레이저 핵융합 311, 317
레이저 핵융합 동력로 324, 325
레이저에칭 258
레일리 한계조건 13
렌즈시스템 85, 90, 94, 102
로켓 트리거드 라이트닝 297
루비레이저 23
리더 300, 301
리소그래피 79, 230, 231

ㅁ

마이켈슨 간섭계 14
멀티모드 30
모드동기 40, 41, 44
무차원 파라메타 85

ㅂ

바이너리광학 90
박막 형성 240, 245
박막편광자 20
반도체 레이저 8, 26, 85, 90, 289, 329
반전분포 21, 23, 24
벤딩모드 61
복굴절 18, 43, 50
부열렌즈효과 294
분자법 274, 277
붕괴사슬 302
브루스터 윈도우 20
브루스터각 19
블루밍(blooming) 현상 292
비간섭성 광 238

비대칭 진동모드 61
비복사 천이 23
비선형 광학재료 335
비컨 292
빔 웨이스트 12
빔패턴 3, 9
빔품질 46

ㅅ

사이러트론 79
삼중수소 315
상위준위 72
색소레이저 24, 37
색지움 렌즈 237, 239
서브 쿼트 마이크론 232
세그먼트 131
소멸 처리 302
속박-자유 천이 75
수소 안티 스톡스-라만 레이저 232
수속 이온빔 229
슈퍼 캐비티 305, 307
스칼라 정합 50
스테레오 리소그래피 176
스톡스광 260
스트리머 301
스페클 패턴 3
슬래브 레이저 85, 108
시드도파로 106
시분할 123

ㅇ

아르곤이온(Ar+) 레이저 26, 70
아이세이프 레이저 87
아크로매틱 렌즈 237, 239
아크방전 70
안티 스톡스광 259, 261
압축(MPC) 79
양자우물 258
어닐링 228, 243
어댑티브 옵틱스 293
언듀레이터 304
언듈레이터 파장 306
에너지 준위 6, 21
에어리 패턴 9
에칭 56, 229
에탈론 20, 37, 39
엑시머 레이저 70, 74, 231, 236, 238, 240, 259, 299
엑시머 천이 75
열 블루밍 294
열렌즈 87, 89, 95, 96, 100, 106, 109
열복굴절 87, 89, 95, 96, 97, 109
열음극방전관 79
열효과 87, 89, 95
예비전리 77, 78

용량 이행형 회로 79
우주 태양광 발전 284
원시야상 9
원자법 274
위상결합 미러 96
위상공액 미러 54, 98
위상공액파 55, 294
유도 브릴루앙 산란(SBS) 55, 294
유도계수 79
유도방출 21, 22, 29, 34, 284
유리 고체화 303
유발 낙뢰 297
음향광학편향기 44
이온 주입 227, 228, 233, 243
인덕턴스 79

ㅈ

자계밀폐방식 316
자기정합 231, 249
자외선 레이저 176, 259
자유전자 레이저 27, 281, 289
적응광학 293
전자빔용접 132, 162
전자사태 52
종모드 30, 37
준 3준위 레이저 103
중수소 291, 315
직접묘화법 229
진공 자외광 261, 262

ㅊ

초우라늄 원소 281, 302
초점심도 13, 231, 235
초평면 9, 13, 15
축퇴4파 혼합 294

ㅋ

칼라 아이도스코프 131
캐비티 덤핑 36
캐비티 덤핑 레이저 37
커효과 50
컴프턴 산란 304, 305
컴프턴 산란 방사광 307
코로나방전 78
코어 플라즈마 318
코히런스 13
콜리니어(collinear)정합 50
콜리메이션(collimation) 8

ㅌ

테일러드 블랭크 164, 178
트레이서 물질 280
트리거드 라이트닝 297
트리밍 155, 159

ㅍ

파면 산란 109
파이버레이저 101, 103, 194
파장가변 92
파장가변 레이저 87
파장왜곡 89
패러데이 아이솔레이터 45
펄스발진 36, 63
펠릿 317
펠릿이득 322, 341
펠티어소자 89
펨토초 레이저 264
편광 18, 41, 54
편광빔 분배기 95
포켈스 셀(Pockels cell) 41, 44
포토 레지스트 249
포토루미네선스 255
폭축 317, 336
폭축 드라이버 327
폭축 플라즈마 320
폴리곤 131
표면개질 128
표면전자파 에칭 255, 257
표면탄화처리 202
표면폭렬처리 200
푸리에변환 9
프라운호퍼 9
플라스틱 소경 335
플라즈마 비즈 300
플라즈마 채널 299, 301
플루언스 52, 246
피어싱 159

ㅎ

하위준위 72, 75
한계안정 31
핵분열 생성물 281, 302
핵융합 연료 317
확산전각 85
활성매질 20, 21, 23, 24, 34, 37
회전검광자법 97
회전편광자 95, 106
회절렌즈 103
회절한계치 85
회절현상 9
횡모드 30, 33

2

2단계 광전리 275, 277

3

3광파혼합 49
3단계 광전리 275
3준위 레이저 23

4

45도 패러데이 95, 110
4준위 레이저 24, 103

A

achromatic lens 237
adaptive optics 293

B

beacon 292
beam waist 12
blooming 294
bound-free transition 75
Brillouin scattering 294

C

cavity dumping 36
COIL레이저 67
collimation 8
color idoscope 131
CVD 227, 228, 240
CW발진 63

D

DC방식 63
DD 반응 315
decay chain 302
disilane 241, 242
DPSSL 87, 103, 109, 180, 328
DT 반응 317

F

Faraday isolator 45
fluence 52, 246
focal plane 9
Fraunhofer 9

G

Gaussian beam 11
glass micro-balloon, GMB 335

H

He-Ne레이저 70

I

incoherent light 238
inductance 79

K

KrF 엑시머 레이저 80, 231, 235, 328

KTP결정 107

L

LD여기 85, 87, 95, 97, 101, 106
lithography 176, 227, 230

O

optical parametric process 49

P

pellet 317
phase conjugation wave 55
photo resist 249
piercing 159
PMB 335
polygon 131
PVD 227, 231
p편광 18, 95, 255

Q

Q 스위치 36, 89, 206

R

RF방식 63

S

segment 131
streamer 301
sub-quarter micron 232
s편광 18, 96, 255

T

TEM_{00} 85
thermal blooming 294
thyratron 79
time sharing 123
transuranium 302
triggered lightning 297
trimming 155, 159
TRU 282, 302

U

undelator 304

X

XPS 263
X선 레이저 28
X선광전자분광 263

고출력 레이저를 이용한 산업계로의 응용기술

2018년 7월 5일 초판 인쇄

2018년 7월 10일 인쇄 발행

저　　자 나카이 사다오
역　　자 김종도 · 서 정 · 박인덕 · 이수진
최우현 · 김종신 · 이창제 · 정광운
발 행 인 송기수
발 행 처 도서출판 GS인터비전
편 집 처 도서출판 GS인터비전
편 집 자 김명신 · 공예서 · 최연주
표지디자인 디자인붐
인 쇄 처 더블비
등록번호 제 313-2011-120 호
I S B N 979-11-5576-133-5(93530)

주　　소 서울 은평구 증산로 15길 69 2층
전　　화 02-976-7898, 02-3272-7898.
팩　　스 02-6468-7898
홈페이지 gsintervision.co.kr
E-Mail gsinter7@gmail.com

정 가 28,000원